F E R N A N D C O M T E

MITOLOGÍAS
del Mundo

LAROUSSE

EDICIÓN ORIGINAL

DIRECCIÓN EDITORIAL
MICHEL GUILLEMOT

EDICIÓN
GILBERT LABRUNE
Con la colaboración de
DIDIER PEMERLE

ICONOGRAFÍA
NANON GARDIN

DISEÑO GRÁFICO Y MAQUETACIÓN
VINCENT LECOCQ, SOYOUSEE.COM

PRODUCCIÓN
NICOLAS PERRIER

IMPRESIÓN
MATEU CROMO, MADRID

El autor desea expresar su agradecimiento en particular a Josette Bell y Gilbert Giannoni (†),
que han revisado el manuscrito y aportado sus valiosas sugerencias.

EDICIÓN ESPAÑOLA

DIRECCIÓN EDITORIAL
NÚRIA LUCENA CAYUELA

COORDINACIÓN EDITORIAL
JORDI INDURÁIN PONS

EDICIÓN
M. ÀNGELS CASANOVAS FREIXAS

TRADUCCIÓN
IMMA ESTANY MORROS

CUBIERTA
MÒNICA CAMPDEPADRÓS

MAQUETACIÓN Y PREIMPRESIÓN
DOS + DOS, SERVEIS EDITORIALS

© ÉDITIONS LAROUSSE, PARÍS, 2004
© LAROUSSE EDITORIAL, S.L., 2006
MALLORCA 45 – 08029 BARCELONA
larousse@larousse.es / www.larousse.es

ISBN: 84-8332-350-8

Sumario

Mitología griega y romana

Mitología egipcia

Sumario

Mitología de Oriente Medio

Mitología de la India

Mitologías china y mongol

Mitología japonesa

Mitología oceánica

Mitología precolombina

Mitología africana y malgache

Mitología celta

Mitología de Europa del norte y central

Introducción

Los dioses, los héroes y los demonios son incontables. Están presentes en la literatura, la pintura y la escultura, así como en las prácticas culturales y las costumbres cotidianas. Se involucran, aunque de forma subrepticia, en las decisiones que toman los hombres, en las acciones que guían: las guerras libradas por los hebreos no fueron más que la parte visible de un combate mucho más decisivo que enfrentaba a Yahvé con los dioses de los otros pueblos.

Es una historia antigua, reveladora de una sociedad. Aquel que desdeña la mitología no ha comprendido a los pueblos antiguos. Los dioses han representado, cristalizado, manifestado lo que para estas comunidades era lo sagrado, es decir, lo esencial, lo intocable. Estaban más en los corazones que en la realidad. Expresaban sin reserva alguna las necesidades, los deseos y las aspiraciones de los hombres, así como aquello que los hacía trascender más allá de la mediocridad de su condición, los límites de sus acciones o el azar de sus decisiones. Así, los relatos mitológicos no prestan atención a las condiciones materiales ni a los límites de tiempo y espacio. Son por entero «prodigiosos», de modo que para entenderlos bien es preciso dejar de lado toda lógica racional. Sin duda, se dirigen a una parte de nosotros mismos que no está desvinculada de nuestra experiencia cotidiana, sino que se desliza sobre ella con gran libertad. Sin embargo, no han surgido por casualidad ni de forma arbitraria.

Los mitos en movimiento

No deja de ser significativo que los griegos antiguos creasen dioses del amor (Eros), de la guerra (Ares) o de la ponderación (Némesis), y que no ideasen un dios de la palabra, el *logos*, pese a que una parte importante de la proyección de su civilización emana precisamente del *logos* con Sócrates, Platón y otros filósofos primordiales. Al contrario, el cristianismo hizo del Dios único el *logos* (Juan 1, 1), y se esforzó por suprimir todos los demás. Es evidente que existen diversos lazos entre ciertas creencias y ciertas mitologías. Los mitos no mueren, se transforman. En el curso de su desarrollo sufren las embestidas de las creencias tornadizas de la humanidad, pero resisten, adaptan sus imágenes a las circunstancias, reinterpretan sus personajes. Permanecen y mantienen su autoridad, aunque las creencias que subyacen a ellos se hayan diluido; conservan su prestigio a través de los vestigios de las civilizaciones que los han visto nacer. A veces, los mitos incluso se mezclan y traban alianzas, como si pretendieran de este modo evitar que se les combatiera.

Los dioses romanos

Los antiguos romanos tienen una noción elevada de la divinidad. Solo consagran un culto a un dios cuando este se ha manifestado. En este sentido, la llegada de la etrusca Juno a Roma es ejemplar. Los ejércitos romanos han mantenido el asedio de Veyes durante diez años. Tras algunos prodigios, como la subida de las aguas en el lago de Alba, sin causa aparente, nombran a un dictador. El nuevo jefe da algunas consignas militares y se dirige a la divinidad tutelar de Veyes en estos términos: «Reina Juno, que permaneces hoy en Veyes, te ruego que tras nuestra victoria nos sigas a Roma, que pronto será tu ciudad; allí te construiremos un templo digno de tu grandeza» (Tito Livio, V, 21, 3). Así es como se creó el Panteón romano. Los romanos también hallaron pronto semejanzas entre los dioses extranjeros y sus propias divinidades: el cónsul Lucio Junio reconoce enseguida en la Afrodita del monte Érix la Venus que los romanos honran desde hace mucho tiempo y, con aportaciones sucesivas, Zeus pasa a llamarse Júpiter en Roma; Hera se llamará Juno; Artemisa será Diana, etc. De este modo se produce una especie de intercomunicación de los mitos entre las civilizaciones.

Brigit y santa Brígida

Por un lado, Brigit es una gran diosa irlandesa. Es diosa del fuego, la fertilidad y la poesía, e hija de Dagda. César la llama Minerva en *La guerra de las Galias* (VI, 17, 2) y la considera la señora de los trabajos y las artes. Por otro lado, santa Brígida, madre de ocho hijos, es la fundadora y abadesa del monasterio de Vadstena, un antiguo retiro fundado sobre un santuario de druidas regentado por mujeres que mantenían un fuego perpetuo. Los irlandeses la erigieron, al igual que a san Patricio, en su patrona nacional. Poco a poco, la diosa Brigit desapareció; santa Brígida ha ocupado de tal modo su lugar que Brigit ya es apenas un recuerdo. Pero a través de esta nueva figura, sigue siendo un símbolo, una presencia, una protección que de antiguo tenía por nombre Brigit. Y, aún más, ambos personajes se han confundido y, en la leyenda, ya no se sabe muy bien qué es lo que se debe a una y a otra.

La parábola de Ulises

Los mitos cambian, y a veces se los hace cambiar. A partir del siglo II, algunos textos cristianos hicieron uso de las mitologías que no habían nacido en el mismo entorno que su fe: el Ulises seducido por las voces de las sirenas se convierte en el cristiano atraído por los placeres; cuando el héroe tapona los oídos de sus compañeros con cera, enseña que los fieles deben hacer oídos sordos a la propaganda engañosa del paganismo; cuando se ata al mástil de su barco, es la imagen de Cristo atado a la Cruz, única forma que le permite llegar a su verdadera patria.

Aunque estos comentaristas no dejan de advertir y repetir que los mitos que toman de otras eras culturales son manifiestamente falsos, aunque afirman que la utilización que hacen de ellos solo es a título de ilustración, este uso demuestra que los mitos son portadores de verdades a las que dan vida, de actitudes que por sí mismos explican de cierta manera.

Un viaje extraordinario

Nuestra intención se limita a relatar las principales historias mitológicas, para así dejar todas las puertas abiertas al proceso del pensamiento. Al fin y al cabo, ¿no es una de las características esenciales del mito prestarse a interpretaciones y ser la vestimenta de creencias multiformes, permitir los sueños y provocar la reflexión, ser testimonio de la historia y poner de manifiesto los vínculos entre las distintas generaciones y regiones del mundo?

La mitología es de todos los países. Ningún pueblo puede dejar de adoptar estas superestructuras que sostenían sus orígenes, unían sus comunidades y asentaban su identidad. Cada uno utiliza un carácter maravilloso que le es particular y que reviste un carácter de rareza para los demás. Nuestro interés es tanto mayor por cuanto nos adentramos en un mundo que no es el nuestro y que nos permite escapar fuera de nuestra esfera mental.

Este viaje por los mitos nos introduce en la intimidad de las grandes civilizaciones. Por ello no nos hemos limitado a los dioses griegos, que nos resultan cercanos, sino que hemos llevado a cabo importantes incursiones en otras mitologías: la egipcia, la mesopotámica, la nórdica, la eslava, la india, la china, la africana...

Sin embargo, este libro no habla, o habla poco, de los personajes de las grandes religiones universales. Mitos para algunos, realidades para otros, lo cierto es que han dejado impresa su huella en las civilizaciones de hoy en día y se encuentran más o menos grabados en la mente de todos. Aquí no trataremos de creencias, sino de lo maravilloso.

Del mismo modo, a menudo no hemos tomado en consideración las múltiples versiones de los mitos; su importancia está en función de la situación que los ha visto nacer y de las circunstancias que los han hecho perdurar. Nos hemos atenido a la narración más común, la que se ha mantenido durante más tiempo y ha recorrido más camino. El carácter permanente de las historias mitológicas se observa en los rasgos de los personajes: cuando las circunstancias cambian y los sucesos de la aventura se modifican, los actores siguen siendo los mismos. Los dioses, los demonios y los héroes, desde su concepción y a lo largo de las aventuras que se les atribuyen, poseen un rostro específico, unos rasgos de carácter muy marcados, un valor moral particular.

Este libro presenta los relatos de sus aventuras tal como nos han llegado a través de la literatura, las artes plásticas y los ritos que la historia y la arqueología nos dan a conocer.

Mitología griega

Mitología griega

¿Cómo formarse una idea de las primeras edades del mundo? Montañas inaccesibles, violentas erupciones volcánicas, un mar enfurecido, terremotos, inundaciones, desprendimientos de todo tipo, cataclismos... Todos ellos, fenómenos que superan al hombre. Hay violencia y destrucción. En ello, el ser humano ve un combate, una lucha sin piedad entre unas fuerzas hostiles gigantescas. Más tarde, a veces, en algunos lugares, la tierra se afirma, los ríos vuelven a su curso y los volcanes se aplacan. Es señal de una victoria.

Los griegos antiguos, al igual que muchos otros pueblos, quisieron dar cierta coherencia a este desorden aparente e imaginaron un tipo de encadenamiento de los hechos. Los caprichos imprevisibles de la naturaleza se convirtieron entonces en actos premeditados y deliberados de seres trascendentes. Así cobró existencia un pueblo de dioses, con ascendientes y genealogía, y unas características bien definidas. Se trata de una historia llena de vida: una mitología.

Los dioses primordiales

Al comienzo está el Caos, un espacio inmenso y tenebroso. Luego aparecen los dioses primordiales, los primeros de todos: Gea, la Tierra, y Eros, «el amor que enternece los corazones», una fuerza fecundadora que da origen a todos los demás seres. Gea engendra a Urano, el cielo coronado de estrellas, «al que hace su igual en grandeza, para que la recubra entera». Gea se une a su hijo Urano y da a luz, primero, a los titanes, que son doce, seis varones y seis hembras: Océano, Ceo, Crío, Hiperión, Jápeto, Cronos, Tía, Rea, Mnemosine, Febe, Tetis y Temis. Más adelante, Urano y Gea engendran a los cíclopes: Brontes, Estéropes y Arges, «que se parecen a los otros dioses, pero tienen un solo ojo en medio de la frente»; por último, nacen tres seres monstruosos de cien brazos invencibles y cincuenta cabezas: Coto, Briareo y Giges.

Urano detesta a sus hijos y, en cuanto nacen, los encierra en las profundidades de la Tierra. Gea, muy afligida, medita una venganza terrible contra su esposo. Fabrica una hoz muy afilada o *harpè* y pide ayuda a sus hijos. De todos ellos, solo Cronos, el último hijo, accede a ayudarla. Mientras Urano se abandona al sueño, Cronos se arma de la hoz, emascula a su padre y arroja el miembro al mar. De él surge una espuma blanca que se convierte en la joven diosa Afrodita, mientras que de la sangre que mana de la herida y que se filtra en la tierra nacen las temibles

Furias, los gigantes y las ninfas Melíades. Una vez Urano que ha sido condenado a la impotencia, Cronos libera a los titanes, sus hermanos, pero deja a los cíclopes y a algunos hecatonquiros en las entrañas de la Tierra. Cronos se casa con Rea y le da tres hijas —Hestia, Deméter y Hera— y tres hijos —Hades, Poseidón y Zeus. Entonces se repite la situación de la generación anterior. Ya sea porque, tal como le ha anunciado un oráculo, teme que le suplantará uno de sus hijos, ya sea porque con los titanes, sus hermanos mayores, ha decidido no tener descendencia, Cronos repite la odiosa acción de su padre Urano: devora a todos sus hijos. Como antes hizo Gea, Rea se desespera al ver desaparecer así a toda su progenie. Al nacer Zeus, entrega a Cronos una enorme piedra envuelta en pañales. Confiado, este devora el objeto creyendo que se trata de su hijo. Cuando Zeus alcanza la plenitud de sus fuerzas, destrona a su padre, lo expulsa del cielo y lo encadena a los últimos cimientos del universo.

Las rebeliones

En ese momento los titanes, los hermanos de Cronos, se sublevan. Zeus busca aliados entre los cíclopes y los hecatonquiros.

MONEDA DE PLATA HACIA 470 A.C. Atenas

Tetradracma, una moneda ateniense introducida en el año 130 a. C. En ella aparece la lechuza, símbolo de Atenea. La actual moneda griega de un euro ha recuperado el mismo símbolo en su cara nacional.

10

La lucha es terrible. De la mano incansable de Zeus escapan sin cesar truenos y relámpagos. La tierra se estremece mientras arde; los bosques se incendian; alrededor de los titanes infernales se extiende un vapor sofocante, un aire abrasador. Sus audaces miradas son cegadas por el fulgor de los rayos.

Apenas ha aplacado esta temible rebelión, Zeus debe emprender otra lucha, esta vez contra los gigantes. Estos hijos monstruosos de la Tierra, nacidos de la sangre de Urano mutilado, surgen de las entrañas del abismo. Para alcanzar las alturas del Olimpo amontonan una sobre otra las montañas circundantes. «Por todas partes resuena un horrible fragor.» Una vez asegurada la derrota de los gigantes, Zeus comparte el universo con sus dos hermanos: él se reserva el cielo, Hades reina sobre el mundo subterráneo y Poseidón sobre el mar. El Olimpo es la morada de todos los dioses.

El Olimpo

El Olimpo, una montaña situada en los confines de Tesalia y Macedonia, se eleva hasta los 3 000 metros; por sus abruptas laderas, cubiertas de bosques tenebrosos, descienden numerosos torrentes que abren unos surcos parecidos a los pliegues de un vestido. «Jamás ha sido azotado por los vientos ni tocado por la nieve; lo rodea un aire muy puro, una claridad blanca lo envuelve y los dioses disfrutan de una felicidad que dura lo que sus días eternos» (Homero).

Así se formó la genealogía de los dioses olímpicos. La montaña sagrada es, en primer lugar, la morada de los doce grandes dioses olímpicos, los primeros por orden de jerarquía, entre los cuales los más poderosos son Zeus y sus hermanos, Poseidón, Hades, Deméter, Hestia y Hera, hermana y esposa del señor. Los dioses viven como hombres y tienen descendencia. La descendencia de Zeus y Hera es particularmente importante, sobre todo porque a la descendencia legítima se añaden los hijos nacidos del adulterio.

Los dioses intervienen en el orden del mundo con Eros, que asegura la renovación de las generaciones; Némesis, que controla todo exceso; Asclepio, que cura las enfermedades, y las Moiras, que hacen respetar el destino. Pero, de vez en cuando, algunos dioses maliciosos provocan el desorden, como Pan con su miedo cerval, y Príapo, con su obscenidad. Existe una similitud original entre los dioses y los hombres: muchos dioses y diosas han amado a mortales, pero, por lo general, sin afectar la inmortalidad que les es natural, y sin que en ello se vea una unión oficial. El hombre sigue siendo un ser inferior y sus pretensiones de relacionarse con la divinidad siempre están abocadas al fracaso. Por último, en el conjunto de los seres están los dioses de la Tierra, que protegen precisamente las tierras; los monstruos, por lo general nacidos de aparejamientos anormales, y los bendecidos por los dioses.

El origen del hombre es, sin duda, la razón última de los relatos mitológicos, los cuales no dejan de describir el orgullo y el amor propio que caracteriza a los seres humanos. No obstante, la historia mitológica está hecha de numerosísimas proezas excepcionales, con héroes como Teseo, Minos, Aquiles, Ulises y muchos otros, hasta Eneas, que constituye el vínculo entre la mitología griega y la romana y da origen a Roma, ciudad cuyos dioses tienen, en su mayoría, un origen más antiguo que ella misma.

11

CRONOS
FINALES S. II-S. I A.C.
Fresco de Pompeya

Fresco en el que aparece Cronos asiendo la hoz que le permitirá castrar a su padre.

VILLA DE LOS MISTERIOS
FINALES S. II-S. I A. C.
Fresco de Pompeya

La escena representa una joven acicalándose.

Genealogía de los dioses olímpicos

La genealogía de los dioses es el relato de un combate entre la confusión inicial y el orden que se impuso. «Antes que nada fue el Caos», escribe Hesíodo. El Caos no es tan solo el desorden, sino también el misterio de los orígenes. Da origen a la Tierra, Gea, que a su vez da a luz al cielo, Urano, del cual surgen sobre todo monstruos informes: los titanes, los cíclopes y los hecatonquiros. Se trata de un desorden que no tiene un nombre propio. Cronos, el tiempo, tampoco tiene un nombre específico, sino común, sin personalidad, que puede designar varias cosas. Pero el movimiento nació con un principio, un final y, entre uno y otro, ciertos acontecimientos deseados, queridos o experimentados. Cronos simboliza el hambre voraz de la vida,

el deseo insaciable, la sensación de duración, de la duración que transcurre entre el deseo y su satisfacción. Asimismo, es más un hormigueo que una evolución. Pero de este hormigueo, de este deseo o excitación en concreto, de los órganos sexuales de Urano arrojados al mar, nace Afrodita, generadora de la vida. Zeus es el primer nombre propio que designa a un dios, y Zeus es precisamente quien pone orden en el universo luchando contra los dioses primordiales informes y sin nombre, contra los monstruos extravagantes, contra los elementos en rebelión. Con la personalidad del señor del mundo se marca una dirección. Se ha encontrado el camino hacia la armonización. La genealogía de los dioses es la historia de la creación organizada.

Urano ⋯⟩ ⟨⋯ **Gea**

hecatonquiros	cíclopes	Tetis	Océano	Tía	Hiperión	Crío	Febe	Ceo	los titanes
Coto	Brontes								
Briareo	Estéropes								
Giges	Arges								

Jápeto	Temis	Mnemosine	Rea ⋯⟩ ⟨⋯ Cronos
Atlas			
Menecio			
Prometeo			
Epimeteo			

Los dioses olímpicos

Deméter	Poseidón	Hades	**Hera** ⋯⟩ ⟨⋯ **Zeus** ⋯⟩	⟨⋯ Leto	Apolo Artemisa
				⟨⋯ Maya	Hermes
Ares	Hebe	Ilitía	Hefesto	⟨⋯ Dione	Afrodita
				⟨⋯ Alcmena	Heracles

Los grandes dioses griegos

Zeus, el dios del cielo y del rayo; Hera, hermana y esposa de Zeus; Poseidón, dios del mar; Deméter, diosa de la tierra cultivada; Apolo, dios de la razón y de las artes; Artemisa, diosa de la caza; Ares, dios de la guerra; Afrodita, diosa del amor; Hermes, dios de la invención y del comercio; Atenea, diosa de la sabiduría; Hefesto, dios herrero; Hestia, diosa del hogar; Dioniso, dios del vino y de la embriaguez; Hades, dios de los infiernos; Hebe, diosa de la juventud.

Los doce grandes dioses olímpicos

GEA
SEGUNDA MITAD DEL SIGLO III A. C.
Mosaico grecorromano, Shahba, Siria

Gea, la diosa de la Tierra, aparece rodeada de toda su corte.

La génesis del culto de los doce dioses es contemporánea del diluvio. De la sangre de los gigantes vencidos por Zeus nace una raza de hombres violentos e impetuosos. Zeus decide aniquilarla con el diluvio. Solo escapan Deucalión y su mujer, Pirra, que dan origen a una nueva humanidad. En agradecimiento a los dioses olímpicos, Deucalión, hijo de Prometeo, instituye el culto de los doce dioses y les consagra un altar.

La instalación del altar de los doce dioses en el ágora de Atenas, en el primer cuarto del siglo VI a. C., convierte este espacio, dedicado a las largas conversaciones de los ciudadanos, en un importante espacio cultural, un lugar digno de la Acrópolis. Por otra parte, se encuentra junto a la vía panatenaica, que se inicia en la puerta de Dipylon, en la Acrópolis, y cruza el ágora. Así, la famosa procesión de las panateneas pasa necesariamente por delante de los doce dioses. El altar constituye el punto de salida oficial de las vías que parten de Atenas, y el lugar desde el que se miden las distancias (Herodoto, 2,7).

Es un centro, y Píndaro lo califica de «ombligo» de la santa Atenas, e incluso de «ombligo fragante (*omphalon thuoenta*) [donde] tantos pasos convergen (*polubaton*)».

Contarse entre los doce dioses es una forma de dignidad suprema. Filipo II de Macedonia no solo aspira a la divinidad, sino que quiere unirse a ellos, de modo que en la ciudad macedonia de Egas organiza una suntuosa procesión con efigies de los doce dioses acompañadas de su propia imagen, «digna de un dios (*theoprepes eidólon*)». Con ello pretende ser el «treceavo (*triskaidekaton*)» dios (Diodoro de Sicilia, XVI, 92, 5; 95, 1).

Heracles no tendrá tanto arrojo; al ser acogido entre las divinidades no desea «ser inscrito entre los doce dioses», como le había propuesto Zeus. «Es imposible», responde a su padre, ya que en este caso habría que expulsar del grupo a uno de los doce, y no quiere aceptar para sí mismo un honor (*timên*) que para otro implica el *atimian*, el deshonor, la privación de sus derechos.

Zeus / Júpiter, rey del Olimpo

La omnipotencia

Dios entre otros dioses y último de los hijos de Cronos, Zeus recluta a sus hermanos en la lucha contra su padre y las fuerzas del desorden, conquista el poder absoluto y reina en el universo.

Zeus es representado como un hombre maduro, con una gran barba y sosteniendo en la mano el cetro, la insignia de su autoridad, o esgrimiendo un rayo, su arma predilecta. A menudo le acompaña un águila.

Es hijo de Cronos y de Rea. Después de que un oráculo le advirtiera que uno de sus hijos lo destronaría, Cronos los devora a todos en cuanto nacen. Entonces Rea decide traer al mundo al sexto hijo en secreto, durante la noche, y en lugar de un bebé, entrega a Cronos una piedra envuelta en pañales. Cronos es engañado, y Zeus se salva.

La conquista del poder

El niño es confiado a las ninfas, a los curetes y a la cabra Amaltea. Al morir Amaltea, Zeus utiliza su piel a modo de armadura. Pretende hacerse con el poder. Metis le confía una droga que, si Cronos la probara, le haría regurgitar a sus hijos. Zeus libera a los cíclopes y a los hecatonquiros, unos gigantes dotados de cien brazos y cincuenta cabezas, a quienes Cronos había confinado en el Tártaro; estos le dan el trueno y el rayo, y así asume el mando de un verdadero ejército.

La guerra contra Cronos dura diez años. Zeus logra la victoria y los dioses se reparten el poder, echándolo a suertes: a Zeus le toca el cielo; a Poseidón, el mar, y a Hades, el mundo subterráneo, los infiernos.

Pero muy pronto su supremacía es discutida por los gigantes, seres de una fuerza invencible que tienen el privilegio de que solo puede darles muerte la acción conjunta de un dios y un hombre. Zeus acepta la ayuda que le ofrece Heracles, que por entonces solo es un mortal, y acaba con sus enemigos fácilmente.

Ahora debe hacer frente a las conspiraciones internas. Hera, Atenea y Poseidón pronto logran dominar al rey del Olimpo. Deciden encadenar a Zeus, pero Tetis, que se mantiene fiel a Zeus, avisa al gigante Briareo que, al mostrar su fuerza, hace huir a los rebeldes.

El señor

Zeus se ha convertido en el mayor de los dioses del Olimpo y el señor indiscutible. Como dios de la luz, da origen a todas las manifestaciones celestes: provoca la lluvia y la sequía, el buen y el mal tiempo, y también dirige las tempestades y las tormentas.

Zeus, además, es el garante del orden entre los dioses y entre los hombres. Arbitra los conflictos: entre Apolo y Heracles por la propiedad del trípode de Delfos; entre Apolo e Idas por la posesión de Marpesa; entre Palas y Atenea durante su combate; entre Atenea y Perséfone por el dominio del Ática; entre Afrodita y Perséfone por el amor de Adonis. Sus decisiones siempre son justas y sobre todo ecuánimes; no favorece a nadie.

NACIMIENTO DE ZEUS
PERÍODO DE ADRIANO
Bajorrelieve de un pedestal, mármol

Rea da a Cronos una piedra envuelta en pañales. Al tragarla, Cronos cree devorar a su último hijo, Zeus.

Himno a Zeus. «Bellamente creces, oh Zeus Uranio, y bellamente adquieres fuerza, pronto adolescente, pronto tu mejilla vellosa. Pero aún niño, tu pensamiento era del todo eficiente. Por ello tus hermanos mayores no te disputaron tu justa parte, la Morada Celeste. Historias falaces como las de los viejos aedos: "Fue a suertes, dicen, como los tres Crónidas hicieron la repartición de sus dominios. Pero ¿quién iba a echar a suertes entre el Olimpo y el Hades? ¿Quién sino un insensato? Para echar a suertes, hacen falta partes iguales. Aquí, de uno a otro, ¡cuánta distancia!". Si mentimos, por lo menos que nuestras mentiras sean creíbles. No, no fue a suertes como te hicieron rey de los dioses, sino las obras de tus brazos, el vigor y tu fuerza, y tú los sientas cerca de tu trono. [...]

Saludos, saludos, hijo de Cronos, elevado Zeus, que das toda prosperidad. Quien podría decir tu gesta: nadie la ha hecho, nadie la hará. Sí, nunca nadie dirá la gesta de Zeus. Saludos, ¡oh, padre! Y más saludos. Danos virtud y riqueza. Fortuna sin virtud no podría llevar al hombre a lo alto, ni virtud sin riqueza. Danos la virtud y danos la fortuna.» (Calímaco, *Himno a Zeus*)

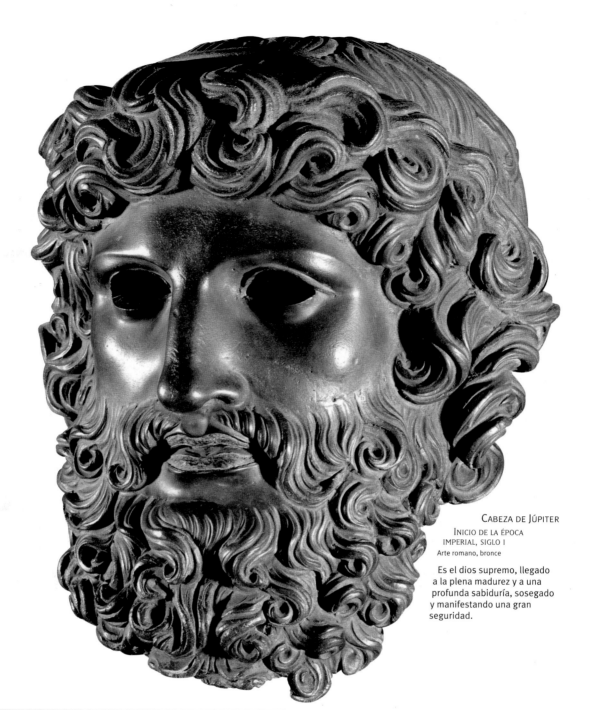

CABEZA DE JÚPITER
INICIO DE LA ÉPOCA
IMPERIAL, SIGLO I
Arte romano, bronce

Es el dios supremo, llegado
a la plena madurez y a una
profunda sabiduría, sosegado
y manifestando una gran
seguridad.

RAPTO DE EUROPA POR ZEUS
TRANSFORMADO EN TORO
2.º CUARTO DEL SIGLO IV A. C.
Jarrón de cerámica, Apulia

Júpiter es el gran dios del panteón romano. Se le asimila a Zeus, como dios supremo. Lo llaman Optimus Maximus, «el mejor y más alto». Rómulo está en el origen de su culto: durante una batalla que enfrenta a romanos y sabinos, Rómulo, mostrando sus armas al cielo, promete levantar un templo a Júpiter, en el preciso lugar donde se encuentra, si su ejército consigue frenar el avance del enemigo. Los romanos obtienen la victoria; el templo de Júpiter Stator («que detiene») se alza al pie del Capitolio. Convertido en el señor supremo de la ciudad, Júpiter recibe los homenajes del cónsul cuando asume sus funciones, y los emperadores le rinden un culto particular. Augusto afirmaba verlo en sueños.

Los amores de Zeus y su descendencia

Zeus tiene numerosas esposas. Metis es la primera, pero como Gea ha predicho que la hija que nacerá de ellos traerá al mundo a un hijo llamado a quitarle el poder, Zeus devora a la madre antes de que dé a luz. La hija, Atenea, saldrá completamente armada del cráneo de su padre (Hesíodo, *Teogonía*, 924). Temis es su segunda esposa. Con ella, se convierte en el padre de las Estaciones, de Eirené (la paz), de Eumonia (la disciplina), de Diké (la justicia) y de las Moiras (el destino).

De Dione, Zeus tiene a Afrodita; de Eurínome, las Gracias; de Mnemosine, las Musas; de Leto, Apolo y Artemisa; de Deméter, Perséfone. Más tarde, Zeus se une a su propia hermana, Hera. Con ella comparte el poder, y los hijos que nacen de ellos son Hebe, Ilitía y Ares.

Pero Zeus también tiene aventuras con mortales. Alcmena, Dánae, Egina, Pluto, Ío, Calisto y muchas otras traen al mundo hijos suyos. Para seducirlas, se transforma en lluvia de oro, en toro, en cisne, o pone en práctica alguna otra estratagema, que oculta su majestad, que resulta insoportable para una mortal. Numerosos semidioses o héroes nacen de estos amores, y son pocas las familias griegas que no se vanaglorian de una ascendencia tan elevada.

Estos amores pasajeros, ya sean libertinaje o voluntad de intervenir en los asuntos de los hombres, enfurecen a la esposa legítima, Hera, que persigue a las amantes de su marido y a los hijos que ha tenido con ellas. Así, las riñas entre los cónyuges son frecuentes. Zeus se enfada a menudo con ella. Llegará al extremo de colgar a la diosa en el Olimpo, atándole un yunque a cada pie.

El culto

El culto a Zeus Poliado se celebra durante las dipolias. La ceremonia principal recibe el nombre de Boufonías. Se deja en libertad a unos bueyes, y en cuanto uno se acerca al trigo o la cebada, depositados junto al altar, un sacerdote se precipita para sacrificarlo con un hacha. Luego el animal es desollado, consumido y disecado. El hacha es acusada del asesinato, condenada y arrojada al mar.

Los filósofos estoicos convirtieron al rey del Olimpo en el símbolo del dios único. Así, Cleantes (232 a. C.) afirma: «Eres hasta tal punto el señor supremo del universo, que sobre la Tierra nada se reproduce sin ti, nada en el cielo etéreo, nada en el mar» (*Himno a Zeus*).

Según Hesíodo, los cíclopes Arges, Brontes y Estéropes fueron quienes forjaron los rayos que utiliza Zeus.

ZEUS LANZANDO UN RAYO
SIGLO V A. C.
Arte clásico corintio, bronce

Sísifo es muy astuto. Hay quien cree que es el padre de Ulises. Sísifo denuncia al río Asopo el rapto de su hija Egina por Zeus. Este, enfurecido, le envía a Tánato (la muerte). Pero Sísifo, el taimado, logra encadenar al dios de la muerte y se precisa la intervención de Ares para liberarlo. Antes de descender a los infiernos, Sísifo pide a su esposa que no le rinda los honores fúnebres, y más tarde solicita a Hades volver a la Tierra para castigar esta falta de consideración. Tras volver a la luz, se niega a regresar a los infiernos. Entonces es condenado a empujar por la pendiente de una montaña una enorme roca, que, cuando se acerca a la cima, vuelve a caer.

ZEUS Y SU ÁGUILA
SIGLO VI A. C.
Copa lacedemonia
de figuras negras

El personaje
puede representar a
Zeus con el águila divina, o a
Prometeo encadenado mientras
espera a la rapaz que devora su hígado. Junto con
el rayo y el cetro, el águila es el emblema de Zeus. Bajo la apariencia
de un águila, Zeus raptó al bello Ganimedes, del que se había
enamorado. Lo hizo copero de los dioses en el Olimpo.

Poseidón / Neptuno, el dios marino

La violencia de la naturaleza

Así como su hermano Zeus posee el cielo y gobierna el rayo, Poseidón posee la inmensidad del mar y los monstruos que lo habitan, y gobierna todo lo que en él acontece: tempestades, maremotos y terremotos.

Poseidón es hijo de Cronos y Rea. Se le representa sosteniendo un tridente en la mano y de pie sobre un carro tirado por animales monstruosos. Poseidón fue criado por las telquinas, unas mujeres mitad marinas, mitad terrestres, que tienen el poder de hacer caer la lluvia y el granizo. Siendo ya adulto se enamoró de una de ellas, Halia, que le dio muchos hijos.

Tras la victoria de Zeus sobre Cronos, los jóvenes dioses (divinidades ctónicas que favorecen la vida en la Tierra) deciden repartirse los distintos dominios, echándolos a suertes: a Zeus le toca el cielo, a Poseidón el mar y a Hades el mundo de los infiernos. Para ejercer su poder, Poseidón se rodea de otras divinidades, como Nerea. Su mujer, Anfitrite, comparte con él el imperio submarino. Poseidón es un dios ctónico, como Zeus, Hades, Deméter y muchos otros. Los dioses ctónicos representan las fuerzas oscuras de la germinación y de la muerte. Tienen un poderoso vínculo con la Tierra, Gea, la madre de los titanes. Estos dioses de las profundidades reinan en los infiernos y hacen temblar al mundo del interior. Poseidón provoca seísmos cuando se une con su esposa.

Una cierta mala suerte

Cuando los hombres se organizan en ciudades, cada uno de los dioses elige una o varias localidades donde será honrado de forma particular. Por desgracia, se da el caso de que varios dioses quieren atribuirse el mismo lugar. Pero ello no es posible, y se precisa de un arbitraje. Por lo general,

POSEIDÓN
SIGLO V A. C.
Bronce, altura 2,9 m (detalle), cabo Artemision

Poseidón tiene la serenidad y la majestad de Zeus, su hermano.

18

Poseidón no es afortunado en estos litigios: pierde Corinto a manos de Helio, Egina en beneficio de Zeus, Naxos en el de Dioniso, Delfos en el de Apolo, y Atenas en el de Atenea. Aun así, se le reconoce como propia una isla misteriosa: la Atlántida. Su poder es grande. Con su tridente, el arma de los pescadores de atún, no solo puede provocar el temporal, sino también sacudir las rocas de la orilla y hacer surgir fuentes. No siempre está de acuerdo con Zeus y, junto con Hera y Atenea, participa en la conjura ideada para encadenar al rey del Olimpo. Pero Briareo, el gigante de cien manos llamado por Tetis, se interpone, y el temor que inspira su fuerza prodigiosa pone fin a la conspiración.

El orgullo de Poseidón

Poseidón participa en la construcción de las murallas de Troya con Apolo y Éaco, un mortal. Al no recibir su salario, incita a un monstruo a asolar la región, y durante la guerra de Troya el dios elige el bando de los aqueos. No obstante, sintiéndose orgulloso de la muralla, protesta contra la decisión tomada por estos de construir un muro alrededor de sus naves y, enfurecido, decide destruirlo.

Poseidón defiende a sus protegidos: anima a Áyax, aconseja a Teucro y salva a Eneas en su lucha contra Aquiles. Pero es terrible con aquellos que no le agradan, como Ulises, contra quien lanza una tempestad tras otra.

Una descendencia malévola

Poseidón vive muchos amores, pero sus hijos son, en su mayoría, seres violentos y de malos instintos: de Toosa tiene a Polifemo, el cíclope; de Medusa, al gigante Crisaor; de Amimone, a Nauplio; de Ifimedia, al bandido Escirón, Cerción y los Alóadas. Incluso debe enterrar a algunos de sus hijos para evitarles el castigo que merecen.

En el Peloponeso, Poseidón aparece bajo los rasgos de un caballo. ¿Acaso no tomó forma de caballo para unirse a Deméter, también transformada en yegua? De esta unión nacen el caballo Arión y una hija cuyo nombre no podía ser pronunciado fuera de los misterios eleusinos.

POSEIDÓN (ARRIBA)
HACIA 500 A. C.
Estater de plata (reverso), Metaponte

19

POSEIDÓN (DERECHA)
HACIA 360 A. C.
Arte etrusco, cerámica, crátera en forma de cáliz de figuras rojas

Poseidón entre divinidades. A la derecha
se reconoce a Apolo con su lira.

Neptuno es el dios romano asimilado a Poseidón. Es el dios de la humedad y del agua dulce. Su esposa, Salacia, evoca el surgimiento del agua. Las neptunales, una fiesta anual que se celebra el 23 de julio, se dedican a Neptuno. Durante esta fiesta, en pleno verano, los romanos construyen cabañas con ramas de fresco follaje. El emperador Augusto atribuyó a Neptuno la victoria de Accio, y Pompeyo se hacía llamar «hijo de Neptuno».

Hades / Plutón, dios de los infiernos

«El peor de los soberanos del universo» (Lucano)

Hades, el dios despiadado de los infiernos, «prohíbe la salida de sus dominios y devora a quienes sorprende saliendo de sus puertas» (Hesíodo, 771). Es temido por los vivos, que evitan pronunciar su nombre, y por los demonios, que no se atreven a rebelarse.

Hades es hijo de Cronos, por lo tanto, hermano de Zeus y de Poseidón. En el reparto del mundo entre los tres hermanos, a él le corresponden el mundo subterráneo y los infiernos, mientras que Zeus toma el cielo, y Poseidón, el mar.

Hades recibe de los cíclopes un casco que lo hace invisible. Es temido en el combate y participa en la lucha contra los titanes. Hades reina sobre los muertos, asistido por demonios a los que impone su autoridad. Prohíbe a sus súbditos la salida de su dominio y se indigna cuando le arrebatan a sus presas. Es el dios más odiado por los mortales, e incluso horroriza a los dioses (*Ilíada*, XX, 61).

Se enamora de Perséfone, pero Zeus le ha prohibido casarse con ella, ya que al rey del Olimpo le repugna ver a esta dulce muchacha encerrada hasta la eternidad en los infiernos. Por ello decide raptarla, y cuando Zeus lo intimida para que la devuelva a su madre, Deméter, ya es demasiado tarde: Hades la ha obligado a comer un grano de granada que la ata definitivamente a los infiernos. Perséfone se vuelve tan cruel como su esposo.

Hades veta la entrada a los infiernos a Heracles, pero este lo hiere con una flecha y logra la victoria. «Y las toleró también el ingente Hades, cuando el mismo hijo de Zeus, que lleva la égida, disparándole en la puerta del infierno veloz saeta, a él, que estaba entre los muertos, lo entregó al sufrimiento: con el corazón afligido, traspasado de dolor —pues la flecha se le había clavado en la robusta espalda y abatía su ánimo—, fue el dios al palacio de Zeus, al vasto Olimpo, y Peón lo curó, que mortal no naciera, esparciendo sobre la herida drogas calmantes» (*Ilíada*, V, 395 sq. Traducción de Lluís Segalà i Estalella).

20

EL RAPTO DE PROSERPINA POR PLUTÓN
FRANÇOIS GIRARDON
(1628-1715), 1699
Mármol, altura 2,6 m
(detalle), palacio de Versalles

Es la última obra de este gran escultor. Se encuentra en Versalles, en medio del bosquecillo de la columnata.

Hades, al igual que su mujer Perséfone, puede mostrarse sumamente benefactor hacia los hombres de la Tierra. Pero todo lo amable que puede ser allí lo tiene de cruel en los infiernos. En cierto modo, los hombres se lo tienen en cuenta: no le han consagrado ningún templo ni altar. Las ceremonias que le dedican se celebran de noche; los animales que le sacrifican, por lo general en número par, son negros y sus cabezas siempre están vueltas hacia abajo. Si le dedican un santuario, será un lugar que estará abierto una sola vez al año, en el que se entrará una sola vez, como en los infiernos. Pese a todo, lo invocan los trabajadores de la tierra bajo el nombre de Plutón, denominación que los romanos tomarán más adelante para designarle. Es «el que produce riquezas». Entonces se convierte en un dios pacífico, que en una mano sostiene el cuerno de la abundancia, y en la otra, herramientas agrícolas.

Las arpías, unas divinidades maléficas

Las raptoras

Las arpías son tan rápidas como el viento y tan espantosas como la tempestad. Los dioses les encomiendan el castigo de los culpables. Pero sus brutalidades a menudo son incomprensibles.

Las arpías, hijas de Taumante y de Electra, son tres: Aelo, llamada también Nicótoe, «la de los pies rápidos»; Ocípete, «la de vuelo rápido», y Celeno, la oscura. Son mujeres dotadas de alas o aves con cabeza femenina. Sus garras son afiladas y crueles.

Estas «servidoras de Zeus» se apoderan de los niños y de las almas. Así, durante una ausencia de Afrodita, que las criaba, raptan a las hijas de Pandáreo y las entregan como esclavas a las Erinias (*Odisea*, XX, 77). Se las representa sobre tumbas, llevando a cabo sus fechorías. Las arpías saben muy bien cómo torturar a sus víctimas: así, el rey Fineo sufre sus maldiciones. Cubren con sus excrementos o le arrebatan todo lo que se encuentra ante él, incluso los alimentos. Cuando ya no lo soporta más, pide a los argonautas que lo libren de estas furias, y los boréadas Zetes y Calais empiezan a perseguirlas.

Se decía que las arpías solo podían morir a manos de los Boréadas, y que estos morirían si no las alcanzaban. La primera cayó en un río. Pero Iris —el arco iris—, mensajero de Zeus, se interpone. A cambio de salvar la vida de las arpías, estas prometen que dejarán de molestar al rey Fineo (Apolonio de Rodas, *Las Argonáuticas*, II, 285 sq.).

Mediante su unión con el dios Céfiro, las arpías engendraron a los dos caballos de Aquiles, Janto y Balio, y a los dos caballos de los Dioscuros, Flógeo y Hárpago.

Las arpías simbolizan el hostigamiento de los vicios, la crueldad extrema y la obsesión por la maldad. Únicamente los hijos de Bóreas, el viento (el soplo del espíritu), logran darles caza.

TUMBA DE LAS ARPÍAS
HACIA 780-470 A. C.
Detalle, Xantos, Licia (Asia Menor)

Las Erinias, divinidades infernales.

Las Erinias, fuerzas primitivas que moraban en los infiernos, son las encargadas de infligir los castigos de todos los crímenes de sangre. Encarnan la venganza y son hijas de la discordia.

Son tres: Alecto, Tisífona y Megera. Se trata de genios alados de largas cabelleras entremezcladas con serpientes que portan látigos y antorchas. Acosan a sus víctimas, se deleitan torturándolas y las hacen enloquecer.

Han nacido de las gotas de sangre caídas del órgano sexual de Urano y no reconocen la autoridad de los dioses del Olimpo. También se las llama Euménides (las «bondadosas»), para evitar su cólera. Los romanos las asimilan a sus Furias. Cegadas, ejecutan sus castigos de forma indefinida: así, empujan a Clitemnestra a matar a su esposo, Agamenón, que ha sacrificado a su hija, Ifigenia, y luego hacen que Clitemnestra muera a manos de su propio hijo, Orestes, que de este modo venga a su padre. Finalmente, persiguen al hijo por haber dado muerte a su madre. Asimismo, son el origen de la maldición de Edipo y de sus descendientes.

Son implacables, para todo homicidio exigen un castigo. Para ellas, el asesinato es una mancha, y el hombre que lo ha cometido es desterrado de su ciudad, se convierte en un vagabundo y pierde el juicio. Debe ser purificado. Con gran resolución, velan para que cada cual permanezca en su lugar, prohíben a los adivinos revelar con precisión el futuro, y a los hombres, tener demasiado poder. Condenan la *hybris* (la exageración, el orgullo). En el Tártaro, torturan a los muertos.

CRÁTERA LLAMADA «CRÁTERA DE LAS EUMÉNIDES»
HACIA 380 A. C.
Jarra cerámica, Tarento

Detalle que representa a las Erinias. A la derecha se ve la silueta de Orestes, a quien han perseguido durante mucho tiempo tras el asesinato de Clitemnestra, su madre.

Deméter / Ceres, la diosa-madre

Señora de la tierra cultivada

El dominio de Deméter es la tierra fértil y la vegetación, en la que tiene un papel sutil que enlaza la vida y la muerte, primavera e invierno, recoge los frutos de la tierra y reparte los alimentos.

Deméter es hija de Cronos y Rea. Es la diosa del trigo, y su culto es, en especial, floreciente en las regiones donde este cereal crece en abundancia, en Sicilia, en la región de Eleusis, en Creta, en Tracia y en el Peloponeso.

Perséfone (Core) nace de los amores de Zeus y Deméter. Como hija única de la diosa, crece feliz y alegre entre los otros hijos del señor del Olimpo, Artemisa y Atenea. Su tío Hades se enamora perdidamente de ella, y mientras está cogiendo un narciso, se entreabre la tierra, ella grita sorprendida, aparece él y se la lleva consigo a los infiernos.

Una larga búsqueda

Deméter, al oír el grito de su hija, se precipita a buscarla, pero no la encuentra. Con el corazón angustiado, recorre el mundo entero en su búsqueda, sin beber ni comer, sin acicalarse. Al cabo de diez días, conoce por fin quién es el raptor. Entonces decide no volver a subir al cielo y renunciar a sus prerrogativas de diosa hasta haber recuperado a su hija.

Bajo la apariencia de una anciana, visita las ciudades de los hombres, observa sus trabajos, luego se sienta sobre la «piedra sin alegría» y, por fin, va a parar entre unas ancianas que charlan en la corte del rey Céleo. Una de ellas, Yambe, logra hacerla sonreír con sus bromas. Se rompe el ayuno. Deméter prepara un *cyceon*, una mezcla de agua, granos de cebada y menta. Permanece en la corte como nodriza, y cría a Demofonte, hijo del rey de Eleusis, a quien encarga la misión de difundir el cultivo del trigo.

Pero este exilio de la diosa deja la tierra estéril, y Zeus, responsable del orden en el mundo, exige a Hades que devuelva a Perséfone. Sin embargo, esta ha probado los granos de granada que la han atado para siempre a los infiernos. No obstante, se encuentra una solución: Perséfone sube al cielo con los primeros retoños de la primavera y vuelve a su morada subterránea con la siembra de otoño.

Los misterios de Eleusis

«Soy Deméter, a quien todo el mundo honra, la fuerza más útil para los dioses y para los hombres». Así es como la diosa se da a conocer a los hijos de Eleusis. Estos le levantan un templo y pronto se organizan los misterios de Eleusis.

Entre septiembre y octubre, los candidatos a la iniciación entran en el mar para purificarse. Después, el cortejo sigue la vía sagrada de Atenas a Eleusis; llegan al santuario a la caída de la noche. «He ayunado, he bebido el *cyceon*, he hecho mi trabajo y he depositado los objetos en el cesto y en la canasta» (Clemente de Alejandría,

22

DEMÉTER (ARRIBA)
SIGLO I
Mármol, altura 1,05 m (detalle), Cartago

ESTELA FUNERARIA (O VOTIVA) LLAMADA «LA EXALTACIÓN CON LA FLOR», CON DEMÉTER Y CORE (ABAJO)
SIGLO V A. C.
Mármol (fragmento), Tesalia, Fársala

Protréptico, II, 21, 2): estas son las palabras que pronuncian los neófitos. Entonces siguen unos ritos secretos, realizados en silencio. La primera parte de la iniciación ha terminado.

Se los llama *misterios* porque el secreto se ha guardado bien: ¿el trabajo simbólico representa el descubrimiento de un molino rudimentario para moler el grano —manifestación de una etapa de la civilización— o bien la realización de actos de carácter sexual? Todavía hoy se ignora.

La segunda fase de la iniciación es una experiencia interior. Aristóteles lo expresa claramente: «Aquellos que son iniciados en los ritos secretos no deben aprender nada, sino experimentar ciertas emociones y ser puestos en ciertas disposiciones».

Por último, al igual que Deméter vuelve a su lugar entre los inmortales, como símbolo de la tierra fértil y de la riqueza de la naturaleza y de la vida, los iniciados regresan a Atenas y vuelven a la vida que habían abandonado durante un tiempo.

Los misterios de Eleusis no son más que un paréntesis en la vida de la ciudad, en el que hombres, mujeres y esclavos se encuentran en el mismo nivel: el de ser fieles a un solo culto, y todos ellos deben seguir el mismo proceso. Es una ruptura breve y controlada en la vida política del país.

Los romanos darán a Deméter, la diosa-madre, protectora de la agricultura, el nombre de Ceres, una antigua divinidad de la vegetación.

Deméter. «Y ahora, cantad, musas olímpicas de delicioso lenguaje, hijas de Zeus que sostiene la égida, cantad pues, diosas, las inmortales que han entrado en el lecho de hombres mortales, que les han engendrado hijos iguales a los dioses. Deméter, divina entre las diosas, dio a luz a Pluto, unida por un amor encantador al héroe Jasón, en un barbecho tres veces removido, en el fértil país de Creta; y Pluto, benefactor, recorre la Tierra entera y el vasto dorso del mar, y al primero en cuyos brazos cae lo hace rico y le otorga una gran opulencia.» (Hesíodo, *Teogonía*, 965-975)

CERES SOSTENIENDO UNA HOZ Y UNAS ESPIGAS
MARTIN NOBLET, 1576
Pintura sobre madera

Deméter aparece como plantadora, símbolo de la tierra fértil y de la riqueza de la vida. Lleva la hoz y unas gavillas de trigo para indicar que la agricultura es el ámbito que ella protege y hace fructificar.

Hera / Juno, la esposa de Zeus

La diosa de los brazos blancos

Hera, la hermana y el doble femenino de Zeus, regenta con el mismo título que él la soberanía del mundo. Sin embargo, las disputas entre los esposos son la causa de las perturbaciones del cielo y de la atmósfera.

Hera, o Juno, hija de Cronos y de Rea, fue criada por Océano y Tetis. Se casa con Zeus, su hermano, con ocasión de unas fiestas grandiosas organizadas en el jardín de las Hespérides, símbolo de la fecundidad, durante una primavera eterna. Este matrimonio es conmemorado en Samos, Argos y Platea. La estatua de la diosa es ataviada como corresponde a las mujeres desposadas y es conducida en procesión hasta el lecho nupcial (Hesíodo, *Teogonía*, 901 sq.). Una vez al año, Hera recupera su virginidad bañándose en la fuente Kanathos (Pausanias, II, 36, 2). Según algunas tradiciones, sus hijos más célebres son concebidos por ella sola, sin la aportación del varón, golpeando el suelo con la mano o comiendo una lechuga. Así nacen, no del amor, sino del deseo y del odio, Tifón, el ser monstruoso capaz de destronar a Zeus; Hefesto, el mago; Ares, el dios de la guerra, y Hebe, la juventud. Hera no les muestra ninguna ternura; su única preocupación es reivindicar los derechos que le confiere el lecho conyugal.

La mujer celosa y colérica

Como esposa legítima, Hera sufre las numerosas infidelidades de su marido y cierne su venganza no solo sobre las amantes de Zeus, hubiesen dado su consentimiento o no, sino también sobre sus hijos: introduce dos enormes serpientes en la cuna de Heracles; pone a Ío bajo la custodia de Argos, el de los cien ojos; sugiere a Sémele el deseo de ver a su amante en toda su gloria, consciente de que la mortal no podrá soportar la luz del rayo; hace enloquecer a los padres adoptivos de Dioniso, e intenta impedir el nacimiento de Apolo y de Artemisa. «Su cólera rugía contra todas las mujeres que daban hijos a Zeus, sobre todo contra Leto, la única que, por él, puso al mundo un hijo más querido que Ares. [...] Ella acechaba, cerraba cualquier refugio a Leto, desgarrada por los dolores. Tenía dos centinelas que vigilaban la Tierra; uno se ocupaba del continente [...], y el otro, de las vastas islas» (Calímaco, *Himno a Delos*, 55-65).

Zeus no puede hacer mucho contra ella. A veces se enfada y cuelga a la diosa en el Olimpo atando yunques a sus pies. Hefesto va en su ayuda (*Ilíada*, I, 567). Pero, por lo general, Zeus obra con astucia: esconde a sus hijos ilegítimos, los transforma en animales o los encierra bajo tierra.

Un día, Zeus y Hera entablan una larga discusión sobre el amor. El primero sostiene que la mujer experimenta más placer que el hombre, y la segunda afirma lo contrario. Deciden consultar a Tiresias, que ha experimentado los dos sexos. Este dice que la mujer siente nueve veces más placer que el hombre, dando así la razón a Zeus. Enfurecida por esta declaración, Hera deja ciego a Tiresias.

Despechada por haber perdido el concurso de belleza juzgado por Paris, persigue a este con su venganza y se alinea con los troyanos, erigiéndose en protectora de Aquiles.

24

Hestia es hija de Cronos y de Rea y, por lo tanto, hermana de Zeus y de Hera. Del rey del Olimpo ha obtenido el privilegio de conservar eternamente su virginidad. Como diosa del hogar, no abandona las «elevadas moradas de los dioses eternos» (Homero, *Himno a Hestia*) y no interviene nunca en la tormentosa historia de los dioses. Es el punto central, el lugar de reunión. En todas las casas recibe de los hombres unos honores particulares: el fuego que la simboliza no se apaga nunca, le presentan a la joven desposada y al hijo recién nacido, y se la invoca en cada comida. A ella se destina la primera parte de todos los sacrificios.

ESTUDIO DE JUNO (DERECHA)
BENVENUTO CELLINI (1500-1571)
Lápiz negro

EL MATRIMONIO DE HERA Y ZEUS
MEDIADOS DEL SIGLO V A. C.
Metopa del templo de Selinonte, Sicilia

El dios sentado contempla a la nueva esposa, que se quita lentamente el velo nupcial.

Junone

era ītra esifecie da
grāde piu del uiuo
francescho . ī pa
auenano a esseta
sitini il aione sola

Hefesto / Vulcano, el artesano

El señor del fuego

Hefesto, el mago, está dotado de una habilidad extraordinaria; posee todos los oficios manuales, el de herrero, el de joyero y el de mago, así como una notable técnica, única en el mundo de los dioses.

Hefesto, o Vulcano, es hijo de Zeus y de Hera. Según dicen algunas tradiciones, solo es vástago de Hera, que estaba furiosa porque Atenea hubiese nacido solo de Zeus. Pero esta versión no se corresponde con la imagen existente de un Hefesto partiendo el cráneo a su padre para permitirle traer al mundo a Atenea.

Hera, la madre de Hefesto, al ver la fealdad de su hijo, lo hace caer del Olimpo y la caída lo deja maltrecho para siempre (*Ilíada* XVIII, 394, sq.). También se dice que la cojera de Hefesto se debe a que Zeus lo precipitó sobre la isla de Lemnos porque había defendido a su madre durante una discusión conyugal (*Ilíada* I, 590 sq).

Tetis y Eurínome lo crían durante nueve años en una cueva de las profundidades marinas. Allí aprende los oficios de herrero, de joyero y muchas otras artes manuales.

El artesano

Hefesto es el dios del fuego. Los volcanes son sus talleres, y los cíclopes, sus ayudantes. Confecciona broches, joyas, brazaletes y también fabrica autómatas. Acondiciona las deslumbrantes moradas de los dioses, forja el escudo de Aquiles e incluso los dos tentemozos de oro, parecidos a dos muchachas, que lo ayudan a andar (*Ilíada* XVIII, 417).

Hefesto forja un trono de oro mágico que inmoviliza a aquel que se sienta en él y lo envía a Hera para vengarse por su caída del Olimpo. Al sentarse, la diosa queda de inmediato encadenada. Entonces los dioses lo llaman para que libere a su madre (Pausanias, I, 20, 2).

Hefesto, el dios del fuego, lucha con esta arma en Troya. Da muerte a Clitio, el gigante, con una barra de hierro incandescente.

Los amores de Hefesto

Pese a su fealdad y su cojera, Hefesto es amado por las más bellas. Zeus le da como esposa a Afrodita, quien lo engaña descaradamente con Ares. Al enterarse, Hefesto tiende una trampa a los amantes y los captura con una red invisible cuando están abrazados.

26

HEFESTO
SIGLO III A. C.
Bronce

El dios del fuego y del trabajo de los metales.

HEFESTO EN SU TALLER DE HERRERO
SIGLO VI A. C.
Ánfora de figuras negras

HEFESTO
FORJANDO UNA
ARMADURA PARA
AQUILES
GIORGIO VASARI
(1512-1574)
Pluma, piedra negra,
resaltes de blancos,
papel ocre

Después de que
Patroclo, protegido
con la armadura de
Aquiles, muera a
manos de Héctor,
Tetis pide a Hefesto
una nueva
armadura para
su hijo.

Ares / Marte, el dios de la guerra

La violencia mortífera

Ares, que se confunde con el dios romano Marte, es escoltado por la ensangrentada Enio, Éride (la discordia), Deimo (el temor) y Fobo (el terror). Su pasión desmesurada por la violencia lo hace particularmente desagradable.

Ares, hijo de Hera, que lo trajo al mundo sin ayuda de semilla masculina (*Ilíada*, XV, 166), es uno de los doce grandes dioses. Es el camorrista por excelencia, se preocupa muy poco por la causa que debe defender y cambia de bando sin escrúpulos; le gusta luchar por luchar, y se complace en las matanzas y en la sangre. Es el dios más odiado del Olimpo. Este dios, salvaje y de estatura colosal, lleva una armadura de bronce (*Ilíada* V, 704), un casco resplandeciente con una larga crinera (*ibid.*, XXII, 132), una lanza (*ibid.*, XV, 605) y un escudo de cuero (*ibid.*, V, 289). Posee una fuerza inaudita con la que derriba todo lo que encuentra a su paso: guerreros, carros e incluso murallas (*Himno homérico*, VII, 1). Con su rapidez vertiginosa, sorprende a sus enemigos y los asusta gritando *¡alalé alala!*, su grito de guerra.

Una energía salvaje

Es el dios de las batallas, no el dios de la victoria. Su fogosidad desconsiderada le vale muchos sinsabores.
Es una figura opuesta a Atenea, mesurada y reflexiva.
En ocasiones, esta lo desarma para impedirle que se inmiscuya en batallas que no le conciernen (*Ilíada* XV, 110-142); lucha directamente con él, armando el brazo de Diomedes (*ibid.*, V, 590 sq.), e incluso una vez logra abatirlo lanzándole una piedra (*ibid.*, XXI, 391 sq.).
A menudo sufre la derrota: al ser atacado por los Alóadas, Oto y Efialtes, hijos de Poseidón, es encadenado y encerrado durante trece meses en una vasija de bronce (*Ilíada* V, 385 sq.). También Heracles lo vence en varias ocasiones, e incluso le llega a despojar de sus armas (Hesíodo, *El escudo de Hércules*, 465 sq.).
Lucha siempre hasta el agotamiento y varias veces, después de participar en batallas extremadamente violentas, se le da por muerto. Entonces el Olimpo lo recibe y el propio Zeus cura sus heridas. Un dios no debe morir nunca (*Ilíada* V, 590 sq.).

Una potencia masculina

Este ardor extremo no deja indiferente. Conquista a la propia Afrodita, quien debe ocultar esta unión ilícita (*Odisea*, VIII, 266-366). Según algunas tradiciones, Eros y Príapo nacen de ella. Pero Ares tiene la misma fogosidad en sus aventuras amorosas que en la guerra: viola y deja encinta a Astíoque, de la que nacerán Ascálafo y Yálmeno (*Ilíada* II, 512); a Pirene, de la que tiene a Diomedes de Tracia, Cicno y Licaón (Apolodoro, II, 5-8). Crisa le da Flegias

MARTE
SIGLO II
Busto en mármol, templo del foro de Augusto, Roma, col. Ludovisi

Marte, dios de la guerra, con casco y coraza, como un auténtico soldado romano.

28

Marte y Venus conocieron un amor apasionado que fue desbaratado por los celos de Hefesto, el marido de la diosa.

(Pausanias, IX, 36, 1); de Astínome tiene a Calidón; de Altea, a Meleagro (Apolodoro, I, 8, 2); de Peribea, a Tideo (Diodoro de Sicilia, IV, 35); de Protogenia, a Óxilo (Apolodoro, I, 7, 7); de Harpina, a Enómao (Pausanias, V, 22, 6), etc.

El culto

Tracia es su país de origen. El pueblo salvaje y belicoso de esta región le rinde un culto especial. Este se desarrolla posteriormente en Tebas, Atenas y Esparta. En esta última ciudad, dos de sus sacerdotes van delante de los ejércitos y, mediante antorchas, dan la señal de combate.

En Roma, Ares es asimilado al dios Marte, uno de los más antiguos y venerados de la Península. Le rinde culto una cofradía de sacerdotes respetados, los salios (*Salii Palatini*), que conservan los doce escudos de escotadura. Los salios se dicen caídos del cielo y ejecutan danzas guerreras durante unas fiestas. Marte se considera el padre de Rómulo, el fundador: él ha conducido Roma a la soberanía del mundo.

Hebe / Juventus.

Hija de Zeus y de Hera. Se dice que Hera concibe sola a Hebe, sin el esperma de Zeus. Sin embargo, este la adopta y la hace diosa de la juventud, dándole el poder de rejuvenecer a los seres, y le atribuye la misión de escanciar néctar y ambrosía a las divinidades. Pero un día adopta una pose indecente que molesta al dios del Olimpo, el cual la sustituye por el joven Ganimedes. Entonces pasa a estar únicamente al servicio de su madre. Se casa con Heracles y le da dos hijos, Alexiares y Aniceto. Se la representa coronada con flores.

Apolo, el dios del arte

El dios del arco de plata

Joven, hermoso, inteligente, razonable, brillante, adivino, poeta y músico. Apolo reúne en su persona todas las cualidades de un gran dios, admirado y respetado. Encarna la civilización.

Entre los romanos, a menudo se le denomina Febo, el brillante, y se le confunde con el Sol. Su carácter reluciente y luminoso esconde un lado aterrador. Le llaman «el más poderoso de los dioses».

Delos

Zeus tiene una aventura con Leto y esta queda encinta. Hera está celosa y la persigue por toda la Tierra para impedirle que traiga al mundo a sus hijos. Solo una pequeña isla errante y estéril, Asteria, acepta acogerla, y Leto por fin puede dar a luz, primero a Artemisa, y más tarde a Apolo. Como el dios de la luz nace en su suelo, la isla enseguida se cubre de oro, prospera (*Himno homérico a Apolo*, 135), se fija en medio del mar de Grecia y se convierte en Delos, la brillante. Los cisnes sagrados dan siete vueltas a su alrededor, porque esto ocurre en el séptimo día del mes. Por fin, llevan al niño más allá de la patria del Viento del Norte, entre los hiperbóreos (Calímaco, *Himno a Delos*, 41-54).

Delfos

Tras su estancia de un año entre los hiperbóreos, Apolo se traslada a Delfos. Allí encuentra un dragón, Pitón, que protege el oráculo de Temis, la diosa de la ley, que no obstante se dedica a hacer toda clase de atropellos en esa tierra, matando a hombres y animales, enturbiando manantiales y asolando la Tierra. Apolo le da muerte con sus flechas, y así libera al país. A continuación, funda los Juegos píticos, consagra el santuario y hace del trípode uno de sus símbolos. En lo sucesivo, la pitia pronunciará sus oráculos sentada en un trípode (*Himno homérico a Apolo*, 127, sq.).

HERACLES Y APOLO DISPUTÁNDOSE
LA POSESIÓN DEL TRÍPODE
SIGLO VI A. C.
Jarrón cerámico de figuras negras

En los templos, el trípode sagrado estaba consagrado a los dioses. El más célebre es el de Platea. Era de oro y se había fabricado con el botín de la victoria de Platea contra los persas. Se encontraba en Delfos, delante del templo de Apolo.

APOLO Y DAFNE
PETRUS PAULUS RUBENS (1577-1640)
Óleo sobre madera

Apolo persigue a Dafne, de la que se ha enamorado, pero ella huye a las montañas y se transforma en un laurel.

La juventud

Dios de una juventud siempre renovada, pero no inmadura, rebosa energía y, a veces, incluso violencia. Es el modelo y el protector de los kuroi (jóvenes humanos). Lleva largos bucles negros de reflejos plateados, una cabellera que el hierro no ha cortado nunca, y los jóvenes le entregan como ofrenda su primer corte de pelo, en un rito tradicional que marca su entrada en la asamblea de los hombres.

Los amores de Apolo

Apolo ama a la ninfa Dafne, un amor inspirado por Eros, irritado por sus bromas. Pero ella, que no corresponde a sus deseos, huye a la montaña y se transforma en laurel, el árbol dedicado a Apolo.

Ama también a la ninfa Cirene, de la que tiene un hijo, Aristeo. Con ella cumplirá todos los ritos matrimoniales (Píndaro, *Píticas*, IX, 104 sq.). Pero ello no le impide perseguir a otras. Con la musa Talía engendra a los Coribantes; con Urania, a los músicos Lino y Orfeo; a Asclepio con Corónide, a quien mata a causa de sus infidelidades (Píndaro, *Píticas*, III, 41 sq.). El mismo lance le ocurre con Marpesa, que prefiere a un mortal, Idas, pues teme ser abandonada en su vejez por un Apolo siempre joven. También se le conoce el amor de Ptía, de la que tiene a Doro, Laódoco y Polipotes; y el de Reo, que le da a Anio. Por otra parte, no solo le atraen las mujeres, ya que las muertes de los héroes Hiacinto y Cipariso lo sumen en una gran tristeza.

Un orgullo ciego

Apolo solo se mezcla con los humanos por capricho o cuando se ve obligado a hacerlo. Ante Diomedes se muestra muy orgulloso: «Atrás, no te midas con los dioses, ya que no son de la misma raza, los dioses inmortales y los hombres de camino sobre la Tierra».
Es «extremadamente orgulloso», dice el *Himno homérico*,

APOLO
SIGLO I A. C.
Bronce, plata, cobre, altura 1,150 m (detalle), Piombino, Italia

31

no se rebaja a mirar a «esta pobre raza que brota y se marchita como las hojas de los árboles».

Sin embargo, presta ayuda a los argonautas, en los que encuentra algo de su orgullo. Este lo lleva incluso a mofarse del propio Zeus.

Las pruebas de Apolo

En dos ocasiones, Zeus reacciona poniéndolo a prueba: le ordena que durante un tiempo sea esclavo al servicio de ciertos mortales.

La primera vez, con la complicidad de Hera, Poseidón y Atenea, Apolo intenta atar a Zeus y, por ello, es condenado a trabajar para el rey de Troya, Laomedonte. Debe construir las murallas de la ciudad y vigilar los rebaños en el monte Ida. Como el rey se niega a pagarle, envía una peste que asola el país (Píndaro, *Olímpicas*, VIII, 40 sq.).

La segunda vez, Zeus lanza un rayo a Asclepio, Apolo se enfurece y mata a los cíclopes. Como castigo, el rey del Olimpo le envía a Admeto, rey de Feras, al que sirve como boyero. Al ser bien recibido, lleva la prosperidad a aquel país (Calímaco, *Himno a Apolo*, 47).

La música es uno de sus talentos. Un día, Hermes le roba su rebaño. Cuando Apolo lo encuentra en el monte Cileno, se lo da a Hermes a cambio de la lira que este ha inventado. En otra ocasión, lo desafía el sátiro Marsias, que afirma obtener de su flauta una música más melodiosa que Apolo de su lira. Marsias es vencido, y Apolo hace que le desuellen vivo y lo cuelguen de un pino: esta es la razón por la que el árbol tiene una corteza roja como la sangre de la víctima. Apolo es *mousagétès*, «director del coro de las Musas», e inspira tanto a los adivinos como a los poetas.

El dios aterrador

Sus armas son tan temibles como las de Artemisa, su hermana. Participa en la masacre de los hijos de Níobe; diezma el ejército de los griegos en Troya (*Ilíada* I, 43, sq.); mata a los cíclopes, a la serpiente Pitón, procedente de los antros oscuros, y a Ticio, el gigante salido de la tierra. A él se atribuye la muerte de Aquiles. El odio que sentía por Aquiles lo lleva a perseguir a su hijo, Neoptólemo, y le da muerte en Delfos durante una consulta del oráculo. Incluso sus amigos lo temen: aparece ante los argonautas, a los que presta su apoyo, pero estos no se atreven a alzar los ojos debido a su resplandor; quedan estupefactos y temblorosos, y cuando deciden mirar, Apolo ya se ha ido (Apolonio de Rodas, *Las argonáuticas*, II, 680).

El dios que lo sabe todo

Del mismo modo que es hábil matando, también tiene medios para curar o hacer desaparecer el dolor y la enfermedad (Apolo es *apotropaios*), o para vencer a los monstruos que esparcen la desgracia. Es médico, como Asclepio, su hijo. Conoce los ritos de purificación (es *katharsios*). Se le invoca para luchar contra la peste, y su efigie se coloca en los lugares peligrosos; también se le consulta en las situaciones difíciles.

La mirada de este dios alcanza todas las cosas. Para él, no hay distancias. Nada se le escapa, ni pensamientos, ni palabras, ni acciones (Píndaro, *Píticas*, III, 25). Lo sabe todo, la causa del mal y el remedio para subsanarlo; conoce «el número de los granos de arena y las dimensiones del mar» (Herodoto, *Historias*, I, 47).

32

Las Musas, diosas de las artes.

Son nueve, hijas de Zeus y de Mnemosine, la memoria. Cada una tiene su propio dominio: Calíope, la poesía épica; Clío, la historia; Polimnia, la pantomima; Euterpe, la flauta; Terpsícore, la danza; Erato, el arte lírico; Melpómene, la tragedia; Talía, la comedia, y Urania, la astronomía.

Ellas alegran a los dioses e inspiran a los poetas. Favorecen los contactos y hacen nacer el diálogo.

Las Musas crean lo que cantan: al loar a los dioses, cumplen su gloria; al alabar a los guerreros valerosos, los inscriben en la historia. Así colaboran en la ordenación del mundo y desacreditan a aquellos que las olvidan.

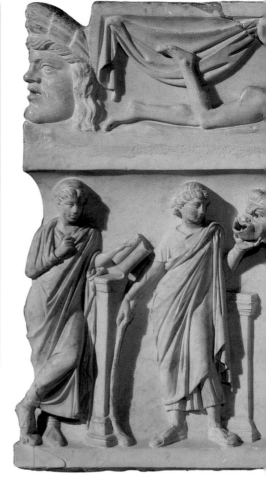

LOS DIOSES EN EL OLIMPO
TALLER DE FIDIAS, 435 A. C.
Friso del Partenón (detalle), Atenas

En este friso del Partenón aparecen, de izquierda a derecha, Poseidón, Apolo y Artemisa.

SARCÓFAGO DE LAS MUSAS
ÉPOCA ROMANA, H. 150 D. C.
Mármol blanco

El oráculo

Habla en Delfos. La Pitia dice «yo», pronunciando las mismas palabras de Apolo, el único que sabe lo que piensa el señor del mundo y conoce las decisiones que toma en su mente. «Conócete a ti mismo»: tal era la consigna grabada sobre el frontón del templo. El oráculo sabe leer en el corazón de quienes le interrogan las respuestas que están inscritas en su interior, pero «nunca de mi trono profético un oráculo he proclamado sobre varón, mujer o algún estado que no me haya dictado Zeus, el padre de los dioses» (Esquilo, *Las Euménides*, 616-619. Traducción de José Alsina).

Toda Grecia visita este lugar distinto a los demás, del que salen consejos para la vida privada, directrices para la vida política y conminaciones para la vida ritual y religiosa.

Las fiestas

Las fiestas en su honor, las targelias, se desarrollan en dos etapas: en primer lugar, se elige a dos personajes, miserables física y moralmente. Uno representa a las mujeres, y el otro, a los hombres. Los pasean por la ciudad, los azotan con varas, los lapidan y los echan al fuego o los expulsan a las montañas. Con ellos se llevan las deshonras de todo el mundo. Es la purificación. A continuación, se canta el *péan*, o canto para Apolo, y se ofrece a los dioses las primicias de los frutos de la tierra en forma de pan, frutas o dulces.

En Roma, el primer templo dedicado a Apolo se levantó en los Campos Flaminios. Fue erigido tras una grave epidemia y llevaba el nombre oficial de Apollo Medicus (Tito Livio IV, 25, 3; XL, 51, 6).

APOLO CON SU LIRA Y ARTEMISA HACIENDO
UNA LIBACIÓN SOBRE EL ALTAR DE ZEUS
SIGLO V A. C.
Cerámica, arte ático

Artemisa / Diana, la cazadora

La virgen arisca

Artemisa, eternamente joven y atractiva, es la igual de los hombres y la versión femenina de su hermano gemelo, Apolo. Vive rodeada de sesenta oceánides y de veinte ninfas, todas igualmente bellas.

Es hija de Zeus y Leto, y desde su nacimiento está marcada por los celos de Hera, la mujer legítima del señor del Olimpo. Como es la primigenia, ayuda a dar a luz a Apolo. Los lazos entre hermano y hermana son, por ello, aún más estrechos.

Es alta e imponente (*Himno homérico a Apolo*, *Pítica*, 271), una reina de rostro bello (Calímaco, *Himno a Artemisa*, 204) y de bucles dorados (Eurípides, *Hipólito*, 80 sq.). Está orgullosa de su físico, pretende preservarlo y se preocupa de conservar su virginidad.

Artemisa, la de las flechas de oro

De regreso de Delos, Artemisa pudo cazar por primera vez en el Ática (Pausanias, I, 19, 6). Va armada con arco y flechas forjadas por Hefesto y los cíclopes. El dios Pan le ha regalado unos perros «más rápidos que el viento», capaces de derribar incluso a los leones (Calímaco, *Himno a Artemisa*, 90-95). Vive en las montañas y en los bosques; corzos y ciervos constituyen sus presas (*Ilíada*, XXI, 485), y a veces también leones y panteras (Pausanias, V, 19, 5).

La muchacha arisca

Artemisa es una luchadora: participa con Apolo en la matanza de la serpiente Pitón, en el castigo del gigante Ticio y en el exterminio de los hijos de Níobe, que había insultado a su madre. Sobre aquel que le inspira desconfianza cae la desgracia. Es la «virgen inviolable e inviolada» (Sófocles, *Electra*, 1239) y se vuelve sin piedad contra aquellos que quieren forzarla: Oto, el gigante, debe su muerte a una de sus astucias (*Odisea*, XI, 305 sq.); Orión sufre la picadura de un escorpión que ella le envía (Palaifatos, *Historias increíbles*, 51, I, 4, 3); Acteón, que la sorprende bañándose desnuda en el nacimiento del Partenio, es transformado en ciervo (Diodoro de Sicilia, IV, 81, 3-5), y Búfago es atravesado por varias flechas en el monte Fóloe (Pausanias, VIII, 27, 17).

Artemisa defiende el pudor; se alza contra la violencia salvaje y los excesos, y castiga los amores ilícitos: venga la violación de la ninfa Opis; da muerte al tirano Tártaro porque se vale de su poder para poseer, antes del matrimonio, a las muchachas de su ciudad (Antoninus Liberalis, XIII). También manifiesta su cólera ante las vírgenes que ceden al amor: transforma en osa a Calisto, que se ha dejado seducir por

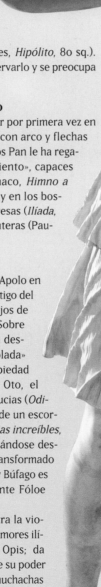

DIANA CAZADORA ACOMPAÑADA DE UNA CIERVA
ÉPOCA HELENÍSTICA, SEGUNDA MITAD DEL SIGLO IV A. C.
Mármol

34

Zeus (Hesíodo, *Fragmentos*, XCIX), y exige la inmolación de su sacerdotisa Cometo y de Melanipo, su amante (Pausanias, VII, 19, 20). Su atención se dirige en especial a las doncellas que no se han aficionado a los obsequios de la frívola Afrodita: son sus sacerdotisas, quienes la festejan, bailan delante de su templo y se reúnen en los bosques. Artemisa no se opone a su matrimonio, pero, al casarse, depositan ante su altar adornos virginales, mechones de pelo, juguetes, muñecas, y abandonan sus dominios.

Esta diosa no es dada a las frivolidades. En cambio, cuando se trata de intervenir en sucesos importantes, está presente y se erige en la protectora de las mujeres que van a alumbrar y de los recién nacidos (Calímaco, *Himno a Artemisa*, 20-25).

Diana cazadora

Artemisa llega a Capua y a Roma con el nombre de Diana, una diosa exigente, no en vano la guardia de su templo en Aricia solo puede lograrse matando al sacerdote en ejercicio (Ovidio, *Los Fastos*, 275). Se dice que fue en este santuario donde Artemisa escondió a Hipólito, el hijo de Teseo, tras su muerte y resurrección. Pero la influencia de la Artemisa griega ha hecho de Diana una diosa cazadora. Reina en los bosques y en todos los lugares donde abunda la caza, y en los idus de agosto, la fiesta que se celebra en su honor, premia a los perros y concede una tregua a los animales salvajes (Estacio, *Silvas*, III, I, 55).

El culto

En Roma, Diana tiene varios templos. El que se encuentra en el *vicus* Patricius tiene la particularidad de estar prohibido a los hombres, desde que uno de ellos quiso violentar a una mujer dentro del propio santuario y los perros de Diana lo despedazaron. Su templo más importante fue construido por Servio Tulio (578-534 a. C.) en el Aventino; es el lugar de reunión de los pueblos asociados y las fiestas que allí se celebran reúnen sobre todo a mujeres y esclavos.

La asimilación de Diana a Artemisa será completa cuando Augusto le dé un lugar junto a su hermano Apolo. Entonces se convierte en Diana Victrix, Diana victoriosa. En ocasión de la mayor fiesta religiosa del Imperio, celebrada en su honor, se interpreta el canto secular de Horacio en alabanza a la diosa. Diana simboliza la Luna, y Apolo el Sol: ambos astros influyen en la procreación, el nacimiento y la muerte. Pero ambos hermanos se consideran, sobre todo, protectores de la ciudad imperial y garantes de la paz que el Imperio había impuesto al mundo.

La caza de Diana
Eustache le Sueur (1616-1655)
Óleo

Artemisa: «Que las diosas, dice Zeus, me den hijos como esta y me preocuparé poco del furor de la celosa Hera. Recibe, hija mía, todo lo que deseas y pides: recíbelo de tu padre y mucho más. Treinta ciudades te daré, no una sola, treinta ciudades que no honrarán a otra divinidad sino a ti, y serán las ciudades de Artemisa.» (Calímaco, *Himno a Artemisa*, 25-30)

Atenea / Minerva, la sabiduría

La inteligencia y la habilidad

Desde que surgió del cráneo de Zeus, es la admiración de todos los inmortales. En Atenea, radiante con sus armas de bronce, como la ciudad de la que es protectora, se alían el amor a la sabiduría y al arte.

Cuando Metis, «diosa que sabe más que cualquier dios y hombre mortal», quedó encinta por obra de Zeus, este fue advertido de que, si nacía una hija, a continuación vendría un hijo que lo destronaría. Zeus devoró a la madre, y cuando llegó el momento del parto, pidió a Hefesto que le partiese la cabeza. Atenea salió de su cerebro, armada de pies a cabeza, y lanzó un grito de guerra que resonó en el cielo y en la Tierra. Salió a la luz «igual a su padre en fuerza y en prudente sabiduría» (Hesíodo, *Teogonía*, 896).

Virgen y guerrera

Se la denomina Parthenos, la virgen. Sin embargo, no es una diosa virgen como las demás: no teme a los hombres y está entre ellos como uno más. Se pone siempre del lado de los varones y se mide con los más poderosos: «en todo, salvo en tomar esposo, me he encontrado del lado del varón» (Esquilo, *Las Euménides*, 736. Traducción de José Alsina). Defiende la memoria de Agamenón contra Clitemnestra en el juicio a Orestes, que mató a su madre para vengar a su padre (Esquilo, *Las Euménides*, 736-738). No hay ninguna mujer entre sus protegidos: Ulises, Heracles, Diomedes, Aquiles y Menelao... Todos ellos hombres.

Su protección es efectiva. Sigue a Ulises en todas sus peregrinaciones: reviste la forma de un mortal para prestarle socorro, sugiere a Nausica que vaya a lavar la ropa cuando Ulises va a atracar en la isla de los feacios, e inspira la orden dada a Calipso de liberar al héroe. Defiende a Heracles y le ayuda en sus trabajos (Pausanias, III, 18, II). Contiene la cólera de Aquiles (*Ilíada*, I, 194). Pero, siempre comedida, niega la inmortalidad a Tideo a causa de su bestialidad.

Es guerrera (*areia*), poderosa (*sthenias*) y campeona (*promachos*). Participa de forma activa en la guerra contra los gigantes: Palante y Encélado son sus víctimas, y Atenea se hace una coraza con la piel del primero. Lucha en Troya al lado de los aqueos, dado que Paris le ha negado el primer premio a la belleza. Ares es su enemigo jurado (*Ilíada*, XXI, 390 sq.). Odia a este dios por sus cargas desconsideradas, su locura mortífera y su pasión por la sangre. Atenea no combate de este modo, sino que utiliza la estrategia, la emboscada, la astucia e incluso, si se da el caso, la magia.

Protegida por la égida, su escudo, sobre el que figura la cabeza aterradora de la Gorgona, paraliza a sus adversarios y hace invisibles a sus compañeros. La guerra no es un fin en sí misma, sino un conflicto que se gesta en la ciudad; hay que aplacarla.

LECHUZA TRANSFORMADA EN ATENEA
FINALES DEL SIGLO V A. C.
Cerámica, vasija de figuras rojas

Minerva. Diosa de ojos azules, asimilada a Atenea. Minerva es una diosa etrusca, introducida en Roma con el nombre de Minerva Capta, Minerva cautiva. Su fiesta principal, el 19 de marzo, es la de los artesanos. Pero tiene otra fiesta, el 13 de junio, celebrada sobre todo por los músicos y, en especial, por los flautistas —ella podría haber inventado la flauta. Minerva confiere prudencia y valor a los soldados durante el combate.

La ciudad

Cuando los dioses se reparten la Tierra, y cada uno pretende obtener un grupo de mortales que los veneren, Atenea compite con Poseidón por la posesión del Ática. El dios del mar llega primero y hace surgir una fuente en la Acrópolis, pero la diosa hace brotar un olivo de la roca sagrada. Zeus dirime el litigio, y Poseidón es declarado vencido (Apolodoro, III, 14, 1). En ese momento empieza para la ciudad ateniense la era de la civilización.

Erecteo es el hijo adoptivo de Atenea. Hefesto, abandonado por Afrodita, quiere obligar a Atenea a unirse a él, pero ella se resiste y logra liberarse. El esperma del dios herrero ha salpicado su muslo. Ella lo recoge y lo deposita en la tierra. De él nacerá Erecteo, hijo de Hefesto y de la Tierra (Apolodoro, II, 14, 6). El niño será el protegido de Atenea. Convertido en rey de Atenas, funda las panateneas, asociando para siempre el nombre de la diosa a su pueblo, nacido de Erecteo y de la Tierra.

Al igual que en la guerra, Atenea rechaza todo exceso en la vida cotidiana: enseña a los hombres a domar las fuerzas salvajes, a amansar la naturaleza, a hacerse dueños de los elementos. Da origen a todas las técnicas: enseña a hilar y a tejer a Pandora (Hesíodo, *Los trabajos y los días*, 64) y a las mujeres de Feacia (*Odisea*, VII, 110). Los herreros la invocan. Doma a los caballos e inventa el carro. Es ella quien procura a Belerofonte el bocado, un instrumento necesario para domar a Pegaso (Píndaro, *Olimpíacas*, XIII, 63-87). Preside el trabajo de la madera e inventa el primer barco con Danao (Apolodoro II, 1, 4). Y es la propia Atenea quien va a la montaña de Pelión a cortar los árboles con un hacha para la construcción del navío de los argonautas (Apolonio de Rodas, *Las Argonáuticas*, II, 1187-1189). Desea enseñar a los hombres lo que es «la *mêtis*, es decir, la inteligencia y no la fuerza, que hace al buen leñador» (*Ilíada*, XV, 412).

MONEDA QUE REPRESENTA A
ATENEA CON CASCO
SIGLO IV A. C.
Estater macedonio, época
de Alejandro Magno

ATENEA MATTEI,
LLAMADA ATENEA
PACÍFICA
SIGLO IV A. C.
Mármol, altura 2,3 m

Hermes / Mercurio, el mensajero

El dios de los viajeros

Astucia, inventiva, conocimiento, subterfugio y dominio de las cosas: estas son las elevadas cualidades de Hermes. Para con la manipulación de las ideas, Hermes es lo que Hefesto para con la habilidad manual.

Hermes, o Mercurio, es hijo de Zeus y de la ninfa Maya. Llega a la existencia, de modo algo socarrón, mientras dioses y hombres duermen; es aquel que sorprende.

En cuanto nace, en una cueva del monte Cileno, logra deshacerse de sus pañales y roba una parte del rebaño de su hermano Apolo. Se lleva los animales a una cueva de Pilos, y para borrar la pista hace que anden hacia atrás. Compra el silencio de Bato, que le ha visto, sacrifica dos de los animales robados y los divide en doce partes para los doce grandes dioses del Olimpo. Esconde el resto del rebaño y vuelve a la cueva. Este robo le vale el reconocimiento como dios de pleno derecho. Sin embargo, Bato no mantiene su palabra y desvela el escondrijo de Hermes. Apolo corre hacia la cueva y se queja a Maya de los hurtos de su hijo. Ella le muestra al niño, que duerme plácidamente en su cuna, y niega sus acusaciones. Pese a ello, Hermes debe defenderse ante el tribunal de Zeus. Su defensa es tan ingeniosa y hábil que el rey del Olimpo se ríe mientras le escucha; concede la resolución amistosa del conflicto entre los dos hermanos.

Hermes es el dios de toda palabra: la palabra, vehículo de los intercambios, expresión de las galanterías y de los arrebatos amorosos y mensaje de conocimiento, y también de la palabra engañosa que encubre la verdad, siembra la discordia entre los amantes y desacredita las reparticiones. También es el intermediario que va de los hombres al Olimpo y del Olimpo al Hades.

Un dios de múltiples poderes

Hermes, el dios del comercio, es el único que ha alcanzado la inmortalidad como consecuencia de un contrato. Preside los intercambios y ayuda a Príamo a recuperar el cuerpo de Héctor (*Ilíada*, XXIV, 317-330).

Este dios aventurero y mago, en cuanto sale de la cuna, inventa la lira, que fabrica con un caparazón de tortuga, y la regala a Apolo (*Himno homérico a Hermes*, 24 sq.). También la flauta es uno de sus inventos, que intercambia con Apolo por el cayado de oro (el caduceo) y algunas lecciones de arte adivinatoria. Hermes da a Ulises el *moly*, la planta mágica que protege de los hechizos: «Hermes me dio el remedio, arrancando de tierra una planta cuya naturaleza me enseñó. Tenía negra la raíz y era blanca como la leche su flor, llamándola moly los dioses, y es muy difícil de arrancar para un mortal; pero las deidades lo pueden todo» (*Odisea*, X, 307-308. Traducción Lluís Segalà i Estalella).

Zeus está particularmente orgulloso del espíritu creador de su último hijo; lo convierte en su heraldo personal y de los dioses infernales, Hades y Perséfone (*Odisea*, V, 28). Como mensajero, tras el diluvio va a ver a Deucalión para preguntarle por sus deseos; otorga el carnero del vellocino de oro a Néfele, la lira a Anfión, la espada a Heracles y el casco de Hades a Perseo.

38

HERMES DESCANSANDO
SIGLO II A. C.
Arte romano, estatuilla de bronce según un original griego del siglo IV

El dios del comercio, identificable por su casco alado.

Como dios de los viajeros (*Odisea*, XIV, 1-22) en todos los cruces de caminos se ve su imagen en forma de poste coronado con una cabeza con barba y un órgano viril muy visible. Guía a Dioniso en su fuga ante Hera.

Como dios benefactor, salva a Ulises al ordenar a Calipso que lo libere (*Odisea*, V, 145); protege a Heracles impidiéndole que luche contra el fantasma de la gorgona Medusa, y cuando Heracles debe convertirse en esclavo, le proporciona una amante, Ónfale. Libera a Ares de la vasija de bronce en la que los gigantes lo han confinado, y protege al propio Zeus arrancando a Ío, su amante, de las manos del monstruo Argos y devolviéndole los tendones, robados por Tifón.

Pero como dios de los ladrones y de los bandoleros, es astuto, ambiguo y embustero. Los griegos hablan del «golpe de Hermes» como de un golpe de suerte, siempre incierto. Acompaña a las tres diosas, Hera, Atenea y Afrodita, al concurso de belleza que provocará la guerra de Troya; lleva el casco de Hades, que le hace invisible; mata a Hipólito, y conoce el camino que conduce a los infiernos (*Odisea*, XI, 626).

Su descendencia

Hermes amó a Quíone, hija del rey Dedalión. De ella tuvo a Autólico, el abuelo de Ulises. Entre sus otros hijos se conocen al argonauta Éurito; Abdero, amante de Heracles; Céfalo, el abuelo de Dánae, y, finalmente, según ciertas tradiciones posteriores a Homero, el dios Pan, que pudo nacer de su unión con Penélope, infiel a Ulises.

Hermes es un nombre común. Designa una piedra, un montón de piedras puestas una sobre otra y un tipo de estatua. Su escultura consiste únicamente en un busto, el del dios Hermes, y en unos órganos viriles muy visibles. El hermes es una especie de hito que señala una encrucijada, una dirección o una propiedad. Es una referencia para el viajero. Indica el camino. El dios Hermes es el protector de los viajeros.

ROBO DE LOS BUEYES DE
APOLO POR HERMES
DE NIÑO
SEGUNDA MITAD
DEL SIGLO VI A. C.
Cerámica de Caere de figuras negras

Afrodita / Venus, el amor

El ideal del encanto femenino

Los poetas celebran el contorno perfecto de su rostro, el brillo de sus ojos, la sonrisa de su boca y la pureza de sus senos. Afrodita suscita la voluptuosidad del amor, tanto legítimo como ilegítimo.

Es una diosa orgullosa y cruel que preside la naturaleza animal y reina en el corazón y en los sentidos de los hombres. Los romanos la confundieron con la antigua diosa itálica Venus.

Origen

Según Homero, Afrodita es hija de Zeus y de Dione, diosa de la primera generación e hija de Urano y de Gea. Para Hesíodo, nació de la espuma fecundada por los órganos sexuales de Urano, cercenados por Cronos y arrojados al mar. Así, la «mujer nacida de las olas» pudo ser una de las primeras diosas (Hesíodo, *Teogonía*, 188, sq.). Apenas salida de las aguas, los céfiros la transportan primero a Citera, y luego a la costa de Chipre. Entonces es vestida, cubierta de joyas, envuelta en perfumes y conducida a la morada de los inmortales.

De sus dos orígenes, Platón distingue a dos Afroditas: una, la hija de Urano, todavía llamada Urania, es la noble diosa del amor puro; la otra, la hija de Dione, todavía llamada Pandemo, es la diosa del amor vulgar (Platón, *El banquete*, VIII, 180).

40

Venus. En Roma, mucho antes de que llegase la influencia griega, existía una divinidad de la naturaleza, diosa de todo lo que crece, diosa de la fecundidad: Flora. Tenía dos templos en Roma y se le dedicaban unas fiestas, las floralias. Venus es una diosa parecida, pero su asimilación a Afrodita le da una importancia capital. Al inicio es la diosa de los campos y de los huertos; más adelante se convierte en la diosa de la belleza femenina. Le alzan templos y le organizan fiestas: las vinatia priora, el 23 de abril, y las veneralia, el 1 de abril.

Con el tiempo, el culto a Venus cobra auge. Sila, el dictador (138-78 a. C.), la venera bajo el nombre de Venus Felix, y a sí mismo se denomina Epafrodita. Es la patrona de Pompeya, bajo el nombre de Venus Pompeiana. César le erige un monumento en el Forum Julium, y en adelante la llama Venus Genitrix. Venus / Afrodita pronto será no solo la madre de Eneas y de su estirpe, sino también la protectora del pueblo romano, y muchas de las familias patricias se enorgullecen de descender de Eneas y, a través de este, de Afrodita. Augusto pone una atención especial en unir Venus Genitrix a la ciudad, y Adriano todavía asocia Venus a Roma en el famoso Templum Urbis. Al igual que pasa en Grecia con las Afroditas, las Venus se multiplican: existen la Venus Victrix, la Venus Calva, la Venus Salacia y la Venus Equestris, entre otras.

NACIMIENTO DE AFRODITA SALIENDO
DE LAS AGUAS
SIGLO V A. C.
Arte romano, mármol, panel central del trono Ludovisi

En ocasiones, esta escena se interpreta como la representación del baño de Hera saliendo de la fuente Kanathos, que le devuelve la virginidad.

Los amores

Afrodita se casa con Hefesto, el dios cojo (*Odisea*, VIII, 266-366), a quien engaña de forma ultrajante con Ares, el dios de la guerra. Los dos amantes son sorprendidos por Helio, que se apresura a advertir al marido. Este tiende una trampa por medio de una red de malla invisible e invita a todos los dioses del Olimpo a ir a constatar su desventura. Al ser sorprendida, Afrodita huye avergonzada a Chipre y Ares a Tracia. De estos amores nacerán Eros (el amor) y Anteros (el amor correspondido), así como Deimo y Fobo (el terror y el temor).

Pero la frívola Afrodita no tiene un solo amante. Su pasión por Adonis es célebre (Apolodoro, III, 14, 3). También ama al pastor Anquises, a quien conoce en el monte Ida. Eneas será su hijo (*Ilíada*, II, 819). Tiene una relación con Hermes y con Dioniso, de la que nace Príapo. Sus predilectos serán Faetón (Hesíodo, *Teogonía*, 988); Faón, viejo y feo, que recibe de ella la juventud y la belleza; Cíniras, que vive a expensas de ella (*Ilíada*, XI, 20); Butes, y Paris.

Los celos

Afrodita es celosa e inspira a Eos (la aurora) un amor imposible por Orión, hijo de Poseidón, porque había seducido a Ares. Sus armas son diversas y crueles, y castiga a todos cuantos se niegan a sucumbir ante ella; así, conduce a las hijas de Cíniras a la prostitución e inflige un olor pestilente a las lemnias que habían negligido su culto. Estas, abandonadas por sus maridos, matan a todos los hombres de la isla y fundan una sociedad de mujeres.

Su poder es inmenso. Inspirará a Pasifae un amor por el toro de Minos. Sus víctimas también son Helena, Medea, Ariadna, Fedra, Hipodamía, etc.

El concurso de belleza

¿Cuál es la más bella de las tres diosas, Hera, Atenea o Afrodita? Esta es la pregunta que formula Éride (la discordia), que reserva una manzana (la manzana de la discordia) para aquella que gane el concurso. Este es organizado por el propio Zeus en el monte Ida, y el único juez es Paris. Cada una de las diosas sabrá hacer valer unas ventajas que no siempre tienen relación con el tema de la prueba. Así, Hera ofrece a Paris la realeza universal; Atenea, el ser invencible en la guerra; y Afrodita, la más bella de las mortales, a Helena. Afrodita gana, y con la ayuda de la diosa, Paris rapta a Helena, hecho que causará la guerra de Troya (Stasinos de Chipre, *Cantos Chipriotas*; *Ilíada*, XIV, 29 sq.).

Eros y Afrodita

Ambos son dioses del amor, pero sus funciones no son equivalentes. A menudo se considera a Eros un dios primordial. Es la fuerza del instinto. Cuando aparece Afrodita, se adapta y se asocia a ella. Afrodita marca el momento en que los sexos se distinguen, en que la unión se produce sin confusión, en que la distancia entre los dos amantes moldea la atracción de uno hacia el otro. Con Afrodita nacen la charla de las muchachas, las sonrisas, las trampas y el encanto de la seducción.

CABEZA DE AFRODITA LLAMADA
«CABEZA DE KAUFMANN»
PRAXÍTELES, SIGLO II A. C.
Mármol, altura 35 cm

Es la más conocida de las copias de Afrodita del escultor ateniense Praxíteles.

LA DECISIÓN DE PARIS
LUCAS CRANACH EL VIEJO
(1472-1553), 1528
Óleo sobre madera

¿Quién es la más bella, Hera, Atenea o Afrodita? Paris elegirá a Afrodita.

Artemisa y Afrodita

El matrimonio es una de las fronteras que separan los ámbitos reservados a Artemisa y a Afrodita. La primera es la diosa casta; prefiere la caza a la seducción de los hombres: su reino es el de las doncellas. Pero para las doncellas, este no es más que un lugar de paso, no es posible quedarse en él. Los tributos exigidos para abandonarlo son los juguetes y las muñecas. «Las muchachas van de Artemisa a Afrodita», dice el retórico Libanios.

El reino de Afrodita es otro; es el lugar del deseo. Uno no puede escapar a él: la experiencia de Atalanta, que, para escapar a los «obsequios de Afrodita» y conservar su virginidad, se consagrará por completo a la caza e incluso transformará sus relaciones con el hombre en una caza, resulta un fracaso. La virginidad es imposible, y Atalanta, atrapada, se transforma en una leona frígida.

Pero uno y otro reino no están libres de peligro. Afrodita a veces arma a las mujeres con un deseo violento e incontenible. Se ha podido establecer un paralelismo con las yeguas que Diomedes, el rey de Tracia, enviaba a devorar a los forasteros que estaban de paso: esos animales monstruosos recuerdan a las muchachas tan lúbricas que arrastraban a la muerte a todos sus amantes (*Escolios a Aristófanes, Lisístrata, 1029*).

La muchacha abandona la violencia de Artemisa y conserva durante toda su vida la locura de Afrodita. Sin embargo, esta es amiga de la ponderación. ¿Acaso no ha rechazado a ese hijo deforme, Príapo, que ha tenido del propio Zeus, porque poseía un miembro viril prominente y tenía miedo de ser el hazmerreír de todo el mundo? Abandonado en un bosque, Príapo será una divinidad rústica.

El culto

Sus santuarios más antiguos están en Chipre y en Citera, dos ciudades fenicias. Pero parece probable que su culto proceda de Asia, donde siempre se ha venerado una divinidad lunar, principio de la fertilidad y de la fecundidad animal. Era Atargatis entre los filisteos, Milita entre los babilonios, Ishtar entre los asirios y Astarté entre los semitas. Su religión se difundió por la mayor parte de Asia Menor y hasta el monte Érix, en Sicilia, Cartago y el Lacio.

Aplaca el viento y el mar. En Pafos, los marineros la consultan antes de hacerse a la mar.

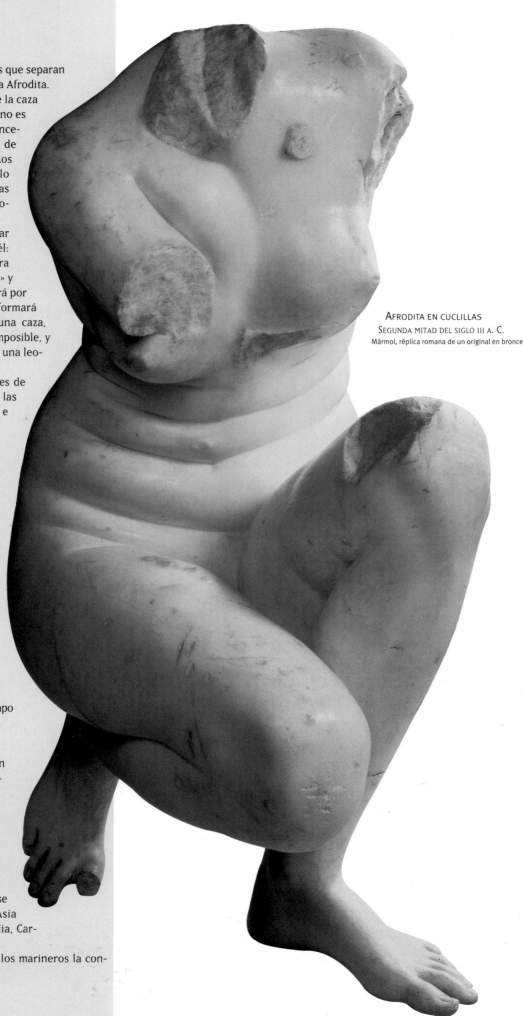

AFRODITA EN CUCLILLAS
SEGUNDA MITAD DEL SIGLO III A. C.
Mármol, réplica romana de un original en bronce

Pero, ante todo, es la diosa del amor, y sus templos, sobre todo en el monte Érix y en Corinto, están habitados por hieródulos que se prostituían con los extranjeros de paso. En un principio, esta función estaba reservada a las muchachas, que daban así su virginidad a la diosa, pero poco a poco fue quedando reservada a unos esclavos asignados al templo, auténticos profesionales del amor.

ESTATUILLA QUE REPRESENTA A AFRODITA
DESATÁNDOSE SU SANDALIA
ÉPOCA ROMANA
Bronce, joyas de oro añadidas, Siria

El poder de Afrodita. «Hace perder la razón incluso a Zeus [...], el más grande de los dioses [...]; incluso de esta mente tan sabia, puede abusar cuando quiere [...]. Alcanzó el Ida, de las mil fuentes, la montaña, madre de las fieras; detrás de ella andan adulándola los lobos grises, los leones de pelo leonado, los osos y las panteras veloces, insaciables de cervatillos. Al verlos se regocijó de todo corazón y puso el deseo en sus pechos; entonces fueron todos a la vez a emparejarse en la penumbra de las hondonadas.» (*Himno homérico a Afrodita*, 68-74)

MARTE Y VENUS
FINALES DEL SIGLO II-SIGLO I A. C.
Fresco de Pompeya

Heracles / Hércules, la fuerza

Las proezas

Heracles, perseguido por los celos de Hera, al principio lleva una vida llena de sufrimientos sobrehumanos y de hazañas extraordinarias que, al fin, por la gracia de Zeus, lo conducen a la inmortalidad.

Heracles, o Hércules, es hijo de Zeus y Alcmena, la esposa de Anfitrión. Para burlar la virtud de Alcmena, que como bien sabe es notable, el rey del Olimpo ha tenido que adoptar el aspecto de Anfitrión, y para dar al hijo este exceso de fuerza que le dará gloria, triplica la duración de la noche de amor (Diodoro de Sicilia, IV, 9, 2-3).

Los celos de Hera
Zeus tiene puestas muchas esperanzas en esta descendencia. El día del nacimiento, anuncia a todos los dioses la llegada de un niño que será rey. Pero Hera, siempre vengativa, atrasa la llegada de Heracles y quien viene al mundo es Euristeo, su primo, un ser apático y obtuso. Fiel a sus promesas, Zeus lo convertirá en rey; Heracles no será más que un campeón a su servicio (Diodoro de Sicilia, IV, 9, 2-3). Ya en la cuna, Heracles manifiesta la fuerza que le ha sido dada al ahogar las serpientes enviadas por la celosa Hera (Píndaro, *Nemeas*, I, 38, sq.). En un principio es llamado Alcides («el fuerte»), pero se convertirá en Heracles («la gloria de Hera») a raíz de las pruebas que le impone la diosa (Diodoro de Sicilia, IV, 9, 2).
Heracles es educado por Lino, el músico. Con él aprende letras y música. Pero es un alumno indisciplinado y da mucho trabajo a su maestro. Un día que este quiere corregirlo, toma un taburete y le asesta un fuerte golpe mortal. La justicia lo absuelve porque solo quería defenderse. Anfitrión teme la cólera de su hijo adoptivo, por lo que lo envía al campo y le encarga la vigilancia de unos rebaños. Un boyero escita, Téutaro, le enseña a tirar con arco.

El joven prodigio
A los dieciocho años mata el león de Citerón, que causaba estragos en los rebaños de la región. Se pasa cincuenta días esperándolo y cada tarde de esta larga caza, al volver al palacio, el rey Tespio, que desea tener nietos del héroe, introduce en su lecho a una de sus cincuenta hijas. Así, Heracles tiene cincuenta hijos, los tespíadas, que colonizarán Sicilia.
Se encuentra con los enviados de Ergino, rey de Orcómeno, que reclaman el tributo impuesto a Tebas. Heracles, preso de la ira y haciendo gala de su fuerza, les corta la nariz y las orejas, con las que les hace collares, diciéndoles que lleven ese tributo a su señor. Ello da lugar a una guerra, que Heracles gana, y en Tebas recibe un tributo que duplica el que la ciudad pagaba. En agradecimiento, le dan en matrimonio a Mégara, la hija del rey.
Este matrimonio no es un acierto. Hera, cuyos celos no han cesado, vuelve loco a Heracles. Este mata a sus hijos e incluso amenaza a Anfitrión, que hubiese muerto sin la intervención de Atenea. Heracles debe expiar su falta; como no puede seguir viviendo con Mégara, la abandona y se pone al servicio de su primo Euristeo.

44

HERACLES Y SU HERMANO AMENAZADOS POR UNA SERPIENTE
SIGLO V A. C.
Ánfora de figuras rojas, arte ático

Los combates de Heracles: arriba, el héroe ataca a las serpientes enviadas por Hera en cuanto nace; abajo, Heracles coge entre sus brazos y levanta del suelo al monstruo Anteo, que no recupera la fuerza hasta que toca el suelo. Así, acaba con él ahogándolo.

LUCHA DE HERACLES Y ANTEO
ÉPOCA HELENÍSTICA
Fragmento de jarrón de loza

Los doce trabajos

Euristeo le impone los doce trabajos, que deberá efectuar a lo largo de los doce años de su servidumbre.

Heracles ahoga el león de Nemea y se hace una armadura con su piel. Corta las numerosas cabezas de la hidra de Lerna. Atrapa vivo al enorme jabalí de Erimanto. Persigue durante un año a la cierva de Artemisa por el monte Cerinia y la captura viva. Derriba a flechazos las aves incontables del lago Estinfalo, que destrozaban los cultivos e incluso mataban a los hombres. Limpia en un día los establos de Augias desviando el cauce de dos ríos, el Alfeo y el Peneo. Lleva a Grecia, vivo, el toro furioso de Creta que echa fuego por el hocico. Mata a Diomede, que da de comer a sus caballos con carne humana. Se apodera del cinturón que Ares ha dado a la amazona Hipólita. Captura en el Extremo Oriente el rebaño de bueyes de Geriones y lo lleva a Grecia utilizando la copa de oro del Sol, encontrándose con numerosos enemigos, entre ellos a Neleo, rey de Pilos. Lleva al Hades al can Cerbero, que protege su entrada. Por último, trae las manzanas de oro del jardín de las Hespérides, enfrentándose al

HERACLES
SIGLO VI A. C.
Copa ática de figuras negras

El héroe va cubierto con la piel del león de Nemea, y lleva sus armas favoritas: el arco y la maza.

A Heracles.

«Es a Heracles, hijo de Zeus, a quien voy a cantar, el más grande —y con mucho— entre los hombres de la Tierra. Él que, en la Tebas de los buenos corazones, Alcmena trajo al mundo, después de unirse al crónido de las nubes oscuras. Al principio erró por la Tierra y el mar inmenso y sufrió; pero triunfó a fuerza de valentía y, solo, llevó a cabo muchos trabajos audaces, sin par. Ahora, en cambio, disfruta viviendo en la bella morada del Olimpo nevado, y posee por esposa la Juventud de bellos tobillos.

¡Salud, señor, hijo de Zeus! Dame virtud y riqueza.» (*Himno homérico*)

gigante Anteo, a los pigmeos, al dragón Ladón y, de paso, libera a Prometeo. Al final de cada hazaña, Heracles lleva sus trofeos a Euristeo, que se esconde en una jarra de bronce, tal es su pavor ante el héroe.

Las otras gestas

No es posible relatar todas las gestas que se atribuyen a Heracles. Libra a Troya de un monstruo, pero vuelve para asolar la ciudad, que no le ha pagado su salario. Se defiende contra los habitantes de Cos, ataca la ciudad y rapta a Calcíope, hija del rey. Estando enfermo, debe huir ante Augías, que no le ha pagado, pero tiende una emboscada a sus oficiales y los mata. Lucha contra Periclímeno, hijo de Poseidón, que tiene el poder de transformarse en cualquier animal, y que ese día adopta la forma de abeja. Esta se posa sobre el yugo de los caballos; Atenea avisa a nuestro héroe, que mata al animal con una de sus flechas.

Sus hazañas superan los límites humanos. Se dirige a todas partes, incluso a los infiernos. Se mide contra fuerzas que son de otro orden y logra herir a Hades y a Hera con sus flechas (*Ilíada*, V. 390 sq.). Sus proezas lo convierten en un superhombre, tal vez incluso un dios.

Pero también es un ser humano, ya que sufre en combate contra Augías, es reducido a la esclavitud en dos ocasiones bajo el yugo de Euristeo, un ser despreciable, dominado por una mujer, Ónfale. Heracles reúne, en su persona y en sus acciones, excesos de toda índole.

La apoteosis

Heracles obtiene la mano de Deyanira y vive con ella en Calidón. Pronto lo persigue la mala suerte y la venganza de Hera, y mata por accidente a un paje de su suegro. Entonces se va con su mujer y su hijo. Al cruzar el río Eveno, el centauro Neso, que pasaba a los viajeros, intenta violar a Deyanira y, antes de morir a manos de Heracles, aún puede revelar a Deyanira que su sangre es un filtro de amor que podría devolverle el afecto de su marido si llegase a perderlo.

Heracles enloquece y va a consultar a la Pitia, la cual le dice que para liberarse de ese mal debe venderse como esclavo. Ónfale, la reina de Lidia, lo compra, y durante tres años está a su servicio. Esta larga separación de Deyanira lo lleva a cortejar a Yole, hija de Éurito. Pero Deyanira está avisada y envía a Heracles un vestido nuevo que ha impregnado con la sangre de Neso.

Heracles, sin sospechar nada, se pone la túnica y es asaltado por un dolor indescriptible. Intenta arrancarse el vestido, pero este se le pega a la piel. El filtro de amor en realidad es un veneno. Heracles manda hacer enseguida una hoguera, se coloca encima y pide a sus compañeros que le prendan fuego. «Yolao y sus compañeros hacen los preparativos que les han encargado y se retiran a cierta distancia para asistir al acontecimiento. Heracles sube a la hoguera y pide a un ayudante, y luego a otro, y a otro, que le prenda fuego. Ninguno se atreve a obedecerle, salvo Filoctetes; Heracles le recompensa dándole su arco y sus flechas, y el joven enciende la hoguera. Pero, al momento, del cielo cae un rayo y la hoguera se consume inmediatamente» (Diodoro de Sicilia, IV, 38, 4). Heracles es llevado al cielo y es inmortalizado. En el Olimpo se casa con Hebe (la juventud eterna) y se reconcilia con Hera.

HERACLES LUCHA CONTRA LA HIDRA DE LERNA, ALENTADA POR ATENEA
PRINCIPIOS DEL SIGLO V A. C.
Lequito de figuras negras sobre fondo blanco

HERACLES LUCHANDO CONTRA
EL LEÓN DE NEMEA
SIGLO IV A. C.
Medallón de plata que adornaba
los arreos de un tiro

HERACLES SE HA APODERADO DE CERBERO, Y EURISTEO,
ATERRADO, SE HA REFUGIADO EN UN TONEL
SIGLO VI A. C.
Cerámica de figuras negras

Dioniso / Baco, la ebriedad

La exuberancia

Dioniso (o Baco), «el de los cuernos de toro», dios de la vegetación, del vino y del éxtasis, desencadena desfogues y delirios, orgías y arrebatos místicos, y trastorna a la buena sociedad.

Dioniso es hijo de Zeus y Sémele, hija de Cadmo y de Harmonía. «Joven, con su bella cabellera azul flotando a su alrededor, lleva sobre sus fuertes hombros un abrigo oscuro» (*Himno homérico a Dioniso*, 3-6). Se le ve sobre un carro tirado por panteras y adornado con hiedra y hojas de parra. Su escolta se compone de bacantes, silenos y sátiros y dioses más o menos dementes.

Este dios marginal lo perturba todo a su paso y hace caso omiso de las leyes y las costumbres: cambia por completo las jerarquías de la ciudad, se alía con las mujeres y los esclavos, adora las máscaras y los disfraces, el griterío, las danzas libertinas y los lugares silvestres. Dioniso se sitúa por delante y fuera del orden social.

Como dios ebrio, no tiene morada, va errando por las cuevas, favorece el crecimiento lujuriante de las plantas y el desenfreno en los hombres. Se le denomina «comedor de carne cruda». Vuelve salvajes a sus fieles y les enseña a beber el vino «rico en alegría» (*polugêthês*). Conoce la desmesura y la locura. Delirio, exaltación, flagelaciones y asesinatos forman parte de su universo, al igual que los éxtasis místicos y las posesiones. Como dios extranjero, no es bien acogido. Se censura su culto, se encierra en un gueto e incluso se reprime. Tiene que seducir, conquistar un imperio. Pone en ello todo su talento y su astucia, combinando extravagancias y misterios. Mil medios le permiten llevar la exaltación al paroxismo y hacer temblar las barreras entre dioses y hombres.

El dios nacido dos veces

Su madre pide al rey del Olimpo que se muestre en todo su esplendor, pero al ser incapaz de soportar el fulgor de los rayos de Zeus, cae fulminada y el dios tiene el tiempo justo para arrancar al hijo que lleva en sus entrañas. Lo introduce en su muslo y permanece allí hasta el noveno mes, y Dioniso sale completamente formado. Así pues, nace de una tensión entre divinidad y humanidad (Apolodoro, III, 4-3).

Al principio lo crían Atamante, rey de Coronea, y su mujer, Ino. Hermes les aconseja que lo vistan con ropa femenina para eludir los celos de Hera contra este fruto de los amores adúlteros de su marido. Pero Hera no se deja engañar y hace enloquecer a Atamante y a Ino. Luego Zeus transforma al niño en un cabrito y lo confía a las ninfas de Nisa.

De muy niño, Dioniso es atraído a una trampa por los titanes. Lo seducen con una colección de juguetes: piñas, peonzas, frutas de oro, pelotas y vellones de lana. Se llevan al niño, lo despedazan, arrojan los pedazos a un caldero, los hacen hervir y luego los asan. Pero Atenea salva el corazón del pequeño, y Zeus da los miembros del niño a su hijo Apolo, que los entierra en el Parnaso. La diosa Rea entonces va al monte a recogerlos, une los pedazos dispersos y, de esta manera, devuelve la vida al dios. Es un dios muerto y resucita (O. Kern, *Orphicorum fragmenta*, 36, Berlín, 1922).

El dios del vino. Dioniso descubre el vino y la viña. Los regala a Icario, pero este empieza a beber en compañía de los pastores de su alrededor. La ebriedad se apodera de ellos y pasan a las bromas, pronto a las discusiones y luego a las trifulcas. Icario muere en la pelea y Erígone se cuelga sobre el cadáver de su padre. Para vengar estas muertes inútiles, Dioniso hace enloquecer a las hijas del Ática. En Beocia introduce las bacanales, grandes fiestas alegres en las que todo el pueblo, pero sobre todo las mujeres, se desfogan, lanzan gritos salvajes y se dejan llevar por el delirio. El rey Penteo se opone a estos ritos salvajes, pero las bacantes lo persiguen y Ágave, la madre del rey, en pleno delirio, lo desgarra con sus propias manos (Eurípides, *Las Bacantes*, 416). Dioniso es ahora un dios reconocido; su imperio no tiene límites y su poder es indiscutible. Participa en la guerra de los dioses contra los gigantes y mata a Éurito de un golpe de tirso. Se va a los infiernos a buscar a su madre, Sémele. Hades está dispuesto a entregársela con la condición de que le dé algo que aprecie de un modo particular. Dioniso le da el mirto. Al fin, se casa con Ariadna, a quien Teseo había abandonado en Naxos, y le regala una diadema de oro forjada por Hefesto.

PROCESIÓN DIONISÍACA
MEDIADOS DEL SIGLO III
Mosaico de mármol y caliza procedente de El Djem, Túnez

Dioniso / Baco aparece representado cabalgando sobre un león (en el centro).

La conquista de la divinidad

Hera, que continúa persiguiéndole con su odio, lo vuelve loco. Dioniso va errando por Egipto, Siria y Asia. Llega a Frigia, donde lo recibe Cibeles, la diosa de la naturaleza. Esta le hace participar en sus delirios místicos y sus orgías, y gracias a ella, su locura se convierte en una fuerza que consigue dominar y que utiliza para salir victorioso en sus peleas nocturnas con los excluidos y marginados de la sociedad.

Todavía mal considerado, se dirige a Tracia. Licurgo intenta encadenarlo, pero logra escapar a la mansión de Tetis, aunque deja entre las manos del rey de Estrimón a las bacantes que los escoltaban. Entonces Dioniso se enfada: vuelve demente a su asaltante y estéril a toda su tierra, y pide en un oráculo que se dé muerte al rey (*Ilíada*, VI, 135-136).

Para pasar a Naxos, Dioniso sube a un barco de piratas tirrenos. Como estos quieren convertirlo en esclavo, transforma sus remos en serpientes y hace crecer una exuberante vegetación de hiedra y parras en el barco, que paraliza por completo la embarcación. Los piratas, enloquecidos, se lanzan al mar, se arrepienten y se convierten en delfines, amigos de los hombres (*Himno homérico a Dioniso*, 40).

Dioniso se dirige a la India para conquistarla, al frente de un ejército formado por guerreros silenos, bacantes y sátiros. Su fuerza se debe tanto a su poder militar como al de la magia.

49

Baco / Dioniso es alto y gordo. Le gusta la buena vida. Es el contrario de Apolo. Así como Apolo es tranquilo, Dioniso es alocado; así como el primero es digno, orgulloso y distante, el segundo es simple y se mezcla con todos los excluidos y marginados; así como al primero le gusta la luz y la gloria, el segundo frecuenta la noche y los lugares oscuros. Juntos representan dos facetas opuestas del hombre y de la sociedad. Sin duda, Dioniso es tan indispensable para el mundo como Apolo.

Eros / Cupido, el dios del deseo

El amor físico

Eros, una fuerza fundamental de acercamiento, es responsable de la cohesión del mundo y de la continuidad de las especies. Aparece, en principio, como un dios primordial, antes de ser llevado al estado de niño que tira flechas de amor a todos lados.

Eros se convierte en Cupido entre los romanos, y en Fanes, Metis, Protogonos y Erikepaios entre los gnósticos.

Origen e imperio

Es un dios primigenio, contemporáneo de Caos, muy anterior a Cronos y a su hijo Zeus. Ha salido del huevo que, al partirse, ha dado lugar a la Tierra y su cobertura, el cielo. Es responsable de los abrazos de Gea (la Tierra) y Urano (el cielo). De estos abrazos nacerán Océano, Tetis, Ceo y Cronos; pero estos gestos amorosos son tan fuertes que ningún niño podría llegar a ver la luz, de no ser por la acción de Cronos, que cercena el sexo de su padre.

Eros está asociado a Afrodita, que templa un poco su poder, ya que si bien ella es la gracia, la seducción, la ternura, la dulzura y el placer suave, Eros es el deseo, el poder del instinto y la violencia del sexo. Así, él cede el lugar y la corteja como debe hacerse con una diosa. Se ha creído que era su hijo, a quien tuvo con Hefesto, Ares o Hermes: no importa, se trata de afirmar que el instinto es engendrado por la gracia y la seducción.

Su acción no siempre parece beneficiosa: hace desvariar, paraliza la voluntad, inspira los caprichos amorosos del propio Zeus, ata y desata intrigas, se complace en la compañía de Dioniso, el dios extraño, y es responsable de orgías, desórdenes y guerras. ¿Un demonio, tal vez? Su falta de escrúpulos y su búsqueda incesante de lo bello y lo bueno, ¿no le excluyen de la compañía de los dioses que son bellos y buenos? El relato que cuenta esta desgracia tiene sus partidarios.

Estos narran que Poro (Expediente), estando ebrio, se duerme un día en el jardín de Zeus. Penia (la pobreza) pasa por allí y «pensando que nada es conveniente para ella, sopesa tener un hijo del propio Expediente» (Platón). Penia se echa a su lado y queda preñada de Eros. El hijo, al igual que Penia, siempre está buscando algo; y al igual que Poro, siempre encuentra el medio para alcanzar un objetivo.

Eros y Psique

Pero el objetivo que busca no es uno cualquiera. Se equivocan quienes solo ven en él desenfreno, lujuria y depravación. Eros está enamorado del alma (Psique), como lo cuenta Apuleyo en su famosa narración (*El asno de oro*, libros IV, 28, a VI, 24).

Psique tenía dos hermanas. Las tres eran de una gran belleza, pero Psique era la más hermosa, tanto que asustaba a los jóvenes y no encontraba marido. Se consultó al oráculo

EROS
SIGLO V A. C.
Cerámica, Tanagra

El dios del amor espera a su próxima víctima.

50

y este pidió que se engalanase a la muchacha y se la pusiese sobre una roca, donde un monstruo iría a desposarla. Psique se prestó a la prueba y fue llevada a un palacio magnífico de oro y mármol. Allí fue servida como una princesa. Pero el monstruo no aparecía. Al atardecer se acostó y pronto sintió una presencia cerca de ella. Esta presencia no le pareció en absoluto la del ser monstruoso que temía. Sin embargo, ella no debía verlo, como se lo pidió él expresamente. Psique fue muy feliz hasta el día en que la tentación fue demasiado grande: escondió una lámpara y miró a su compañero. Era un hermoso adolescente: Eros en persona. Este desapareció al instante. Psique, abandonada a partir de aquel momento, sufrió mil tormentos. Pero Eros no podía olvidarla, y un día, cuando estaba dormida, la llevó al Olimpo y pidió a Zeus casarse con ella.

Culto y poderes

Se vive el eros (el amor) más de lo que se honra al dios, por lo que en Grecia no han existido grandes cultos a Eros. Pese a ello, algunas estatuas lo representan en los gimnasios, allí donde los bellos efebos hacen ejercicio. Es como uno de ellos, sin duda, el más hermoso, el más amado, el más complaciente. A partir del siglo IV a. C. Praxíteles lo representa como un niño mofletudo, regordete y alegre; se mantiene al margen, agazapado en la sombra, alejado de los grupos numerosos: parece que no quiere relacionarse con nadie. Le gusta permanecer solo, observando lo que hacen los demás.

EROS TENSANDO SU ARCO
EL PARMIGIANINO, FRANCESCO MAZZOLA,
LLAMADO (1503-1540), 1533
Óleo sobre madera

51

El Eros de Platón. «Siendo hijo de Poro y de Penia, Eros ha recibido de ellos ciertos rasgos compartidos. En primer lugar, siempre es pobre, y lejos de ser delicado y bello como uno se lo suele imaginar, es duro, seco, va descalzo, no tiene hogar ni otro lecho más que el suelo; duerme al aire libre, junto a las puertas y en las calles; se parece a su madre, y la indigencia es su eterna compañera. Por otro lado, según el temperamento de su padre, siempre busca lo que es bello y lo que es bueno; es valiente, decidido, ardiente, excelente cazador, artífice de astucias siempre nuevas, amante de la ciencia, lleno de recursos, siempre presto a filosofar, mago hábil y sofista. Por naturaleza, no es ni inmortal ni mortal, pero en el mismo día, tan pronto es floreciente y está lleno de vida, mientras está en la abundancia, como muere y renace, gracias a la naturaleza que ha tomado de su padre. Lo que adquiere se le escapa sin cesar, de modo que no está nunca ni en la indigencia ni en la opulencia.» (El banquete)

Némesis, diosa de la ponderación

Instrumento de la venganza divina

Némesis combate la *hybris*, es decir, los excesos en todas las esferas. Es hija de la Necesidad, y se la llama diosa de la justa ira de los dioses, celosos de las pretensiones que los hombres tienen de dominar el mundo.

Némesis es hija de la Necesidad. De una unión con Zeus nacen los Dioscuros y Helena, causa de la guerra de Troya. Némesis reina sobre la distribución de los bienes. Vela por el equilibrio, venga el orgullo y castiga la desmesura. Condena el exceso de felicidad, el exceso de riqueza, el exceso de poder, todo lo que amenaza el equilibrio del mundo y altera el orden que rige el destino. Devuelve las personas a su lugar. Creso, demasiado feliz y poderoso, es arrastrado a una expedición desafortunada contra Ciro. Ramnunte posee el santuario más célebre consagrado a Némesis. Da testimonio de la desmesura de los persas, tan seguros de su victoria sobre los atenienses: Némesis les impide tomar la ciudad y, en el bloque de mármol traído para festejar la victoria, Fidias esculpe la estatua de la diosa.

La ponderación

«Conoce tu condición humana y sus límites, no te expongas por desmesura a la venganza de la Némesis divina» (Sócrates).

Moiras / Parcas, el destino.

Todo está escrito por ellas. Las Moiras, unas ancianas feas y terribles que personifican una ley inflexible, se imponen tanto a los dioses como a los hombres. Nada ni nadie puede oponerse a sus decisiones. Son tres: Átropo, Cloto y Láquesis, hijas de Zeus y de Temis. Su autoridad se extiende sobre todos los hombres, del más grande al más pequeño; del más anciano al más joven; del más fuerte al más débil. Las etapas de la vida. La primera hila lana: es el nacimiento; la segunda ovilla la lana: es el desarrollo de la vida; la tercera corta la lana: es la muerte. Imperturbables y ciegas, determinan la hora del principio y la del final. Son el destino que conforma la historia de todos los días. Las hermanas de las Erinias. También son el límite que no hay que rebasar. Están aliadas con las Erinias, sus hermanas, que castigan los crímenes. Son la muerte brutal, el castigo. Siguen e impregnan con sus voluntades los sucesos de la guerra y los de los accidentes y las enfermedades. En Roma, se las confundió con las Parcas, que al inicio eran los demonios del nacimiento. Estaban representadas en el Foro, y se las denominaba los tres Destinos.

NÉMESIS
ALBERTO DURERO (1471-1528), H. 1501
Fuente de cobre grabada (detalle)

Asclepio / Esculapio, el auxilio

El que más ama a los hombres

Asclepio, llamado Esculapio por los romanos, ostenta el poder mágico (la *mêtis*) de curar y devolver a la vida, con riesgo de quitar toda significación a la existencia de los infiernos. Es el fundador de la medicina.

Asclepio es hijo de Apolo. Su madre, Corónide, hija de Flegias, rey de Tesalia, muere a manos de Artemisa porque ha engañado a su divino amante con un mortal, Isquis, hijo de Élato. Pero en el momento en que su cuerpo arde en la pira funeraria, Apolo arranca del seno materno al hijo todavía vivo y lo confía al centauro Quirón. En la escuela de este maestro, Asclepio adquiere el conocimiento de los hechizos, los filtros, las drogas y la cirugía (Píndaro, *Píticas*, III). Atenea le entrega como poción mágica la sangre de la Gorgona, la cual, si se ha extraído del lado izquierdo del monstruo, es un veneno violento que provoca la muerte, y si procede del lado derecho, es una medicina milagrosa que resucita a los muertos (Apolodoro, III, 10, 3).

El hacedor de milagros

Asclepio pone todo su saber al servicio de los hombres, y sus poderes son tan grandes que los enfermos son curados y los muertos resucitan. Entre los numerosos beneficiados por sus buenas acciones se cuentan Licurgo, el orador; Glauco, el hijo de Minos, e Hipólito, el hijo de Teseo. Pero el orden del mundo se trastorna: ¿los hombres serán inmortales y los dioses perderán sus privilegios? Zeus, señor del universo, no puede aceptar este desorden: se enfurece y fulmina al responsable de esta revolución. Pero Asclepio no desaparece por ello, no va al Hades, sino que pasa a ser dios de pleno derecho. Se le ve en el cielo en forma de una constelación: la Serpiente. Es un dios benefactor, el dios de la Tierra, él, hijo de Febo, el Sol. Su símbolo es la serpiente enroscada en un bastón, emblema que le acompaña en la mayoría de las representaciones que se han hecho de él bajo los rasgos de un anciano con barba, pensativo y benévolo.

Epidauro, ciudad de la curación

Su culto se desarrollará sobre todo en Epidauro. La gente acude a la ciudad buscando la curación.

Las reglas que es preciso observar son imperativas: se necesita una gran pureza para gozar de los beneficios del dios. Se exige ayuno, abstinencia y abstención de relaciones sexuales. Los dormitorios de los fieles son visitados por serpientes no venenosas. Allí se duerme directamente en el suelo. El dios llega por la noche en forma de sueños. De esta forma realiza el milagro de la curación o da el tratamiento que se debe seguir.

Asclepio y su hija Higía alimentando las serpientes
Finales del siglo v a. C.
Bajorrelieve funerario de las termas de Salónica, en mármol

Hipócrates.

Bajo el patrocinio de Asclepio se crean verdaderas escuelas de medicina dispersas por muchas ciudades. La isla de Cos es la cuna del más célebre de los descendientes de Asclepio, Hipócrates, el gran médico de la Antigüedad. Numerosos textos se le atribuyen. Sin duda, no es el autor del famoso juramento que lleva su nombre. Sin embargo, Hipócrates es uno de los médicos más grandes del mundo antiguo. Propugna la observación sistemática de los hechos antes de enunciar hipótesis. Considera la influencia de factores como la edad, el régimen alimentario o incluso el clima sobre la salud. Reconoce la existencia de cuatro humores: la sangre, la flema, la bilis amarilla y la bilis negra; un desequilibrio entre ellas genera la enfermedad o la muerte. Hipócrates es, asimismo, práctico. En cirugía, inventa un aparato para trepanar, y en ortopedia, idea un banco de madera para reducir las luxaciones y las fracturas.

Pan, el dios del instinto animal

Lo inexplicable

Pan, el dios de los pastores y de los rebaños, de la naturaleza y de los animales salvajes, es también el dios de las inclinaciones naturales más extravagantes. Inspira a todo el mundo el pánico.

Es medio hombre y medio macho cabrío: tiene el rostro alargado, lleno de arrugas, los ojos brillantes de lascivia y su cabeza está coronada por dos cuernos. La parte inferior, que corresponde al macho cabrío, tiene por pies unas pezuñas. Su vello y su barba le confieren un aspecto salvaje.

Pan es hijo de Hermes y de la ninfa Dríope. En cuanto lo ve, la madre se avergüenza de haber dado a luz a ese monstruo, pero su padre lo envuelve enseguida en una piel de liebre, lo lleva al Olimpo y lo sitúa al lado de Zeus. Al ver a la criatura, los dioses estallan en carcajadas.

Dios de los pastores

Pan es el dios de los espacios de pastoreo. Vive en la naturaleza salvaje, en terrenos baldíos. Es rápido, y recorre los campos sin cesar con agilidad, saltando de un sitio a otro. Tiene sus lugares preferidos: las zonas escarpadas, donde se encarama sin dificultad; las fuentes, donde bebe; o incluso los bosquecillos, donde reposa al fresco. Allí encuentra a menudo a pastores y rebaños: son su debilidad, forman parte de su familia. Se parece a ellos, los vigila de lejos, los conduce, los protege, como protege a los animales salvajes que se encuentran en su dominio. Ese es su mundo, su gente. Todos ellos son, en cierto modo, sus súbditos.

Pan sostiene el cayado, o bastón de pastor, y toca la siringa, o flauta de Pan. Sus melodías llenan el campo y, de una forma casi mágica, anuncian los buenos pastos. Tiene efectos afrodisíacos sobre quienes las oyen, y favorecen los acoplamientos. Pan es itifálico, lascivo, disoluto. Se encuentra a gusto en los cortejos de Dioniso, a los que aporta su dosis de locura. No deja de perseguir a las ninfas, que huyen asustadas. En las cuevas a menudo resuenan los gritos que se les escapan durante las uniones furtivas con el dios. Pero este se interesa igualmente por los muchachos, y a menudo se da satisfacción a sí mismo.

Es irascible y no soporta que lo molesten durante la siesta; hay que guardar silencio cerca de las cuevas al mediodía. Uno de sus arrebatos de ira es particularmente célebre: estando enamorado de la ninfa Eco, que se le resiste, y celoso de su talento musical, ataca a aquellos que encuentra a su paso, enloquece a los pastores, que atrapan a la muchacha, la despedazan y lanzan sus miembros aún vibrantes por el canto a su alrededor. Pese a que es el dios de la naturaleza, los pastores, los rebaños y los animales salvajes, Pan tiene sus altares en la ciudad. En Megalópolis está entre los principales dioses. En Tegea es el guía. En Trecén su templo está en la acrópolis. Se le dedican tres altares en Olimpia, y en Atenas se le honra por haber intervenido en la victoria de Maratón.

PAN PERSIGUIENDO LA NINFA SIRINGE
NICOLAS POUSSIN (1593-1665)
Óleo sobre tela

Para escapar a su perseguidor, Siringe se transformará en caña.

El pánico. Sus iras, tal vez, y también sus cantos, los gritos, los ruidos que lo rodean —todas ellas cosas algo irracionales—, así como las cuevas donde se refugia, le han valido ser considerado el responsable del pánico incontrolado. Es el dios de lo inexplicable. Todavía es más peligroso cuando toma posesión de un ser. Este, el *panolepte*, adopta su comportamiento: empieza a vagar por la naturaleza, ríe como un loco sin motivo, se precipita sobre el otro sexo, o bien sobre el propio, o sufre convulsiones.

Príapo, el dios del sexo

El falócrata impotente

Príapo es particularmente feo, deforme y de una obscenidad ultrajante para quienes se acercan a él y para quienes lo ven. Muestra que en todas las cosas el exceso lleva al fracaso.

Príapo, el último de los dioses, se presenta como un hombrecillo barbudo y extremadamente feo que levanta con las dos manos su delantal lleno de frutas por encima de un falo erecto de tamaño desmesurado.

Un dios feo y deforme

Según ciertas tradiciones, Príapo es hijo de Zeus y de Afrodita. Su madre sorprende a todos los dioses por su belleza, y Zeus la seduce y la posee. Pero Hera, la esposa celosa del rey del Olimpo, teme que el fruto de este adulterio sea tan bello como su madre y tan poderoso como su padre; por ello hace que el niño nazca feo y deforme. Afrodita, avergonzada del hijo que ha traído al mundo y temiendo ser el blanco de las burlas, lo abandona en la montaña. Los pastores lo recogen y lo crían.

La virilidad desfalleciente

El sexo inmenso de Príapo lo convierte en toda una leyenda. Lo vemos como guardián de vergeles, asustando con su atributo viril a los ladrones y sobre todo a las ladronas que pudiesen acercársele, y amenazándolos con la violencia sexual —reducida en realidad a lo verbal, ya que Príapo es impotente. Los cultivos que supuestamente vigila son escasos; el símbolo de fecundidad que representa no es nada eficaz, y los ladrones no llegan. Al final se desespera y suplica a los eventuales agresores que rompan la cerca para desfogarse castigándolos.

Hace la corte a la ninfa Lotis, pero fracasa de forma lamentable, como siempre. Un día, la encuentra dormida. Feliz por este golpe de suerte, se prepara para violentarla, pero un asno que se encuentra allí empieza a rebuznar y despierta a la bella. Príapo se ve obligado a huir, exponiéndose a las risas de todos. Es un dios algo ridículo al que todo le sale mal.

Se le compara al asno, considerado un animal lascivo. Príapo participa con este animal en el cortejo de Dioniso. Ambos son itifálicos, como si compitiesen en obscenidad. Se cuenta que organizan un concurso para saber cuál de los dos tiene el miembro más largo. Gana el asno, y Príapo, negándose a aceptarlo, lo mata.

Príapo da nombre al priapismo, enfermedad incurable en que el sexo viril está en continua y dolorosa erección, sin emisión de semen y sin placer. Esta enfermedad no tiene nada que ver con la satiriasis, que no excluye la eyaculación ni el goce. La satiriasis es propia de los sátiros, seres medio hombres medio animales, mientras que Príapo tiene una apariencia por completo humana.

Hasta la época romana, se tallaron multitud de figurillas de Príapo en madera de higuera. Se pintaban de rojo y se colocaban en los vergeles. De símbolo de la fertilidad, poco a poco Príapo pasó a convertirse en un espantapájaros obsceno.

PRÍAPO EL OBSCENO, DIOS DE LA FERTILIDAD
SIGLO I A. C.
Lámpara de aceite de bronce

¿Un culto? Los antiguos tienen la costumbre de embadurnar las estatuillas de Príapo con cinabrio o minio. Y sobre los monumentos que se le consagran se colocan cabezas de asno. Artistas y poetas no lo toman en serio: algunos le colocan una cresta de gallo y una campanilla en la mano izquierda; se dice que se deja insultar por los pájaros. En Roma se celebran las priapeas, o fiestas de Príapo. En ellas participan muchas mujeres, que se visten de bacantes y de bailarinas, y tocan la flauta mientras recorren las calles de la ciudad. Sin duda, se trata de las primeras bacanales celebradas en Roma. Dioniso las convertirá en una ceremonia más significativa y más formal.

55

Tetis, la ninfa del mar

La mujer de los pies de plata

Casada por voluntad de Zeus con un mortal sometido a las leyes humanas de la vejez, Tetis es una diosa infeliz. No obstante, tiene un hijo, Aquiles, cuya gloria será inmensa.

Tetis es hija de Nereo, el viejo del mar, y de Dóride, la hija de Océano. Por lo tanto, Tetis es una divinidad marina e inmortal, pero es una gran diosa con un poder comparable al de los dioses olímpicos, ya que salva al propio Zeus de la destitución al enviarle a Briareo, el ser de los cien brazos, para asustar a los conjurados, Hera, Poseidón y Atenea, que intentaban encadenarlo (*Ilíada*, I, 348 sq.). Tetis es tan bella que la codician los principales dioses. Sin embargo, Zeus y Poseidón se alejan de ella porque un oráculo predice que dará a luz a un hijo más poderoso que su padre, y Zeus no quiere sufrir como su padre Cronos por culpa de su descendencia. Así pues, habrá que obligar a Tetis a casarse con un mortal.

El casamiento desigual

El centauro Quirón sugiere a su protegido, Peleo, el rey de Ptía, que aproveche esta ocasión para casarse con una diosa. Pero Tetis huye de él. Para escapar de esta unión desigual, se transforma de forma sucesiva en ave, serpiente, león, pez, sepia, en agua y en fuego. Peleo no quiere dejar pasar esta oportunidad, así que persevera y poco a poco logra someterla y darle hijos.

Como inmortal casada con un mortal, empleará todos los medios para hacer a sus hijos inmortales, pero todos perecerán en el intento. Aquiles será el único que sobreviva, gracias a la protección permanente de su padre Peleo. Pero Tetis acaba por no soportar más a su marido, ya envejecido, y «se retira junto a su padre, el eterno viejo del mar, a la cueva brillante, donde está rodeada de las nereidas, sus hermanas» (*Ilíada*, XVIII, 35).

La madre de Aquiles

Tetis se asegura de proteger a su hijo. Lo esconde entre las hijas de Licomedes para que no vaya a la guerra de Troya, le impide que sea el primero en tocar la orilla troyana, le da unas armas forjadas especialmente para él por Hefesto e intenta disuadirle de matar a Héctor. Pero no sirve de nada. El destino ha previsto que Aquiles debe morir, y así se cumple. La «más desdichada de las diosas» solo habrá podido dar a su hijo la gloria.

Tetis es la aliada de Hera, porque en ningún caso puede ser una rival y pretender el amor de Zeus, a causa de su destino. Recibe a Hefesto, el hijo de Hera, y le concede su protección; por orden de la reina de los dioses, pilota la nave *Argos* en la difícil travesía de las Simplégades y la lleva sana y salva hasta su destino.

Alcmán, en el siglo VII a. C., hace de Tetis una demiurga vinculada a la metalurgia, llevada a los hombres por Hefesto, caído del Olimpo (*Partenios*).

56

LAS BODAS DE TETIS Y PELEO (ARRIBA)
HENDRICK DE CLERCK (H. 1570-1629)
Óleo sobre cobre

LAS BODAS DE TETIS Y PELEO (ABAJO)
BARTOLOMEO DI GIOVANNI (CONOCIDO H. 1465)
Madera (detalle)

Faetón, el hijo del Sol

El presuntuoso

La caída de Faetón (pierde el control del carro del Sol)
Lucas Jordán (1634-1705)
Óleo sobre tela

Sintiéndose orgulloso de ser hijo del Sol, Faetón pretende ser su igual, pero no tiene capacidad para ello. Conducirá el carro del Sol, pese a que solo Helio, ni tan siquiera Zeus, es capaz de hacerlo.

Faetón es hijo de Helio y de la oceánide Clímene. Al revelarle su madre la identidad de su padre, se vanagloria entre sus compañeros, que lo desafían para que demuestre su ascendencia divina.

Entonces el joven se dirige a casa de su padre. Este se alegra de la visita y promete concederle lo que desee. Para deslumbrar a sus amigos, Faetón pide conducir el carro paterno durante un día. Helio se arrepiente enseguida de su promesa, pero no puede faltar a ella.

Faetón coge las riendas y parte cabalgando por el cielo. Pero debido a la torpeza del conductor y a lo difícil del ejercicio, el carro se tambalea, el tiro se desboca y abandona la ruta trazada, sembrando el fuego a su paso. La Tierra se queja al rey del Olimpo y Zeus fulmina al guía imprudente.

Helio. Helio, el dios del Sol, del calor y de la luz solar, es hijo de Hiperión y Tía, hermano de Eos y de Selene. Se casa con Perseis y de ella tiene varios hijos: Eetes, Pasifae, la ninfa Rodo, los helíadas y Faetón. A menudo se le confunde con Apolo. Ante todo es el servidor de Zeus, y todos los días, montado en su carro de oro, realiza un trayecto por los cielos; Helio es el único dios que puede observar de una sola mirada la superficie entera de la Tierra e informar al Olimpo de lo que pasa en ella. Así, le vemos avisar a Hefesto de que Afrodita lo engaña con Ares, o advertir a Deméter del rapto de su hija Perséfone.

Cibeles, la diosa frigia

La madre de los dioses

La señora de los animales salvajes es adorada como diosa de la Tierra, en un principio, en Asia Menor, luego, en Grecia, y más tarde, en Roma, donde dio a los romanos la victoria contra los cartagineses.

Agdistis, un monstruo hermafrodita, nace de una piedra fecundada por Zeus. Los dioses deciden mutilarlo y hacer de él la diosa Cibeles (Pausanias, VII, 17, 10-12).
Cibeles vive en el bosque y en la montaña, con los animales salvajes y con los coribantes, sus sacerdotes.

Atis

Su amor por el pastor Atis hace que este enloquezca, y por ella se castra. Cibeles lleva a Atis sobre su carro tirado por leones. Según otras tradiciones, Atis es hijo de Nana, preñada por haber comido del fruto del almendro. Cuando Atis celebra su propio casamiento, Agdistis (Cibeles) se introduce en la sala del banquete y todos los comensales enloquecen. Atis huye, se mutila bajo un pino y muere. Accediendo a la petición de Agdistis, Zeus acepta que el cuerpo de Atis no se corrompa, que sus cabellos no dejen de crecer y que continúe moviendo el dedo meñique.

Pesinonte, en Frigia, es el mayor centro cultural consagrado a Cibeles. Allí la diosa emite oráculos y se le rinde culto en forma de una piedra en bruto, un betilo negro.

El rey Midas.

Midas es el hijo de Cibeles y de Gordias, rey de Frigia, inventor del nudo gordiano. Es un rey sabio y piadoso. El hecho de que acoja con benevolencia al anciano Sileno, ebrio y encadenado, le vale el favor de Dioniso. Este le dice que pida un deseo, y Midas pide que se transforme en oro todo lo que él toca. Pero será para mal: incluso sus alimentos se convierten en oro. Dioniso se apiada de él, y para evitar la maldición lo envía a purificarse en el Pactolo, que desde aquel día arrastra pepitas de oro.

ALTAR DEDICADO
A CIBELES
295 A. C.
Bajorrelieve romano

La diosa está de pie sobre un carro tirado por leones; el pastor Atis aparece apoyado en el pino sagrado.

El culto

El culto se extiende por Grecia, y más tarde a Roma, donde Cibeles es recibida oficialmente el 204 a. C. Sus sacerdotes, o *galles*, son eunucos, van vestidos de mujer y adornados como prostitutas. Bailan al son del címbalo y del tímpano, y entran en una especie de trance. Las autoridades romanas, que al principio desconfían de estas ceremonias, prohíben a los ciudadanos que entren en el clero de Cibeles e intentan confinar su culto al interior del templo. Más tarde las circunstancias cambian: se crean los *archigalles* romanos y el emperador se sitúa al frente. Se instituyen grandes fiestas. No obstante, se conserva su carácter orgiástico, que evoca la frondosidad de la naturaleza salvaje, y las asimilan a las dionisíacas. «¡Oh, bienaventurado aquel que, dichoso conocedor de los ritos de los dioses, lleva una vida de pureza y su alma entrega en íntima unión a los cortejos de Baco, bailando en los montes con santas purificaciones, observando los legítimos ritos de la gran madre Cibeles, agitando arriba y abajo el tirso, y, coronado de hiedra, a Dioniso presta su servicio!» (Eurípides, *Las bacantes*, 72. Traducción de Juan Antonio López Férez y Juan Miguel Labiano).

Cuando se acerca la primavera, los romanos reviven el mito de Atis; se celebra una procesión al pino donde se mutiló, un ayuno y una continencia de ocho días; luego, tiene lugar la fiesta de la sangre, durante la cual cada fiel se flagela, y algunos *galles* se castran. A continuación, tiene lugar el velatorio fúnebre de Atis, con grandes manifestaciones de ruidosos dolores y gesticulaciones. Después de esto, los alegres fieles celebran su resurrección en una gran explosión de alborozo. Por último están las ceremonias asociadas a la estatua de plata de Cibeles y al betilo sagrado: transportan a ambos por la ciudad sobre un carro tirado por vacas y se purifica a la diosa con un baño en el Almo, el afluente del Tíber. A partir del siglo III, el culto a Cibeles está marcado por la expansión de otro rito, el bautismo taurobólico, que consiste en sacrificar un toro y rociar a los fieles con la sangre del animal.

CABEZA DE CIBELES CON LA CORONA DE LA TIERRA
ÉPOCA ROMANA
Mármol, España

Las ninfas, unas diosas griegas

La gracia de la naturaleza

Las ninfas, muchachas a menudo semidesnudas, simbolizan la belleza y el encanto de las fuentes, de los bosques, de toda la naturaleza. Protegen a la juventud y dan fertilidad a las tierras.

Las ninfas, en su mayoría hijas de Zeus, viven en las cuevas. Hilan, cantan y forman parte de la corte que rodea a algunas grandes divinidades, como Artemisa. No son inmortales, pero sus vidas duran varios siglos. Las melíades son las más antiguas. Nacieron de las gotas de sangre caídas de la herida de Cronos mutilado. Viven en los fresnos, y a causa de su origen sangriento, la madera de fresno sirve para la fabricación de lanzas. Las náyades viven en los manantiales y en los cursos de agua. Son hijas de Zeus, y poseen un talento curador, pero son ambivalentes, ya que también pueden transmitir la enfermedad. Las nereidas son las ninfas del mar calmado; las oréades, de las montañas; las alseides, de los bosques, y las oceánides, del mar.

Al ser jóvenes llenas de belleza y seducción, las ninfas tienen incontables amores. Pan, Príapo, los sátiros y, en general, todos los que como ellas viven en la naturaleza. Ni siquiera los grandes dioses son insensibles a sus encantos: Zeus, Apolo, Hermes y Dioniso sucumben a ellas. A veces buscan muchachos: así, conmovidas por la belleza de Hilas, se lo quitan a Heracles y lo llevan al fondo de su manantial. Como fuerzas perturbadoras, las ninfas son temibles. Su belleza incluso puede conducir a la locura. A mediodía inspiran terrores súbitos.

Se considera a las ninfas divinidades secundarias con unos poderes restringidos. Su culto no se presta a grandes manifestaciones públicas, pero son muy populares. Están próximas al pueblo y se las venera sin la mediación de los sacerdotes. Sus santuarios, los ninfeos, eran solo los lugares, las fuentes, los bosques o las rocas asociados a ellas y que los agricultores podían decorar a su manera.

60

NINFA SOSTENIENDO UNA CONCHA DE MOLUSCO
ÉPOCA ROMANA, RESTAURACIÓN EN EL SIGLO XVII PARA LA COLECCIÓN BORGHESE
Mármol, altura: 60 cm

Fauno, un dios romano

El favorable

Fauno, una divinidad rústica, es honrado por los favores que concede y, a la vez, temido por la agitación que lo rodea. Ocupa un gran lugar como iniciador del culto a los dioses de la ciudad.

Según una leyenda, es hijo de Circe y de Júpiter, pero otra gran leyenda lo considera hijo de Pico y nieto de Saturno. Como buen hijo, quiso elevar al rango de los dioses a su padre, Pico, y a su madre, Canens, quien desde la muerte de su esposo se consumió de pena hasta que no quedó nada de ella.

Fauno es uno de los reyes más antiguos de Italia, y el culto que se le rendía se mantuvo siempre vivo.

Este dios agrícola, arisco y un poco salvaje, es responsable de la fertilidad de las plantas y de la extraordinaria explosión de la naturaleza viva. Dio origen a la prosperidad y a la riqueza de Roma. Tiene la sede en el monte Palatino. Manifiesta sus oráculos por la noche. El consultante, tendido sobre una piel de cabra, recibe sus revelaciones durante unos sueños terroríficos. Fauno es el protector de los pueblos itálicos. Anuncia y prepara la llegada de Eneas y de los troyanos, cuya descendencia dará grandeza a la ciudad (Virgilio, *Eneida*, VII, 96-101).

Las lupercales

Las lupercales eran las grandes fiestas dedicadas a Fauno, en las que jóvenes semidesnudos recorrían las calles y daban golpes con tiras de cuero a las mujeres que encontraban a su paso. Se creía que estas flagelaciones eran beneficiosas para las víctimas (Ovidio, *Los fastos*, II, 445 sq.). Ovidio da una explicación a la desnudez de los lupercos: Fauno habría sorprendido a Hércules y a Ónfale dormidos. Fauno quiso violentar a la joven. Pero los amantes, a modo de juego, habían intercambiado sus ropas. Equivocándose en la oscuridad, Fauno se acerca, pues, a Hércules, que, por supuesto, lo aparta con brusquedad. Para evitar tal contratiempo, Fauno exige que sus sacerdotes vayan desnudos durante las fiestas que se organizan en su honor. A veces se le ha identificado con el dios arcadio Pan y se le ha convertido en un dios lascivo.

Fauno se ha multiplicado en los faunos, sátiros mitad machos cabríos, mitad hombres.

Más tarde, la personalidad de Fauno se diluye y se multiplica: los faunos son genios campestres mitad hombres, mitad cabras, que, al igual que los sátiros griegos, se divierten en la naturaleza en compañía de las ninfas: «Fauno, amador de las ninfas que te huyen, ven a recorrer mi dominio y mis soleados campos; benevolente cuando llegas y cuando te vas favorable a mis pequeñas crías si, cumplido cada año, te he inmolado un tierno cordero; camarada de Venus, no falta para ti abundante vino en la crátera, y el altar antiguo humea, con una profusión de perfumes» (Horacio, *Odas*, III, 18).

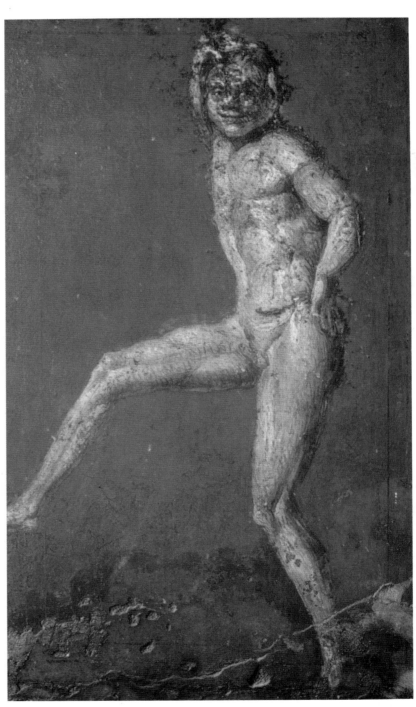

FAUNO BAILANDO
HACIA 60 D. C.
Fresco de la Villa de los misterios de Pompeya

Fauna. La hermana y esposa de Fauno, anunciadora de la buena suerte, ha dado a Hércules un hijo, el rey Latino. Es la protectora de las mujeres, y a menudo se la identifica con Bona Dea, la buena diosa, experta en las artes domésticas y tan púdica que no sale de su habitación y no ve a ningún hombre, salvo a su marido. Tiene su santuario en el Aventino.

Los centauros, monstruos griegos

Unos seres rudos y poco refinados

Los centauros, mitad hombres, mitad caballos, son unos seres brutos, agresivos y nada inteligentes que se embriagan, se pelean a menudo y manejan de forma desmedida el arco y la maza.

Ixión pasa por hijo de Ares. Mata a su mujer justo después de casarse. Este crimen no le es perdonado, salvo por Zeus, que se apiada de él. Pero Zeus da a una nube el aspecto de Hera, su esposa, y la envía junto a Ixión para ver si el dios se atreve a seducirla. De sus amores sacrílegos nacen los centauros, unos monstruos con busto de hombre y la parte inferior del cuerpo de caballo. ¿Es posible inventar tal extravagancia?

Son monstruosos por su forma y por su carácter: camorristas, violentos y salvajes, viven fuera de los caminos frecuentados por los hombres, solo comen carne viva, no respetan nada, cazan con piedras y ramas gruesas, se rebelan por cualquier cosa y tienen unos espantosos arrebatos de ira.

Entre ellos, solo dos, si bien de origen distinto, son benefactores: Quirón, nacido de los amores de Fílira y Cronos, y Folo, hijo de Sileno y de una ninfa. Son acogedores, sabios y amigos de los hombres.

Quirón y Folo

Quirón es el preceptor de Apolo, Aquiles, Jasón, Asclepio y muchos otros. Su complicidad con la naturaleza le permite conocer a la perfección la caza y la guerra, las drogas, los ungüentos, la medicina e incluso la música. Auxilia a Peleo dándole su arma, cuando había sido entregado a los centauros por los celos del rey Acasto.

Folo recibe con amabilidad a Heracles, le sirve viandas cocinadas, guardándose para él las crudas. Cuando Heracles le pide vino, responde que en su posesión solo tiene una jarra, y que pertenece al conjunto de los centauros. Decide abrirla, y el perfume del vino atrae a los centauros, que atacan la cueva. Heracles mata a Agrio y a Anquio, y persigue a los demás, que se encuentran en torno a Quirón. Hiere a Élato y, sin querer, a Quirón. La herida permanece abierta pese a todas las curas, de modo que el herido, nacido inmortal, pide la muerte: Prometeo se la da a cambio de su propia inmortalidad.

Pero esta no es la única disputa de los centauros. Un día los invitan a las bodas de Pirítoo, jefe de los lapitas. Durante el banquete, los centauros se embriagan —no están acostumbrados al vino—, y uno de ellos, Éurito, acomete a la desposada. Se entabla una pelea general, que acaba en una masacre. Al final, vencen los lapitas.

Las mujeres no les son indiferentes. Son incapaces de resistir a los impulsos de su naturaleza, y, por lo tanto, son amigos de las violaciones y los raptos: Euritión intenta raptar a la prometida de Heracles, Mnesímaca; Neso intenta violar a Deyanira, e Hileo y Reco, juntos, intentan forzar a la virgen Atalanta, fiel a Artemisa.

EL CENTAURO NESO INTENTA VIOLAR A DEYANIRA, LA MUJER DE HERACLES SIGLO V A. C.
JARRÓN GRIEGO DE FIGURAS ROJAS

Deyanira. Heracles conquistó a Deyanira luchando contra el dios-río Aqueloo, que quería casarse con ella. Vivió con ella hasta el momento en que mató por accidente a un pariente de su suegro. Entonces tuvo que exiliarse con su mujer y su hijo Hilo. A orillas del río Eveno, mató a Neso, que intentaba violar a Deyanira. Pero al morir, el centauro dio a la joven una droga que, según le dijo, era un filtro de amor. Más tarde, cuando Heracles se apartó de Deyanira, esta le envió una túnica que había impregnado con la droga. En cuanto la túnica tocó la piel de Heracles, el héroe fue presa de terribles dolores. El filtro del «amor» resultó ser un filtro mortal.

Las Gorgonas, mujeres monstruosas

El terror

Las horribles Gorgonas, cuya cabeza enorme da miedo, utilizan este rasgo como un arma temible y petrifican a aquel que las mira. Tienen tres hermanas mayores, las Greas, que entre las tres solo tienen un ojo y un diente.

Las Gorgonas son tres, hijas de Forcis y Ceto, dioses de la primera generación divina. Sus melenas están formadas por serpientes encolerizadas; tienen colmillos como los del jabalí; sus manos son de bronce, y poseen alas de oro. Sus ojos son tan espantosos que transforman en piedra a quien los mira. Los propios dioses se horrorizan al verlas; solo Poseidón se ha atrevido a unirse a Medusa, una de las Gorgonas.

Euríale es el exceso sexual; Esteno, la perversión social, y Medusa, la vanidad. De las tres, solo «Medusa era mortal, mientras que sus dos hermanas no debían conocer la muerte ni la vejez. Solo ella, en cambio, vio tenderse a su lado el dios de corazón de azur en la tierna pradera, en medio de las flores primaverales» (Hesíodo, *Teogonía*, 275-280).

Se creía que vivían en el extremo de occidente, cerca del reino de los muertos.

Medusa

Perseo parte para matar a Medusa. Gracias a las sandalias aladas que le ha dado Hermes, vuela y, para no ser alcanzado por la mirada del monstruo, utiliza su escudo a modo de espejo, espera a que su víctima entre en un sueño profundo y le corta la cabeza. De la herida salen Pegaso y Crisaor, los hijos de Poseidón.

Más adelante, Atenea utiliza la cabeza de Medusa, que ha conservado su poder, y la clava sobre su escudo. La sangre vertida sirve de poción mágica a Asclepio.

Rostro aterrador de una Gorgona
Hacia 520 a. C.
Cerámica de figuras negras

63

Pegaso. Caballo alado nacido de Medusa. Tras su nacimiento, desciende del Olimpo y va a beber a la fuente de Pirene, donde se encuentra con Belerofonte. Este lo toma como montura para sobrevolar y matar a la Quimera, un monstruo mitad león, mitad dragón, para derrotar a la población guerrera de Sólimos, obtener la victoria contra las amazonas y, finalmente, masacrar a los agentes del rey Yóbates, encargados de asesinarlo. Se dice que la fuente Hipocrena del monte Helicón surgió tras un golpe de pezuña de Pegaso.

Pegaso y Belerofonte
Bajorrelieve de terracota

Adonis, un dios fenicio

El seductor precoz

Su pasión violenta, efímera e infecunda hace extasiar a las esposas infieles. Adonis, un hermoso joven que aparece y desaparece, es como la vegetación que muere en otoño y revive en primavera.

Adonis es originario de Fenicia. Al principio lo llamaron Tamuz, y luego Gauas. Pero fue bajo el nombre de Adonis, es decir, «señor», como se hizo célebre, sobre todo en Biblos, Alejandría, Chipre y Grecia.

Tías, el rey de Siria, tenía una hija, Mirra o Esmirna. Afrodita la empujó a desear el incesto con su padre. Logró engañar a Tías y unirse con él. Pero Tías se dio cuenta y, encolerizado, quiso darle muerte. Para protegerla, los dioses la transformaron en árbol, el árbol de la mirra. Diez meses más tarde, de la corteza de este árbol salió un niño: Adonis.

Los amores de Adonis

Adonis era muy bello. Afrodita lo recogió y lo encerró en un cofre que confió a Perséfone. Pero la diosa de los infiernos se negó a entregarlo. Ambas, Afrodita y Perséfone, estaban enamoradas del joven. El conflicto entre las dos diosas fue arbitrado por Zeus, y se decidió que Adonis viviría un tercio del año con una, un tercio con la otra y otro tercio con quien quisiese. Pero Adonis decidió pasar dos tercios del año con Afrodita (Apolodoro, III, 14, 3).

La muerte de Adonis

Durante un combate provocado por Artemisa contra un jabalí, Adonis resultó herido de muerte. Este fin trágico, que le impidió gozar del afecto de Afrodita, todavía hoy inspira compasión. Se dice que Afaca, en el país de Biblos, allí donde nace el río de Adonis, el Nahr Ibrahim, las aguas se tiñen de rojo una vez al año en recuerdo de la sangre vertida por el dios.

Los jardines de Adonis

Los jardines de Adonis eran vasijas de cerámica, fondos de taza o cestas ligeras en las que se sembraban plantas de crecimiento rápido, como el hinojo, el trigo o la lechuga. Estos vegetales crecían en unos días. Incluso se aceleraba su desarrollo, regándolos con agua caliente y colocándolos a pleno sol. Así se marchitaban pronto. Este cultivo irrisorio simbolizaba la existencia efímera de Adonis. En Grecia, se calificaba de «jardines de Adonis» toda existencia fugaz y pasajera.

Leyenda

Según el *Canto fúnebre en honor a Adonis*, de Bión de Esmirna (I, 72), Afrodita vertió muchas lágrimas, y cada lágrima se convirtió en una rosa, mientras que cada gota de sangre de la víctima se metamorfoseó en una anémona. El poeta, atento a la precisión, añade que la diosa vertió tantas lágrimas como gotas de sangre perdió Adonis.

VENUS Y ADONIS
PETRUS PAULUS RUBENS (1577-1640), H. 1610
Óleo sobre tela

Venus suplica a Adonis que no vaya a cazar (durante la caza será herido de muerte).

Las adonías. Son grandes fiestas que se celebran todos los años y están marcadas por dos momentos fuertes: uno fúnebre, con lamentaciones y sacrificios por la muerte de Adonis; otro triunfal, con procesiones alegres por su retorno. En Alejandría se invierte el ritmo de las ceremonias, como para seguir mejor el desarrollo de la historia, y se empieza por los cantos, los bailes, un banquete y un espectáculo que recuerdan la unión de los dos amantes, y se termina con una procesión fúnebre. En Atenas no se celebra el ritmo de las estaciones con muerte y resurrección —eso se reserva a Deméter. La fiesta pública es fúnebre, con todos los ritos de los funerales: unción, aseo y exposición del difunto, ofrendas y viandas tomadas en común. En el lugar del cadáver se colocan imágenes de cera o de terracota. Las mujeres honran estos simulacros, los pasean por la ciudad, se lamentan, bailan y entonan cantos lastimeros. A continuación, la celebración es discreta: su objeto es el placer obtenido fuera del matrimonio, y el lugar, la intimidad de las viviendas.

64

Cástor y Pólux, héroes griegos

Los muchachos de Zeus

Estos gemelos tan unidos entre sí lo comparten todo, incluso la muerte y la inmortalidad, puesto que uno es mortal, y el otro, inmortal. Se les llama los Dioscuros, los hijos de Zeus.

Según algunas versiones, Leda, esposa de Tindáreo, rey de Esparta, recibe la visita de Zeus, que ha tomado el aspecto de un cisne. Se une a él y esa misma noche tiene relaciones con su marido. De estas uniones nacen dos pares de gemelos: Pólux y Helena son hijos de Zeus; Cástor y Clitemnestra son hijos de Tindáreo.

Cástor es un buen guerrero y un corredor veloz. No tiene miedo y lucha con valentía. Llega pronto a las manos y se ensaña hasta que vence. A menudo se le ve acompañado de perros con los que caza. Como hijo de un humano, es mortal. Pólux es un púgil consumado. Es muy fuerte y sabe luchar con inteligencia y utilizar hábiles tácticas. También doma caballos.

Ambos son inseparables y se complementan perfectamente. Libran los mismos combates y son los defensores de todos sus allegados.

Teseo ha raptado a su hermana Helena y la ha encerrado en la fortaleza de Afidna. Aprovechando la ausencia del ateniense, que ha ido a los infiernos a pedir la mano de Perséfone, los Dioscuros —es así como llaman a Cástor y Pólux— viajan al Ática. Liberan a Helena, expulsan del trono a los hijos de Teseo, instalan al pretendiente Menesteo y la llevan con ellos a Etra, la madre de su enemigo. Son lo bastante fuertes para que acudan a ellos en caso de dificultad, por lo que van a la búsqueda del vellocino de oro con los argonautas. Y durante una tempestad salvan el barco *Argo*; toman parte en la liberación de Prometeo, en la caza del jabalí de Calidón y en el saqueo de Yolco.

Tienen su casa en Esparta. Llegan allí bajo la apariencia de dos bellos extranjeros y desaparecen llevándose con ellos a una joven virgen que vivía allí. Son los patronos de la juventud, presiden los ejercicios del ejército y sus actividades deportivas.

En la batalla del lago Regilo que, entre el 496 y el 449 a. C. enfrenta a los romanos con los latinos en rebelión, a instancias de Tarquino el Soberbio, el rey destronado, están en el lado de los romanos. Por la tarde llegan a la ciudad para anunciar la victoria y dan de beber a sus caballos en la fuente de Juturno. Roma les construirá un templo en el Foro, una excepción tratándose de dioses extranjeros.

Los inseparables

Al mismo tiempo, quedan prendados de dos hermanas, Febe e Hilaíra, y las raptan. Idas y Linceo, sus prometidos, se lanzan a su persecución. En la lucha, Cástor y Linceo mueren. Zeus fulmina a Idas y se lleva a Pólux al cielo. Es su hijo y es inmortal, pero este último no quiere separarse de su hermano. Ante sus ruegos, Zeus acepta que compartan la inmortalidad y que ambos se queden un día entre los dioses. Entonces se convierten en la constelación de los Gemelos.

CÁSTOR Y PÓLUX
THOMASSIN SIMON
(1655-1733), 1724
Grabado que representa el grupo de mármol situado en los jardines de Versalles, copia del original antiguo en Roma.

Prometeo, el hijo de un titán

La rebelión contra Zeus

Prometeo no acepta la derrota de los titanes, y para vengarse favorece a los hombres que, bajo el reinado de Cronos, eran iguales a los dioses, y bajo el imperio de Zeus, se han convertido en seres inferiores y mortales.

Prometeo es hijo de Jápeto, el titán, y de Clímene (o de Asia). Es primo de Zeus y tiene varios hermanos: Atlante, Menecio y, sobre todo, Epimeteo, el más conocido, porque es su opuesto exacto. Prometeo es el símbolo de la rebelión de los hombres contra los dioses. El ingenio y la picardía son, en sus manos, unas armas poderosas. Prometeo logra engañar al propio Zeus y dar a la humanidad (a veces se afirma que él es su creador) unos beneficios que los dioses le niegan.

El sacrificio

En Mecone, dioses y hombres viven juntos y se sientan en la misma mesa. Es la edad de oro. Prometeo lleva un buey muy grande, lo mata y lo corta en dos partes. Una está formada por la carne cubierta con la piel del animal. Tiene un aspecto repelente, pero los mejores trozos están ahí; la otra consiste en los huesos escondidos bajo una fina capa de grasa blanca. Tiene un aspecto apetitoso, pero no contiene nada comestible. Zeus debe elegir entre las dos partes, y toma la que parece más atractiva, es decir, los huesos. Así, en los sacrificios, se queman los huesos y los dioses disfrutan del aroma, mientras que los hombres se alimentan con la carne. No obstante, su hambre no cesa de reaparecer: sienten el desgaste de sus fuerzas, la enfermedad y la muerte. Engañado por la astucia de Prometeo, para castigar a los hombres que se han beneficiado de ella, Zeus esconde el fuego que utilizan para cocinar la carne y los obliga a trabajar para hacer crecer una semilla que hasta entonces crecía en abundancia sin que el hombre tuviese que ocuparse de ella. Es el fin de la edad de oro.

El rapto del fuego

Prometeo va una segunda vez en ayuda de los humanos. Roba una parte del fuego en «la rueda del Sol» (o bien en la forja de Hefesto). La oculta en un tallo de hinojo y la lleva a los hombres. A partir de ahora, el fuego brilla en el bajo mundo en todos los hogares.

Sin embargo, el fuego ha perdido su permanencia. Es precario, por lo que hay que mantenerlo con cuidado, protegerlo y alimentarlo. Pero marca la diferencia entre los hombres y los animales salvajes. El fuego es la unión entre los hombres y los dioses, puesto que permite realizar el sacrificio. El castigo por este robo es terrible: Zeus encadena a Prometeo en la cima de una montaña y un águila le devora el hígado.

La inmortalidad

Prometeo, siempre astuto, oye los gritos del centauro Quirón, nacido inmortal pero herido por una flecha por Heracles, y que, como sufre sin cesar, pide la muerte. Le propone intercambiar la muerte por la inmortalidad, y Quirón, que ya no resiste más, acepta. Así, Prometeo se vuelve inmortal.

PROMETEO
ENCADENADO
PETRUS PAULUS RUBENS
(1577-1640)
Óleo sobre madera

Prometeo está encadenado con cadenas de acero en una montaña y un águila devora su hígado durante todo el día. Pero este vuelve a crecer por la noche. Al pasar por allí, Heracles lanza una flecha al águila y libera a Prometeo. Zeus, orgulloso de la acción de su hijo, suaviza el castigo: solo impone a Prometeo que lleve un anillo hecho con el acero de sus cadenas y un trozo de roca, símbolo del castigo que ha merecido.

Prometeo y Epimeteo. Así como Prometeo es inteligente, astuto y previsor, Epimeteo es ingenuo, torpe y despreocupado. Por ello, los dioses logran engañarlo. Zeus envía a los hombres el «bello mal» que es Pandora, la mujer. Epimeteo, que es muy crédulo, la recibe como un regalo maravilloso, un don del cielo. Pero la mujer, levantando la tapadera de una jarra, deja escapar los males, como el cansancio, la enfermedad, el sufrimiento y la muerte, y estos se extienden por todo el mundo.

Pandora, la primera mujer

Una creación de Hefesto

Ardid y seducción, la bella Pandora arrastra a los hombres a su perdición. Es creada por los dioses; Zeus le encarga obstaculizar las acciones que realiza Prometeo en favor de los hombres.

Los hombres vivían sin mujeres. Surgían de la tierra al igual que los cereales. No conocían el cansancio, la vejez ni el sufrimiento. Desaparecían jóvenes en una calma perfecta, como durante el sueño. Eran plantas bellas sin historia. Desde lo alto de su Olimpo, Zeus les prepara un regalo. Hace que Hefesto modele con tierra y agua una figura que tendrá la bella forma de las diosas inmortales. Todos los grandes dioses intervienen en ella: Atenea le enseña la habilidad manual, y Afrodita, la gracia y el deseo. Hermes, a modo de chanza, pone en ella la mentira y la picardía. Es Pandora, divina en apariencia y humana en realidad.

Zeus la da como regalo a Epimeteo, el hermano de Prometeo. Epimeteo es tan atolondrado como previsor lo es su hermano, tan torpe como mañoso su hermano, y tan necio como inteligente lo es su hermano. Este ya le ha prevenido: no debe aceptar ningún regalo de Zeus. Pero Pandora es demasiado bella, adornada con collares, perlas y flores, y vestida con las ropas más suntuosas. Él la recibe como un don del cielo.

Sin embargo, Pandora es un señuelo, una trampa. Ahora el hombre ya no está solo, debe acomodarse a ella, a sus necesidades, deseos, caprichos y a sus apetencias sexuales; debe fascinarla, satisfacerla, hacerla vivir y honrarla para tener hijos. Epimeteo es seducido, fascinado, y descubre que es posesivo, celoso y, a veces, incluso cruel. ¡Han terminado la solidaridad, la armonía y la paz!

La caja

En su equipaje, Pandora lleva una jarra misteriosa (la «caja de Pandora»), que está prohibido abrir. Pero una vez en su papel de esposa, y llevada por la curiosidad, levanta su tapa. Al momento, todos los males salen de ella y se extienden por el mundo, mezclándose con los bienes, sin que sea posible distinguir unos de otros. Sufrimiento, enfermedades, vejez y muerte, mentiras, robos y crímenes se esparcen por la naturaleza, por las ciudades, las casas y entre todos los hombres.

Asustada por esta explosión de maleficios, Pandora vuelve a tapar la jarra. Pero está casi vacía: lo que es cruel y violento ha salido enseguida. Al fondo, solo queda algo que no ocupa mucho espacio, que no salta como lo demás, que está calmado y tranquilo: es la esperanza. Pero se mantiene encerrada para no atemorizar a los hombres, como si no tuviese derecho a propagarse.

PANDORA
CHARLES LENOIR, H. 1902
Óleo sobre tela

Níobe, una heroína griega

La dama de piedra

Níobe, amada por Zeus, madre celosa y orgullosa de sus hijos, se atreve a menospreciar a Leto, la madre de Apolo y Artemisa. Estos no se lo perdonan y matan, uno a uno, a todos los hijos que trae al mundo.

Níobe es hija de Tántalo y esposa de Anfión, rey de Tebas. Su matrimonio es particularmente feliz: Anfión, hijo de Zeus, es un artista. Saca de su lira unos sonidos tan armoniosos que las propias piedras se mueven, llevadas por la belleza de sus melodías. Anfión participa así, por medio de su instrumento musical, en la construcción de las murallas de Tebas.

La orgullosa

Níobe, madre fecunda, trae al mundo siete hijos: Sípilo, Eupínito, Ismeno, Damasictón, Agenor, Fedimo y Tántalo, y siete hijas: Etodea, Cleodoxa, Astíoque, Ptía, Pelopia, Asticratía y Ogigia. Unos hijos «florecientes de juventud», alegres, hermosos y fuertes. ¿Qué más puede esperar una madre?

Orgullosa de su progenie, Níobe, «la de la bella melena», llega a despreciar a las madres de algunos niños. Se cree y se dice superior a ellas. El orgullo de Tántalo, su padre, pervive en ella: al observar que se rinde culto a Leto, ordena que se le rinda también a ella. Níobe dice, orgullosa: «Leto no ha tenido más que dos hijos, Apolo y Artemisa, mientras que yo he tenido siete veces más; Leto no es más que una vagabunda, yo soy una reina; Leto es pobre, yo soy rica y poderosa».

La venganza de Leto

Leto, «la de las bellas mejillas», oye estas palabras insolentes. Como diosa hija de un titán, amada por Zeus y madre de dos grandes dioses del Olimpo, no puede aceptar estos insultos; pide ayuda a Apolo y a Artemisa para vengarse. Los hijos de Leto bajan del Olimpo, entran en el palacio donde reina Níobe, y Apolo traspasa con sus flechas a siete de sus hijos. Las siete hijas mueren a manos de la gran Artemisa, «que se complace en lanzar flechas». Así, «aunque solo eran dos, los hijos de Leto dan muerte a todos los de Níobe» (*Ilíada*, XXIV, 604). La madre, tan segura de sí misma, ve morir a los hijos de los que tan orgullosa estaba.

Como si estos muertos no fuesen suficientes, Zeus convierte en piedra el corazón de los tebanos, y los cuerpos de los niños permanecen tendidos sobre su propia sangre, insepultos, durante nueve largos días. Níobe llora su desgracia y, en señal de duelo y de pena, rechaza todo alimento.

A la décima aurora, considerando cumplida la venganza, los mismos dioses proceden a enterrar los cadáveres. Níobe termina entonces su ayuno, pero como ha perdido toda razón de vivir, se retira a casa de su padre, Tántalo, en el monte Sípilo.

Transformada en roca, soporta los tormentos que los dioses le han infligido. Se dice que sus ojos siguen llorando a sus hijos, y se señala una piedra que habría sido Níobe, de la que fluye, abundante, un manantial inagotable.

68

NÍOBE Y CUATRO DE SUS HIJAS JUGANDO A LOS DADOS (ARRIBA)
SIGLO I
Esmalte sobre mármol, Herculano

MASACRE DE LOS HIJOS DE NÍOBE POR APOLO (ABAJO)
SIGLO V A. C.
Crátera de cáliz de figuras rojas

Narciso, un héroe griego

El amor por uno mismo

El joven y hermoso Narciso es el símbolo del amor hacia uno mismo. Es admirado por todo el mundo y amado por todas las muchachas griegas, pero solo siente desprecio por ellas, lo que le perderá.

Narciso es hijo del dios Cefiso y de la ninfa Liríope. El adivino Tiresias predijo que el niño viviría hasta una edad muy avanzada si conseguía no mirarse nunca.

Con su belleza excepcional, Narciso atrae las miradas tanto de las mujeres como de los muchachos. Insensible, prosigue su camino sin siquiera volver la cabeza. Se pasa el tiempo cazando y solo se ocupa de sí mismo. Animias, su amigo, se suicida de pura desesperación. Sus enamoradas se enfurecen y claman venganza. Eco es una ninfa que sirve a Zeus y entretiene a Hera con su charla mientras él está con una de sus amantes. Hera enseguida se da cuenta y le corta la palabra: «Ahora solo emitirás sonidos breves». Eco se encuentra con Narciso y solo puede mirarle, sin hablar. Cuando él le pregunta: «¿Quién está ahí?», ella responde: «Ahí». Eco no aguanta más y se echa a sus brazos y él, sorprendido, huye. La ninfa Eco languidece. Némesis decide vengar las víctimas de este bello indiferente. Un día muy caluroso, Narciso, agotado y sediento, se inclina sobre un manantial para beber. Viendo su reflejo en el agua, enseguida se enamora perdidamente de lo que ve; se acerca al objeto de su amor, pierde el equilibrio, cae al agua y se ahoga. De su cuerpo nace la flor que lleva su nombre (Ovidio, *Metamorfosis*, III, 339-510). Narciso muere por no querer darse.

NARCISO DESCUBRIENDO SU ROSTRO EN EL AGUA
CARAVAGGIO, MICHELANGELO MERISI,
LLAMADO (1573-1610)
Óleo sobre tela

Teseo y el Minotauro

El destructor de monstruos

Heracles era un campeón entre los dioses. Teseo es un campeón entre los hombres.

Egeo no ha tenido hijos. Visita al rey de Trecén, Piteo, y le expone la situación. Piteo, a quien no le gusta verlo tan desesperado, hace que beba y mientras está inconsciente pone en su cama a su hija, Etra. Esta concibe un hijo que será Teseo. Pero no se tiene absoluta certeza de quién es el padre, ya que Etra, antes de unirse con Egeo, ha ido a una isla para hacer un sacrificio a Poseidón y el dios la ha violado. ¿Teseo es hijo de Egeo o de Poseidón?

Antes de partir, Egeo esconde bajo una roca su espada y un par de sandalias, diciendo que no quiere volver a ver al niño hasta que este sea capaz de mover la roca para recuperar estos objetos. A los dieciséis años, Etra ve a su hijo lo bastante vigoroso para someterse a la prueba; entonces Teseo descubre su origen y decide ir a Atenas.

Las pruebas

Teseo decide ser igual a Heracles. Acaba con el cojo Perifetes, que mataba a los viajeros con su maza, y con el gigante Sinis, que utilizaba un árbol a modo de arco para lanzar a sus víctimas a lo lejos, como si fuesen flechas. Atraviesa con la espada la cerda de Cromión, que asolaba el país, y también al bandido Escirón, que precipitaba a los viajeros al mar. Lucha y vence a Cerción, aplastándolo contra el suelo. Por último, acaba con Procustes.

Al llegar a Atenas, es recibido como un triunfador. Medea, la maga, que tiene en sus garras al rey Egeo, se siente celosa. Hace que Egeo, que aún no conoce la verdadera identidad de Teseo, le invite a cenar y, con el consentimiento del débil rey, prepara un veneno para liberar al palacio de ese inoportuno recién llegado. Pero durante la cena, Teseo saca su espada para cortar la carne del suculento banquete, y Egeo, al ver el arma, reconoce a su hijo ante todos los ciudadanos reunidos para la ocasión. Después de este altercado en Atenas, Medea es obligada a exiliarse.

Teseo y el Minotauro

Desde el asesinato de Androgeo y la victoria de Minos sobre los atenienses, Atenas debe enviar cada nueve años un tributo de siete muchachos y siete muchachas para que sirvan de alimento al Minotauro. Teseo se designa a sí mismo como una de las víctimas, sabiendo que aquel que mate al monstruo salvará su vida. Es el jefe de la expedición, y al partir ha recibido dos juegos de velas de barco, unas blancas para anunciar la victoria y otras negras para anunciar la derrota. En Creta, Ariadna, una de las hijas de Minos, ve a Teseo. Seducida por el héroe, le da un ovillo de hilo para que pueda encontrar el camino en el laberinto y le pone una sola condición: que se case con ella. Teseo es encerrado con sus compañeros en el laberinto, mata al monstruo y, gracias al hilo de Ariadna, encuentra la salida y se salva.

TESEO LUCHANDO CON EL GIGANTE SINIS
SIGLO V A. C.
Copa ática de figuras rojas

TESEO Y PIRÍTOO RAPTAN A LA AMAZONA ANTÍOPE
SIGLO V A. C.
Copa ática de figuras rojas

Teseo, señor de Atenas

Durante el regreso a Atenas, Teseo, que quería desembarazarse de Ariadna, la deja dormida en Naxos, quizá porque Dioniso se había enamorado de ella y le había pedido a Teseo que se la dejase. Pero Teseo se olvida de cambiar las velas del barco, y Egeo, al ver de lejos las velas negras, anunciadoras de la derrota, se lanza al mar desesperado. Teseo toma el poder en el Ática.

Teseo ha dejado el recuerdo de un buen administrador de la ciudad: instaura la democracia, da a la ciudad sus principales monumentos, acuña moneda, instituye las panateneas, las fiestas de la unidad política del Ática, y los Juegos ístmicos, para celebrar a Poseidón.

Como buen jefe en la guerra, debe defender la ciudad contra las amazonas, que vienen para recuperar a una de ellas, Antíope, que estaba con Teseo, ya fuese porque la había recibido como cautiva, ya fuese porque la había raptado o seducido. Las amazonas se ven obligadas a firmar la paz.

Teseo y Fedra

Teseo también se casa supuestamente con Fedra, la hermana de Ariadna. Pero Fedra se enamora de Hipólito, un hijo que Teseo ha tenido de la amazona Antíope. El joven, al que no le gustan las mujeres, rechaza las insinuaciones de su madrastra y, para vengarse, esta acusa a su hijastro de haberla violado. Hipólito es castigado con la muerte, y Fedra, llena de remordimientos y desesperación, se ahorca.

TESEO Y EL
MINOTAURO
PRINCIPIOS DEL SIGLO
XVI; MAESTRO DE LOS
CASSONI DE CAMPANA
Óleo sobre madera

Se ha abordado con mucha imaginación el tema del laberinto. Aquí, el Minotauro no tiene nada que ver con el toro, y Teseo, nada con un luchador de la antigüedad. En cuanto al laberinto, no tendría nada de misterioso si hubiese sido descubierto, como el que aparece en la imagen. Sin embargo, todo está ahí, ya que incluso se ve el hilo de Ariadna.

Perdido por la ambición.

Pirítoo y Teseo son grandes amigos. Juntos deciden que solo se casarán con hijas de Zeus. Así, raptan a Helena para Teseo y luego se dirigen a los infiernos para apoderarse de Perséfone, para Pirítoo. Helena es liberada por Cástor y Pólux, sus hermanos, que instalan a otro rey en Atenas, y Pirítoo se encuentra prisionero en los infiernos, no puede escapar del asiento del Olvido en el que Hades hace que se siente. Solo a Teseo se le permite que vuelva a la Tierra. De regreso a Atenas, Teseo encuentra la situación por completo cambiada: al no tener poder, debe exiliarse, y va al encuentro de Licomedes, en Esciros, con el que tiene cierto parentesco. Licomedes lo recibe con amabilidad, pero mientras le guía para mostrarle una montaña, lo lanza a un barranco y Teseo muere.

Las amazonas, las guerreras

Un pueblo mítico

Las amazonas son *antianeirai* **(***Ilíada***, VI, 186), es decir, son iguales a los hombres y, a la vez, enemigas de los hombres. En el pensamiento de los griegos siempre ha estado presente el pueblo de las amazonas, procedentes de países muy lejanos y salvajes.**

El nombre *amazona* tiene una etimología erudita: podría proceder de *á*, privativo, y de *μáóïò*, «mama»: es decir, las

AMAZONA
FRANZ VON STUCK (1863-1928), 1897
Bronce

mujeres que están privadas de un seno. Hipócrates precisa incluso que, si se hacían esta operación, era «para que toda la fuerza y el desarrollo fuesen al hombro y al brazo», y así eran más aptas para el combate (Hipócrates, *Tratado de los aires, las aguas y los lugares*, XVIII). La ciudad de las amazonas es una ciudad donde las mujeres ejercen todas las magistraturas, administran la vida pública y dirigen e integran ellas solas el ejército, mientras que los hombres llevan la casa, crían a los hijos e hilan la lana. Son *kreobóroi*, «comen carne cruda» (Esquilo, *Las suplicantes*, 287), y *androktones*, «asesinas de hombres» (Heródoto, IV,110). Viven en los confines de las tierras pobladas. No toleran ningún hombre o, si lo hacen, solo es para los trabajos serviles. Se unen una vez al año con los hombres de los pueblos vecinos, entre los que escogen a los más bellos. Estas uniones se hacen al azar, en la oscuridad de los bosques, para que las parejas no puedan reconocerse (Estrabón, XI, 5, 34). En realidad, roban a los hombres su semen. Más adelante, cuando nacen los hijos, matan a los varones, o bien los dejan ciegos o incluso cojos para que no sean más que una reserva de semen masculino (Diodoro de Sicilia, II, 45). En cuanto a las hijas, les cortan un seno para que no les moleste en la práctica del tiro al arco y en el manejo de la lanza.

Unas guerreras

Se dice que descienden del dios de la guerra, Ares, y de la ninfa Harmonía. Rinden culto a Artemisa, y son unas guerreras temibles. Luchar contra ellas es una hazaña para los jóvenes guerreros.

Encabezadas por Mirina, aplastan a los atlantes; ocupan el país de las Gorgonas y la mayor parte de Libia; pasan a Egipto, donde reina Horus, el hijo de Isis, y cruzan Frigia (Diodoro de Sicilia, III, 54 sq.). Con Pentesilea, acuden en ayuda de Príamo durante la guerra de Troya. Aquiles hiere a Pentesilea en el seno derecho, pero al descubrirla tan bella, se enamora de ella (*Ilíada*, III, 189). Luchan contra Heracles y, sobre todo, contra el Ática después de que Teseo raptara a Antíope. Incluso montan su campamento en el Aerópago, la colina de Ares. La batalla decisiva se libra al pie de la Acrópolis. Las amazonas están a punto de vencer, pero finalmente deben firmar el armisticio (Plutarco, *Vida de Teseo*, 26-28).

El matriarcado

Es indistinto si realmente ha existido este pueblo de mujeres y si ha llevado a cabo las proezas narradas. En todo caso, representa a la vez el sentimiento de culpabilidad de una sociedad que es demasiado masculina, el miedo a una separación irremediable de los sexos y/o a una sumisión de los hombres ante las mujeres. Es un cuestionamiento del orden masculino.

AQUILES MATA A LA
REINA DE LAS AMAZONAS
HACIA 530 A. C.
Ánfora antigua

GUERRERO LUCHANDO CONTRA DOS AMAZONAS
ARTE ETRUSCO
Sarcófago de las amazonas

Minos, el rey de Creta

El protegido de los dioses

Con la ayuda de los dioses, Zeus, su padre, y Poseidón, su protector, Minos es el inventor de una civilización justa y estricta.

Minos es hijo de Zeus, quien, para fecundar a Europa, ha tomado forma de toro. Lo cría Asterión, el rey de Creta. Su esposa es Pasífae, y sus hermanos, Sarpedón y Radamantis. Tendrá a Fedra por hija. Minos es un hombre duro, justo y altivo. Consciente de que cuenta con el apoyo de los dioses, está seguro de sí mismo y resulta intratable. Tiene grandes ambiciones y su coraje es ejemplar.

Minos es bello, fuerte y seductor. Las mujeres caen en sus brazos allí adonde va: Escila, la hija del rey de Megara, Peribea, una ateniense destinada a ser sacrificada, y muchas otras. También se interesa por los niños: constituye el inventor de la pederastia. Pasífae está furiosa por sus aventuras, por lo que decide vengarse y lo hechiza: todas sus conquistas son devoradas por escorpiones y serpientes que salen de su esperma.

Cuando Asterión muere, Minos desposee a sus hermanos y los envía al exilio. Reclama el poder y afirma que los dioses se lo asignan. La prueba de ello es que todas sus plegarias siempre son atendidas. Así, pide a Poseidón que haga salir del mar un toro para que lo sacrifique al dios, y el fenómeno se realiza al momento. El trono le es concedido sin discusión, y el toro pasa a ser el talismán de la realeza cretense.

El Minotauro

El toro de Poseidón es un animal muy bello. Seduce a Minos, que no quiere perderlo: lo introduce en su rebaño y sacrifica para la ocasión a otro animal más corriente y de menos valor. Entonces Poseidón se enfada, da al toro un salvajismo amenazador y lo convierte en objeto de los deseos irrefrenables de Pasífae.

Esta, no sabiendo cómo satisfacer su pasión, pide ayuda a Dédalo, que confecciona una becerra hecha de madera y cuero, en la que la mujer podrá introducirse y así presentarse al animal. El simulacro es tan perfecto que el toro es engañado y se realiza el apareamiento. De estos amores nace un ser monstruoso con cabeza de toro y cuerpo de hombre: el Minotauro.

Minos está asustado. ¿Qué puede hacer con ese animal loco y violento? Decide encerrarlo y hace que Dédalo construya un inmenso palacio compuesto por tal cantidad de salas y pasillos imbricados unos en otros que nadie, una vez dentro, pueda encontrar el camino de la salida. El Minotauro reinará como dueño y señor en este laberinto; en él guardará sus secretos y ejercerá su crueldad.

Cada nueve años, Minos entrega siete muchachas y siete muchachos como alimento para el monstruo. Teseo logrará poner fin a los sacrificios.

La talasocracia

Minos tiene reputación de rey bueno, bondadoso y justo. Es el señor al que se respeta y se teme. Sus decisiones son irrevocables, y sus leyes, notables, por lo que sirven de ejemplo en muchos países. Es cierto que están inspiradas directamente

74

PASÍFAE
GUSTAVE MOREAU (1826-1890), H. 1880/1890
Óleo sobre tela

La esposa de Minos siente una pasión irresistible por el toro de Poseidón.

TESEO
LUCHANDO
CONTRA EL
MINOTAURO
EN PRESENCIA DE
LOS OTROS CAUTIVOS
DEL MONSTRUO
HACIA 550 A. C.
Cerámica de figuras negras

75

por Zeus, a quien Minos va a consultar cada nueve años a la cueva del monte Ida, donde el rey del Olimpo ha sido criado. Su realeza es de origen divino, y el ejercicio que hace de ella está marcado por los dioses. Minos limpia la región de los piratas que la infestaban, posee un arma poderosa, una autoridad reconocida y una supremacía indiscutida. Impone sus leyes y su paz en las islas del mar Egeo y difunde la civilización cretense mucho más allá de sus fronteras.

Algunas expediciones militares marcan su reinado: parte para vengar el asesinato de su hijo Androgeo, toma la ciudad de Megara gracias a la traición de la hija del rey del país, Escila, a la que ha seducido, y reduce Atenas a su merced tras una epidemia que azota la ciudad. Impone a los atenienses la entrega de las siete muchachas y los siete muchachos que le exige el Minotauro. Mientras tanto, Dédalo, el constructor ingenioso, ha huido de Creta y se ha escondido en tierras del rey Cócalo de Sicilia. Minos sale en su búsqueda con todo un ejército. Encuentra a Cócalo, pero no a Dédalo. Enseguida se le ocurre una treta: desafía a todo el mundo a hacer pasar un hilo por las espirales de una concha de caracol. Nadie lo logra, pero Cócalo afirma que alguien lo ha conseguido: ha atado el hilo a una hormiga que ha introducido en la concha. Una solución tan ingeniosa revela la presencia de Dédalo, quien, a fin de escapar de Minos, sugiere a las hijas de Cócalo que le preparen un baño de agua tan caliente que Minos muere abrasado. Se dice que se convierte en juez en los infiernos.

MINOS, EL REY DE CRETA
GUSTAVE DORÉ (1832-1883), H. 1861
Grabado para el «Infierno» de la *Divina Comedia*, de Dante

Pélope y Tántalo

La fundación de los Juegos olímpicos

Pélope, asesinado por su padre y resucitado por los dioses del Olimpo, es el patrón legendario del Peloponeso. Durante toda su vida será un protegido excepcional de Poseidón y un célebre conductor de carro.

Pélope es hijo de Tántalo, rey de Frigia, y de Eurinasa. A partir de su nacimiento empiezan las aventuras, ya que para poner a prueba a los dioses y conocer su perspicacia, Tántalo mata a su hijo, lo corta en pedazos, hace con él un guiso y lo ofrece a los inmortales. Todos se percatan de la felonía, salvo Deméter, que está demasiado ocupada buscando a su hija Perséfone: está hambrienta y devora el hombro del niño.

Los dioses, furiosos porque se les haya puesto a prueba, resucitan al pequeño Pélope y le confeccionan un hombro de marfil para sustituir al que Deméter se ha comido.

El ladrón del manjar de los dioses

Pélope crece y se convierte en un joven hermoso. Es amado y protegido por Poseidón, que lo eleva al cielo y lo toma como copero. Pero Tántalo, aprovechando la nueva situación de su hijo, le hace robar néctar y ambrosía de los dioses para darlos a los simples mortales. Al descubrirse el hurto, Pélope es expulsado de inmediato del Olimpo y obligado a volver a la Tierra. Tántalo es enviado a los infiernos; allí lo ponen bajo una enorme piedra en equilibrio, que perpetuamente amenaza con caer sobre él (el suplicio de Tántalo).

Más tarde, Pélope se enamora de Hipodamía, hija de Enómao, con la que se quiere casar. Pero las cosas no son fáciles. Un oráculo ha avisado a Enómao que morirá a manos de su yerno. Por ello, hace todo lo posible por impedir el matrimonio de Hipodamía.

La prueba

Cuando se presenta un pretendiente, Enómao lo somete a una prueba. Se trata de una carrera de carros: el vencedor será el feliz elegido. Pero Enómao no desea en absoluto que haya un vencedor. Así, también participa en la competición, y utilizando un tiro divino que le ha dado Ares, siempre vence y se apresura a matar al joven presuntuoso que ha tenido la osadía de querer quitarle a su hija.

Doce jóvenes han perdido ya la vida de este modo cuando llega Pélope. Pero para él la situación es distinta: Hipodamía está enamorada de él. Soborna a Mirtilo, el cochero del rey, y le hace cambiar los clavos de madera del carro por clavos de cera. Cuando empieza la carrera, Enómao se siente seguro de sí mismo, pero al poco rato el calentamiento del carro hace que se funda la cera, el vehículo se desmonta y el rey se ve lanzado a la pista y muere.

Mientras, Pélope conduce su carro, tirado por los caballos alados que le ha regalado Poseidón, su protector, y gana la prueba. Ya puede casarse con Hipodamía. En recuerdo de su victoria, funda los Juegos olímpicos (Píndaro, *Olímpicas*, I, 40). Pélope tiene numerosos hijos, entre ellos Atreo, Tiestes y Plístenes.

PÉLOPE (ARRIBA)
SIGLO V A. C.
Mármol

TÁNTALO (ABAJO)
GIOVANNI BATTISTA LANGETTI (1625-1676),
H. 1655
Óleo sobre tela

76

Jasón y el vellocino de oro

La conquista del tesoro

Unas aventuras largas y peligrosas muestran a un Jasón valiente y versátil al frente de los argonautas.

Jasón es hijo de Esón, rey de Yolcos. Este se ha visto destronado por su hermanastro, Pelias, por lo que ha pedido al centauro Quirón que vele por la educación de su hijo. Jasón, criado de forma austera, aprende el arte de la guerra, la música y la medicina.

Un día, Pelias organiza un gran sacrificio en honor de Poseidón. Jasón vuelve a Yolcos para la ceremonia. De camino, al cruzar un río pierde una sandalia. En Yolcos se presenta a Pelias, el rey. Al verle, este se atemoriza, ya que un oráculo le ha predicho que su caída vendría por un hombre que llevaría una sola sandalia.

El vellocino de oro

Jasón reclama a Pelias el poder que le corresponde. Sin oponerse a ello, el rey le impone una prueba que mostrará si es digno de él: traer de Cólquide el vellocino de oro. Este vellocino es el del carnero que anteriormente había transportado a Frixo por los aires. El vellocino, dedicado a Ares por Aetes, el rey de Cólquide, permanece bajo la custodia de un dragón que siempre está despierto. Interiormente, Pelias espera que Jasón no vuelva de esta misión imposible.

Jasón llama a unos compañeros. Los griegos más valientes, siempre dispuestos a la aventura, corren a su lado. Atenea ayuda en la construcción del navío griego *Argo*, necesario para la expedición. Al llegar a Cólquida, Jasón pide el vellocino a Aetes. Este se lo promete si logra poner bajo el yugo al toro de pies de bronce y con las ventanas de la nariz de fuego. La suerte sonríe a nuestro héroe. Medea, la hija de Aetes, se prenda de él y, utilizando sortilegios, le hace capaz de llevar a cabo la tarea descrita. No obstante, el rey se resiste y no desea mantener sus promesas. Jasón renuncia a luchar, roba el vellocino y se va llevándose a Medea, con la que se casa.

Jasón y Medea

Medea es la salvación de Jasón. A fin de alejar la cólera de Aetes, que les persigue, degüella a su hermano, lo despedaza y esparce los trozos uno a uno por la borda. El rey, ocupado en recuperarlos y enterrarlos, les pierde la pista. Al llegar a Yolco, Medea convence a las hijas de Pelias para que maten a su padre y lo pongan a hervir en un caldero. Cometido este crimen, Jasón sube al trono. Con el paso del tiempo, pese a todo lo que le debe, Jasón se cansa de Medea. Se enamora de Creúsa, la hija del rey Creonte de Corintia, y repudia a su mujer. Esta finge que se somete e incluso envía un regalo a la nueva esposa. Se trata de un vestido impregnado de un veneno violento que se extiende por las venas de quien lo lleva. Creonte llega para ayudar a su hija, pero también se ve afectado, mientras el palacio arde en llamas. Encolerizada, Medea mata también a los hijos que había tenido de Jasón y es llevada por los aires en un carro hechizado.

ATENEA, JASÓN Y EL DRAGÓN
SIGLO V A. C.
Copa antigua de figuras rojas

Jasón sale de las fauces abiertas del dragón. Detrás está suspendido el vellocino de oro. Atenea, con casco y armada, mira a Jasón mientras sostiene la lechuza en la mano derecha.

Las pruebas de los argonautas.

Los argonautas parten, salvan mil obstáculos y libran mil combates. En Lemnos solo encuentran a mujeres que han matado a sus maridos; en Samotracia deben iniciarse en los misterios de los cabiros; en el Helesponto luchan con los doliones; entre los bébrices, son desafiados a vencer al rey Ámico y, al día siguiente, les acomete una tempestad terrible que arroja su barco contra la costa de Tracia. El último combate se libra contra las arpías antes del célebre paso de las terribles Simplégades. Se trata de unas rocas enormes, siempre en movimiento, que unas veces se separan y otras entrechocan. Hay que salir en el momento adecuado e ir rápido. Cuando pasan los argonautas, las rocas tocan la popa del navío, pero los tripulantes salen sanos y salvos.

Perseo y Medusa

El enemigo de las fuerzas del mal

Gracias a la protección de los dioses, Perseo, joven, inocente y orgulloso, realiza mediante la magia las mayores hazañas, entre ellas dar muerte a la terrible Gorgona, a la que nadie se podía acercar.

Acrisio, advertido por un oráculo de que su nieto le iba a matar, encierra a Dánae, su hija, en una habitación de bronce situada bajo tierra. Zeus, que estaba enamorado de Dánae, se transforma en una lluvia de oro para penetrar por una ranura del tejado en esta prisión y obtener los favores de la joven. El oro abre todas las puertas. Las precauciones de Acrisio son desbaratadas y Dánae da a luz a Perseo, al que alimenta en secreto durante varios meses.

Al crecer, el niño, jugando, hace ruido y Acrisio lo oye. Enfurecido por haber sido engañado, intuye la complicidad de la nodriza, la mata y encierra a Dánae y a su hijo en un cofre de madera, que echa al mar.

Polidectes

Por voluntad de Zeus, el cofre va a parar a una playa de Sérifos. Dictis, el hermano del tirano de la isla, Polidectes, recoge a los náufragos, da hospitalidad a la madre y cría al hijo. Al cabo de muchos años, Perseo se convierte en un joven hermoso, orgulloso y valiente.

La belleza de Dánae atrae las miradas. Polidectes la persigue con mil atenciones. Pero Perseo se cruza en su camino y le impide lograr su fin. Entre los dos hombres nace un odio feroz, que se oculta bajo las apariencias de cortesía impuestas por su situación recíproca: uno es rey, y el otro, el hijo de Dánae.

El asesinato de Medusa

Durante un festival en el que participa Perseo, Polidectes pregunta a los comensales cuál sería el mejor regalo para ofrecer a un rey en señal de gratitud. Todos los presentes están de acuerdo en que un caballo resultaría el obsequio más idóneo. Perseo es el único que opina que sería la cabeza de la Gorgona. Al día siguiente, mientras cada uno de los invitados lleva un caballo, Perseo no tiene nada que dar. Polidectes le pide la cabeza de la Gorgona y amenaza con violentar a Dánae si no la consigue.

Así pues, Perseo debe llevar a cabo la hazaña. Logra la ayuda de Hermes y de Atenea y va a ver a las tres Greas, que son las guardianas del país de las Gorgonas. Entre las tres solo tienen un ojo y un diente, que se intercambian. Perseo consigue sumir en un sueño profundo a la que está de guardia, roba ese ojo único y puede seguir su camino.

Unas ninfas le dan unas sandalias aladas, unas alforjas y el casco de Hades, que tiene la propiedad de hacer invisible al que lo lleva. Hermes equipa a Perseo con una hoz muy afilada. Armado así, Perseo llega a la guarida de las Gorgonas, donde las encuentra dormidas.

Las Gorgonas son unos monstruos con manos de bronce y alas de oro, cuya mirada petrifica a aquel que se cruza con ella. De las tres Gorgonas, dos son inmortales. Solo Medusa puede conocer la muerte, de modo que es su cabeza la que Perseo debe conseguir.

PERSEO MOSTRANDO LA CABEZA DE LA MEDUSA
BENVENUTO CELLINI (1500-1571), H. 1550
Bronce, Florencia

Gracias a sus sandalias aladas, Perseo se eleva por encima de ella y, mientras Atenea sostiene un espejo bajo la mirada del monstruo, él decapita a Medusa con la hoz de Hermes. De la sangre que mana nace Pegaso, el caballo alado. Perseo pone la cabeza en las alforjas y escapa. Las otras dos Gorgonas no pueden seguirlo, puesto que el casco de Hades lo hace invisible.

Perseo y Andrómeda

En el camino de regreso, Perseo ve a Andrómeda atada por Poseidón a una roca y entregada al apetito de un monstruo marino; así eran castigadas las palabras imprudentes de su madre, Casiopea, que había afirmado ser más bella que Hera. Perseo enseguida se enamora con locura de la joven cautiva y promete a su padre, Cefeo, liberarla si se la da en matrimonio.

El contrato se firma enseguida y Perseo, gracias a sus armas mágicas, mata al monstruo y pide su recompensa. No obstante, Andrómeda había sido prometida a uno de sus tíos, el cual instiga una conspiración contra Perseo. Este se defiende mostrando la cabeza de Medusa, que ha conservado sus poderes, y todos los cómplices se transforman en estatuas de piedra.

El regreso a su tierra

Al llegar a Sérifos con Andrómeda, encuentra a su madre Dánae y a Dictis refugiados en un templo para protegerse de la violencia de Polidectes. Perseo va al palacio y, enarbolando la cabeza de Medusa, petrifica al tirano y a sus cortesanos. Da el poder a Dictis y devuelve las sandalias, la hoz y el casco a las ninfas. Atenea, que recibe en agradecimiento la cabeza de Medusa, la coloca sobre su escudo. Después de estas aventuras, Perseo vuelve a casa de su abuelo, Acrisios. Pero este, temiendo que se haga realidad el oráculo que predecía su asesinato a manos de su nieto, huye al país de los pelasgos. El azar quiere que Perseo también vaya allí y participe en unos juegos públicos, durante los cuales lanza el disco que, desviado por el viento, golpea a un espectador y lo mata. La víctima es Acrisios. Desesperado, Perseo rinde los honores fúnebres a su abuelo y, como no quiere asumir su sucesión, cambia su reino por el de Tirinto.

PERSEO CORTA LA CABEZA DE LA MEDUSA (ARRIBA)
SIGLO VII A. C.
Jarra, terracota, Tebas

PERSEO LLEGANDO PARA SOCORRER
A ANDRÓMEDA (ABAJO)
JOACHIM WTEWAEL (1556-1638), 1611
Óleo sobre tela

Aquiles y la guerra de Troya

Un temperamento apasionado

Es un luchador casi invulnerable: si él no está presente, su ejército sufre la derrota; si lucha, logra la victoria. Aquiles es por sí solo el corazón de la guerra de Troya, de la que determinará el desenlace.

Aquiles es el séptimo hijo del rey de Ptía, Peleo, y de la diosa Tetis. Esta, para quitar a sus hijos lo que les hace mortales, los recubre de ambrosía de día y los sumerge en fuego por la noche. Solo Aquiles sobrevive, gracias a su padre, que lo arranca a tiempo de las manos de su madre (Apolodoro, III, 13, 6). Únicamente se le queman los labios y el hueso del pie derecho. El centauro Quirón se lo sustituye por el del gigante Dámaso, particularmente rápido en la carrera. Aquiles hereda esta cualidad, y de ahí el apodo con el que se le conoce: «Aquiles de pies ligeros».

Según otras fuentes, Tetis, para hacer invulnerable a su hijo, lo sumerge en el agua del Éstige, el río infernal. Solo el talón, por el que la madre lo sostiene, permanece vulnerable —el famoso talón que se convierte en su único punto débil (Fulgencio, III, 7).

La guerra de Troya

Dos textos distintos relatan su salida hacia Troya. Uno habla de un oráculo que lo previene: si se va, tendrá una vida corta y gloriosa; si se queda, una vida larga y oscura. Como es evidente, Aquiles elige la opción más noble (*Ilíada*, IX, 414). El otro texto narra que sus padres, al ser advertidos de que iba a morir ante Troya, lo ocultan, disfrazado, entre las hijas del rey de Esciros, Nicomedes. Pero Ulises, el astuto, lo desenmascara haciendo sonar la trompeta: cediendo a su instinto guerrero, Aquiles, de forma en apariencia casual, se apodera de las armas que tiene a su alcance (Apolodoro, III, 13, 8). El tema de la *Ilíada* gira por entero en torno a la cólera de Aquiles, al que Agamenón ha quitado a Briseida, una muchacha recibida como botín. Nuestro héroe se niega a combatir hasta que le hayan devuelto a Briseida. Y como él es el único que inspira miedo a los troyanos, los griegos van de derrota en derrota. Le envían embajadas suplicándole que tome las armas. Acepta prestar su armadura a Patroclo, su amigo, haciendo creer así a los troyanos que se encuentra en el combate. El engaño dura poco, y Patroclo muere. Entonces Aquiles, en un arrebato de cólera, corre a vengar a su amigo. Mata a Héctor y da la victoria a los griegos (*Ilíada*, XVII, 855 sq.).

Aquiles muere a manos de Paris —o del dios Apolo— de un disparo de flecha que le alcanza el talón, el único punto de su cuerpo que era vulnerable (*Ilíada*, XIX, 417; XXII, 278, 359). Tetis se lleva sus restos mortales a la isla Blanca, en el Danubio. Allí, los marineros que pasan oyen ruidos de armas y la algarabía de un banquete (Pomponio Mela, II, 7, 208).

AQUILES Y BRISEIDA
Pintura de Pompeya

Briseida es la joven cautiva que Agamenón niega al héroe; este se enfurece y se niega a luchar.

Aquiles mata a Héctor. «De tal modo brillaba la pica de larga punta que en su diestra blandía Aquiles, mientras pensaba en causar daño al divino Héctor y miraba qué parte del hermoso cuerpo del héroe ofrecería menos resistencia. Este lo tenía protegido por la excelente armadura [...] y solo quedaba descubierto el lugar en que las clavículas separan el cuello de los hombros, la garganta, que es el sitio por donde más pronto sale el alma: por allí el divino Aquileo envasole la pica a Héctor, que ya le atacaba.» (Ilíada, XXII, 319 y sq. Traducción de Lluís Segalà i Estalella)

COMBATE DE AQUILES
SIGLO V A. C.
Cerámica de figuras rojas

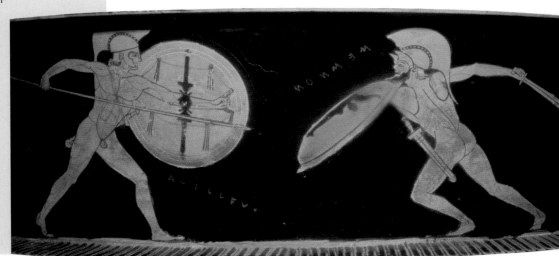

Helena, la más bella

Causa de la guerra de Troya

«No es reprensible que los troyanos y los aqueos, de hermosas grebas, sufran prolijos males por una mujer como esta, cuyo rostro tanto se parece al de las diosas inmortales.» (Homero, *Ilíada*, III, 156)

Helena es hija de Zeus y de Némesis. Esta, huyendo de las insinuaciones del rey del Olimpo, recorre el mundo, se esconde bajo todo tipo de formas y finalmente se transforma en oca. Pero Zeus, incapaz de declararse vencido, reviste la forma de cisne y así logra unirse a ella. Esta unión se consuma en Ramnunte, en el Ática. Más adelante, Némesis pone un huevo que un pastor lleva a Leda. Del huevo —a veces se habla de dos huevos— salen Helena, Clitemnestra, Cástor y Pólux. Según otra tradición, Helena es hija de Leda (ver *Cástor y Pólux*).

La muchacha de los cien pretendientes

Helena es criada por Tindáreo, su padre humano. Al hacerse una muchacha, este piensa en casarla. Todos los príncipes de Grecia ansían su mano y se presentan. Su padre está desconcertado. ¿Iban a matarse por el amor de la bella Helena? Por ello, escucha el consejo de Ulises y hace que todos los pretendientes presten juramento. Estos se comprometen a respetar la elección que haga Helena y, si es necesario, prestarán ayuda al elegido.

Helena elige a Menelao, y todos acatan la decisión.

Sin preocuparse por este compromiso de Helena con Menelao, Afrodita la promete a Paris, que le ha concedido el premio a la belleza. Así pues, Paris visita a Menelao y, aprovechando la ausencia del amo de la casa, rapta a su mujer.

La extranjera

En Troya, Príamo la acoge como si fuese su propia hija. Pero las embajadas griegas se suceden para reclamar su regreso. ¡No dan resultado alguno! Pronto estalla la guerra. Todos los príncipes de Grecia, unidos por el juramento de Tindáreo, se sitúan en el bando de Menelao; asedian Troya durante diez largos años.

Helena, responsable de esta guerra, es odiada por los troyanos. Es la extranjera. Compatriota de sus enemigos, Helena los conoce bien, los señala a Paris y a sus soldados, pero cuando Ulises se introduce en la ciudad, lo reconoce y no lo descubre. Este engaño es la causa de todo el drama, en el que Helena desempeña un doble juego pérfido, consciente de que su belleza siempre la sacará de un apuro.

Así, hace favores a los griegos, los ayuda durante su asalto y, cuando llega Menelao, furioso y empuñando la espada, se limita a mostrarse semidesnuda y las armas se le caen de las manos.

Helena ha acumulado sobre ella unos odios terribles. Pese a su belleza, pese a los estragos que causa, siempre cuenta con defensores. De nuevo al lado de Menelao, se convierte en una esposa excelente. También se dice que vive eternamente en la isla Blanca, en el mar Negro, con Aquiles, con el que se pudo casar en medio de fiestas y banquetes.

PERFIL DE LA BELLA HELENA
ANTONIO CANOVA, H. 1819
Mármol

¿Tuvo lugar la guerra de Troya?

La *Ilíada*, que cuenta la guerra de Troya, es ante todo una obra poética, probablemente compuesta en el siglo IX u VIII a. C. Aun así, se cree que los textos no quedaron realmente «fijados» hasta el siglo VI a. C. Seguramente estuvieron influidos por el proceso de ser relatados de forma oral muchísimas veces antes de adoptar su forma definitiva. Las deformaciones, embellecimientos y/o invenciones a lo largo de este período fueron sin duda numerosos, y se ignora la verdad histórica que hay en su origen. Troya, ciudad también llamada Ilión, debía de encontrarse en un lugar posteriormente llamado Hissarlik, en Turquía. El alemán Heinrich Schliemann efectuó allí excavaciones entre 1871 y 1890, y descubrió los vestigios de varias ciudades antiguas. Ahora se sabe que existieron once «Troyas» que se sucedieron sobre una misma colina. Pero los descubrimientos arqueológicos no confirman el relato de Homero. Solo sabemos una cosa: que la ciudad fue, sin duda, asediada, tal vez incluso «varias veces seguidas».

Ulises y el regreso a su patria

El astuto

Una extremada habilidad en las acciones y en las palabras permite a Ulises sobrevivir a la guerra de Troya y triunfar en un periplo extraordinario por el mundo.

Ulises es hijo de Anticlea y Laertes, rey de Ítaca. Se dice que, como Aquiles, en su juventud es alumno del centauro Quirón. De joven, durante una cacería es herido en la rodilla; durante toda su vida conservará la cicatriz.

Ya de adulto recibe el trono de Ítaca e intenta casarse con Helena. Pero el número de pretendientes es considerable, y Ulises acaba por desposarse con Penélope, la prima de Helena e hija de Icario. Sin embargo, deseoso de ayudar al padre de Helena, inspira a Icario la idea de exigir a los pretendientes el juramento de que todos ellos serán los defensores del elegido. Este juramento dará origen a la guerra de Troya.

Telémaco, su hijo, aún es un niño cuando empieza esta guerra. Ulises duda sobre si debe ir. Incluso simulará estar loco para evitar este deber. Pero al descubrir el engaño Palamedes, se compromete con entusiasmo y, a su vez, «atrapa» a Aquiles, escondido entre las hijas de Nicomedes. Será uno de los combatientes más valerosos.

La guerra de Troya

Ulises se cuenta entre los jefes del ejército de los aqueos. Considerando que la inteligencia es la cualidad principal del guerrero, a menudo su sagacidad se complementa con la valentía de Aquiles. La habilidad del primero será tan útil a la causa de los griegos como la bravura del segundo.

Ulises es el diplomático: se presenta como embajador ante Aquiles, que ha discutido con Agamenón, cierra el armisticio con los troyanos, hace aceptar el combate singular entre Menelao y Paris, y convence a los griegos de que se queden en Troya pese a todas las contrariedades. Tampoco retrocede ante las contrariedades de la guerra. Así, se infiltra en el bando troyano para robar la estatua de Palas, se le ocurre la idea de la construcción del caballo de Troya y empuja a Helena a la traición.

Como buen guerrero, Ulises realiza numerosos actos de valentía. Arriesgando su vida, protege la retirada de su compañero Diomedes, encabeza el destacamento dentro del caballo de madera y es el primero en salir de su vientre. Además, logra numerosas victorias en el bando enemigo.

La odisea

Durante el regreso del ejército a Grecia, una tempestad separa a Ulises de sus compañeros. Entonces empieza para él un largo periplo por el Mediterráneo. Primero llega a Tracia, pero al ser rechazado, masacra a todos los habitantes de la región, dejando solo a salvo al sacerdote de Apolo, Marón, que en prueba de gratitud le ofrece doce jarras de un vino excelente, vino que le será de utilidad más adelante.

Llega al país de los lotófagos, que lo reciben de forma muy amigable y le obsequian con el fruto de su tierra, el loto. Este fruto es tan bueno que los compañeros de Ulises no quieren marcharse y él debe obligarlos a irse con él.

82

Calipso. «Y así también me tenéis envidia, ¡oh dioses!, porque está conmigo un hombre mortal, a quien salvé cuando bogaba solo y montado en una quilla, después de que Zeus le hendió la nave, en medio del vinoso ponto, arrojando contra ella el ardiente rayo. Allí acabaron la vida sus fuertes compañeros; mas a él trajéronlo hasta aquí el viento y el oleaje. Y le acogí amigablemente, lo mantuve y díjele a menudo que le haría inmortal y libre de la vejez por siempre jamás.»

(*Odisea*, V, 133. Traducción de Lluís Segalà i Estalella)

ULISES AMARRADO AL MÁSTIL DE SU BARCO
SIGLO V A. C.
Jarra de figuras rojas

Ulises ha ordenado que lo amarren para resistir al canto hechizador de las sirenas que lo acechan en torno a la nave.

Las sirenas. Los cantos de las sirenas son irresistibles; prometen el placer y sumergen en la muerte. Devoran a sus víctimas y amontonan los huesos en pilas enormes en las playas de su isla. Las sirenas son hijas de la musa Melpómene y del dios Aqueloo, y compañeras de Perséfone. Cuando esta fue raptada por Hades, pidieron al dios que las dotara de alas para poder buscarla. Así pues, son mitad mujer, mitad ave (Ovidio, *Metamorfosis*, V, 12-562). Hay tres sirenas: Psínope, Agláope y Telxíope, también llamadas Parténope, Leucosia y Ligia. Una lleva la lira, la segunda canta y la tercera toca la flauta. Su canto es muy armonioso.

Viven en una isla y hechizan a los marineros con su voz hasta tal punto que los hacen naufragar y luego los devoran. Los argonautas pasan por allí, pero el canto de Orfeo domina por encima de las sirenas. Ulises pide a sus marineros que se tapen los oídos con cera. En cuanto a sí mismo, como desea escuchar las bellas melodías, hace que lo aten fuertemente al mástil del barco.

Al llegar a la tierra de los cíclopes, Ulises se muestra prudente. Antes de entrar en su caverna, piensa en llevar con él unas jarras de vino. Cuando Polifemo, el señor del lugar, llega y amenaza con devorar a todos los intrusos, Ulises le ofrece vino en señal de amistad. Por ello, Polifemo le dice que lo devorará el último. Pero cuando el anfitrión le pregunta su nombre, Ulises dice llamarse «nadie». El cíclope pronto ha bebido demasiado y está tan ebrio que no sabe lo que hace; entonces, el héroe aprovecha para hundir una estaca de madera en su único ojo y huye. Los cíclopes que llegan para socorrer a su compañero estallan en carcajadas al enterarse de que «nadie» le ha atacado.

Después de esta aventura, Ulises atraca en la isla de Eolo, el señor de los vientos, el cual, como muestra de hospitalidad, le da un odre que contiene todos los vientos, salvo la brisa favorable. Pero mientras Ulises duerme, sus compañeros abren el odre y los vientos se escapan. Eolo se niega a dárselos de nuevo, aduciendo que resulta evidente que los dioses no desean el regreso de Ulises a su tierra.

El paso por el país de los lestrigones reduce su flotilla a un solo barco, ya que el rey Antífates devora al resto de la tripulación.

En tierras de la maga Circe, sus hombres son transformados en animales. Hermes viene en ayuda de Ulises y le da una planta mágica llamada *moly*; mezclada con la bebida que les ofrece la maga, esta planta impide que se produzca el maleficio. Circe, vencida, se muestra entonces conciliadora y benevolente.

Circe le envía a consultar al adivino Tiresias, el cual le indica que volverá solo a su país en un barco extranjero y que tendrá que enfrentarse a los pretendientes, que llegan para pedir la mano a Penélope, su mujer. Ulises abandona a Circe, se protege de las sirenas tentadoras haciendo que le aten al mástil del barco, se enfrenta al paso de las Rocas Errantes y llega a la isla de Trinacia, donde pacen unos rebaños de bueyes propiedad del Sol. Los marinos están hambrientos y matan algunas reses. El Sol se queja a Zeus, que envía una tormenta terrible. Solo Ulises, que no ha probado los bueyes, consigue escapar.

El regreso a Ítaca

Ulises atraca en la isla de Calipso, que se enamora de su huésped. La estancia obligada en casa de la diosa dura diez años. Hermes da, por fin, orden a Calipso de liberar a Ulises, que sobre una balsa llega a la isla de los feacios. Lo recibe de forma amigable el rey Alción, a quien el héroe narra sus aventuras. El rey lo conduce a una costa retirada, cercana a Ítaca.

Durante veinte años, Penélope ha aguardado a Ulises. Expuesta a la insistencia de numerosos pretendientes, les ha hecho esperar diciéndoles que elegiría a un nuevo marido cuando acabase de tejer la mortaja de Alertes, el padre de Ulises, retirado al campo para esperar la muerte. Pero Penélope gana tiempo deshaciendo por la noche lo que ha tejido de día. Cuando decide poner fin a sus dudas, anuncia que elegirá al que sepa utilizar mejor el arco de Ulises. Pero este ya ha llegado al palacio, disfrazado de mendigo. Únicamente lo reconoce su perro Argos, pero como es viejo y no tiene fuerzas, solo menea la cola. Ulises es el hazmerreír de todos los presuntuosos que aspiran a la mano de la reina, pero consigue participar en el concurso. Como es obvio, sale vencedor y es reconocido gracias a la cicatriz de su rodilla; no le queda más que deshacerse de la multitud de pretendientes.

ULISES Y SUS COMPAÑEROS
CEGANDO EL OJO DE POLIFEMO
SIGLO VI A. C.
Copa de figuras negras

MASACRE DE LOS PRETENDIENTES
SIGLO IV A. C.
Crátera de figuras rojas

83

Orfeo, el poeta

Un héroe de origen tracio

Hijo de Calíope, la más elevada en dignidad de las nueve Musas, Orfeo posee un poder extraordinario de hechizo y de atracción sobre los hombres, los animales y las cosas.

Orfeo es hijo de Eagro, rey de Tracia, y de Calíope, la más importante de las Musas. Toca la lira y la cítara y es cantante, músico y poeta. Por medio de su arte, hechiza a los dioses, a los hombres, a los animales e incluso a objetos inanimados, como piedras y montañas. Una vez hechizados, los animales salvajes lo siguen, los árboles se inclinan a su paso y la naturaleza le hace de cortejo.

Un poder extraño

Orfeo participa en la expedición de los argonautas, pero no resulta el héroe intrépido, fuerte y valiente que cabría esperar en una aventura como aquella. Su papel es más discreto, aunque igual de eficaz. Es demasiado débil para sostener el remo, pero impone su cadencia a los demás y hace que sus esfuerzos conjuntos sean más poderosos.

Su poder procede de la magia. Allí donde los guerreros no pueden nada, él los reemplaza. Ante el mar desatado, canta y hace volver la calma. Con su arte, supera la melodía de las sirenas, anula sus sortilegios y devuelve a sus compañeros al buen camino. Es su intermediario ante los dioses de Samotracia en cuyos misterios se ha iniciado.

Su arte resulta, pues, de una gran utilidad. En circunstancias extraordinarias, actúa con unos medios extraordinarios: el poder sorprendente del canto y de la poesía, en apariencia débiles y caprichosos, dominan el asalto de los guerreros, las fuerzas de la naturaleza y las voluntades de los dioses.

Orfeo y Eurídice

Orfeo se ha casado con la ninfa Eurídice. Un día, esta pasea por las orillas de un río de Tracia y tropieza con Aristeo, el pastor a quien las Musas han dado sus rebaños para que los guardase. Aristeo encuentra a Eurídice muy bella y enseguida se enamora de ella. La persigue con sus atenciones hasta tal punto que Eurídice debe escapar, huyendo por el campo. Mientras corre, pisa una serpiente que la muerde en la pantorrilla y que causa su muerte.

Orfeo, desconsolado, decide ir a buscar a su mujer a los infiernos. «Mas al hechizo de su canto, tenues de los senos recónditos del Érebo subían los espectros, los que un día vieron la luz, como aves que a millares desde el monte a la selva echan el véspero o el turbión invernal» (Virgilio, *Geórgicas*, IV, 471-473. Traducción de Aurelio Espinosa Pólit). Tocando su lira, hechiza a los demonios. La propia Perséfone se aflige por un hombre que manifiesta con tanto arte el amor que siente por su esposa. Le promete el regreso de Eurídice a la luz, pero le impone condiciones: que Orfeo camine delante de la cautiva liberada y que en ningún momento le hable ni se vuelva para mirarla.

Orfeo acepta y toma el camino de regreso, con Eurídice tras de sí. El joven está muy alegre por haberla encontrado y devuelto a la vida. Pero el viaje es largo y pronto surgen dudas en su

ORFEO TOCANDO LA LIRA
SIGLO I A. C.
Jarrón griego de figuras rojas

Orfeo toca delante de Hades, el dios de los infiernos, para liberar a Eurídice.

mente. ¿Seguro que su amada está detrás? También recuerda las condiciones que le ha impuesto la reina de los infiernos y se esfuerza por no darse la vuelta. Pero su incredulidad va creciendo poco a poco.

Al fin, no puede contener sus dudas, vuelve la cabeza y ve a Eurídice desaparecer y morir para siempre. Entonces vuelve sobre sus pasos y se precipita de nuevo a la entrada de los infiernos, pretendiendo entrar. Caronte se interpone en su camino y se muestra inflexible. La liberación no se repetirá.

Orfeo no ha sabido mantener la distancia, se ha dejado llevar por su atracción por Eurídice sin consideración hacia el resto del mundo, y así ha perdido el amor que tanto anhelaba.

La muerte de Orfeo

Orfeo está desconsolado: grita de sufrimiento y llora a su amada. Nunca volverá a mirar a ninguna otra mujer. Se rodea de jóvenes. Se dice que crea la pederastia. Pero las mujeres tracias lo odian por mantenerse tan fiel a Eurídice. Un día lo persiguen, lo atrapan y le dan muerte. Despedazan su cadáver y dispersan los trozos en un río, que los lleva hasta el mar.

La cabeza y la lira del poeta son encontradas y se les rinden las honras fúnebres. Su tumba se halla en Lesbos, o en Leibetra, en Tesalia. En esta última ciudad, un día, un oráculo de Dioniso predice que, si las cenizas de Orfeo se exponen a la luz, un cerdo asolará la ciudad. Los habitantes se burlan de esta predicción, ya que no sienten temor alguno por estos animales.

Sin embargo, durante la siesta, un pastor se duerme sobre la tumba de Orfeo y, en sueños, empieza a cantar los himnos del poeta. Los trabajadores que están en los campos contiguos acuden enseguida en gran número; son tantas las prisas y empujones que acaban por romper el sarcófago. Al llegar la noche, estalla una violenta tormenta, empieza a llover a raudales, el río se desborda, inunda la ciudad y destruye los principales monumentos. El río en cuestión se llama Sys, que significa «cerdo».

El orfismo

De su estancia en los infiernos, Orfeo obtiene un gran número de enseñanzas sobre el modo de pasar el cabo de la muerte, evitar ser maldecido para siempre y alcanzar el país de los bienaventurados. Una abundante literatura de himnos, epopeyas, poemas, etc. difunde estas revelaciones, y se crea un amplio movimiento de pensamiento.

MUERTE DE ORFEO, ATACADO POR LAS MÉNADES
SIGLO V A. C.
Cerámica de figuras rojas

Orfeo es asesinado por las mujeres de Tracia, que le reprochan su indiferencia.

85

ORFEO HECHIZANDO A TODOS LOS ANIMALES DE LA TIERRA CON SU LIRA
PRIMERA MITAD DEL SIGLO III A. C.
Mosaico, Palermo

Edipo, el héroe de Tebas

Los lazos familiares

No hay nada que hacer contra las decisiones inexorables del destino tomadas a partir del nacimiento: Edipo debe matar a su padre y casarse con su madre. Ninguna estratagema le permitirá evitar este hado.

El destino

Edipo es hijo de Layo, rey de Tebas, y de Yocasta. Desde su nacimiento, Edipo está marcado por la maldición. Un oráculo anuncia que el niño matará a su padre, se casará con su madre y será el origen de una serie interminable de desgracias que llevarán a la ruina a su familia.

Para evitar estas catástrofes, Layos decide abandonar al niño: le perfora los tobillos para atarlos con una correa; la hinchazón provocada por la herida da lugar al nombre de Edipo («pie hinchado»). Hace que los sirvientes lo abandonen en el monte Citerón, cerca de Tebas, o que lo pongan en una canasta y la echen al mar. Sea como fuere, tras este abandono, unos pastores encuentran a Edipo, lo recogen y lo llevan al rey Pólibo, que no tiene hijos.

El asesinato del padre

Edipo es criado como un hijo por Pólibo, y cree serlo en realidad. Al llegar a la edad adulta, va a consultar el oráculo de Delfos. Allí recibe la noticia de las predicciones realizadas a sus verdaderos padres al nacer. Se asusta y decide abandonar al que creía su padre, exiliándose de forma voluntaria.

De camino a Tebas, en un desfiladero, encuentra el séquito del rey Layo. El cochero Polifontes exige que le deje paso y mata a uno de sus caballos. Edipo se enfurisma e insulta a los viajeros. Empieza una pelea y Edipo acaba matando a ambos. Se ha cumplido la primera revelación del oráculo.

El complejo de Edipo.

«He encontrado en mí y en todo el mundo, sentimientos de amor hacia mi madre y de celos hacia mi padre, sentimientos que, creo, son comunes a todos los niños pequeños (si realmente es así, pese a todas las objeciones racionales que se oponen a la hipótesis de una inexorable fatalidad, se comprende el efecto sobrecogedor de Edipo rey). Cada oyente un día fue, en ciernes, en su imaginación, un Edipo, y se asusta ante la realización de su sueño transportado a la realidad, se estremece ante la magnitud de la inhibición que separa su estado infantil de su estado actual.» (Freud, *El nacimiento del psicoanálisis*)

de izq. a der.:
EDIPO, DE NIÑO, ABANDONADO EN EL MONTE CITERÓN Y RECOGIDO POR UN PASTOR
EDIPO CONSULTANDO EL ORÁCULO DE DELFOS
Y OFRECIENDO UN SACRIFICIO ANTE LA ESTATUA DE APOLO
EDIPO MATA A SU PADRE, LAYO, DESPUÉS DE NEGARSE A DEJAR PASAR SU CARRO
SIGLO III-VI
Bajorrelieve en mármol de un sarcófago

86

La Esfinge

En Tebas, Edipo se encuentra con la Esfinge, un monstruo mitad león, mitad mujer, que formula preguntas a los viajeros y devora a los que no saben responderlas. Todos los días, los tebanos temen encontrarla y tener que devanarse los sesos buscando las palabras que puedan satisfacer al animal e impedirle que les ataque.

«¿Cuál es el ser que anda ora con dos, ora con tres, ora con cuatro patas, y que es uno de los menos fuertes cuando anda a cuatro patas?», pregunta primero la Esfinge. «El hombre», responde Edipo, «porque anda a cuatro patas cuando es una criatura, con dos cuando es adulto y al fin con un bastón cuando llega a viejo.» A continuación, la Esfinge formula la segunda pregunta: «¿Cuáles son las dos hermanas, una de las cuales engendra a la otra y la segunda engendra a la primera?». «El día y la noche», responde Edipo. Las respuestas que desde hacía mucho tiempo eran pretexto para la tiranía del monstruo han sido encontradas. Resentida, la Esfinge se precipita desde la roca sobre la que se hallaba y se da muerte.

El matrimonio con la madre

Para los tebanos, la muerte del monstruo no es tan solo una hazaña personal del héroe, sino una liberación que merece una recompensa. En reconocimiento a la grandeza de Edipo, le dan la corona y le permiten casarse con Yocasta, viuda desde la muerte de Layos.

Pero la verdad acabará por descubrirse. Edipo todavía tiene las cicatrices de las heridas que Layos le hizo en los pies cuando era niño, y Yocasta las observa. No dice nada, ya que cree que no es más que una coincidencia. Sin embargo, una epidemia de peste empieza a extenderse por la región de Tebas. Pronto toda la ciudad está contaminada. La catástrofe es enorme, y se consulta al oráculo de Delfos. Este responde que la razón de la desgracia es que el asesinato de Layos no ha sido vengado.

El mecanismo del hado

Edipo, como buen rey, lanza una maldición contra el autor del crimen, pues ignora que él mismo es el culpable.

EDIPO RESOLVIENDO EL ENIGMA DE LA ESFINGE (ARRIBA)
DOMINIQUE INGRES (1780-1867), 1808
Óleo sobre tela

«Y si el ejecutor (de Layos) pasa desapercibido, bien sea que se trate de uno solo, alguno de por ahí, o bien sea que actuara en compañía de más gente, pido solemnemente al dios que pase él, ¡miserable!, desgraciadamente una vida desventurada. Y pido también que, si llegara a compartir mi hogar en mis propias mansiones con conocimiento mío, sufra justamente lo que imprequé hace un instante contra ellos» (Sófocles, *Edipo rey*, 242-244. Traducción de José Vara Donado). Tiresias, el adivino, es consultado. No se atreve a decir la verdad y se excusa en un olvido para callar. Edipo lo amenaza y comienza una disputa entre ellos. Yocasta quiere calmar los ánimos y para hacerlo pone en duda la clarividencia de Tiresias. La prueba es que anunció la muerte de Layos a manos de su hijo, mientras que quienes lo mataron eran bandidos, en un desfiladero cerca de Tebas.

Tras estas palabras, Edipo presta oídos, ordena que se busque testimonios y pide que le expliquen las circunstancias del asesinato. Sin duda, reconoce los hechos, pero, perplejo, no dice una palabra. La falta no es tan grave, y el culpable, que es él mismo, no debería ser reconocido.

El descubrimiento de la verdad

En esto, anuncian a Edipo la muerte de Pólibo y le traen la corona que le corresponde por derecho. La amenaza del oráculo en parte se ha eludido: Pólibo, al que creía su padre, ha fallecido de muerte natural. Queda la segunda parte del oráculo, la concerniente a su matrimonio con su madre. Para tranquilizarlo, los enviados del reino de Pólibo le dicen que no es el hijo natural de Pólibo, sino un niño expósito.

En ese momento surge la verdad. El hijo ha matado a su padre y se ha casado con su madre. Yocasta, desesperada, se suicida. Edipo se ciega a sí mismo mutilándose los ojos. Víctima de la imprecación que ha formulado contra el asesino de Layos, es expulsado de la ciudad y, a partir de entonces, lleva una vida errante en compañía de Antígona, su hija, que se compadece de él.

Tras largos y penosos viajes, Edipo muere en Colono. Los dioses, sin duda reconociendo la buena fe del héroe, deciden enterrarlo en una tierra bendecida (Sófocles, *Edipo rey* y *Edipo en Colono*).

El mito

Existen numerosas versiones de este mito. Todas ellas, de una forma u otra, nos muestran a un Edipo que pasa de la situación de héroe, de señor de la ciudad, orgullo de los hombres, a la de despreciado, causa de los males de todo el mundo. Edipo es inocente y, al mismo tiempo, culpable. Su falta consiste en haber unido dos generaciones: como rival de su padre ante su madre, Edipo representa al perturbador por excelencia, el que conquista un lugar a un rey a costa de una profanación esencial, una destrucción del mundo anterior.

EDIPO Y LA ESFINGE
SIGLO III-VI
Bajorrelieve en mármol de un sarcófago

EDIPO REY PREGUNTA AL VIEJO PASTOR ACERCA DE SUS ORÍGENES
SIGLO III-VI
Bajorrelieve en mármol de un sarcófago

Antígona, hija de Edipo

La protectora de la familia

Frente a la razón de Estado, Antígona defiende los deberes sagrados que se tienen hacia la familia y los muertos.

Antígona es fruto del incesto de Edipo y de Yocasta, su madre. Trastornada por las desgracias de su padre ciego y reducido a la mendicidad lejos de Tebas, ella le presta auxilio, guía sus pasos, mitiga sus sufrimientos y le acompaña hasta su muerte en Colono, en el Ática. Entonces vuelve a su patria y lleva una vida corriente en compañía de su hermana Ismena.

Una guerra fraticida
Pero pronto estalla la guerra: Creonte, el hermano de Yocasta, un dictador que se ha impuesto con subterfugios, defiende su trono contra los argivos. Los tebanos están divididos, los hay en los dos bandos. Eteocles, hermano de Antígona, está del lado de Creonte, mientras que Polinices, otro de sus hermanos, se alinea en el bando contrario. La lucha se libra en las puertas mismas de la ciudad: un cuerpo a cuerpo encarnizado y cruel sin reconciliación. Los dos hermanos se enfrentan y, llevados por el furor de la lucha, se matan entre ellos. Poco a poco, Creonte toma ventaja y expulsa a los argivos. Ha logrado la victoria; ya solo queda enterrar a los muertos.
El rey decide hacer unos funerales grandiosos en honor a los que han muerto por su causa: han luchado bien y han vertido su sangre por la victoria. Eteocles recibe los honores fúnebres. Pero el gobernante también decreta que merecerá la muerte aquel que dé sepultura a los combatientes del bando contrario, ya que estos son indignos de ser inhumados; Polinices no tendrá sepultura.

La inflexible
Antígona es contraria a este proceder. Anuncia que infringirá la orden real, contraria a las leyes divinas. «Tampoco suponía que esas tus proclamas tuvieran tal fuerza que tú, un simple mortal, pudieras rebasar con ellas las leyes de los dioses anteriores a todo escrito e inmutables. Pues esas leyes divinas no están vigentes, ni por lo más remoto, solo desde hoy ni desde ayer, sino permanentemente y en toda ocasión, y no hay quien sepa en qué fecha aparecieron. ¡No iba yo, por miedo a la decisión de hombre alguno, a pagar a los dioses el justo castigo por haberlas transgredido!» (Sófocles, *Antígona*, 460-464. Traducción de José Vara Donado). La patria de Creonte no justifica tales medidas. Es mejor obedecer a los dioses que a los hombres. Ismena, su hermana, intenta convencerla de que se someta al más fuerte, por su interés. Pero Antígona se mantiene firme. Dirigiéndose a Creonte, afirma: «Nací no para compartir con otros el odio, sino para compartir amor», lo cual le vale la respuesta: «Entonces ve allá abajo y, si tienes que amar, ámalos a ellos, que, mientras viva, en mí no ha de mandar una mujer» (*ibid.*, 522-523). Luego echa tierra sobre el cuerpo de Polinices, cumpliendo así el rito del entierro. Enfurecido por haber sido desafiado por una mujer, Creonte no se deja doblegar por las súplicas de su hijo Hemón, prometido de Antígona. El rey la encierra viva en la tumba de la familia. Antígona se ahorca en su prisión.
El epílogo es terrible: Hemón se suicida sobre el cadáver de Antígona, y Eurídice, la esposa de Creonte, se quita la vida al enterarse de la muerte de su hijo (Sófocles, *Antígona*).

EDIPO, CIEGO Y ERRANTE, ES SOSTENIDO POR SU HIJA ANTÍGONA
ÉDOUARD MANDEL (1810-1882)
SEGÚN UNA PINTURA DE ADOLF HENNING (1809-1900)
Grabado sobre cobre

Antígona a Creonte. «Tampoco suponía que esas tus proclamas tuvieran tal fuerza que tú, un simple mortal, pudieras rebasar con ellas las leyes de los dioses anteriores a todo escrito e inmutables. [...] Pues que había de morir lo sabía bien, ¡cómo no!, aunque tú no lo hubieras advertido en tu proclama. Por otro lado, si he de morir antes de tiempo, yo lo cuento como ganancia, pues todo aquel que, como yo, vive en un mar de calamidades, ¿cómo se puede negar que hace un gran negocio con morir? Por eso, lo que es a mí, tener este destino fatal no me hace sufrir lo más mínimo; en cambio, si hubiera tolerado que el nacido de la misma madre que yo, fuera, una vez muerto, un cadáver insepulto, ¡por eso sí que hubiera sufrido! Pero por esto no siento dolor alguno. Por lo que a ti respecta, si mantienes la idea de que ahora me estoy comportando de manera estúpida, casi puede afirmarse que es un estúpido aquel ante quien he incurrido en estupidez.» (Sófocles, *Antígona*. Traducción de José Vara Donado)

El panteón de los etruscos

Un mundo divino que da vida a todas las cosas

Lo divino como alma subyacente al mundo: esta es la concepción de los dioses en la mente de los etruscos. Con la llegada de los griegos y los romanos, sus dioses han tendido a personalizarse.

Los soldados etruscos se sabían protegidos por unos espíritus superiores. Poco a poco, estos espíritus se fueron personalizando. Se les atribuyó tal o cual episodio bélico. Se los convirtió en verdaderos héroes, y se les dio nombres. Todos ellos fueron, más tarde, fusionados en el personaje de Laran, el dios de la guerra, el equivalente del Ares griego y del Marte romano. Así se construyó el panteón etrusco: de la multiplicidad a la singularidad.

Entre las divinidades etruscas, encontramos los *Dii Consentes*, seis dioses y seis diosas despiadados; los *Dii Involuti*, seres misteriosos que más tarde veremos aconsejando a Tinia, el equivalente de Júpiter; los nueve Novensiles, los únicos capaces de lanzar el rayo, etc.

El primero de los dioses es Voltumna (Vortumnus, Velthumna, Velthumena, Volturnus). Alrededor de su santuario en Voltumnae / Orvieto se reúnen todos los representantes de Etruria. También se le denomina Tinia, y más tarde, Júpiter y Zeus. Es un dios ctónico, un dios de la Tierra: se le presentan ofrendas en un altar hueco para que puedan penetrar en la tierra, donde él vive. A su lado se encuentra Uni / Juno / Hera, diosa de Veyes. Se la llama señora de la aurora y a veces se la confunde con Afrodita.

La señora del más allá es Persipnai (Perséfone), que se equipara a Aita (Hades). Ambos reinan en los infiernos, un lugar terrible vigilado por monstruos y donde se producen escenas espeluznantes. Aita y Persipnai llevan un mazo y asestan el golpe de gracia a los moribundos.

Muchos dioses etruscos tienen su correspondiente en Grecia: Turan es la diosa del amor, como Afrodita; Turms, el dios del comercio, como Hermes; Sethlans, el dios de las forjas subterráneas, como Hefesto; Fuflans, el dios de la viña, como Dioniso; Artames, la diosa de la caza, como Artemisa; Aplu, el dios de las artes, como Apolo; Catha, hijo de Thesan, es el equivalente de Eos; Vetisl es más diablo que dios; Usil es el dios solar, y Menrva, la diosa de la sabiduría y de la guerra.

El mito del origen de la adivinación es narrado así por Ovidio: «Un labrador tirreno... observó un terrón en su campo que se movía por sí mismo sin ser tocado por la reja del arado; el terrón mudó de forma, tomó la de un hombre y empezó la vida abriendo la boca para predecir el futuro. Los indígenas lo llamaron Tages. Fue el primero que enseñó a los etruscos el arte de conocer las cosas futuras» (*Metamorfosis*, 552-559). Tages es acogido triunfalmente en las doce ciudades etruscas. Escribe el libro de los adivinos y vuelve a la Tierra. En lo sucesivo, los etruscos son los maestros de la adivinación.

90

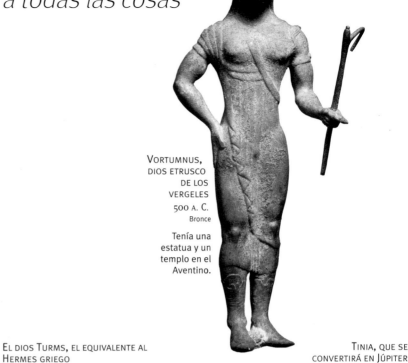

VORTUMNUS, DIOS ETRUSCO DE LOS VERGELES 500 A. C. Bronce

Tenía una estatua y un templo en el Aventino.

EL DIOS TURMS, EL EQUIVALENTE AL HERMES GRIEGO SIGLO V A. C. Bronce

TINIA, QUE SE CONVERTIRÁ EN JÚPITER SIGLO V A. C. Bronce

Eneas, el héroe troyano

El fundador de Roma

Para fundar la ciudad que dominará el mundo, Eneas, el más valeroso de los troyanos, protegido por los dioses, escapa de la ciudad en llamas, conoce mil aventuras y se enfrenta a mil peligros.

Afrodita toma la apariencia de Otreo, hija del rey de Frigia, para unirse a Anquises. Cuando la diosa revela a Anquises su identidad, y que va a tener un hijo —que será Eneas—, le pide que guarde el secreto, ya que Zeus, encolerizado, podría fulminar al niño. Un día que está ebrio, Anquises se jacta de sus amores; entonces el rey del Olimpo le envía el rayo que lo deja cojo (*Himno homérico a Afrodita*).

La protección de los dioses

Eneas goza de una protección muy particular: Zeus lo salva durante la toma de Lirneso por Aquiles; Afrodita lucha a su lado contra Diomedes, y cuando es herido en la guerra de Troya, Apolo se lo lleva escondido en una nube. Al poco tiempo, vuelve al campo de batalla, mata a gran cantidad de griegos y sustituye a Héctor en el mando. En la lucha contra Aquiles, que podría ser fatal para él, se interpone Poseidón. Durante la caída de Troya, Eneas se refugia en la montaña, llevando a su padre, Anquises, sobre los hombros, a su hijo Ascanio en los brazos, y a los penates de la ciudad en las manos. Reúne a los sobrevivientes en el monte Ida y funda una nueva ciudad.

Su destino lo llama muy lejos. Parte hacia occidente, pasa por Tracia, Macedonia y Creta. En Delos se encuentra con Andrómana, y en Butrotis, con Héleno, y llega a Italia meridional. Rodea Sicilia y se ve lanzado por la tempestad a las costas de Cartago. Allí será recibido y amado por la reina Dido.

Los dioses le ordenan que prosiga su camino. Llega a Cumas, donde se encuentra con la Sibila, que le anuncia nuevos peligros y lo conduce a los infiernos para visitar a sus antepasados. Allí ve a los muertos que han faltado a su destino y ve también la estancia de los bienaventurados. Anquises, su padre, que ha fallecido, le cuenta los secretos del universo (Virgilio, *Eneida*, VI, 418, sq.).

El origen de Roma

Eneas resigue las costas de Italia y llega a la desembocadura del Tíber. El rey Evandro sella una alianza con él. Más adelante lucha contra Turno, el rey rútulo. Ascanio, su hijo, funda Alba Longa, y Rómulo, uno de sus descendientes, pondrá la primera piedra de la ciudad de Roma. Eneas desaparece durante una tormenta.

Este héroe, hijo de Afrodita, da a Roma un origen divino. Los romanos, el «pueblo más religioso del mundo» (Cicerón, *De natura deorum*, II, 3, 8), se consideran los beneficiarios de las gracias de la diosa. Algunas grandes familias también se considerarán descendientes de ella a través de Ascanio, llamado Julo, como Julio César.

ENEAS LLEVANDO A SU PADRE ANQUISES SOBRE SU HOMBRO PARA SALIR DE TROYA EN LLAMAS (ARRIBA)
SIGLO VI A. C.
Cerámica de figuras negras

ENEAS CUENTA A DIDO LOS INFORTUNIOS DE LA CIUDAD DE TROYA (ABAJO)
PIERRE NARCISSE GUÉRIN (1774-1833)
Óleo sobre tela

Jano, el dios de las dos caras

El que sabe

«Jano dirige todo lo que empieza, y Júpiter, todo lo que culmina.» Es el dios de dos rostros. Mira hacia delante y hacia atrás, al interior y al exterior, a derecha y a izquierda, arriba y abajo. Conoce el pro y el contra. Es la clarividencia absoluta.

Jano es un dios esencialmente itálico e incluso romano. No aparece en ninguna otra mitología. No se sabe muy bien de dónde procede su nombre, tal vez de Divanus, que a su vez vendría de Diana, *dium*, día o cielo luminoso. Jano es el dios de los comienzos. Dirige todos los inicios de empresas, la partida a la guerra, el advenimiento del reino. El mes que lleva su nombre es el primero del año.

Es un dios de paso, marca la transición entre la vida salvaje y la vida civilizada, entre la paz y la guerra, entre la ciudad y el campo (su templo está en las puertas de Roma). Jano es la puerta (*janua*) que abre la casa. El paso que da acceso a la calle, la iniciación de los jóvenes que entran en la vida adulta.

Jano, originario de Tesalia, es acogido por Cameses, con quien comparte un reino en el Lacio. Se instala en la colina que llevará su nombre, Janículo. Su mujer, Camise, o Camarena, engendra varios hijos, entre ellos Tíber, que dará su nombre al río. Tras la muerte de Cameses reina solo en el Lacio, donde acoge a Saturno, al que Júpiter ha expulsado.

La edad de oro

Como primer rey, Jano hace reinar el orden. Es una verdadera edad de oro: los hombres son buenos, la riqueza abunda y el país vive en paz. Jano inventa la moneda, el cultivo del suelo y la legislación.

A su muerte, Jano es divinizado y se ocupa de la protección de Roma. Cuando Rómulo y sus seguidores raptan a las sabinas, los sabinos atacan la ciudad. La hija del guardián del Capitolio traiciona a sus compatriotas y franquea el paso a los enemigos. Estos empiezan a subir a las alturas, y están a punto de vencer cuando Jano hace brotar un manantial de agua caliente que los aterroriza y los hace volver sobre sus pasos.

Desde aquel día, el tempo de Jano se mantiene abierto en tiempos de guerra, para dejar al dios la posibilidad de actuar. En tiempos de paz está cerrado.

Tras la fundación de la República, una de las funciones reales se mantiene, la de *rex sacrorum* o *rex sacrificius*. El sacerdote investido presenta sacrificios al dios con regularidad. El culto de Jano es instaurado por Rómulo o por Numa. Siempre mantiene su popularidad en Roma. En las ceremonias religiosas a menudo se le coloca al frente, como padre de los dioses, incluso por delante de Júpiter.

JANO, EL DE LAS DOS CARAS
SIGLO I
Mármol, altura 25,8 cm

Quirino. Es el dios de la colina romana del Quirinal. Por su origen sabino, Quirino probablemente es un dios guerrero, y los griegos lo asimilarán a Ares, el belicoso. Pero Servio, en *Scholia in Virgilium*, lo convertirá en un Marte de la paz. Así pues, en primer lugar es un dios de la ciudad: los ciudadanos son los quirites. Vela por el bienestar material de la comunidad, por su alimentación y, al mismo tiempo, protege la paz: todo lo contrario, pues, de un dios de la guerra. Por esta razón, sin duda, se le ha asimilado a Rómulo. Se dice que Próculo tuvo una aparición del fundador de Roma que le habría dicho que deseaba ser honrado bajo el nombre de Quirino (Cicerón, *De legibus*, I, 1, 3; Virgilio, la *Eneida*, I, 292). Al igual que los otros dos grandes dioses, Júpiter y Marte, posee un flamen mayor y se le invoca en las plegarias solemnes de la ciudad, y los *salii collini* son sus sacerdotes. Su hijo Modio Fabidio funda una ciudad que denomina Cures, que significa «lanza» en sabino.

92

Saturno, el dios supremo

El señor del cultivo

Saturno, un dios muy antiguo de Italia, está asociado a una edad de oro, sinónimo de fiestas y de banquetes. Al parecer, enseñó a los hombres a cultivar la tierra. Siempre se le representa armado con una herramienta para podar o una hoz.

De Saturno no se sabe mucho. ¿Procede de los colonos griegos, de los etruscos o de los sabinos? Lo cierto es que está implantado con solidez en Roma a partir de la época de la República, y que tiene su templo en la ciudad, cerca del Foro. Se le ha asimilado a Cronos, el padre de Júpiter (Zeus); destrona a su padre, Urano, del mismo modo que el fue destronado por su hijo. Es acogido en roma por Jano, y su reinado corresponde a una época de felicidad y de prosperidad excepcional. Saturno inventa la poda de la viña, enseña a los hombres a cultivar la tierra y les da sus primeras leyes.

¿Fiestas de liberación?

Las saturnales, o fiestas de Saturno, son unas fiestas de los campesinos. Durante varios días se suceden sacrificios, banquetes, danzas y otras actividades sociales. Las reglas de comportamiento se alteran: se intercambian regalos e invitaciones; las escuelas, los tribunales y las oficinas están cerrados, y el gentío deambula por las calles gritando: «*Io saturnalia! Bona saturnalia!*».

Se supone que las fiestas anulan las distancias entre los hombres. En ellas, todo está permitido, incluso a los esclavos. Los hombres libres no llevan la toga, sino que todos, amos y esclavos, visten el *pileus*, símbolo del liberto y de la libertad. Incluso se ve a amos sirviendo a sus esclavos, lo cuales pueden desfogarse libremente con palabras o acciones. Tienen derecho a tomar vino, que beben hasta la ebriedad. Estas fiestas empiezan el 17 de diciembre y duran varios días. César prolonga su duración. Marcan el paso de un año a otro. Entre los regalos que se ofrecen, hay velas de cera, las *sigillaria*, que simbolizan el Sol, cuya luz va a ser cada día más viva. Sin duda, las saturnales dan paso a las fiestas y costumbres actuales en torno a la Navidad y al año nuevo. Curiosamente, el planeta Saturno, al contrario del dios, para los astrólogos representa el maleficio. Pero esta contradicción, ¿no es solo aparente? Si Saturno simboliza las aflicciones, las adversidades de la vida y los sacrificios necesarios, es porque es el encargado de liberar al hombre de sus limitaciones como animal, de la vida instintiva, de las pasiones, contenidas también por la vida social. Saturno es el símbolo de la libertad.

SATURNO DEVORANDO A UNO DE SUS HIJOS
FRANCISCO DE GOYA Y LUCIENTES (1746-1828), H. 1820
Óleo

Cronos es hijo de Urano (el cielo) y de Gea (la Tierra), hermano de los cíclopes uranios y de los hecatonquiros. Gea, cansada de las numerosas maternidades que le impone su marido, pide a sus hijos que la liberen de esta molestia. Todos se niegan, salvo el menor, Cronos. Este toma la hoz que le ha dado su madre, sorprende a su padre, le corta los testículos y los lanza al mar; a continuación, depone a Urano y sube al trono. Tiene por esposa a su hermana Rea, y es el padre de Hestia, Deméter, Hera, Hades, Poseidón y Zeus. A su vez, será destronado por este último.

Lares, los dioses protectores

Los guardianes

Los lares, situados en los cruces de caminos y en las casas, ofrecen su protección a los lugares habitados. Sostienen entre sus manos un cuerno de la abundancia y giran levemente sobre la punta de un pie.

Júpiter ama a la ninfa Yuturna e intenta conseguirla por todos los medios. Ella se niega y huye. Entonces el dios reúne a todas las ninfas para pedirles ayuda. Ellas aceptan, pero una de ellas, Lara, cuenta estos hechos a Juno. Júpiter, enfurecido, le arranca la lengua y la confía a Mercurio para que la lleve a los infiernos. Por el camino, Hermes la fuerza y ella da a luz a dos gemelos, los dioses lares (Ovidio, *Fastos*, II, 583-616).

Los lares son divinidades protectoras de un territorio. Son representados como dos muchachos acompañados por un perro.

Los lares compitales

Los lares compitales, que se encuentran en el campo, en las encrucijadas —lugares propicios para el encuentro—, se encargan de alejar a los enemigos. En Roma, los lares tienen su templo en el Campo de Marte. Jano, Apolo, Diana y Mercurio son célebres dioses lares de los romanos. Se los venera durante las compitales, en el mes de enero.

Los lares familiares

Están también los lares familiares, protectores del ámbito familiar. Los lares velan por la salud, la fortuna y la felicidad de las personas que viven en el hogar. En principio, hay un solo lar por hogar.

El culto que se le rinde es minucioso y supersticioso. Consiste en plegarias y ofrendas. En el interior de la casa se construye un altar. Se trata de un pequeño edículo con un techo y un frontón sostenidos por columnas, en el que se quema incienso. El romano dirige al lar su plegaria de la mañana y en las comidas le reserva una parte de cada plato. El señor de la casa ofrece una corona al lar diciendo: «Que este hogar sea para nosotros una fuente de bienes, de bendición, de felicidad y de buena suerte» (Plauto, *Los tres escudos*, 40-41).

Antiguamente se enterraba a los muertos en las casas y la gente imaginaba que sus almas también permanecían en ellas. Se las honraba como genios favorables. Cuando se empezó a enterrar a los muertos a lo largo de los caminos principales, se pasó a considerar a los lares como protectores de estas vías.

Los manes. Manes es el nombre dado a los espíritus de los muertos honrados como divinidades. Para un romano, si los muertos viven, se supone que están siempre dispuestos a castigar las injusticias. Por lo tanto, hay que rendirles culto. El mantenimiento de las tumbas es un deber de los vivos. Las flores son la principal ofrenda que complace a los manes, bien naturales, bien esculpidas en las estelas. Las flores que crecen en las tumbas se cree que son emanaciones de los difuntos. Se añaden, asimismo, algunas ofrendas de alimentos, siempre muy sencillos, pero nutritivos: leche, miel, vino puro o huevos.

LOS LARES, DOS GEMELOS PROTECTORES DEL HOGAR
SIGLO II
Bronce

Normalmente llevaban un cuerno de la abundancia y una pátera.

94

Vesta, la diosa del hogar

El hogar

Vesta, que se confundía con la diosa Hestia, hermana de Zeus, en Roma era una diosa arcaica, conocida sobre todo por el culto que se le rinde. Las vestalias se celebraban todos los años el 7 de junio.

Vesta se representa con una llama o como una mujer vestida de matrona que sostiene en la mano una antorcha, una pátera, una victoria o también un venablo y un cuerno de la abundancia. En las medallas se la llama santa, la eterna, la feliz, la antigua o incluso la madre.

Su nombre griego, *Hestia*, significa «hogar de la casa». No le gusta el comportamiento de Afrodita. Pese a que es seductora, rechaza las insinuaciones de Poseidón y las de Apolo. Jura mantenerse siempre virgen y no abandona nunca el Olimpo. Los griegos invocan a Hestia en todos sus sacrificios antes que a cualquier otro dios. Su culto consiste, en esencia, en mantener el fuego encendido en su honor y en ocuparse de que no se apague. Se dice que fue Eneas quien llevó su culto a Roma.

Numa Pompilio hizo construir su templo en el Foro. A diferencia de los otros, es de forma redonda, como las cabañas de la región y el globo del universo. Allí se mantiene el fuego sagrado, que está considerado el testimonio del imperio del mundo. Si llegase a apagarse, solo se podría volver a encender con los rayos del sol y con una especie de espejo, o frotando dos trozos de madera. Únicamente es servido por las vestales.

El Aedes Vestae es el corazón de Roma. Allí se conserva el *palladium*, un objeto misterioso asociado a la conservación de la ciudad, el cetro del rey Príamo, un falo y los penates de la urbe. Es como el hogar familiar de los romanos, ya que la ciudad se considera la morada de todos.

El fuego se mantiene encendido todo el año, y es avivado solemnemente durante las vestalias, el 7 de junio. Ese día, el asno, el animal sagrado de Vesta, recibe los honores.

Las vestales

Se las considera las sacerdotisas de Vesta. Al principio eran dos, más tarde, cuatro, y posteriormente, seis. Son elegidas por el gran sacerdote entre niñas de seis a diez años. No pueden tener ninguna disminución física ni mental, y deben ser hijas de ciudadanos romanos nacidos libres y aún vivos.

Llevan la cabeza ceñida de cintas de lana blanca, que caen graciosamente sobre sus hombros. Visten la toga nupcial; su manto, de púrpura, oculta un hombro y deja el otro semidesnudo. Viven en la casa de las vestales. Son muy honradas, participan en las ceremonias oficiales y tienen el poder de conceder la gracia a los condenados con los que se encuentran. Hacen voto de castidad y prometen dedicar treinta años de su vida a su sacerdocio. Tras este período, vuelven al seno de la sociedad romana y pueden contraer matrimonio. Si una vestal rompe su voto de castidad o deja apagar el fuego sagrado, es quemada o enterrada viva.

VESTAL GUARDIANA DEL FUEGO
1880
Litografía según una escultura antigua

Los penates son dioses domésticos romanos, particulares de cada casa. Son los protectores de la despensa. Estos dioses son los que Eneas trae de Troya durante el periplo que le lleva a Roma. Por ello, se les llama dioses troyanos.

Estos dioses están igualmente asociados al culto de Vesta y del lar familiar. Se los representa con estatuillas en forma de dos jóvenes sentados que sostienen una lanza. Su altar consiste en el hogar de la casa. Al empezar las comidas, el amo de la casa decía: «Que los dioses sean propicios», y una parte de los alimentos se echaba al fuego. Durante el Imperio, los dioses penates estuvieron incluso en el templo de Vesta, en el Foro. Se habían convertido en los dioses protectores de todo el país.

Mitología egipcia

Mitología egipcia

NEFERTITI, ESPOSA DE AJNATÓN
(AMENOFIS IV), HACE UN SACRIFICIO
A ATÓN, DIOS DEL SOL
XVIII DINASTÍA; H. 1352-1336 A. C.
Bajorrelieve

Los rayos del Sol terminan
en una mano, como símbolo del
don de la vida que ofrece
el dios Atón.

Son pocos los países donde un río tiene tanta importancia
como el Nilo en Egipto, tanto por los estragos que causa como
por los beneficios que proporciona. Todos los años, unas terribles
crecidas inundan la mayor parte de los territorios circundantes.
El agua se extiende por las orillas, arrastra tierra y vegetación,
derriba las construcciones levantadas por el hombre y devasta
el país, el cual queda transformado en un inmenso terreno
pantanoso, cuando no en un mar terrible. Luego, las aguas
vuelven a bajar, y la tierra renace más rica y radiante que nunca.
El río proporciona fertilidad, abundancia de frutos y riqueza
a la tierra.

Los egipcios también han observado este ciclo de muerte
y resurrección en el recorrido del Sol por el cielo. Para ellos,
el astro de la luz muere al atardecer al oeste, como un anciano
cansado, pero por la mañana renace lleno de juventud.
El agua en la que se sumerge de noche, por la mañana le ha dado
vida y vigor. El agua es el elemento primordial.

«La primera vez»

Con estas palabras, los egipcios designan la primera etapa
de la creación. Se trata de la segunda fase del ciclo de crecida
y decrecida del Nilo. La creación no acontece a partir de la nada,
sino que, anterior a todo lo demás, existe el agua. Es una inmensa
reserva de la cual afloran los mares: se la denomina Nun.
El Nun es el único rasgo común a todas las cosmogonías egipcias.
El Nun, al que se llama padre de los dioses, es algo así como
la cuna en la que se elabora la primera fuerza activa: Ptah, Ra
o Atón, según los distintos centros religiosos. En Heliópolis, el dios
principal se llama Atón. Su nombre significa «aquel que es y que
no es». Ello significa que su aparición no tiene nada que ver
con un nacimiento *ex nihilo*, a partir de nada. Más bien se trata

de una transformación, la realización de una existencia previa
virtual, la salida de una forma de somnolencia, la adopción
por parte de Atón de una nueva forma de existencia más activa.
Por otro lado, Atón empieza constituyendo su propio cuerpo
y tomando conciencia de sí mismo.

Cada uno de sus grandes centros religiosos tiene su lugar
preeminente de «la primera vez»: Heliópolis posee su colina
de arena y su piedra primordial (el betilo *ben* o *benben*),
Hermópolis se vanagloria de su «isla del abrazo» y de su alta colina.
Esna, Ombos y Elefantina también cuentan con su colina sagrada.
Ptah recibe el nombre de Ta-tenen, «la tierra que se eleva».
Dandara es «el cerro de la madre divina»; Edfú, «el cerro emergente
de Harajté» (Harajté es otro nombre del Sol). «La bella ciudad
de Píale, que se dice salida de Nun, se elevó de las aguas, nació
en tiempos remotos, cuando no había nada y el mundo estaba
en las tinieblas absolutas.»

La cosmogonía

«Soy el gran dios que ha venido a la existencia por sí mismo. [...]
Soy Atón cuando estoy solo en el Nun, pero soy Ra en el momento
en que empiezo a gobernar lo que he creado» (*Libro de los muertos*,
XVII, II). La segunda etapa es la creación de los demás dioses
y de toda la creación.

Ptah, en Menfis, es el dios creador, «el que dio la existencia al
principio, estando solo y sin nadie más que él, nacido de sí mismo,
que modeló al principio, sin padre ni madre que haya creado su
cuerpo, solo y único, que hizo los dioses y creó, pero sin haber sido
creado él mismo» (*Titulatura de Ptah*, procedente del templo
de Edfú, ostracon del museo del Cairo, siglo III-I a. C.).

Así pues, la creación es, ante todo, el establecimiento del universo
en el que nos encontramos.

En los cuatro grandes centros religiosos de Hermópolis, Heliópolis,
Menfis y Busilis, la obra de la creación se atribuye al gran dios
local. Thot, Ra, Ptah y Osiris, cada uno en su templo, son
proclamados igualmente los creadores de los dioses y del mundo,
pero cada uno a su manera. Unas veces, los dioses han salido
de la boca del demiurgo; otras, llegan a la existencia
por la palabra.

«Que la luz sea», dice Yahvé en la Biblia, «y la luz fue» (Génesis, I, 3).
También se cuentan muchos otros procedimientos de creación:
la saliva del creador, su sudor, sus lágrimas y alguna otra excreción
más vulgar dan cuenta del origen de los distintos seres. Por último,
se habla del lodo del Nilo secado al sol o de la tierra modelada
sobre un torno de alfarero.

Los dioses y los hombres

Los dioses son los primeros seres creados por el demiurgo, que
en realidad no es más que el primero de ellos. Están concebidos
a imagen del hombre, pero son más fuertes, más poderosos.
Sin embargo, no pueden preservarse de la vejez, y a veces incluso
mueren si no renuevan su fluido vital, su *sa*, gracias a otro dios
mejor dotado que ellos.

La mitología egipcia elaboró una teoría bastante compleja sobre
la composición de los seres, tanto dioses como hombres. El *sa* solo
pertenece a los dioses y les otorga una especie de inmortalidad.
Pero los demás elementos entran en la concepción de unos y otros,
como lo hicieron griegos y escolásticos al distinguir, en el hombre,
el alma y el cuerpo.

No obstante, estas distinciones, que se pueden llamar «occidentales», no tienen nada que ver con los componentes del ser tal como los entendían los egipcios. Según estos, el ser posee tres entidades:

El *akh* es la fuerza divina, el espíritu de Ra, la chispa luminosa, la expresión más absoluta de la luz. En el origen, solo los dioses y los faraones poseían el *akh*. Más adelante, se consideró que todos los simples mortales también lo tenían.

El *ka*, nacido del soplo del creador, representa el doble del individuo, su conciencia, su personalidad, su temperamento. Es una especie de reserva de fuerzas vitales. El *ka* se representaba con los brazos abiertos y los antebrazos hacia el cielo, en forma de cuadrado con el lado superior abierto. Al hacer ese gesto, los sacerdotes trasladaban el *ka* de los dioses a sus estatuas. El *ka* no desaparece al morir. «Pasar al *ka*» quiere decir «morir». Es un elemento estático. Parece que el *ka* tiene una especie de existencia independiente durante la vida sobre la Tierra. Sin embargo, siempre se perpetúa en un elemento terrestre: la estatua, una imagen o el cadáver hecho imperecedero gracias a la momificación. Las ofrendas se presentan al *ka* del difunto y los sacerdotes de los funerales se denominan «servidores del *ka*». El *ka* pertenece a los dioses y a los hombres, pero los dioses poseen varios. Ra tiene catorce.

El *ba* también es un principio espiritual, una energía de desplazamiento. Es una fuerza invisible. Puede vivir con independencia del cuerpo y viajar a otros mundos. Gracias a él, los difuntos efectúan su transformación en el más allá. Se materializa en un halcón con cabeza humana.

En tiempos del creador «no existía el mal ni el desorden» (*Texto de las pirámides*). La propia muerte se desconocía. En la «edad de oro»: «La tierra nadaba en la abundancia, los vientres estaban llenos y las dos tierras [Egipto] no conocían el hambre. Las paredes no se desmoronaban, la espina no pinchaba, en tiempos de los dioses anteriores» (*Texto de las pirámides*). Pero Ra se hizo viejo, y los demás dioses quisieron aprovecharse de ello. Incluso los hombres se rebelaron y perdieron de este modo el vínculo con la divinidad. Ra se encolerizó. Quiso destruir la humanidad, y la habría aniquilado, pero cambió de parecer. El *Libro de la vaca* narra grandes combates mitológicos. Hastiado de todos estos conflictos, Ra se retiró del mundo. A partir de entonces los hombres estuvieron separados del dios como el cielo lo está de la Tierra.

El culto

La estructura común de los dioses y los hombres los acercaba entre ellos. Una vez que se instala el desorden, también permite reanudar las relaciones. El dios está presente en su estatua allí donde reside su *ka*. Solo el faraón, al que llama hijo suyo, tiene derecho a comparecer ante su presencia. No obstante, de vez en cuando, accede a salir de la penumbra de la *naos*, el espacio más recóndito del templo, para mostrarse al pueblo. Entonces es llevado en su barca de oro, a hombros de los sacerdotes, por toda la ciudad. Así son venerados, en las urbes importantes, los *dioses supremos*: Amón-Ra, Ptah y Atón. Pero, en realidad, toda la vida social está conducida por la divinidad: los *dioses de la vida*, Apis y Hator, dan calor y energía al desarrollo de las actividades humanas. Los *dioses del orden social*, Maat y Thot, inspiran e imponen las normal del equilibrio y la mesura; mientras que el dios de los muertos, Anubis, se encarga de permitir el paso al más allá. Toda la historia, vida, muerte y resurrección queda resumida en el *Ciclo de Osiris*, un largo relato mítico que, desde el nacimiento hasta la resurrección, pasando por la muerte, convierte a su héroe en un nuevo dios supremo.

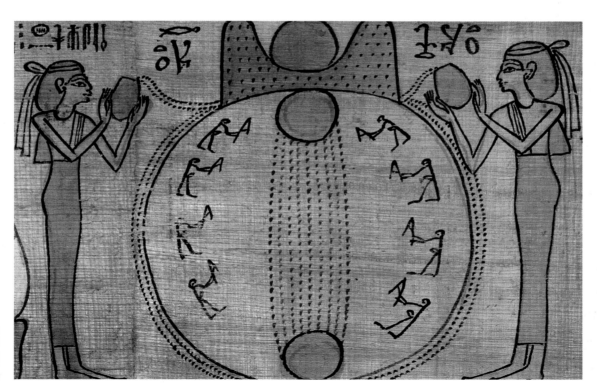

LA CREACIÓN
DEL MUNDO
DINASTÍA XXI;
SIGLOS XI-X A. C.
Papiro del *Libro de los muertos*

La ogdóada hermopolitana

La palabra *ogdóada* significa «grupo de ocho». Se trata, pues, de ocho dioses o, más bien, ocho fuerzas primitivas, ocho elementos constituyentes del caos, ya existentes antes de la creación del mundo: Nun y Naunet son el agua primitiva; Heh y Hehet son la infinidad espacial; Kek y Keket son las tinieblas; Amón y Amaunet son todo lo que está oculto: nada, vacío o indeterminación espacial. Son parejas de varón y hembra que pertenecen a las aguas primordiales. Se los imagina como serpientes y ranas. De estos elementos emerge la primera colina, la de Hermópolis, y allí el Sol nace de un loto o del huevo cósmico que los dioses han modelado conjuntamente. Por esta razón, Hermópolis también se llama Jmunu (Ciudad de los Ocho); se dice que una parte de la cáscara del huevo fue enterrada en un templo de la ciudad.

Desde la creación, estos dioses iniciales han legado el poder a otros más jóvenes surgidos de ellos, y reposan en el mundo subterráneo, bajo el cerro de Yeme (Madinat Habu), o bien bajo el cerro de Esna, donde junto a ellos yacen las Siete Palabras creadoras personificadas. En ciertos casos, incluso están muertos y sepultados. Los dioses vivos, sus hijos y sus sucesores les rinden culto. Los dioses iniciales sí se ocupan, no obstante, de la salida cotidiana del Sol y del curso del Nilo.

Las cuatro parejas de fuerzas elementales que personifican el caos primitivo

Nun ⋯⃗ ⃖⋯ **Nunet**
El agua primitiva

Heh ⋯⃗ ⃖⋯ **Hehet**
La infinidad espacial

Kek ⋯⃗ ⃖⋯ **Keket**
Las tinieblas

Amón ⋯⃗ ⃖⋯ **Amaunet**
Lo que está oculto

Los dioses de Egipto

Nombre (paredro)	Función	Símbolo	Lugar de culto
Amón-Ra (Mut)	dios universal	cordero	Tebas
Anubis	los funerales	chacal	Cinópolis
Apis	la fecundidad	toro	Menfis
Atón	dios único	disco solar	Tell el-Amarna
Geb (Nut)	la Tierra	antropomorfo	Heliópolis
Hator (Horus)	la alegría y el amor	vaca	Dandara
Horus (Hator)	la dinastía	halcón	delta del Nilo
Isis (Osiris)	la magia	antropomorfo	delta del Nilo
Jnum	la creación	cordero	
Jonsu	hijo de Amón	halcón	Tebas
Maat	el equilibrio	pluma de avestruz	
Neftis (Set)	la esterilidad	antropomorfo	delta del Nilo
Nut (Geb)	el cielo	bóveda celeste	Heliópolis
Osiris (Isis)	la vegetación	antropomorfo	delta del Nilo
Ptah (Sejmet)	la creación	antropomorfo	Menfis
Sejmet (Ptah)	la fuerza	leona	Menfis
Set (Neftis)	el mal	animal compuesto	delta del Nilo
Thot	escriba	ibis	Hermópolis

La enéada heliopolitana

**Las divinidades complementarias, elementos de las fuerzas de la naturaleza
que dan nacimiento a las parejas Isis-Osiris y Set-Neftis**

Atón-Ra
El creador solitario
que se convertirá en Amón-Ra con la supremacía de Tebas

Shu	**Tefnut**
aire y luz	humedad
Geb	**Nut**
la Tierra	el cielo
creador de los minerales y las plantas	que trae al mundo a los otros dioses

Osiris   **Isis**   **Set**   **Neftis**

La enéada entera es una manifestación del demiurgo.

LA DIOSA NUT EN EL ÁRBOL SAGRADO
XVIII DINASTÍA; SIGLO XIV A. C.
Fresco sobre una pared de la tumba de Sennedjem

Según los teólogos de Heliópolis, nueve dioses —de ahí el nombre de «enéada»— son responsables de la creación del mundo y de la configuración del universo. Atón-Ra, emergiendo por su propia voluntad del Nun, el caos líquido inicial, decide que habrá múltiples criaturas. Es el origen de la distinción entre macho y hembra. Entonces, escupiendo saliva o mediante la masturbación, da origen a la pareja Shu (el aire) y Tefnut (la humedad de la atmósfera). Estos últimos quisieron explorar el Nun y se perdieron. Atón-Ra sale en su busca y los encuentra. Los hombres nacen de las lágrimas de emoción de Ra al encontrar a sus hijos.

De la unión sexual de Shu y Tefnut nacen Geb (dios de la Tierra) y Nut (diosa del cielo). Geb y Nut se aman y se abrazan tan estrechamente que nada puede pasar entre ellos. Shu, deslizándose entre Geb y Nut, acaba por separarlos y origina que el cielo esté tan alejado de la Tierra. Colinas y montañas se crean debido a los esfuerzos que hace Geb para unirse a su esposa Nut.

A la diosa del cielo a menudo también se la representa como una mujer desnuda, arqueada por encima de la Tierra, o bien como una vaca cubierta de estrellas.

Geb y Nut engendran a Osiris, el primer rey de la Tierra; a Isis, su esposa; a Set, su hermano, que simboliza todas las fuerzas hostiles, y a Neftis, esposa estéril de este último. Así, a partir del acto solar inicial, se explican los principales elementos del desorden cósmico y del orden terrestre.

Geb, la Tierra, y Nut, el cielo

La pareja generadora

Geb y Nut, miembros de la gran enéada de Helió-polis, hijos de Shu y de Tefnut, padres de Isis y de Osiris, de Neftis y de Set, dan origen a todos los seres.

Geb, la Tierra, y Nut, el cielo, son hermano y hermana. Se aman y se casan, pero, al parecer, a Ra no le complace este incesto mítico. Envía a su hijo Shu, el aire, para que los separe. Este envía todas las mañanas a Nut a las alturas celestiales y deja a Geb en la Tierra, de modo que el espacio aéreo separe a los dos amantes. Pero estos se encuentran en secreto por la noche.

Para los egipcios, la noche es la caída diaria de la bóveda celeste sobre la Tierra. Geb y Nut lo aprovechan para concebir la cuarta generación divina, formada por Osiris, Isis, Set, Neftis y Horus. Según cuenta Plutarco, Shu, furioso por verse engañado de este modo, prohíbe a Nut dar a luz durante el calendario oficial, compuesto por trescientos sesenta días. Pero Thot, el dios que gobierna el tiempo, jugando a los dados con la Luna, logra obtener cinco días suplementarios, y Nut aprovecha esos cinco días para traer al mundo esos cinco hijos.

Geb

Geb se presenta como un hombre tendido bajo el cielo, apoyado sobre un codo y con una rodilla y un brazo levantados. Así se simbolizan los valles y las montañas que se decía que eran «la casa de Geb». Su pene a menudo está en erección, a la espera de Nut. Tiene la piel negra o verde, dos colores con connotaciones muy positivas para los egipcios de la antigüedad: representan, respectivamente, la oscura tierra fertilizada por los limos de las aguas del Nilo y el verde de la vegetación.

La personalidad de Geb resulta ambigua: es una de las personificaciones de la fertilidad agrícola, pero también es la tierra que engulle a los muertos, una fuerza que aprisiona a los difuntos inhumados en él. Por otra parte, Geb representa la caja del sarcófago, y Nut, la tapadera; Geb también es el suelo de la tumba, y Nut, el techo. De este modo, el difunto forma parte integrante de un microcosmos en el que se realiza la unión de las dos divinidades antes de ser separadas. Para suceder en el trono real a su padre Shu, al que consideraba demasiado anciano, Geb usurpa el ureo, un arma invencible contra los enemigos del Sol. El ureo, la cobra divina, abrasa la cara a Geb de una llamarada. Desconcertado, el dios pide ayuda a Ra, que lo calma, cura su herida y le procura una peluca. Geb sube al trono y se convierte en un rey tan bueno que los faraones de Egipto a veces reciben el nombre de «herederos de Geb». En adelante, Geb es representado con la corona del Norte o del Sur, a la que se añade o bien la corona de Atef o bien una oca, el animal sagrado de Geb.

Nut

A Nut se la representa arqueada, trazando con su cuerpo la bóveda celeste y apoyándose sobre la Tierra con las manos y los pies, ya que el dios del aire, Shu, la ha separado de su

La creación del mundo con la separación del cielo (Nut) y la Tierra (Geb) (arriba)
XXI dinastía; 1069-945 a. C.
Papiro funerario; tumba de un sacerdote de Amón

esposo, que yace tendido bajo ella. También se la representa de pie (y raramente sentada), desnuda y con el cuerpo cubierto de estrellas, o ataviada con un vestido ceñido también estrellado. A Nut se la simboliza, asimismo, con la figura de un sicomoro, o también de una vaca.

Es la madre de las estrellas y se la considera la madre del Sol, al que engulle todos los días cuando se pone, y que devuelve al mundo todas las mañanas. Nut es el espacio en el que boga Ra, el Sol, con su barca, de día y de noche. El trayecto parte del pubis, donde nace Ra, y llega hasta la boca, que lo engulle para hacerlo renacer cada mañana en el pubis. En ocasiones, a Nut se la representa de pie, con los brazos levantados, dando vida al Sol, al que saca de las profundidades subterráneas.

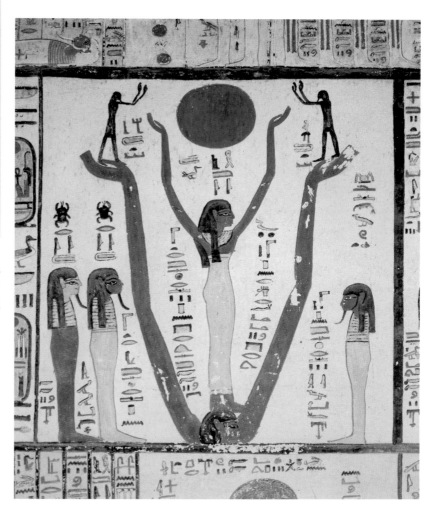

NUT, PERSONIFICACIÓN DE LAS AGUAS PRIMITIVAS, DANDO A LUZ AL SOL (DERECHA)
XX DINASTÍA; H. 1135 A. C.
Fresco de la tumba de Ramsés VI. Valle de los Reyes

GEB Y NUT: LA SEPARACIÓN DEL CIELO Y DE LA TIERRA (ABAJO)
XXI DINASTÍA; H. 1069-945 A. C.
Papiro funerario

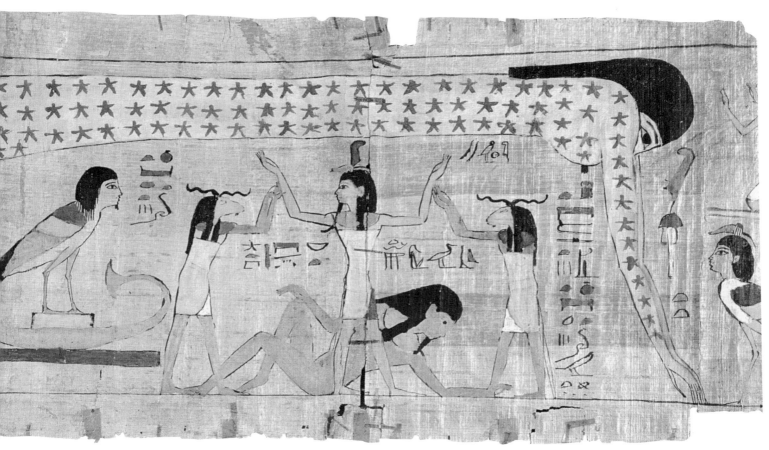

Amón-Ra, el dios carnero

El «dios oculto»

El dios Amón, de orígenes modestos, ya que al comienzo era el dios del aire, el viento y los barqueros, se convierte en dios del Estado en la ciudad de Tebas y es asimilado a Ra, el dios del Sol de Heliópolis.

¿La fortuna de los dioses depende de la de sus fieles, o bien la fortuna de los fieles depende de la de sus dioses?

El dios de Tebas

Amón era el dios local de Tebas. Se lo considera el dios del aire o la fecundidad, y se le da la forma de un hombre vestido con un taparrabo y la cabeza tocada con un birrete coronado por dos penachos. A veces también tiene cabeza de carnero. Su esposa, Mut, la diosa del cielo, tiene forma de buitre, y su hijo Jonsu es un niño coronado con una luna creciente.

Su nombre significa «dios oculto», como si así manifestase los aspectos desconocidos y misteriosos de la divinidad. Es un dios sin historia y, precisamente por esa razón, adopta la de otros. Cuando Amenemes I fundó la XII dinastía y Tebas se convirtió en la capital de Egipto, lo erigieron en dios protector y guía del país; incluso lo convirtieron en un dios primordial y eterno, el «rey de los dioses» (*nesu netjeru*). En efecto, se consideraba que el dirigente que había logrado la proeza de reunir Egipto bajo su autoridad solo podía haberlo logrado gracias al dios creador y organizador del mundo.

Ra

Amón es confundido con el dios Ra, que posee un nombre secreto, símbolo de supremacía. Este encarna al Sol, al que se adora desde las épocas más remotas. Existen dos tradiciones que explican su origen.

— Se habla de su surgimiento fuera del Nun: las pirámides representan esta colina primordial sobre la que Ra aparece. En Heliópolis, la piedra *benben* era objeto de culto. El dios hizo surgir la creación masturbándose o expectorando sobre ella. Los hombres nacieron de sus lágrimas.

— Por otro lado, se dice que es hijo de Geb (la Tierra) y de Nut (el cielo): nace todas las mañanas del vientre de su madre y al atardecer se sumerge en el dominio de los muertos (Am-Duat). El animal Ra es el fénix, que parece inmortal y renace de sus cenizas. Ra es el dios de la resurrección de los elegidos. Es siempre uno de los grandes dioses del panteón oficial, nunca es destronado, pero se lo confunde con otros dioses que buscan su propia promoción.

Amón-Ra

Amón se convierte, pues, en Amón-Ra y los faraones hacen florecer su culto. Su santuario de Karnak se embellece y llena de riquezas fabulosas. Logra la mayor parte del botín obtenido de las campañas militares. Sus sacerdotes poseen tal poder que acaban por acceder a la realeza a finales de la XX dinastía. Cuando Egipto cambia de capital, la estrella de Amón-Ra pierde brillo y los dioses regionales recuperan cierto prestigio. Osiris, que goza de mayor popularidad, se convierte en su principal rival.

104

EL DIOS AMÓN-RA
XIX DINASTÍA
Yacimiento arqueológico de Madinat Habu

Las «divinidades adoradoras»

El personal asignado al servicio de Amón-Ra es muy numeroso: bajo el reinado de Ramsés III lo integran 81 322 personas; la gestión de sus inmensas propiedades (2 393 km²) las requiere. Pero es el único de los dioses existentes en Egipto que posee sus «divinidades adoradoras», consideradas sus esposas terrestres. Ellas cumplen una función cosmogónica, ya que, al ocuparse de complacer al demiurgo, garantizan la armonía de la creación. Están obligadas al celibato, por lo que deben asegurar su sucesión por medio de la adopción. Son escogidas entre las princesas. Se rodean de prerrogativas reales y, de forma paulatina, llegan a suplantar al gran sacerdote de Amón.

La gran fiesta

A lo largo del décimo mes del año, el dios Amón de Karnak cruza el Nilo en una barca para dar la vuelta a la necrópolis y visitar a los «dioses del Oeste». El dios Amón dispone de una barca suntuosa, el *Userhat*, de dimensiones imponentes, hecha de madera del Líbano y cubierta de oro y piedras preciosas. La procesión, en la que participa el faraón, va deteniéndose en los templos reales por los que pasa.
Aparte de esta ceremonia excepcional, los ritos cotidianos son muy similares a los cuidados que se dispensan a los reyes, en relación con la vestimenta, la unción, las ofrendas de alimentos, las libaciones y la quema de incienso.

Difusión del culto

El culto al carnero se extendió más allá de Egipto: lo encontramos en Meroe, en Sudán, y en Grecia, bajo el nombre de Amón: el oráculo de Siwah, consultado por Alejandro Magno, parece ser un fiel deudor del oráculo de Tebas, la capital de Egipto.

El dios Amón-Ra y Tutmosis IV, faraón de la XVIII dinastía
Hacia 1397-1388 a. C.
Bajorrelieve; Museo del Louvre

El faraón frente al dios, conversando con él de igual a igual. La divinidad del rey forma parte de los dogmas más antiguos de Egipto. Para sus súbditos, es el dios Sol que reina sobre la Tierra. Todos los apelativos con que puede calificársele pueden aplicarse también a la divinidad.

El faraón Tutmosis III hace una ofrenda al dios Amón
Hacia 1440 a. C.
XVIII dinastía
Pared del fondo de la capilla de Hator en el templo de Tutmosis III, Tebas

Ptah, el dios de Menfis

El escultor de la Tierra

A través de la acción conjunta de su mente, su voluntad y su verbo eficaz, Ptah es el creador de la Tierra. Crea todas las cosas con la Palabra, como el dios de la Biblia: «Que la luz sea, y la luz fue» (Génesis, I, 3).

Ptah es representado en forma humana, dentro de una funda, como una momia, con la cabeza cubierta con un gorro ajustado, un mentón dotado de la barba de los dioses y sosteniendo el cetro. Es el dios principal de la ciudad de Menfis, tiene por esposa a Sejmet y su hijo es Nefertum. Ptah se manifiesta como dios sin la ayuda de nadie. «Cuerpo que ha modelado a su cuerpo, cuando el cielo no existía, cuando la Tierra no existía, cuando las aguas crecidas todavía no subían. Tú has anudado la Tierra, tú has juntado tu carne, tú has hecho tus miembros y te has dado cuenta de que eras el Único» (papiro n.º 3 048 del Museo de Berlín).

El demiurgo

Ptah es un creador; es anterior al Sol. Crea por medio de un acto de su corazón (mente y voluntad) y con el poder de su verbo, «uno concibiendo y el otro decretando todo lo que desea el primero» (documento de teología menfita, 22, III). Es el «padre de los hombres y, a la vez, de las mujeres» (*Titulaturas de Ptah demiurgo*, 24 c). Cada latido de su corazón, cada sonido del universo es una manifestación de su poder. Es el señor de los artesanos, el patrón de la metalurgia, la construcción y la escultura. Su abuelo, que lleva el título de «gran jefe del arte», dirige a los arquitectos y albañiles durante la construcción de los templos.

En adelante, Ptah es considerado un dios sanador, en la forma de un enano deforme de cabeza chata, piernas torcidas y con las manos puestas en las caderas. Entonces se dice que protege a la raza humana de todos los males que la acechan y de todos los animales dañinos.

El dios de Menfis

Desde los tiempos más antiguos, es el primero de los dioses de Menfis, la ciudad donde se corona a los faraones. Allí posee un templo célebre, llamado Ptah Extramuros. Los reyes sienten hacia él una devoción particular que les hace llevar el título de Siphtah, que significa «hijo de Ptah».

EL DIOS PTAH (ARRIBA)
XVIII DINASTÍA
Tumba del faraón Horemheb

EL FARAÓN SETI I ANTE LA REPRESENTACIÓN DEL DIOS PTAH (IZQUIERDA)
XIX DINASTÍA; H. 1303-1290 A. C.
Relieve pintado de Abydos. Cámara mortuoria de Seti I

Sejmet, la poderosa

El ojo de Ra

Hator, el ojo de Ra encolerizado, adopta la forma del rostro de Sejmet, la terrorífica, para destruir a todos los hombres, enemigos del Sol. La masacre solo se detiene cuando la asesina se embriaga.

Sejmet (su nombre significa precisamente «la poderosa») tiene su sede en Menfis. Es la mujer del dios Ptah y la madre de Nefertum. Su alianza con el dios creador no la convierte en su igual, pero su poder se reconoce y teme. Sus efigies se multiplican (se han descubierto cerca de cuatrocientas), lo cual revela la importancia del culto que se le rinde, tanto en Menfis como en otras regiones de Egipto.

En el templo de Ptah, en Karnak, una estatua de diorita gris de dos metros de altura la representa con cabeza de leona y cuerpo de mujer. Sejmet es una diosa terrible y sanguinaria; es responsable de epidemias y mensajera de la muerte, además de diosa de las matanzas y la guerra. Se cree que todas las desgracias proceden de ella, por lo que inspira un gran temor.

Sin embargo, su furia se puede dirigir contra un enemigo. Por ello se la utiliza contra la serpiente Apofis, que se opone a la marcha del Sol, contra los que luchan contra Osiris y Horus, y contra las propias enfermedades del cuerpo humano. Por otra parte, quien sabe matar, sabe curar, razón por la que se lleva a cabo un rito llamado «aplacar a Sejmet», que tiene como fin granjearse los favores de la diosa y obtener de ella la curación. Sus sacerdotes forman una corporación de médicos y veterinarios. Con ello, se convierte en la protectora del rey y de sus súbditos.

La asimilación de Sejmet a la leona es muy estrecha. Todos los lugares donde el león va a saciar su sed se consideran santuarios de Sejmet.

Bastet

También existe una forma benévola y clemente de Sejmet, la diosa gata Bastet, que encarna la feminidad serena. Es músico y protectora de los nacimientos. A menudo se la representa como una mujer con cabeza de gato y provista de sus tres emblemas: un sistro, un escudo que sostiene junto a su pecho y una cesta colgada en el brazo. Bastet y Sejmet encarnan la contradicción legendaria de las hijas del Sol.

Sejmet y el exterminio de los hombres. Después de encargarle el castigo de los hombres que se rebelan, Ra no puede detenerla. «Por mi vida», dice Sejmet, «cuando mato a los hombres, mi corazón se regocija.» Ra tiene que hacer que beba alcohol para detener la matanza. Por fin, calma a la diosa decretando «que le prepararán tantos cántaros de filtro el día de Año Nuevo como sacerdotisas del Sol haya». Ello sucede el doceavo día del primer mes de invierno. En esa jornada, el calendario de días fastos y nefastos anota cuidadosamente: «Hostil, hostil, hostil es el 12 Tybi, teme ese día, ya que es el día en que Ra dio la orden a Sejmet».

107

LA DIOSA SEJMET
HACIA 1408-1372 A. C.
Altorrelieve en granodiorita, procedente del templo de Mut en Karnak

Atón, el disco del Sol

El dios único

Atón, dios supremo por excelencia, universalmente accesible y que lo supera todo con sus manifestaciones de luz, calor y vida, eclipsó a todos los demás dioses durante unos veinte años.

Al inicio, Atón es un ser humano con cabeza de halcón. Porta el símbolo de la realeza: el disco solar con una serpiente. En Egipto, a muchos dioses se los representa con el Sol o bien estos representan al Sol: Horus, Ra, Ptah, etc. En su propia ciudad, cada uno es el más grande de los dioses. Así, Atón comienza siendo un dios como cualquier otro, entre los demás dioses, hasta que Amenofis III diviniza el disco solar. Este faraón quiere encontrar un dios que pueda ser adorado por todos los habitantes de su reino, que en aquel momento abarca una extensa zona del territorio asiático. Tal vez pretende proclamar que el Sol brilla para otros hombres y otros pueblos —en resumidas cuentas, para todos los hombres y todos los pueblos. Así, el disco solar representado por Atón eclipsa al dios de la dinastía Amón, el dios de Tebas.

Amenofis IV (1372-1354 a. C.) continúa y amplifica el cambio iniciado por su predecesor: desarrolla el culto a Atón y excluye a los demás dioses. Como Amenofis significa «Amón está satisfecho», el faraón cambia su nombre por Ajnatón, «gloria de Atón» o «el que complace a Atón». En ese momento los demás dioses son condenados: se destruyen sus estatuas, se derriban sus altares, se expolian sus grandiosas riquezas, se disuelve su clero y se transforman sus templos para adaptarlos a la nueva religión. El faraón no desea conservar siquiera la capital, Tebas, que es la ciudad de Amón. Por ello, construye una ciudad en honor a su dios único. Hoy día, esta urbe se llama Tell el-Amarna. Le erige templos, se convierte en su mensajero y su profeta y él mismo compone los himnos para adorarlo.

Así pues, Atón se convierte en el dios único, se entrega en forma de disco solar a toda la humanidad, a quien da la vida, es el creador de todas las cosas y todo depende de él. Está cerca del pueblo y habla su lengua.

No tiene nada que ver con los otros dioses, que son numerosos; tiene un clero poderoso, unos rituales complejos y misteriosos, un lenguaje secreto y santuarios cerrados en ellos mismos. Atón es simple, no impone obligaciones.

Al contrario de lo que ocurría con el culto de Amón, la religión de Atón no se orienta al más allá. Elude la muerte y no plantea el problema del mal ni de la responsabilidad moral. Es una verdadera revolución para un pueblo que hasta entonces había dado una gran importancia al juicio de después de la muerte (con los dioses y las diosas Anubis, Thot y Maat) y a la vida en el más allá. La nueva religión solo honra al Sol como dispensador de vida y de alegría. Toda ella se sitúa en el momento presente.

Los templos a Atón se encuentran al descubierto y permiten a los fieles ver y adorar al dios solar sin obstáculos. No hay estatuas, sino un gran disco rojo del que salen largos rayos acabados en manos que reciben las ofrendas en los altares. Se le ofrecen frutas y dulces. Se le recitan sobre

108

EL FARAÓN AJNATÓN (AMENOFIS IV)
IMPERIO NUEVO; XVIII DINASTÍA; H. 1365-1360 A. C.
Fragmento de un coloso de Osiris del templo de Atón en Karnak.
Cabeza de tres cuartos a la derecha; arenisca rosada

todo himnos en los que el Sol es llamado creador y benefactor de la humanidad.

Esta religión del dios único dura lo que su reinado. En cuanto el faraón muere, su hijo y sucesor, de nueve años, cambia su nombre: se llamaba Tutankatón, y en adelante se llamará Tutankamón. Tebas es restituida como capital y el clero de Amón recupera su poder.

EL FARAÓN AJNATÓN HACE UNA OFRENDA
AL DIOS-SOL ATÓN
HACIA 1350 A. C.
Bajorrelieve hallado en el gran templo de Amón en Karnak

Plegaria a Atón. «Apareces, espléndido, en el horizonte del cielo, oh Atón viviente, creador de la vida. [...] Llenas todas las regiones con tu perfección. [...] Cuando disipas las tinieblas lanzando tus rayos [...] los habitantes se lavan, se visten y sus brazos se alzan para adorarte; el país entero se entrega al trabajo; todo el ganado está satisfecho con sus pastos; árboles y plantas reverdecen, y los pájaros alzan el vuelo desde su nido.» *(Himno a Atón)*

EL FARAÓN SETI I DEIFICADO, REPRESENTADO COMO UN SACERDOTE
IMPERIO NUEVO; XIX DINASTÍA; H. 1290 A. C.
Fresco del templo de Seti I en Abydos

Apis, el toro sagrado

Fuerza y fecundidad

Apis, el dios de la fuerza y la fecundidad, se representa con un toro al que se reservan los honores divinos. La institución de su culto se atribuye a Menes, el primer faraón egipcio (h. 3000 a. C.).

Apis es un toro nacido de una vaca fecundada por el dios Ptah metamorfoseado en un rayo caído del cielo. La vaca madre del toro recibe culto durante toda su vida, no debe tener más terneros y es enterrada en el Iseum de Saqqara. El toro es elegido según unos criterios muy precisos, en total veintinueve: fuerza, aspecto...; pero lo que cuenta sobre todo es el número y la forma de las manchas de su cuerpo: debe ser negro, tener una mancha blanca sobre la frente, una luna creciente en el cuello y los flancos, y la imagen de un escarabeo en la lengua.

Es la reencarnación del dios. Durante unas grandes fiestas públicas se le lleva de forma solemne al *sekos* (Herodoto, II, 153), el templo de Apis viviente. Se trata de un patio donde es cuidado, alimentado y rodeado como un soberano. Le sirven los miembros del clero y posee su propio harén.

Apis es el símbolo de la fecundidad, de la potencia sexual y de la fuerza física. Diodoro de Sicilia cuenta que las mujeres tenían la costumbre de levantar su falda delante de él. Cada uno de sus movimientos es considerado un mensaje del más allá. Por lo general, se le dejaba morir de vejez, pero si vivía hasta estar demasiado viejo, lo ahogaban en una fuente.

En cuanto el animal había muerto, se organizaba una procesión para transportar su cuerpo a la *uabet*, una sala especial reservada a los ritos del embalsamamiento. Los fieles se vestían de luto y comenzaban un ayuno absoluto durante cuatro días y menos estricto durante otros setenta días. A partir de la primera noche, se celebraba una velada fúnebre. Una vez terminada la momificación, otra procesión llevaba el cuerpo de la *uabet* a la «tienda de purificación». En este lugar, los fieles presentaban sus ofrendas y un cortejo fúnebre compuesto por el ejército, el clero de Ptah —al parecer, Apis no tenía un clero propio—, las plañideras y la multitud se dirigía al Serapeo, la tumba de los Apis.

En cuanto moría, Apis renacía bajo otra forma y el clero se dispersaba por el país para encontrar una ternera que poseyese las características requeridas.

El Serapeo

El Serapeo es un sótano situado a 12 m bajo tierra. Cada uno de sus lados contiene los panteones de los Apis. El mobiliario que presenta es el mismo que el asociado a las momias humanas: un sarcófago, amuletos y joyas. Los sarcófagos al principio eran de madera, pero más adelante se tallaron en granito.

Todas las personas que habían participado en las ceremonias fúnebres, en recompensa, recibían el derecho a erigir una estela en el interior del Serapeo. Normalmente eran pequeñas, a veces diminutas, por lo general de piedra calcárea, y daban testimonio de la devoción al dios.

CABEZA DEL TORO APIS CON EL DISCO SOLAR
SIGLO II A. C.
Diorita

110

Un cálculo sagrado

«Cinco al cuadrado da un número igual al de las letras del alfabeto egipcio y al de los años que vive el toro Apis», escribía Plutarco (*Isis y Osiris,* 56). Hay que destacar que este período de veinticinco años, o período de Apis, corresponde a aquel en cuyo inicio las fases de la Luna se repetían el mismo día.

Los demás animales sagrados. Mnevis, toro en el que se encarna el alma de Ra-Atón en Heliópolis, es de color claro. Bukis, el toro de Mentu en Hermontis, es de un color que cambia a cada hora. Onufis, «el muy bueno», en el que se encarna el alma de Osiris. Ba Neb Yedet, el buey, es otra encarnación de Osiris. El ave Benu también era adorada en Heliopolios. Amenuit, el cocodrilo que se apresura a devorar el alma de aquel para quien la balanza se ha inclinado del lado malo. Petesujos o Arsinoe, el cocodrilo que en Fayum es la encarnación del dios Sobek. Apofis, el dios serpiente, enemigo del Sol. Las diosas leonas Sejmet, Uadjet o Tefnut son crueles y sanguinarias, pero a veces revisten la forma de la diosa Bastet, que tiene apariencia de gata.

APIS

IMPERIO NUEVO;
XX DINASTÍA
Estela de Apis en el Serapeo
de Menfis

El palacio de Apis: «Cuando se convirtió en señor de todo Egipto, el faraón Psamético elevó a Hefesto unos propileos en Menfis, los que están orientados hacia el sur; y construyó para Apis, frente a los propileos, un patio donde lo alimentan cuando se manifiesta, rodeado de columnatas y cubierto de figuras: en lugar de las columnas, unos colosos de doce codos soportan la cubierta.» (Herodoto, *Historias II,* 153).

Hator, la diosa del cielo

La dama de Dandara

Hator, una mujer que porta el Sol sobre la cabeza entre dos cuernos de vaca, es la madre por excelencia. Representa la embriaguez del placer, el amor y la fertilidad. Los griegos la identificaron con Afrodita.

Bajo el reinado de Ra, Hator vivía en Nubia. Se la calificaba de «señora del país del Punt» en la costa de Somalia, de «señora del país de Mafkat» en la península del Sinaí y de «dama de Biblos» en Fenicia, donde muy pronto se ubicó una parte de la leyenda de Osiris. Era una leona sanguinaria. A veces se la llamaba Neit, «la aterradora», porque llevaba flechas y escudo.

Ra siente la necesidad de tener a Hator a su lado. Envía a Shu y a Thot a buscarla. Estos logran persuadirla de que vaya a Egipto, el país de la alegría y el vino. Al llegar, pierde su salvajismo y se convierte en la diosa de la gracia y de la sonrisa. Es proclamada «señora de la alegría y soberana de la danza, señora de la música y soberana del canto, señora de los saltos y soberana del trenzado de guirnaldas».

Se presenta bajo la forma de una vaca o también con cabeza humana adornada con cuernos, orejas de vaca y largas trenzas que enmarcan su rostro. Los textos narran que es la gran vaca sagrada que ha creado el mundo, incluido el Sol. Como diosa de los vivos, Hator los alimenta con su leche y la vemos dar su seno al rey, al que sostiene en sus brazos o sobre sus rodillas, o bien en forma de vaca, dejando que el faraón tome su pecho.

Se ocupa del acicalamiento de las mujeres. Hator conoció una inmensa popularidad como diosa de la alegría y del amor. Su templo es «la mansión de la embriaguez y el lugar de la vida agradable».

La diosa también tiene un fetiche en el cual se complace en encarnarse: el sistro, un instrumento musical que aleja a los malos espíritus.

Es benévola con los vivos, y aún más con los difuntos. Bajo el nombre de «reina de occidente», custodia la necrópolis tebana. Acoge a los difuntos a su llegada al otro mundo. Los lleva sobre sus espaldas y los aparta de todo peligro. La «dama del sicomoro» a veces se oculta entre el follaje de un árbol grande, en los confines del desierto, y ofrece al difunto el agua y el pan de bienvenida. Sostiene la larga escalera por la que los virtuosos suben a los cielos.

Las fiestas

Tiene su principal santuario en Dandara, donde era adorada junto con su esposo, el Horus de Edfú, y su hijo Ihi (Ehi), «el que toca el sistro». En este templo se celebran grandes fiestas: el día de la «apertura del seno de las mujeres», las nuevas esposas efectúan unos

CABEZA DE LA DIOSA HATOR
I MILENIO A. C.
Arte cananeo. Bronce, cabeza
recubierta de oro

ritos que les aseguran una maternidad próxima y, más adelante, un grupo de siete Hator, las ayudantes de la diosa, están presentes en los alumbramientos y predicen el futuro de los recién nacidos. El día de Año Nuevo, día de su aniversario, antes de la aurora, las sacerdotisas suben a las terrazas la imagen de la diosa para exponerla a los rayos del sol naciente; a ello siguen unos festejos, pretexto para un verdadero carnaval, y la jornada termina en medio de cantos y la ebriedad general. El día de la «bella reunión», la estatua de Hator es embarcada en una majestuosa nave, «la Bella de amor». Hator va al encuentro de su cónyuge, que está en Edfú, a unos 160 kilómetros. El encuentro de los esposos tiene lugar en una pequeña capilla. Hator es festejada y luego los esposos se retiran para iniciar su noche de amor. Las fiestas de Edfú comienzan al día siguiente y se prolongan durante catorce días.

El mito del ojo de Ra

El ojo de Ra se identifica con Hator. Cuando Ra crece, los humanos empiezan a conspirar contra él. Al enterarse, el dios se enfurece y envía al ojo divino, el terrorífico poder del fuego del sol, para aniquilar a los hombres. El ojo adopta la forma de Hator, que, bajo la apariencia de la leona Sejmet («la poderosa»), se lanza sobre los pecadores, tanto hombres como mujeres, y los masacra. Entonces Ra decide que la matanza ya ha durado bastante, y para ponerle fin, Ra inunda el campo de batalla con miles de cántaros que contienen una mezcla de cerveza y zumo de granada. Creyendo que se trata de sangre, la sanguinaria Sejmet engulle todo el brebaje; una vez ebria no puede seguir luchando y se transforma para recuperar la apariencia de la bella Hator. En recuerdo de esta anécdota, en la fiesta de Hator todos los años se servían cántaros con cerveza y zumo de granada a los asistentes.

CABEZA DE LA DIOSA HATOR EN FORMA DE VACA
IMPERIO NUEVO; XVIII DINASTÍA; H. 1337 A. C.
Oro, tumba de Tutankamón, Tebas, Valle de los Reyes

113

REPRESENTACIÓN DE HATOR COMO VACA
IMPERIO NUEVO; XIX DINASTÍA; H. 1305-1290 A. C.
Bajorrelieve, tumba de Seti I en el Valle de los Reyes

Maat, el equilibrio

El orden social y cósmico

Maat es hija de Ra, el dios Sol, y esposa de Thot, el juez de todos los dioses. Estos la aman, ya que representa el orden y es la condición necesaria de su existencia y de sus funciones.

Se la representa como una mujer de pie o sentada sobre sus talones y con una pluma de avestruz en la cabeza.

Estaba ahí desde los orígenes del universo, velando por el equilibrio de todo, por las relaciones armónicas entre los seres, por su cohesión indispensable. Mantiene el orden del cielo y de la Tierra. Es responsable de las estaciones, del día y la noche, del movimiento de los astros y de la caída de las lluvias. Su función es cósmica y, a la vez, social.

Maat es el orden. Dispone el buen desarrollo de la vida individual, dirige las relaciones sociales y autentifica las acciones del poder. Maat está presente allí donde se cumple lo que ha sido prescrito. Todo el mundo, desde el rey hasta el súbdito más humilde, tiene la misión de hacerla reinar. Representa la filosofía de la sociedad egipcia.

Maat es la ofrenda que los reyes hacen al dios, en forma de una estatuilla que se lleva en el hueco de la mano. Es la ofrenda por excelencia, ya que engloba a todas las demás. Es la justicia y la verdad, la ordenación de los ritos de la religión y la ética de la vida social. Los jueces llevan su efigie sobre el pecho. El visir, jefe supremo de los tribunales, se denomina «sacerdote de Maat». Ella es el peso justo con el que se juzga el corazón del difunto. A su muerte, el ser humano pasa por delante de 42 jueces, ante cada uno de los cuales defiende su inocencia. Esta declaración de inocencia enumera en forma negativa todas las acciones contrarias a Maat y que son producto del Isfet («el mal»). Se trata de decir: «no he matado», «no he blasfemado», «no he transgredido los tabúes», etc. Entonces, el alma del difunto es colocada sobre uno de los dos platillos de una balanza, y en el otro se coloca la pluma de avestruz de Maat. Anubis levanta la balanza y Thot, el esposo de Maat, dicta el veredicto. Si la balanza se inclina del lado del corazón, el monstruo Ammit devora al difunto; pero si se inclina del lado de la pluma, el difunto es aceptado en el mundo de los dioses, y es declarado *maa-jeru*, es decir, «provisto», lo cual significa que todavía se actúa para él en la Tierra.

Los compañeros de Maat.
Entre los templos funerarios de Tebas y el Valle de los Reyes se encuentra una pequeña necrópolis compuesta por tumbas, panteones, capillas y pequeñas pirámides. No se trata de tumbas de príncipes, sino de obreros, precisamente aquellos que preparaban los sepulcros de los faraones. A estos obreros se los llamaba «hombres del equipo de la necrópolis», pero entre ellos se llamaban «servidores en el lugar de Maat», como si, al construir sus propias tumbas a la manera de las de los príncipes, alcanzasen el equilibrio, que era la misión de la diosa.

EL DIFUNTO ES ACOGIDO EN EL REINO DE LOS MUERTOS POR LA DIOSA MAAT
XXI DINASTÍA
Fresco del sarcófago de Butehamon

Thot, el escriba

El dios Luna

Thot, el secretario de los dioses, es el que posee y domina la palabra eficaz, el que se ocupa de la escritura en el mundo de los dioses y en el de los hombres y, por medio de ella, es el fundamento y establece el destino de estos mundos.

Thot es el dios con cabeza de ibis. Es un calculista emérito; es la Luna, cuyo complejo trayecto por el cielo da muestra de una ciencia de los números excepcional. Thot divide el tiempo, fija el calendario y rige la escritura de la historia. Autentifica las decisiones, legaliza el nombre del faraón escribiéndolo en el árbol de la historia dentro del templo de Heliópolis, estudia los lugares destinados a la construcción de los templos, vela por la ejecución según las reglas y verifica el equilibrio de la balanza en el día del juicio de los muertos. Thot es el juez.

Es el escriba por excelencia y el jefe de los escribas humanos. La ofrenda particular que se le hace es un escritorio, y su ciudad de Hermópolis posee la biblioteca más bella del imperio. Thot escribe las leyes, las cuentas, las historias y el libro de la vida. Es el señor de la lengua y de la palabra. Thot es demiurgo: conoce los jeroglíficos y las palabras que crean las cosas. Se le llama «la lengua de Ptah», lengua del que lleva el universo a la existencia, o «el corazón de Ra», el pensamiento creador. Crea aquello que desea simplemente deseándolo.

El mago

Thot conoce las fórmulas mágicas. Se le conocen encantos como este, destinado a lograr una correspondencia en el afecto: «Que ella beba, coma y duerma con otro, yo embrujaré su corazón, embrujaré su aliento, hechizaré sus tres orificios y embrujaré sobre todo su vulva, en la que quiero penetrar, hasta que ella venga a mí, y que yo sepa lo que hay en su corazón, lo que ha hecho y en qué piensa, ahora, ahora, enseguida, enseguida» (Biblioteca Nacional, París, manuscrito griego, IV, 147-153). Thot conoce las fórmulas capaces de curar y presta ayuda a Isis cuando ella lleva a cabo la resurrección de su esposo, Osiris; cura a Horus, de niño, después de que le pique un escorpión, y devuelve la vida al ojo que Set ha arrancando a Horus. Se le dirigen plegarias para los enfermos.

Hermes Trimegisto

Al ser asimilado a Hermes (la piedra Rosetta), Thot conoció un gran éxito en la literatura hermética bajo el nombre de Hermes Trimegisto («el tres veces grande»). Es el inventor de las artes y las ciencias, así como el iniciador de prácticas dirigidas a obligar a la divinidad y a dar al iniciado una especie de omnipotencia, asimilándolo a Dios: «Tú, tú eres yo y yo soy tú». El *Corpus hermético* se considera un relato escrito por él. Reúne multitud de creencias heterogéneas, de procedencias muy diversas, y trata de magia, astrología y alquimia.

THOT, EL DIOS DE LA LUNA, DEL CALENDARIO Y DE LA CRONOLOGÍA, PORTANDO UNA CABEZA DE IBIS XXVI DINASTÍA; H. 600 A. C. Estatua de madera, algunas partes doradas y de bronce, procedente de Luxor

Anubis, el dios de los funerales

El embalsamador

El dios chacal a menudo es representado con cuerpo de hombre y cabeza de chacal o de perro. Es el dios del desierto y de la necrópolis. Es el guardián de las tumbas, introduce a los difuntos en el otro mundo y les asiste ante el dios juez, Osiris.

El hijo de Osiris

Anubis es representado en forma de un cánido flaco de largas orejas alzadas y cola tupida. A veces aparece postrado en un edículo que representa la tumba que custodia. El negro de su pelaje, un color adecuado para los cuerpos momificados y el de la fértil tierra depositada por el Nilo, simboliza el renacimiento y, al mismo tiempo, el ámbito funerario.

¿Por qué tiene cabeza de perro? Los perros semisalvajes erraban por las necrópolis, hurgaban entre los desperdicios, cavaban cerca de las tumbas y, a veces, desenterraban a los muertos. A fin de prevenir sus destrozos y hacerlos beneficiosos para los difuntos, los egipcios los divinizaron y les atribuyeron la función de guardianes de las necrópolis. Estos perros, aunque se parecen al lobo, sin duda procedían del chacal, un animal desconocido en Egipto, con el que fueron confundidos. Al igual que Jentyimenty (o Jentyimentyu), «el que está en cabeza en occidente», una antigua divinidad de Abydos, o como Upuaut, dios de Asiut, Anubis forma parte del grupo de divinidades caninas asociadas al culto funerario, divinidades que en su mayor parte asimiló. Anubis es la divinidad principal de Cinópolis (Harday), en el alto Egipto. Su nombre egipcio es Inpu, «el que tiene la cabeza de perro salvaje».

El embalsamador

Anubis es el embalsamador, «aquel a quien pertenece la venda utilizada en la momificación». Anubis nació de una relación ilegítima entre Osiris y su hermana Neftis. Temeroso de la ira de Set, la diosa oculta al bebé en unas marismas. Isis descubre la infidelidad de su esposo y sale a la búsqueda del hijo. Lo cría y lo convierte en su guardián y su compañero más fiel. Anubis ayuda a Isis a encontrar y a unir los trozos del cadáver de Osiris, al que Set ha matado. Con la ayuda de la diosa inventa la momificación para reconstruir el cuerpo despedazado y procede a su purificación para protegerlo de la corrupción. La diosa maga consigue devolverle la vida. Se dice que, en esta ocasión, Anubis inventa los ritos funerarios y el embalsamamiento para evitar que los cuerpos se vean afectados por la corrupción del aire. Anubis se encarga, asimismo, de hacer llegar a los muertos las ofrendas de quienes sobreviven. Los deseos grabados en las mastabas más antiguas se dirigen a él. Él los protege, los guía durante el largo viaje por el más allá y se asegura de que Amón, el «devorador de muertos», no se los coma. Recibe el nombre de «señor del país de la aurora», «el que abre caminos», «el señor del secreto». Así pues, este dios adquirió importancia en las funciones asociadas a la defunción y el embalsamamiento, y se convirtió en el dios universal de los funerales tras asimilar a las divinidades funerarias Sokaris, Upuaut, Jentamentiu, Ha y Amentit.

El dios chacal. Curiosamente, a Anubis se lo llama el dios chacal, pese a que este animal no existe en Egipto. En realidad, se trata del perro. Hay una anomalía más: Anubis suele ser representado con el pelaje negro, como el betún que servía para embalsamar a las momias, pero en Egipto existían pocos perros completamente negros. Los oficiales definieron la forma y la importancia de las manchas negras para entronizar a los animales sagrados. El pueblo, menos estricto, honraba directamente a todos los perros como si fuesen Anubis.

APERTURA DE LA BOCA DE UNA MOMIA. EL DIOS ANUBIS ESTÁ DE PIE TRAS ELLA
IMPERIO NUEVO; XIX DINASTÍA
Fresco de la tumba del intendente Roy en Tebas

El rito de la «apertura de la boca» de la momia se supone que da al difunto el uso de sus distintos órganos: palabra, oído, vista, movimiento, etc.

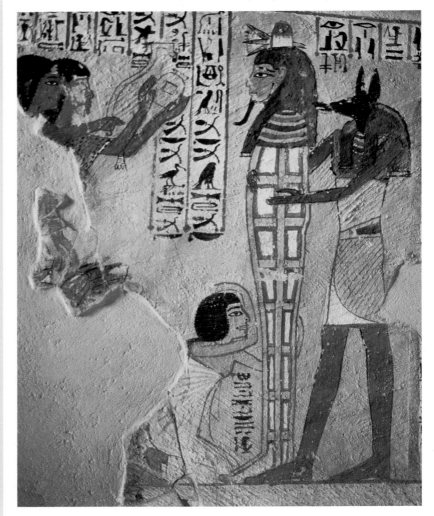

116

Por lo tanto, preside los funerales. Un sacerdote, el superior de los misterios (*hery-sesheta*), representa al dios. Calienta el corazón del difunto con sus dos manos y le restituye los sentidos por medio de su azuela mágica.

El juicio de los muertos

Cuando los reyes aparecen ante Osiris para ser juzgados, Anubis coloca su corazón sobre uno de los dos platillos de la balanza. En el otro platillo deposita una pluma que representa a Maat, la justicia. Si el corazón del difunto es más ligero que la pluma, está autorizado a continuar el viaje. El dios Thot da fe por escrito del resultado.

A Anubis también se le conoce por el nombre de Jenty-Imentiu —«jefe de los occidentales»—, en referencia a la creencia egipcia según la cual el reino de los muertos se encuentra al oeste, allí donde el sol se pone, y a la costumbre de construir los cementerios en la orilla izquierda del Nilo. En la época grecorromana, Anubis sigue guiando al difunto ante el tribunal de Osiris y sigue siendo el guardián de las puertas del más allá. Por ello, en ocasiones se le representa sosteniendo una llave en la mano. Esta llave está unida al collar que rodea su cuello cuando se le dibuja en forma de perro. A veces, los griegos lo asimilaron al dios Hermes bajo el nombre de Hermanubis.

ANUBIS, EN FORMA DE PERRO, RECIBE AL DIFUNTO
XX DINASTÍA; H. 1186-1069
Pintura mural de la tumba de Inherjau, Tebas

117

SARCÓFAGO
QUE CONTIENE LA
MOMIA DE UN PERRO,
UNA OFRENDA HECHA
AL DIOS ANUBIS
Período romano

Osiris, el resucitado

La vegetación

Un destino marcado por la traición y la muerte, y también por el amor excepcional de una mujer maga que lo busca por todo el mundo y le devuelve la vida.

Osiris es hijo de Nut y Geb, hermano de Isis, de Neftis y de Set. Reina sobre el más allá. Su muerte y su resurrección simbolizan la sucesión de las estaciones y permiten a los hombres esperar otra vida. También es el Sol en su fase nocturna, cuando se dirige hacia una nueva aparición, mientras Ra está en su fase diurna, en el momento en que resplandece de luz.

La conjura

Como dios de la vegetación, Osiris da los frutos de la tierra. Como dios dominante, enseña el respeto de los dioses y el uso de los ritos. Como dios soberano, aporta las leyes y las costumbres. Osiris viaja por el mundo, extiende la civilización por todas partes. Se le llama *Unennéfer*, es decir, «el ser perpetuamente bueno». Estos privilegios y su efecto beneficioso hacia la humanidad que le caracterizan le granjean el amor de todo el mundo. Set, su hermano, está resentido. Se siente celoso y reúne a su alrededor a setenta y dos cómplices para urdir una conjura.

La muerte del dios

Los miembros de la conjura idean una estratagema. Logran tomar las medidas exactas de Osiris y, a partir de sus dimensiones, preparan un cofre de maderas preciosas y decorado con gran suntuosidad: una pieza artística cuya utilidad al parecer no es otra que dar placer a la vista. A continuación, organizan un gran banquete. Cada uno de los comensales admira la pieza y alaba al creador de tal joya. Set, a quien Plutarco llama Tifón, preside y anima la fiesta. A modo de juego, promete regalar el cofre a aquel cuyo cuerpo lo ocupe por completo. Todos lo prueban alegremente. Pero solo hay uno cuya talla se corresponda con la del cofre. Cuando llega el turno de Osiris, todo el mundo finge sorpresa: el cofre está hecho para él, cabe entero y no deja ningún hueco. Los conjurados, como para comprobar mejor la exactitud de las medidas, se precipitan para colocar la tapa. Pero no se detienen ahí, sino que sellan y echan el cerrojo a lo que se ha convertido en un ataúd. Se lo llevan en procesión, lo bajan al río, lo sumergen en el agua, que lo arrastra hasta el mar.

La búsqueda de Isis

Isis está desconsolada por la desaparición de su esposo. Triste, pero decidida, quiere encontrarlo y sale a recorrer el mundo a la búsqueda de su cuerpo. Acaba por hallarlo en el puerto libanés de Biblos, donde había quedado aprisionado en un árbol. Después de mil aventuras, lo lleva de vuelta a Egipto y, rodeándolo de todas las atenciones, lo esconde con sumo cuidado.

Set, siempre tan vengativo, descubre las maniobras de Isis. Está preocupado, y no cesa de buscar hasta descubrir el escondrijo del cuerpo de Osiris. Entonces se apodera del

El reino de Osiris.
Al principio era un dios menor algo oscuro, el dios de los poderes de la tierra y de la vegetación. Pero por todos los lugares por donde pasó, Osiris se presenta como el rival del dios supremo de la ciudad. Así, reemplazó a Andjity en Busilis. Estando en pugna con Ra en Heliópolis, logró entrar en la gran enéada y se convirtió en hijo de Nut y de Geb. Más adelante fue asimilado a Sokaris, un poder ctónico. En Abydos ocupó el lugar de Jentamentiu. Por último, se le conoce y venera en todo Egipto.

Osiris
Fresco conservado en el Museo Británico

cadáver, lo despedaza y esparce los trozos por todo Egipto. Trece ciudades los reciben.

La resurrección

Isis no se desalienta por ello. Prosigue su búsqueda y, con la ayuda de Neftis, recupera uno a uno trece de los catorce pedazos del cuerpo de su esposo. Lo reconstruye, cura las heridas, lo unge con aceites y perfumes y lo embalsama de forma tan perfecta que Osiris casi recupera el aspecto de un ser vivo. Se dice que incluso recupera la vida gracias a Nut, Ra, Thot o Anubis. Lo cierto es que Isis, la maga, consigue hacer que engendre un hijo, Horus. Oculta ese hijo póstumo en las marismas del Delta y espera a que alcance la edad adulta, tome el puesto que le corresponde en el trono y la vengue de sus enemigos.

El mito de Osiris reviste una significación importante: es el garante de la supervivencia de los reyes y de la sucesión al trono; a partir de entonces, el rey difunto se llamará Osiris, y el rey reinante, Horus.

El culto

Habitualmente, a Osiris se lo representa tocado con el *atef*, la corona terminada en dos grandes plumas. Es una momia de color verde, que denota la fertilidad. Tiene los brazos cruzados sobre el pecho y sostiene los símbolos de su soberanía: el cetro del rey, el látigo del juez y el cayado de la larga vida. Isis y Neftis están a un lado y otro; agitan sus alas como para darle el aliento de la vida. Osiris ha asumido de forma paulatina todas las prerrogativas de los demás dioses de Egipto. Los ha suplantado, ha suspendido el culto al Sol y se ha convertido en un dios del cielo.

La ciudad de Abydos lo honra con unas fiestas grandiosas durante las cuales se representan los principales episodios de la vida de Osiris: su muerte, su enterramiento y la venganza infligida a sus enemigos. De forma paralela a estas manifestaciones públicas, se organizan unos festejos más íntimos en las salas interiores de los templos.

Los «Osiris vegetantes»

Estos «misterios» recuerdan al dios de la vegetación. Tienen lugar en el momento en que las aguas de la inundación se retiran de las riberas del Nilo y así dejan paso a los cultivos. Se elaboran estatuillas con arcilla mezclada con semillas. Al cabo de unos días, cuando la semilla germina, la estatuilla engorda, pero conserva la forma que se le había dado. Estos son los «Osiris vegetantes».

Los «Osiris vegetantes» son el símbolo de la renovación de la naturaleza en primavera. También son el símbolo del renacimiento de los hombres: todos los egipcios al morir se convierten en un nuevo Osiris; deben comparecer ante el tribunal del mundo subterráneo, presidido por el propio dios, y recibir una nueva vida. Así pues, Osiris es el dios funerario por excelencia.

El culto a Isis y a Osiris, muy orientado hacia la obtención de la salud, conoce una gran expansión por Oriente Medio; llega a alcanzar las orillas del Rin e incluso ciertas zonas de Inglaterra. En Roma, bajo el Imperio, en noviembre se celebraban las isia, grandes ceremonias en que se conmemoraba la muerte y la resurrección de Osiris. A menudo, el culto a Osiris fue asimilado al de Dioniso.

TRÍADA OSIRIANA: HORUS, OSIRIS E ISIS (ARRIBA)
XXII DINASTÍA; H. 929-748 A. C.
Colgante de oro macizo y lapislázuli de Osorkon II

EL DIFUNTO ES PRESENTADO ANTE OSIRIS PARA PESAR SU ALMA (ABAJO)
XXI DINASTÍA; H. 1070-850 A. C.
Papiro de Imenemsauf

Isis, la esposa de Osiris

La gran maga

Isis, la gran benefactora, pone sus poderes mágicos robados con ardides al dios supremo Ra, al servicio de la vida, la de todos los hombres, y en especial la de Osiris, asesinado cobardemente por su hermano.

Isis lleva un disco solar y cuernos de vaca. Es hija de Geb y de Nut, la esposa fiel y devota de Osiris, y madre solícita de Horus. Es madre, protectora del amor y señora del destino. Enseña a las mujeres a moler el grano y a hilar el lino. Reina con su esposo en Egipto y lo sustituye cuando él parte a la conquista del mundo. Su nombre, Isis, significa «el trono».

Obtiene su poder con un ardid: crea una serpiente que coloca en el camino de Ra. La serpiente le pica. Ella ofrece su ayuda al dios, atenazado por el dolor, con la condición de que le diga su nombre secreto. Sabe que con este nombre se apoderará de una parte del poder del dios. Viéndose cada vez más afectado por el veneno que penetra en sus venas, Ra se ve obligado a hablar, y a partir de ese momento Isis posee una parte del poder del dios.

La búsqueda de Isis

Isis emprende la búsqueda del cuerpo de su marido, que Set ha encerrado en un cofre. Lo encuentra en Biblos y lo esconde. Pero Set consigue el cuerpo, lo corta en catorce trozos que dispersa por Egipto. Isis logra reunir trece de ellos y hacerse fecundar. El hijo que nace es Horus.

Como maga, cura a su hijo, al que ha mordido una serpiente, y a partir de entonces se la invoca para aliviar las picaduras y las mordeduras de serpiente y de araña.

Isis representa la tierra fértil de Egipto. En primavera y en otoño se celebran grandes fiestas con importantes procesiones en su honor.

Sus fetiches son el nudo mágico Tat, llamado «nudo de Isis», y el sistro, que también es el emblema de Hator, con quien a menudo se la confunde.

El culto a Isis y a Osiris va más allá de Egipto y se extiende por toda la cuenca mediterránea.

Isis gozó del favor de los emperadores romanos a partir de Calígula. Este hizo construir un templo en su honor, y una sala de su palacio estaba dedicada a ambos dioses, es decir, a Isis y a Osiris. Antes de finales del siglo I su efigie aparecía en las monedas romanas.

ISIS ACOGE A ÍO EN EGIPTO
HACIA 36 D. C.
Fresco del templo de Isis en Pompeya

Ío, la amante de Zeus, es perseguida por Hera, la esposa engañada. Isis la acoge en Egipto.
Ío engendra a Épafo, hijo de Zeus. Épafo se convierte en rey de Egipto y funda la ciudad de Menfis.

La diosa universal. «Soy la madre de la naturaleza entera, señora de todos los elementos, origen y principio de los siglos, divinidad suprema, reina de los manes, primera entre los habitantes del cielo, los aires saludables del mar, los silencios desolados de los infiernos; soy yo quien lo gobierna todo según mi voluntad. [...] Como potencia única, el mundo entero me venera bajo numerosas formas, con ritos diversos, bajo múltiples nombres. Unos me llaman Juno; otros, Bellona...» (citado por Serge Sauneron, *Dictionnaire de la civilisation égyptienne*, Hazan).

120

Horus, el rey del cielo

El hijo de Isis

Horus debe luchar con firmeza contra Set, su tío, para recuperar el legado de su padre, Osiris. Así se convierte en el paladín de la luz contra las tinieblas y, finalmente, en el señor de todo Egipto.

Ante todo, Horus es considerado el hijo de Ra; es el esposo de Hator, el hermano de Set y el antepasado de los faraones. Horus tiene dos rostros: unas veces es Haroeris el Grande, y otras, Harpócrates el joven (un niño que se chupa el dedo). Es el dios con cabeza de halcón y reina sobre los espacios aéreos. Sus dos ojos son el Sol y la Luna. La palabra *hor* significa «halcón». Los egipcios asocian el cielo al halcón que ven planeando sobre sus cabezas, a gran altura. Así, el cielo es un halcón, y sus ojos son el Sol y la Luna. Horus es confundido con el cielo. Vela por la aplicación de las leyes y es «pastor de los pueblos»; lo vemos en el *Libro de los porches* como un pastor apoyado en un largo cayado.

La luz

Más adelante se convierte en hijo de Isis y Osiris. Osiris es asesinado por su hermano Set, el cual se hace con el poder. Isis logra hacerse fecundar por Osiris fallecido. De ella nace Horus, que se propone recuperar el legado de su padre y perseguir a su asesino. La leyenda habla de su infancia clandestina en las marismas del Delta para evitar el encuentro con su enemigo y de su posterior lucha abierta. El combate es duro y Horus pierde un ojo (la Luna), que Thot le devolverá, pero consigue castrar a Set. Para poner fin a esta guerra que parece interminable, los dioses hacen comparecer a los adversarios. Set defiende su causa tratando a Horus de bastardo. Horus defiende su legitimidad: asegura que es hijo de Osiris. Se concluye otorgando a Horus el Delta, y Set se mantiene como señor del alto Egipto. No obstante, Horus pronto es erigido en rey universal de la Tierra, mientras que Set pasa a ser tan solo el dios de los bárbaros. Horus representa la luz y Set las tinieblas (*Textos de las pirámides*, 1463 sq.). Horus se convierte entonces en Harsomtus («Horus que reúne los dos países») o en Hor-paneb-taui («Horus, el señor de las dos tierras»).

Un bajorrelieve fechado de la XII dinastía canta así la toma de poder de Horus sobre los dos Egiptos: «¡Venid lanzando gritos de alegría, dioses del país! ¡Venid con gran júbilo, hombres y pueblos! ¡Venid con cantos de alabanza, con el corazón alegre! Horus ha tomado posesión de su trono...; va a ocupar lo que yacía como un desierto; llevará la alegría a los corazones afligidos; salvará a todos los hombres... Es el rey y su vida dura eternamente».

HORUS REPRESENTADO CON LA DOBLE CORONA DE FARAÓN, LA DEL ALTO EGIPTO Y LA DEL BAJO EGIPTO
XIX DINASTÍA; H. 1290 A. C.
Relieve del templo de Seti I en Abydos

JAMJONSU DE RODILLAS DELANTE DE HORUS ENTRONIZADO, TOCADO CON EL PSENT, QUE PROTEGE A ISIS CON SUS ALAS DESPLEGADAS
I MILENIO A. C.
Bronce

Set, el mal

El hermano de Osiris

Set encarna el furor, la violencia, la tormenta, el crimen y la deshonestidad, que se oponen a la calma, la benevolencia, el amor, la fraternidad y la bondad, encarnados por Osiris y Horus.

Set (Plutarco lo llama Tifón) presenta afinidades con animales considerados abominables: el cerdo, el asno y el hipopótamo. El propio Set es representado como un ser extraño: cola tiesa y bífida, cuerpo largo y flaco, hocico afilado, grandes orejas erguidas y ojos globulares.

Set es la encarnación de las fuerzas que se oponen a Maat, la diosa del orden, el equilibrio y la justicia. Es tan brutal como ella bondadosa, tan feo como ella hermosa y tan odiado como ella amada.

Set y Apopis

Sin duda, el mundo necesita su fuerza brutal. Set «está en la proa del barco de Ra (el Sol)». Lucha contra el demonio Apopis, que le amenaza todas las mañanas y todas las noches. Cada día Set logra la victoria, e igualmente cada vez Apopis resucita para volver a empezar la lucha. De este conflicto permanente nacen el equilibrio de las fuerzas y la armonía universal. Pero el uso de la violencia reviste una gran ambigüedad. Con el tiempo, ambos enemigos tienden a identificarse el uno con el otro. Set se convierte en la personificación de las fuerzas hostiles y en el símbolo de la rebelión contra los hombres y contra los dioses.

Set encarna el desorden y la violencia. Se le llama violador, pederasta y fratricida. Se apodera de la voluntad de los hombres hasta hacerlos irresponsables y los hace adoptar sus propios rasgos de amenaza a la sociedad.

Es destructor, quema los cultivos o los arrasa por medio del granizo. Todas las catástrofes proceden de él. Es el dios enemigo y el dios de los enemigos. Se teme su fuerza, pero esta también suscita envidia: algunos intentan apoderarse de ella y hacerla cambiar de bando, y varios faraones no dudarán en tomar su nombre, como para negar su hostilidad.

Set y Osiris

Set es el hermano de Osiris y su opuesto. El universo solo funciona por su acción contrapuesta. Set mata a su hermano, que es resucitado por Isis, y más tarde se enfrenta a Horus, el hijo de su enemigo, y en la lucha es castrado y arranca un ojo a su adversario. La victoria es incierta, como lo es la victoria de la luz contra las tinieblas. Los egipcios pasan de sentir una mezcla de fascinación y temor hacia la violencia que representa Set a un rechazo del culto que se le rinde: empiezan a celebrar su castración; se destruyen sus efigies o, cortando sus orejas y colocándoles cuernos, las convierten en representaciones de Amón. Por último, se prohíbe rendirle culto en todas las ciudades.

El Tifón griego

Este ser monstruoso, tendiendo las manos, puede alcanzar oriente y occidente. Zeus lo aplasta y después lo lanza con fuerza sobre el monte Etna.

HORUS Y SET, LA UNIÓN DE DOS PAÍSES QUE FORMAN EGIPTO
XII DINASTÍA
Relieve

SET, EN LA PROA DE LA BARCA DEL SOL DE HORUS,
LUCHA CONTRA LA SERPIENTE APOPIS
XXI DINASTÍA; H. 1000 A. C.
Papiro; ilustración del *Libro de los muertos*

Neftis, la esterilidad

La esposa de Set

Neftis se opone a su esposo e intenta corregir sus acciones maléficas. Con Isis, su hermana, ofrece sus cuidados a los muertos, los protege y les permite pasar al más allá.

Neftis, la esposa de Set, el dios del mal y enemigo jurado de Osiris, también es hermana de Isis, la esposa de Osiris. Contra su propio marido, se pone de parte de Osiris. Cuando este es vencido, matado, troceado y dispersado por Egipto, Neftis ayuda a encontrar los pedazos de su cuerpo, a reconstruirlo y a resucitarlo. Participa en las lamentaciones fúnebres que su muerte exige y efectúa los actos rituales que provocarán el milagro.

La guardiana de la tumba

Neftis, figura muy próxima a Isis y Osiris, se dice que es la amante de este último; Isis, diosa de los encantos del amor, lo lamenta amargamente. La historia de Neftis se entrecruza con la de la célebre pareja, y su nombre siempre está asociado a los de ellos. Junto con Isis, Neftis es la guardiana de la tumba. Se las coloca una a la cabeza y otra a los pies del difunto. Se la llama «la dama del castillo». Al estar siempre asociada a otras diosas, parece que Neftis no recibe un culto particular. Se la adora en Kom Mir, en el alto Egipto.

Los cuatro dioses

Los cuatro dioses de esta leyenda —Osiris, Isis, Set y Neftis— tienen cada uno su función: Osiris es la fuerza de renovación, y tiene por esposa a Isis, la maternidad. Set es la fuerza de destrucción, y tiene por esposa a Neftis, la esterilidad.

Neftis lucha siempre contra las maniobras de su esposo Set. Este dios es, en ocasiones, invocado, pero siempre para proclamar maldiciones: «Yo te invoco, a ti que moras en el aire libre, a ti, el espantoso, el invisible, el todopoderoso, el dios de los dioses, el corruptor y el devastador, que odias la casa donde reina el orden. Cuando fuiste expulsado de Egipto te apodaron "el-que-lo-rompe-todo-y-nunca-ha-vencido". Te invoco, Tifón-Set; cumplo tu juramento, ya que invoco tu verdadero nombre, que no puedes negarte a escuchar: ¡Io-erbeth, Io-pakerbeth! Ven a mí, acércate y azota a este o a aquella con frío y fiebre, me ha hecho daño y ha derramado la sangre de Tifón... Es por ello por lo que hago esto» (Thompson, *Papiro demótico* anónimo).

ISIS Y NEFTIS
XIX DINASTÍA;
H. 1185-1182 A. C.
Fresco de la tumba
de la reina Tausret en Tebas

Bastet, la diosa gata

El ojo de Ra

Bastet, la diosa de la música y la alegría, señora del hogar y protectora de los nacimientos, encarna la feminidad: es dulce, serena y, llegado el caso, es combativa. A veces es una leona que se despierta frente a sus enemigos.

Se la considera como el ojo o la hija del Sol, pero también es la mujer de Ptah. Encarna una parte de la radiación solar. Tiene una doble misión: debe permanecer junto al astro para alimentarlo y regenerarlo todos los días, a la vez que debe difundir sus efectos beneficiosos en los confines del mundo para ahuyentar el caos de las tinieblas. Debido a la ambivalencia de su misión, su personalidad posee una doble faceta: es peligrosa y, a la vez, benévola.

Tiene cuerpo de mujer, pero al principio tenía cabeza de leona. Llevaba la cruz *ankh* en una mano y el cetro en la otra. Al cabo de un tiempo, se convierte en una mujer con cabeza de gata que lleva el instrumento musical llamado sistro o la égida, así como una pequeña cesta. Finalmente, conservando su aspecto felino, se convierte en una gata majestuosamente erguida y adornada con joyas, o en una madre amamantando a sus pequeños.

Así, puede adoptar el rostro temible de la leona que dormita en ella y a la que está asociada, o el de una diosa serena y benévola, que canta a la alegría. Bastet, la encarnación de la feminidad, también es la patrona del hogar, la diosa de la maternidad, la fertilidad y las múltiples virtudes femeninas.

El templo

Bastet tiene su principal templo en Bubastis, la actual Tell Basta, en el Delta, denominada en egipcio Per-Bastet, «la casa de Bastet». «En esta ciudad», dice Herodoto, «se encuentra un templo dedicado a la diosa Bastet que es digno de mención. Sin duda, otros son más imponentes y más ricos, pero ninguno procura a los ojos tanto placer... En el interior, un bosque de árboles gigantescos rodea un vasto santuario en el que se halla la estatua de la diosa. Un camino que sale del templo y conduce a una capilla dedicada a Thot está bordeado de árboles cuya copa alcanza el cielo».

Durante las inundaciones del Delta, se organizan ceremonias en su honor. Entonces, la estatua de la diosa es llevada con gran pompa y transportada en una chalana por el Nilo. Los fieles, una multitud de hombres y mujeres, se apiñan en desorden sobre numerosas embarcaciones. A ello siguen fiestas durante varios días. Durante los festejos populares los fieles bailan, cantan, tocan música y beben vino en cantidad. La ebriedad es una forma de aplacar a la diosa y evitar que se convierta en una leona destructora.

Se honra a Bastet encendiendo velas de color verde y siendo amable con los gatos. Como ofrenda, a la diosa se le entregan figurillas (de bronce o fayenza) o momias de gato.

BASTET CON CABEZA DE GATO
SIGLO VI-IV A. C.
Estatuilla de bronce

El gato es el animal de compañía predilecto de los egipcios, que admiran su habilidad en la caza. Se lo considera un animal sagrado. Se cree que es capaz de hablar a los dioses y de pronunciar su nombre en secreto. Muchas personas piensan que tienen a un gato como antepasado; las mujeres se maquillan para darse un «aire gatuno», alargando sus ojos con un trazo de kohl negro. A los hijos de Bastet se los consagra haciéndoles una incisión en el brazo, sobre la cual un sacerdote vierte unas gotas de sangre de gato.

El clero instauró la cría de gatos en los alrededores del templo de la diosa. Cuando los gatos alcanzaban la edad de unos diez meses, se los mataba y momificaba para venderlos a los peregrinos. En la necrópolis de Bubastis se han encontrado miles de momias de gatos.

Plegaria a Bastet. «Bastet, gata amada, señora de la felicidad y la generosidad, hija del dios Sol, destruye el mal que aflige nuestros espíritus mientras luchas contra la serpiente Apep con tu astucia legendaria, evítanos los movimientos de todas las crueldades perpetradas y retenlas protegiendo a tus hijos, los hijos de la luz. Danos la alegría de la canción y del baile, y nunca nos abandones en los lugares aislados por los que debemos andar.»

Bes, el bufón de los dioses

El protector

Bes es bajo, feo y deforme. Con su aspecto repelente y sus gesticulaciones grotescas, ahuyenta a los malos espíritus, las alimañas y los acontecimientos adversos. Es el protector de todo el mundo.

Bes es un dios enano, robusto y bestial. Tiene rostro ancho, ojos grandes, barba poblada y le cuelga la lengua. Su vientre es prominente y su piernas, cortas y arqueadas. Cubre su cabeza con plumas de avestruz y viste una piel de león o de pantera, cuya cola le cae entre las piernas. A diferencia de los demás dioses, Bes siempre es representado de cara y con un aspecto grotesco. Es el bufón de los dioses.

Este aspecto poco agradable lo convierte en un dios benéfico. Ahuyenta a los malos espíritus y los rechaza, ya sea con espadas y cuchillos, ya sea con muecas, bailes y extrañas melodías que toca con un instrumento musical —un tambor o una pandereta. Así protege de la mala suerte, de los seres malignos y de las entidades peligrosas que pueden amenazar la casa, las mujeres y los hijos. Bes protege a los humanos del mal y de los reptiles, los escorpiones y otros animales peligrosos.

Al inicio era el protector del hogar de la familia real, pero progresivamente encuentra su lugar en el seno de todas las familias egipcias, ayuda a los humanos a estar de humor alegre y distendido y asiste a la diosa Tueris cuando trae a su hijo al mundo. Ambos se convierten en los dioses protectores de las mujeres encintas y del alumbramiento. Se lo representa en todos los lugares donde las mujeres y los niños lo necesitan, así como en las paredes de las *mammisis* (casas de nacimiento de los templos), donde vela por los alumbramientos divinos. Se convierte en un protector universal cuyo aspecto heterogéneo refleja la multitud de las funciones divinas.

Preside el acicalamiento femenino, pues el mango de los espejos, los botes de afeites y los frascos de perfume tienen su imagen. Durante el sueño, Bes aleja a los espíritus maléficos, prohíbe a los genios malos que se aparezcan en sueños y aturde a los demonios que causan los problemas sexuales, lo que explica su presencia en la cabecera o a los pies de la cama y en los reposacabezas. Bes es, asimismo, el patrón de las bailarinas, que hacen tatuar su efigie en sus muslos.

El culto

Es muy apreciado en la religión popular, puesto que se hacen gran cantidad de amuletos con su efigie. Se le encuentra en forma de figurilla en los altares reservados al culto doméstico de las casas. Se conoce un único templo dedicado exclusivamente a su culto, en el oasis de Bahariya, pero muy a menudo está presente en los templos dedicados a otras divinidades. Así, en Abydos, en el templo funerario de Seti I, existe un espacio acondicionado en su honor y allí emite oráculos. En numerosos santuarios ejerce sus dones de curandero, e incluso, en unas estancias especiales de Saqqara, en compañía de una diosa desnuda, recibe a los peregrinos que desean verlo en sueños para recuperar la salud sexual.

BOTE DE KOHL EN FORMA DEL DIOS BES
HACIA 1400-1300 A. C
Fayenza

Bes es representado como un enano horrible, de pie, con las manos apoyadas en los muslos y sacando la lengua.

Mitología de Oriente

Mitología de Oriente

En Mesopotamia, entre los montes Zagros y las arenas de Arabia, discurren dos grandes ríos, el Tigris y el Éufrates, que delimitan la región pantanosa del golfo Pérsico, unas tierras bajas, saturadas de agua e inestables. Allí el agua es el elemento primordial. En el paralelismo entre el agua dulce (Apsu) y el agua salada (Tiamat), sus habitantes verán el origen del universo y de todos los seres, empezando por los dioses.

El Apsu, una especie de abismo que rodea la Tierra, es personificado y se convierte en el dios Apsu. Tiamat, el elemento femenino, representa el mar y las fuerzas oscuras y misteriosas del caos primitivo. De esta pareja nacen Lajmu y Lajamu, unas divinidades poco definidas. Son unas serpientes monstruosas. Luego, se suceden las generaciones. La pareja de serpientes da origen a Anshar, el principio masculino, y a Kishar, el principio femenino. Uno es el mundo celeste, y el otro, el mundo terrestre. Más tarde aparecen Enlil, Enki y Anu, y finalmente Marduk, el gran dios de Babilonia y el organizador del mundo.

Marduk debe luchar contra el caos, la confusión, el tumulto, la monstruosidad, la incoherencia y el desorden que era el universo antes de toda ordenación. El desorden primitivo es Tiamat, y Marduk, el dios joven, debe triunfar sobre Tiamat. Marduk, el dios de Babilonia, resiste así al empuje del limo sobre unos gruesos lechos de cañas. Eleva su santuario cada vez más arriba, hacia el cielo. Marduk domina y gobierna.

El mundo de los dioses

Al principio, los dioses no son más que fuerzas de la naturaleza. No hay diferencias entre ellas y ellos. El árbol es el dios del bosque; la roca, el dios de la montaña; el disco solar, el dios del Sol, al que más tarde se dará el nombre de Shamash; la luna creciente, el dios Luna, que posteriormente recibirá el nombre de Sin, etc. No se les atribuyó un sexo desde un primer momento. Así, Enlil es llamado «padre y madre que crea por sí mismo». Más tarde, los dioses se asimilan a animales: león, toro, águila, serpiente; Marduk es el «toro negro del abismo»; Enlil, «el buey corpulento»; Enki, «el carnero de Eridú». Finalmente, se les da forma humana.

Pero son de una humanidad superior. Con su barba poblada y larga melena, los dioses llevan moño y una gran tiara plana o cónica. Llevan el *kaunakes*, una capa hecha de lana, probablemente tejida en tiras dispuestas en capas, o bien un vestido largo de tela lisa.

Los dioses solo se diferencian de los hombres en la estatura, la fuerza y, sobre todo, la inmortalidad. Aparte de estas características, tienen miedo y se entusiasman, están tristes o alegres, anhelan y les gusta el sacrificio. Aspiran los olores agradables, se pasan el tiempo de fiesta en fiesta, se embriagan y lloran.

Tienen esposas, hijos y familias; viven en palacios situados en el cielo o en los infiernos; se rodean de cortesanos, sirvientes y soldados.

Todos los años se reúnen en la fiesta del Zagmuk, en una sala llamada la Upsukina, para determinar los destinos. Se encuentran en una sociedad muy jerarquizada.

Al principio, todos los dioses se llaman Anunnaki. Más adelante se crean categorías:

los dioses de la Tierra y de los infiernos siguen siendo Anunnaki, y los del cielo adoptan el nombre de Igigi. Hay una jerarquía divina, pero a menudo se ve modificada. La dignidad de los dioses depende prácticamente de la importancia de la ciudad en la que son especialmente venerados.

Los demonios

El cometido de los dioses es hacer funcionar la enorme maquinaria del cosmos, para su único provecho, por cierto. No se trata en absoluto de preocuparse por las pequeñas miserias humanas. Así, imaginamos a seres de una menor importancia, pero siempre superiores a sus víctimas en capacidad y poder, y que, por capricho, provocan todas las desgracias capaces de envenenar la existencia del hombre. Son los demonios. Se les llama Utukku, Gallu, Alu, Asakku, etc. A ellos se han

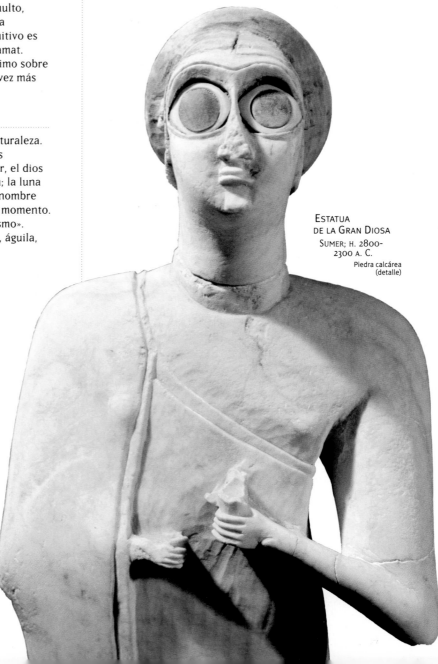

Estatua
de la Gran Diosa
Sumer; h. 2800-
2300 a. C.
Piedra calcárea
(detalle)

Medio

añadido, además, los fantasmas de ciertos difuntos. Se ignora cómo y por qué viven, cómo y por qué hacen sus malas jugadas. Pero se imagina que son ellos quienes queman el cuerpo humano con la fiebre, se alojan en él, dañan los diversos órganos del cuerpo con enfermedades, introducen en los corazones la depresión y la angustia, y en la vida, la miseria y todos los infortunios, «arrancando la esposa de los brazos del esposo, al hijo de las rodillas de su padre y al bebé del seno de su madre». Para librarse de ellos se ha ideado una táctica, una especie de terapéutica supuestamente inventada por el dios Enki: movimientos rituales, hechizos o conjuros. Así, un sueño desagradable es contrarrestado repitiendo muchas veces al despertar esta fórmula: «Es bueno, es muy bueno»; el mal destino puede transferirse a figurillas que, acto seguido, se destruirán, y la desgracia prometida puede eludirse visitando a una prostituta durante su menstruación, mediante el contacto con el seno: la leche benéfica siempre contrarresta la sangre maléfica. Todos estos movimientos y fórmulas son, en principio, conjuros dirigidos a los demonios: «¡Oh, maligno Utukku, el Señor [Enki] me ha designado [para cazarte]! [...] ¡Seas conjurado por el cielo! ¡Seas conjurado por la Tierra! [...]¡Oh, mal Utukku, que frecuentas el desierto! Malvado "Mal destino" que te apoderas [de los hombres]! ¡Malvada "Lengua" [del hechicero] que te instalas en el hombre! ¡Que te rompas como este jarro! ¡Que te aplastes como estos tiestos! ¡Vuelve a tu desierto!».
Estos ceremoniales, que al principio se hacían para librarse de los fantasmas de los difuntos y de los demonios maléficos, con el paso del tiempo se convierten de forma gradual en plegarias dirigidas al dios: «¡Oh, Shamash, juez del cielo y de la Tierra, señor del derecho y de la equidad, administrador de las regiones del más allá y de este mundo! ¡Oh, Shamash, en tu poder está el dar la vida al [condenado a] muerte, librar al prisionero! ¡Oh, Shamash, me he vuelto hacia ti! ¡Oh, Shamash, te he buscado! ¡Oh, Shamash, he venido hacia ti! Aparta de mí la desgracia..., que no me alcance! ¡Ahuyenta esa desgracia lejos de mí, de modo que día tras día yo te bendiga, y que aquellos que me vean [liberado] te ensalcen para siempre!».
Así, pese a todo, la vida siempre vuelve a los dioses, que son los liberadores de las desgracias de los hombres y del cambio del mal destino al buen destino.

Los dioses

Cada país posee su dios. Así, hay tres mundos y tres dioses. Mitra es el más conocido y el que ha tenido un mayor número de fieles durante más tiempo. A continuación viene Ahura Mazda, el dios único de Persia, y por último está Baal, el dios de los cananeos. Los dioses de Mesopotamia han tenido una larga historia. Son Tiamat, Anu y Kumarbi. Los dioses poderosos tienen una influencia importante en el mundo, para bien o para mal. También están los dioses de la naturaleza: el Sol y la Luna. Por último, toda la mitología mesopotámica está ilustrada en la *Búsqueda de la inmortalidad*, de Gilgamesh.

Los dioses de Oriente Medio

Nombre (paredro)	Función	Lugar de culto
Ahura Mazda	dios supremo	Herat (Irán)
An		Uruk
Anahita	la fertilidad	Herat (Irán)
Angra Mainyu	las tinieblas	Herat (Irán)
Anu (Antum)	padre de los dioses	Sumer
Aramazd (Anahita)	la creación	Urartu (Armenia)
Astarté	la guerra y el amor	Tiro
Baal (Anat)	la tormenta	Ugarit
Dumuzi (Inanna)	la vegetación	Uruk
Ea	la sabiduría	Acad
Enki (Ningursag)	la sabiduría	Eridú
Enlil (Ninlil)	padre de los dioses	Nippur
Erra	la muerte	
Hadad	la tormenta	Assur
Inanna (Dumuzi)	la guerra, el amor	Uruk
Ishtar (Tammuz)	la guerra, el amor	Assur
Kumarbi	la guerra	Hurri
Marduk (Sarpanitu)		Babilonia
Mitra	la soberanía	Herat (Afganistán)
Mot	la guerra y la esterilidad	Ugarit
Nergal (Ereshkigal)	los infiernos	Babilonia
Ninurta (Gula)	la guerra y el artesanado	Sumer
Shamash (Aya)	el Sol	Babilonia, Assur
Sin	la Luna	Babilonia, Assur
Tammuz (Ishtar)	la vegetación	Acad
Tesub (Hebat)	la tormenta	Hurri
Tiamat (Apsu)	el mar	Acad
Vahagn (Astlik)	la guerra	Urartu

ESCENA DE CULTO RENDIDO A LA DIOSA MADRE, QUE TIENE EN SUS RODILLAS AL DIOS NIÑO
HACIA 2300 A. C.
Sello cilíndrico

129

Mitra, el indoeuropeo

El universal

Como dios soberano, Mitra tiene la misión de recompensar y repartir favores. Procede muy probablemente de la India, y dio origen a una religión muy importante en el conjunto del Imperio romano.

Junto con Varuna, Mitra tiene la soberanía. Al primero le corresponde la serenidad, mientras que al segundo se asocia la coerción y la violencia. Mitra personifica la amistad, la benevolencia, la no hostilidad; vela por los contratos y los acuerdos, y abre las puertas al compromiso. A él se debe la concordia en el mundo. De Varuna emana la acción violenta y brutal; de Mitra, la benignidad y los medios de la naturaleza; el castigo es propio de Varuna, la reflexión, de Mitra; Varuna es *daksa* (fuerza que actúa), Mitra es *kratu* (fuerza que libera); Varuna es lo celeste, lo invisible, lo misterioso; Mitra es lo terrestre, lo visible, lo familiar; Varuna es el más tenebroso, y Mitra, el más luminoso.

Su retrato

Mitra es un joven hermoso. No ha nacido de una madre mortal, sino que ha surgido de una piedra en una gran caverna, para gran sorpresa de los pastores presentes en el lugar. Libera a la Tierra de muchos animales malignos, y lucha contra un toro cuya sangre vertida sobre el suelo hace germinar unas magníficas mieses.
En el Avesta, Mitra está estrechamente asociado al Sol. Se levanta antes que este y sube a su carro tirado por corceles blancos. Es el dios de las mil orejas y los diez mil ojos; con su mirada abarca el universo y nada se le escapa. Como dios luchador, lo vemos encabezando ejércitos, equipado con una larga lanza y flechas rápidas, o también como juez de los infiernos. También se le representa resucitando a los muertos al final de los tiempos.
Sus enemigos son *mitrodruj*: «Tú quitas la fuerza de sus brazos», dice el Avesta, «la agilidad de sus pies, la vista de sus ojos, el oído de sus orejas».

El *mitreum* es un lugar de culto a Mitra. Los *mitrea* se componen de una especie de sala de reunión lo bastante grande para que los participantes quepan tendidos. El *mitreum* es un lugar de comunión entre los hombres y Mitra. Normalmente está construido dentro de las cuevas (Epidauro, en Dalmacia, o Kreta, en Bulgaria). La sala está en un nivel inferior a la puerta de entrada. Tiene el techo en forma de bóveda, pintada como el firmamento. A veces hay oquedades abiertas en ella, siete en total, que simbolizan los planetas. Delante del retrato de Mitra hay un altar. La mayor parte de las criptas son de dimensiones modestas, como la Casa de Diana, en Ostia (5 m), o la de Sarrebourg, en Francia (6,2 m); la mayor es la del Mitraeum III de Carnuntum (Viena), con sus 23 m de largo. En total, los grupos de fieles no debían superar de media la cifra de veinte, y les unía un vínculo muy fuerte.

MITRA MATANDO AL TORO
ARTE ROMANO; SIGLO II D. C.
Escultura en mármol

Mitra domina al toro montando sobre él y asiéndolo por el hocico.
Es un sacrificio recreador.

130

En cambio, a los amigos verdaderos «haces crecer sus casas, les das bellas mujeres y buenos carros».

Los misterios de Mitra

Mitra se presenta como tauróctono (matador del toro). Es el invencible. Se le muestra dominando a un toro, asiéndolo por los orificios nasales y hundiéndole una espada en el cuerpo. Un perro y una serpiente beben la sangre que mana de la herida, mientras que un escorpión pica los testículos del animal. «Del cuerpo de la víctima moribunda nacen todas las hierbas y las plantas medicinales. De su médula espinal germina el trigo que da el pan, y de su sangre, la viña, que produce la bebida sagrada de los misterios» (F. Cumont).

El mitraísmo es una religión de la salud. Mitra no muere; algunas imágenes lo muestran detrás del carro del Sol. Se eleva hacia el cielo para cumplir el juicio final y la resurrección de los cuerpos.

El mitraísmo es una religión de pequeños grupos. Los fieles se reúnen en cuevas o en edificios en forma de cueva. Allí celebran un culto que consiste en una comida en recuerdo del banquete que tomaron Mitra y el Sol después de la creación del mundo y, en ocasiones, incluye el sacrificio de un toro. El mitraísmo es una religión iniciática en la que se establecen siete etapas por las que pasan los fieles: el cuervo, el grifo, el soldado, el león, el persa, el mensajero y el padre. A estos distintos niveles corresponden unas pruebas de un carácter sumamente ascético: una de ellas es un bautismo con sangre de toro. También hay bautismos de agua y numerosas unciones con aceite y miel. A cada nivel corresponden, asimismo, ciertas máscaras, insignias y funciones, como servir la bebida o quemar incienso.

El mitraísmo tuvo un enorme éxito bajo el Imperio romano. Lo introdujeron los soldados, y llegó hasta las más altas esferas de la sociedad. El propio emperador Cómodo se inició en la religión. La religión de Mitra fue floreciente hasta el siglo v, y se extendió desde Roma hasta el norte de Inglaterra, las orillas del Rin y del Danubio, y Siria y Egipto.

BANQUETE DE MITRA CON EL SOL

ARTE ROMANO; SIGLO II O III D. C.

Bajorrelieve

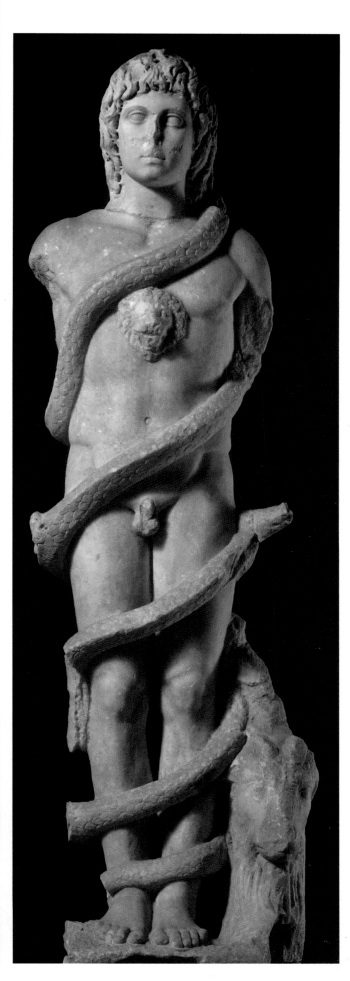

SATURNO
MITRAICO

ARTE ROMANO;
H. 150 D. C.

Escultura

131

Mitra fue asimilado a Saturno. Aquí vemos a Saturno atado con ínfulas para impedirle que abandone la tierra romana.

Ahura Mazda, el creador de Persia

El señor sabio

Ahura Mazda, Ohrmazd en pelvi, o incluso Ormazd en persa, se ha convertido en el dios supremo en el mazdeísmo, el único Ahura. Es el padre de la luz y de las tinieblas.

Tiene la forma del Sol y nueve esposas. Vive en la región de la luz, y el cielo es su vestimenta. Mantiene una corte real que lo acompaña en todo momento: a su derecha está Vohu Manah, el buen pensamiento; Asha, el orden excelente, y Ksatra, el poder deseable. A su izquierda, Armaiti, la santa devoción; Haurvatat, la salud, y Ameretat, la inmortalidad. La obediencia está delante de él.

Zaratustra

Es conocido y venerado sobre todo después de la llegada de Zaratustra. Este es el revelador de Ahura Mazda, como Mahoma lo será de Alá. El profeta deja la casa paterna a los veinte años. Se va para buscar al hombre «más ávido de rectitud y más entregado a alimentar a los pobres». Permanece siete años en el silencio de una cueva en el monte. A los treinta, recibe una visita de los arcángeles, cae en éxtasis y ve cómo se le aparece Ahura Mazda. «Soy yo el procreador», le dice Ahura Mazda, «soy el padre que cultiva la buena justicia. Soy yo quien ha creado, ¡oh Zaratustra!, el camino del Sol y de las estrellas; sé como crece y decrece la Luna» (*Denkart*, 8, 2). Entonces el profeta conoce lo que debe saber y empieza a recorrer el mundo para difundir el conocimiento del dios supremo y librar el combate contra Angra Mainyu, el maligno.

Dios y los dioses

Al comienzo, Ahura Mazda era un dios entre otros dioses. Estaban Mitra, Anahita, Vayu, Verethraghna, Varuna, etc. Tras la llegada de Zaratustra, queda solo él, situado por encima de todos, que se someten a él.

Ahura Mazda se manifiesta de muchas maneras: hace crecer las plantas, permite que el fuego caliente, que el agua quite la sed, que los alimentos sacien, que las enfermedades se curen, que los animales se reproduzcan, que los ejércitos logren la victoria, etc. Antiguamente se creía que detrás de cada una de estas acciones estaba presente un dios. Zaratustra afirma que siempre es Ahura Mazda el que actúa. Aquellos que se creía que eran dioses no son más que seres creados por él y que solo actúan bajo sus órdenes y su responsabilidad. Son los *Amesha Spenta*, unos genios benéficos, unos *yazatas*, «dignos de ser adorados».

Ahura Mazda es eterno. Ha creado a las demás criaturas vivientes «al comienzo». Ha creado el mundo con el pensamiento (*Yasna*, XXXI, 7, 11).

El Dios supremo

«¿Quién ha fijado la Tierra abajo y el cielo con las nubes, para que no se caiga? ¿Quién ha fijado las aguas y las plantas? [...] ¿Quién es, oh Sabio, el creador del buen pensamiento? [...] Me esfuerzo, pues, para reconocer en ti, ¡oh sabio!, en calidad de espíritu santo, el creador de todas las cosas» (*Yasna*, XLIV, 3-7).

Angra Mainyu, el demonio persa. No puede haber calor sin frío, lo seco sin lo húmedo, blanco sin negro. Los dos opuestos y complementarios son proyecciones de la omnipotencia de Ahura Mazda, el Señor Sabio; uno se personifica en Spenta Manyu, que elige el Arta, la buena armonía, la realidad verdadera de las cosas, la verdad, y se confunde con el propio Ahura Mazda; el otro se personifica en Angra Mainyu, que elige la Druj, el engaño, y se convierte en el destructor.

Angra Mainyu, también llamado Arhiman, es el espíritu vanidoso; se identifica con la muerte, la mugre y la corrupción. Inspira repugnancia. En señal de desdén, muchos textos escriben su nombre al revés, con calificativos sórdidos. Se llega a decir que no existe y que no existirá nunca. Las formas que adopta —el lagarto, la serpiente y la mosca— solo las tiene prestadas por un tiempo, pero desaparecerán. El mal es lo contrario del ser.

Angra Mainyu, que al principio era un igual de Ahura Mazda, el señor sabio, poco a poco acaba por desaparecer por completo. Un catecismo mazdeísta de 1910 ni siquiera menciona su nombre.

LEONES CON CABEZA DE HOMBRE ENFRENTÁNDOSE BAJO EL DISCO ALADO DE AHURA MAZDA
ÉPOCA AQUEMÉNIDA; H. 500 A. C.
Cerámica esmaltada

El orden del mundo

El señor ha instaurado un orden perfecto (*arta*), y todas las criaturas tienen derecho a una vida próspera en la Tierra y, después de su muerte, a un paraíso de luz. Pero para conseguir estas ventajas, hay que ser justo (*artavan*) y fiel a la buena religión, es decir, ser partidario del santo, Spenta Manyu, en la lucha que libra contra el maligno, Angra Mainyu. Según el mito de la creación, al principio el Sol está detenido en su cenit y la Tierra es perfectamente lisa y apacible. Pero el Maligno trastorna de tal modo el universo que el Sol se vuelve inestable y empieza a girar. Entonces se originan los días y las noches, se producen terremotos y maremotos, los mares se hunden y las montañas se elevan. El hombre era inmortal y no tenía necesidades, pero se le deja toda libertad para seguir su buena naturaleza o entregarse al mal.

El santo, el espíritu benefactor, y el maligno, espíritu destructor, son gemelos. Uno ha elegido el bien y la vida; el otro, el mal y la muerte (*Yasna*, XXX). Es la elección que ha realizado el maligno, y Ahura Mazda no es responsable de ella. Por otra parte, hay una unidad profunda entre el señor y Spenta Manyu (*Yasna*, XLIII, 3). Ahura Mazda ha dejado libre elección entre ambos, al igual que ha dado libre elección a todos los hombres que pueblan la Tierra.

INVESTIDURA DE ARDACHIR I (ARRIBA)
HACIA 224 A. C.
Relieve rupestre cerca de Persépolis

Ardachir I se convierte en el primer rey sasánida tras su victoria sobre los partos.
Ahura Mazda entrega al rey el anillo de su poder.

SELLO DE DARÍO I.
REPRESENTA
AL REY Y AL DIOS
AHURA MAZDA (ABAJO)
SIGLOS VI-V D. C.
Sello cilíndrico

EL DISCO ALADO DE AHURA MAZDA
HACIA 500 A. C.
Cerámica esmaltada

El juicio final

Pero al morir, el hombre es sometido a un juicio. Su alma, llamada Fravarti, ha sido creada inmortal. Abandona el cuerpo al cabo de tres días. Llega al puente Chinvad (puente del apilador), donde encuentra su religión (la *daena*). Si es justo, tendrá los rasgos «de una muchacha bella, brillante, de brazos blancos, fuerte, bien formada, esbelta, de cuerpo glorioso, noble, de raza rica, que aparentará unos quince años de edad, y tan bonita como la más bonita de las criaturas». Si es impío, tendrá los rasgos «de una chica horrible, sucia y malévola». La primera hace cruzar el alma del justo y la acompaña hasta el paraíso de Ahura Mazda. La segunda rechaza el alma pecadora y la deja en las tinieblas. Pero en el curso de la renovación final de la creación entera, solo sobrevivirá en una forma espiritual. Ahura Mazda tendrá piedad de los malvados, ordenará hacer cesar su suplicio, les concederá su perdón y los sacará del infierno. Angra Mainyu será aniquilado, no le quedará ningún arma y su tiempo habrá terminado.

134

Ahura Mazda y su comitiva. Ahura Mazda está rodeado por un consejo de seis ministros, los Amchaspends, abstracciones sin ninguna realidad: Vohu-Mano, el buen pensamiento; Acha-Vahichta, la mejor virtud; Khchathra-vairya, el imperio deseado; Spenta-Armaïti, el abandono generoso; Haurvatat, la salud, y Ameretat, la inmortalidad. Cada uno de ellos es el protector de diversos seres, por este orden: los animales útiles, el fuego, los metales, la tierra, las aguas y las plantas. Algunos meses del calendario, ciertos días de la semana y ciertas flores les están especialmente dedicados.

GUERRERO DOMINANDO A DOS LEONES,
BAJO EL DISCO DE AHURA MAZDA Y FLANQUEADO POR ARQUEROS
HACIA 400 A. C.
Sello cilíndrico

Anahita, la diosa persa

La inmaculada

Es la diosa de la aurora y la fecundidad. Fue asimilada a la india Sarasvati y a las babilonias Ishtar o Inanna, y a veces incluso a las griegas Afrodita, Diana o Minerva.

En el mazdeísmo, las divinidades femeninas ocupan poco espacio; sin duda, Anahita es la única verdadera diosa iraní. Se la denomina Ardva Sura Anahita, que significa «la alta, la poderosa, la inmaculada».

El retrato que hace de ella el Avesta es el de una muchacha de senos orondos: «Lleva el cinturón alto para dar a su pecho más plenitud y encanto». Va muy adornada, está coronada de estrellas, lleva pieles de nutria, brocados y joyas y calza sandalias de oro (*Yasna*, V).

La diosa de la fecundidad

Al principio era la diosa de las aguas de río, y más tarde, de todos los líquidos purificadores y fecundadores: los ríos, los lagos, el mar, y también el esperma, las secreciones vaginales y la leche. Según Georges Dumezil, «es el gran río mítico, fuente común de la que manan continuamente todas las aguas y ríos de la Tierra» (*Mito y epopeya*, I). Es «la santa que hace crecer la energía, multiplicarse los rebaños y aumentar la riqueza; la santa que hace fructificar la tierra».

También es purificadora: purifica el esperma de los hombres y las matrices de las mujeres. Da fuerza a los guerreros y valor a los héroes.

Con la reforma de Zaratustra, se convierte en un genio de la prosperidad y colabora en la obra de creación, luchando por la justicia e iniciando a los hombres en los ritos religiosos. El culto a Anahita, a menudo asociado al culto a Mitra, se desarrolló extensamente en todo Oriente Medio, hasta Turquía. Pero como Anahita reviste todos los nombres de las diosas del amor, es difícil distinguir su culto del de Afrodita, Astarté, Ishtar, etc.

En muchas regiones de Oriente Medio se han encontrado numerosas estatuillas de diferentes tamaños y distintos materiales que representan a diosas de la mitología oriental. Ahora bien, cuando no muestran indicaciones precisas, no se puede determinar de qué diosa se trata.

El templo de Bichabur, en Irán. En el templo de Bichabur, el culto a Anahita está asociado al culto al fuego. El templo posee unas paredes de 14 m de altura hechas de grandes bloques aparejados con piezas de hierro en forma de colas de milano. La sala tiene también 14 m de lado, y posee cuatro puertas rodeadas por cuatro pasillos, los cuales están dotados de un sistema de pequeños canales de conducción de agua. Una larga escalera permite bajar a ella hasta la llegada del agua.

Anat, hermana y esposa de Baal. «Anat llega a su mansión, la diosa va a su palacio, pero no tiene bastante con haber masacrado el valle, con haber luchado entre dos fortalezas. Dispone sillas para los valerosos, dispone mesas para los guerreros, y gradas para los valientes. En masa, los masacra. Anat contempla la batalla, y se alegra.» (A. Caquot, M. Sznycer y A. Herdner, *Textes ougaritiques*, t. I: *Mythes et Légendes*, París, 1974)

INVESTIDURA DE NARSÉS, REY SASÁNIDA, POR LA DIOSA ANAHITA, EN PRESENCIA DE ALTOS DIGNATARIOS
FINALES DEL SIGLO III-PRINCIPIOS DEL SIGLO IV D. C.
Bajorrelieve

Baal, el cananeo

El luchador

Baal, Bel o también Belos conquista en reñida lucha su palacio, su dominio y sus poderes de dios de la fertilidad y la fecundidad. En numerosas civilizaciones es el dios supremo.

Baal es un joven o un «becerro de finos cuernos», un combatiente enérgico. Es el rey de los dioses, ha conquistado esta dignidad atacando a El, el dios supremo, en el monte Sapan. Es el «príncipe-señor de la Tierra». Anat, su hermana, y tal vez su amante, es inseparable de él: es una diosa sanguinaria, siempre dispuesta a masacrar. Así como Baal, el dios de la tormenta, esparce la lluvia vivificante, Anat siembra el rocío y hace manar las fuentes de la tierra alimenticia. La sangre que tanto le gusta es un fermento de fertilidad. Ambos dioses son responsables de la prosperidad universal de las personas y los animales.

Los combates de Baal

Baal debe luchar para lograr la soberanía. Yam, el dios del mar, es su enemigo. Comienzan a increparse e insultarse con gran profusión, y acto seguido llegan a las manos. Kotar, o Koshar-wa-Hasis («diestro y hábil»), el dios de las artes y las técnicas, ha fabricado dos mazas para Baal. La segunda es la que acaba con Yam. Esta victoria sobre el dios del mar da a los marinos el valor necesario para adentrarse en las aguas. Ahora, Baal necesita un palacio como los de los demás dioses, y para ello precisa la autorización de El. Así pues, pide a Kotar que le confeccione unos regalos que entregará a Athirat, la esposa del dios, para ganarse su benevolencia. Así, la convence de que intervenga a su favor. El palacio cubre 4 000 hectáreas y es edificado por el propio Kotar; a partir del día de la inauguración, Anat ejerce en él su talento de asesina.

El dios de la fertilidad

Un último combate le enfrenta a Mot, el dios de la guerra y la esterilidad. Del resultado de esta lucha depende un ciclo de siete años, ya sea de fertilidad, ya sea de sequía. Así, el éxito de Baal se traduce en una abundancia de cosechas y en la fecundidad, tanto entre los humanos como entre los animales. El dios El se encarga de mantener el equilibrio entre los dos contendientes, y todos los años Baal se entrega voluntariamente a la muerte. Cae de su palacio celeste y vuelve a bajar a la Tierra; regresa al cielo, llevado por la

BAAL
HACIA 1300 A. C.
Estatuilla de bronce y oro

Adad, dios de la tormenta. Adad, Addú, o Hadad es el que destruye o hace crecer las plantas. Hadad es hijo de Anu y dios de la tormenta; tiene por símbolo el rayo. A menudo se lo compara con un toro salvaje, y en astrología se asimila a la constelación del Cuervo.

Se le invoca en las maldiciones para conjurarlo a fin de que haga descargar diluvios sobre las tierras de los malvados o de los enemigos. Pero también origina la fertilidad agrícola. Su culto se extendió por todo Oriente Medio; se le confunde con Baal, el sirio, y Tesub, el hurrita.

A LA IZQUIERDA, BAAL BLANDIENDO
UNA MAZA.
SOSTIENE UNA DOBLE HACHA
Y LLEVA UN TORO ATADO
HACIA 1800 A. C.
Sello cilíndrico; serpentina

diosa solar Shapash y por Anat, la diosa de los manantiales. La muerte y el renacer de la vida vegetal están, pues, asociados a Baal (A. Caquot, Sznycer y A. Herdner, *Textes ougaritiques*, t. I: *Mythes et Légendes*, París, 1974).

Baal tiene altares de culto prácticamente por todo el Próximo Oriente antiguo, hasta Egipto y Jerusalén, donde los fieles «llenaban el templo [de Baal] de una pared hasta la otra» (el *Libro de los Reyes*, X, 21).

BAAL O HADAD MONTADO EN UN TORO
SIGLO VIII A. C.
Bloque acondicionado como estela

BAAL CON EL RAYO
II MILENIO A. C.
Estela de Ras Shamra
(Ugarit)

137

Tiamat, el caos

El mar original

Tiamat, una divinidad primordial, representa el agua salada frente a Apsu, que simboliza el agua dulce. Esta pareja de dioses engendra a todas las demás divinidades y a la creación entera.

Tiamat es el mar. De él hereda sus aspectos caprichosos: unas veces está calmada y otras encolerizada. Es la naturaleza primordial e indiferenciada que posee en ella toda la fuerza y la potencia de lo salvaje. Se dice que tiene cuatro ojos y cuatro orejas para explicar que es de una naturaleza superior a todos los demás dioses. El fantasma de Tiamat se asemeja a un camello, pero sin cascos ni cola. Tiamat es un monstruo, un *kubu*, es decir, un feto, pero un feto de dimensiones cósmicas, puesto que es el embrión del mundo. Tiene por esposo a Apsu, las aguas dulces sobre las que descansa el mundo. «Cuando el cielo en lo alto no era nombrado, y abajo la Tierra no tenía nombre, cuando el primordial Apsu, del que nacerán los dioses, y la genitora Tiamat, que dará a luz a todos ellos, se mezclaban en un solo todo, sus aguas, [...] ni los bancos de cañas se habían aglomerado, ni los cañaverales eran discernibles. Cuando de los dioses ninguno había aparecido, cuando no eran llamados por

Un objeto de culto. La lucha de los dioses antiguos contra los dioses jóvenes es esencial para la construcción del mundo. Por ello, con frecuencia es representada en los actos religiosos. En Babilonia, el Año Nuevo es el momento más solemne de la vida religiosa, porque se lee en público el *Poema de la creación*, un relato de la derrota de Tiamat y, por lo tanto, de la victoria del Sol sobre las fuerzas de la muerte y del caos que representaba la diosa. Esta manifestación tiene una gran importancia, dado que para los mesopotámicos ese relato expresa una realidad concreta del momento, porque según ellos, decir es generar la realidad.

TIAMAT, LA DIOSA DEL AGUA SALADA CON DOS HÉROES
200 AÑOS A. C.
Sello cilíndrico, jaspe

nombres, ni estaban dotados de un destino, en Apsu-Tiamat surgieron dioses» (*Enuma Elish*, tablilla I, II). De Tiamat y de Apsu nacen, pues, los primeros grandes dioses: Lajmu y Lajamu, más adelante Anshar y Kishar, y finalmente Anu y los demás. Cada generación supera a la precedente en juicio y vigor.

Pero los dioses jóvenes y llenos de energía hacen ruido. Apsu, que no puede dormir, se irrita: «Insoportable me resulta su conducta. De día no puedo descansar, y de noche no puedo dormir. Deseo aniquilarlos para poner fin a sus intrigas y que reine el silencio» (*Enuma Elish*, tablilla I, 37-39).

Tiamat tiene más paciencia. No quiere destruir a aquellos a quienes ha dado vida. Pero las palabras de Apsu llegan a oídos de los dioses jóvenes y Ea, uno de ellos, sorprende a Apsu, «le arrebata su brillantez» y le da muerte. Entonces engendra a Marduk, el dios más capaz y más sabio.

La guerra contra los dioses jóvenes

Entonces, Tiamat, empujada por los dioses antiguos, cambia de actitud y se enfada: «Hagamos monstruos», dice, y crea animales feroces, serpientes monstruosas con mandíbulas despiadadas, dragones furiosos cargados de brillo sobrenatural, perros rabiosos. Tiamat iguala a estos animales con los dioses. Cría a Kingu, lo pone en cabeza de la tropa, lo hace su esposo y le otorga así la dignidad suprema; le entrega además la tablilla de los destinos.

Los dioses jóvenes buscan a un valeroso que se enfrente a Tiamat. Marduk es investido por la asamblea de los dioses y recibe la autoridad suprema. Armado con los cuatro vientos principales que determinan el espacio y el tiempo, monta en su carro y parte hacia el combate. Lanza el viento malo en el momento en que Tiamat abre la boca, de modo que no puede volver a cerrarla. Le dispara una flecha que le perfora el vientre y le traspasa el corazón. El resto de la tropa de monstruos se dispersa. Kingu es elevado a la categoría de los dioses muertos.

Marduk toma el cadáver de Tiamat y «lo corta en dos como un pescado seco» (*Enuma Elish*, tablilla IV, 137). Con una mitad hace la bóveda celeste, ordenándole que no deje escapar las aguas. Con la otra hace la Tierra firme: «Coloca la cabeza y sobre ella acumula una montaña; en ella se abren fuentes, de las que fluye agua viva. En sus ojos abre el Éufrates y el Tigris; sus narices están tapadas, y con ellas hace reservas de agua. Sobre sus senos eleva las montañas lejanas» (*Enuma Elish*, tablilla V).

Enuma Elish es el nombre que daban los mesopotámicos al *Poema de la creación*. Nos ha llegado más o menos completo en copias que se remontan al siglo IX a. C. Se trata de un poema largo, en siete tablillas, que procede de la mayoría de los grandes centros religiosos de Mesopotamia. Se cree que fue escrito entre los siglos XIX y XVII a. C.

TIAMAT, REINA DE LAS AGUAS, CON UNA JARRA
HACIA 2040-1870 A. C.
Estatua asiria, altorrelieve

139

Anu, el soberano

El rey justo, pero lejano

An, Anum o Anu casi nunca interviene solo en los asuntos humanos; es el principal de la tríada suprema, compuesta también por Enlil y Ea, que es responsable de la creación del mundo.

En la totalidad acuática de los inicios del mundo aparece una primera pareja divina: Apsu y Tiamat. Después aparecen otras parejas: Lajmu y Lajamu, Anshar y Kishar. Más tarde, nacen Enlil y Anu, el dios del cielo, *il shame*, que a su vez engendra a Ea. Anu es el primero en el tiempo y en el espacio (*Enuma Elish*, tablilla I).

La tríada

Con Enlil y Ea, Anu forma la tríada de los grandes dioses, y su obra es común:

«Cuando Anu, Enlil y Ea tuvieron una primera idea del cielo y de la Tierra, encontraron un medio eficaz de proveer la supervivencia de los dioses: se prepararon en el país una mansión agradable y los dioses se instalaron en ella, su templo principal. Más tarde dejaron en manos del rey la tarea de asegurarles unas rentas regulares de primera calidad, y ¡como regalo a los dioses establecieron la obligación alimentaria! ¡A los dioses les gustó esta mansión! Así establecieron su dominio sobre lo que se ha convertido en el país principal de los hombres» (Jean Bottéro y Samuel Noah Kramer, *Cuando los dioses hacían de hombres*, Madrid, 2004). En la corte de los dioses, Anu es el rey *sarru*. Los dioses se refugian en él durante el diluvio, hace comparecer a Adapa, culpable de haber roto las alas al viento, y recibe las quejas de Ishtar por los insultos de Gilgamesh (*Gilgamesh*, VI). Entre los tres grandes dioses se ha realizado una repartición del cosmos por esferas de influencia: «Han tirado los dados y han efectuado la división». A Anu le corresponde el cielo. Ante él se depositan coronas y cetros. De él descenderá la realeza terrestre (*Etana*, I). Es el dios de Uruk, y es él quien ha puesto la ciudad en manos de Rim-Sin, de la dinastía de Larsa; por mandato suyo se ha excavado el Éufrates, y por su fuerza se han conquistado las ciudades vecinas. El culto a Anu no se limitaba a Uruk; también tenía templos en Deir, Asur y Adad.

TABLILLAS BABILONIAS: RITUAL DE SACRIFICIOS COTIDIANOS DE URUK ÉPOCA SELÉUCIDA; SIGLO II A. C. Arcilla

Kumarbi, el antiguo

El rival

Kumarbi, el último soberano de los dioses antiguos, lucha por conquistar el poder, pero es destronado por el joven dios Tesub. Es uno de los múltiples ejemplos de lucha por el poder, en los que los jóvenes ganan siempre a los antiguos.

Durante nueve años, Alalu ocupa el trono divino: «el poderoso Anu está de pie delante de él. [...] El noveno año, Anu libra una batalla contra Alalu, lo vence [...] y se sienta en el trono [...] Kumarbi, el poderoso, le presenta sus alimentos y se postra a sus pies». Pero nace la rivalidad entre el soberano y su servidor: Anu no puede seguir soportando el resplandor de Kumarbi, se libra de él y «huye como un pájaro hacia el cielo». Kumarbi lo persigue para hacerle caer del cielo, «le muerde las rodillas y se traga su virilidad». Kumarbi se alegra. Anu se vuelve y dice: «He depositado en ti una pesada carga. Te he impregnado de tres poderosos dioses: Tesub, el dios de la tormenta, el del río, Aranzah (el tigre) y el gran dios Tashmishu». Kumarbi escupe. La saliva cae al suelo, llevándose la simiente de Anu, y de esta simiente nacen los dioses anunciados.
Entonces Kumarbi es destronado en beneficio de Tesub, dios de la tormenta (la *Royauté aux cieux*, II-V).

La venganza de Kumarbi

Tras ser destronado, Kumarbi urde una conjura contra el dios de la tormenta. Toma el bastón, «se calza los vientos en los pies a modo de sandalias rápidas, sale de la ciudad y se va hacia una enorme piedra de tres millas de largo y una milla y medio de ancho». Sueña con crear un monstruo que aplaste a su rival. Se acuesta con la piedra como se hace con una mujer. El hijo de Kumarbi y de la piedra viene al mundo. Kumarbi le da el nombre de Ullikummi y le dice: «Que al cielo suba y asuma la realeza. [...] Que derribe al dios de la tormenta, que lo aplaste como se hace con la sal, que lo pisotee como a una hormiga».
Después de perder el trono, Kumarbi no es arrojado entre los dioses infernales. Su culto se mantiene durante mucho tiempo en las religiones hurrita e hitita.

KUMARBI
SUMER; H. 3200 A. C.
Estatuilla de alabastro

141

Tesub, el dios hurrita

La tormenta

Con Tesub tiene lugar el final del reino de los dioses antiguos y la inauguración del reinado de los dioses nuevos, a costa de un combate durante largo tiempo incierto, una lucha violenta y llena de estratagemas.

Tesub, el dios de la tormenta, tiene por emblema el toro y la maza. Se lo representa montado en un bóvido y cabalgando sobre la montaña, con el hacha en la mano derecha y el rayo en la izquierda. Ishtar es su hermana; Hebat, su esposa, y Sarruma, su hijo.

Hebat posee toda una corte. En ella están presentes Ishtar, Kubaba de Karkemish, Ishara, diosa de la medicina, y otras diosas del placer erótico, la guerra, la fertilidad y la fecundidad. Hebat es una reina y Tesub es el prototipo de soberano.

Los tres dioses terribles

Tesub es hijo de Kumarbi o de Anu. De hecho, durante el combate entre Kumarbi y Anu por la soberanía del cielo, Kumarbi engulle la virilidad de su padre y de esta nacen tres dioses: Tesub, Aranzah (el tigre) y Tashmishu. A Tesub, los demás dioses jóvenes le encargan que destrone a Kumarbi. Tesub logra su objetivo, y se convierte así en el dios supremo. Tras ser destituido, Kumarbi urde su venganza. Hace la guerra a los hijos que se han rebelado. Para ello, pasa una noche con una piedra grande y engendra un hijo, Ullikummi, cuyo cuerpo es de diorita. Ullikummi crece y crece sin cesar. Poco a poco, va ocupando todo el espacio, aplasta lo que le rodea, alcanza el mar y la altura de los templos.

Ullikummi

Es confiado a Irshirra, diosas sirvientes de Kumarbi, que lo colocan como una flecha sobre el hombro derecho de Upelluri (el mundo). La piedra crece, alcanza la altura de los templos y del *kuntarra* de los cielos (la morada de los dioses). Los dioses jóvenes enloquecen. Tesub y Tashmishu «se cogen de la mano» y salen del templo. Ishtar baja del cielo. Tesub mira la espantosa diorita: «Se queda de una pieza»; se prepara para el combate, invoca la tormenta, las lluvias y los vientos; hace salir el rayo. Se entabla la lucha, pero la fuerza sosegada de Ullikummi se impone sobre las vociferaciones y las gesticulaciones del dios de la tormenta.

Ullikummi sigue creciendo; hace temblar el cielo y la Tierra; obliga a Hebat a abandonar su templo destruido y a refugiarse en el cielo; amenaza con destruir la humanidad

142

TESUB, EL DIOS DE LA TORMENTA
SIGLO IX A. C.
Estela hitita

entera, lo cual podría privar a los dioses de los sacrificios. Los intentos de Ishtar de seducirlo y de Ashtabi de aniquilarlo fracasan.

Así, Tesub vuelve al combate. Ea, el amigo fiel y protector, sorprende a Ullikummi y «le corta los pies» (es decir, le hace perder su base). Tesub desciende hacia el mar, blandiendo el trueno, inicia un combate incierto, pelea con gran valentía y obtiene la victoria.

El culto a Tesub se extendió a principios del II milenio por los países de lengua hurrita. Sus santuarios se encuentran en el Imperio hitita, en Babilonia, en Sumer, desde la costa siria hasta Anatolia.

Ha sido asimilado a los demás dioses de la tormenta, entre los que se encuentran el Baal cananeo y el Adad asirio.

Otro mito, el *Mito de Telepinu*, muestra al dios de la tormenta cuando parte a la búsqueda de Telepinu, dios de la vegetación. La huida de este último había privado al mundo entero de alimentos. Por lo tanto, era urgente encontrarlo para devolver la vida a la naturaleza.

Tesub, el dios que hace a los reyes. «Dios de la tormenta *pihassassi*, mi señor, yo no era más que un mortal. Sin embargo, mi padre era el sacerdote de la diosa solar de Arinna, y de todos los dioses. Mi padre me ha engendrado, pero tú, dios de la tormenta *pihassassi*, tú me has arrebatado a mi madre y tú me has criado. Me has hecho sacerdote de la diosa solar de Arinna y de todos los dioses. En el país hitita, me has hecho rey.» (*Plegaria de Muwatalli*, citada por H. C. Puech, *Historia de las religiones*, t. I, París, 1970)

El toro de Tesub
Hacia 604-561 a. C.
Puerta de Ishtar
en Babilonia: bajorrelieve
de ladrillo esmaltado

Enlil, el grande

El señor de la palabra fiel

Segundo de la tríada después de Anu y antes de Enki, y verdadero poseedor del poder soberano, Enlil es un dios temible: sus decisiones son imperativas, su autoridad indiscutible y sus iras, terribles. Enlil reina sobre el universo.

Enlil es el rey de los dioses, soberano universal. Con su poder mantiene el orden del mundo. Duerme sobre su montaña, seguro de su poder, y no quiere ser molestado. Su ira es terrible, y sus decisiones a menudo son crueles. Impone su autoridad y desprecia a las personas. Es un dictador frágil que se encuentra desnudo y desamparado cuando se le escapa la corona.

Enlil y Ninlil

Ninlil es una jovencita virgen, aún bajo la autoridad de sus padres, pero es una aventurera. Nunbarsegunu, su madre, la avisa: «No tomes baños, muchacha, por la límpida vía de agua, no pasees a lo largo del canal principesco, ya que el señor de mirada libidinosa pondrá los ojos en ti. [...] Te penetraría, te besaría y te preñaría con una voluptuosa semilla...» (*Enlil y Ninlil*). Pero la muchacha no obedece a su genitora. Se encuentra con Enlil en la orilla, luego en las puertas del infierno, y después en el río del infierno; y Ninlil, preñada en cada encuentro, da a luz a Sin, después, a Nergal, y por último, a Embilulu.

Enlil y los Igigi

Enlil es el jefe de los Anunnaki, grandes dioses dominantes y... ociosos, que viven del trabajo de los Igigi. Los Igigi son dioses proletarios que trabajan como lo harán los seres humanos. Agotados por sus labores, se rebelan y se proponen hacer que Enlil se levante de su asiento (*Atrahasis*, tablilla I, 44); queman sus herramientas y uno de ellos llega a declararle la guerra. Entonces, el soberano se despierta y reúne la asamblea de los dioses. Empieza a llorar y pide a Anu que retome el poder y que lo defienda, ya que está amenazado por la guerra. Por último, propone convocar ante los Anunnaki a uno de los amotinados tomados al azar y darle muerte para dar ejemplo, o bien buscar al instigador de la rebelión y condenarlo. Anu y Ea se muestran más conciliadores. Han oído las quejas de los Igigi y saben que están agotados por el trabajo. Ea propone la creación de un ser viviente, el hombre, que asuma una parte de los duros trabajos necesarios para el mantenimiento del mundo, y así liberar de esta carga a los Igigi. Los grandes dioses dan su consentimiento, ya que a ellos les corresponde la decisión final.

Enlil y los hombres

Pronto, la prosperidad y el alboroto de los hombres, cuyo número aumenta sin cesar, importunan a Enlil. Quiere hacer disminuir su importancia y les envía epidemias, sufrimientos y la muerte. Pero Ea, que no puede oponerse directamente al soberano universal, sugiere remedios, envía drogas y medicamentos y permite el progreso de la humanidad. Ello supone un fracaso para Enlil. En su obstinación por destruir a quienes le molestan, inventa el hambre. Ea logra una vez más salvar a los hombres. Enlil, enfurecido, decide acabar con la situación:

Un héroe entre dos toros y, debajo, el águila con cabeza de león entre dos jabalíes
Hacia 2650 a. C.
Bajorrelieve, esteatita, encontrado en Mari (hoy Siria)

En el combate entablado entre los jefes, Enlil hace participar a todo el mundo animal.

envía el diluvio y hace jurar a los dioses que no desvelarán en absoluto la magnitud de la catástrofe prevista. Ea, para evitar el perjurio, provoca un sueño premonitorio en Atrahasis (soñar no es lo mismo que hablar): le da instrucciones para que construya un arca para así salvar a cada componente del mundo.

Enlil y Anzu

Enlil pide al gigante Anzu que notifique a cada uno la carga que se le ha atribuido. En la ejecución de esta tarea, Anzu consigue poco a poco la confianza de su maestro; entra en su intimidad hasta el punto de que este le permite asistir a su baño. Para tomarlo, Enlil se despoja de las insignias de su poder: la tiara, la vestimenta de su divinidad y la tablilla de los destinos. Sin la tiara, el dios está desarmado. «Anzu arrebata la soberanía de Enlil y hay un vacío de poder. El Padre, su soberano, Enlil está silencioso, el silencio se extiende, todo se calla. El universo entero de los Igigi se ha trastornado. El santuario queda desnudo de su esplendor» (*Tablilla II*, líneas 1-5). Se precisa la intervención de Ninurta para que Enlil recupere su rango y las insignias del poder.

El *Atrahasis*.
El combate de Enlil contra los Igigi es relatado en una obra llamada *Atrahasis*. Se trata de un poema compuesto por 1 200 versos, redactado en lengua babilonia hacia el siglo XVII a. C. Los manuscritos más antiguos de que disponemos datan del siglo VII a. C. No obstante, el texto presenta muchas lagunas, sobre todo porque, al parecer, no existió nunca una redacción definitiva y en él intervinieron muchos copistas para realizar numerosos cambios. Se observa un estrecho parecido entre el relato del diluvio que incluye y el de la epopeya de Gilgamesh. Sin duda, se trata de un elemento mítico importante en las tradiciones de Oriente Medio, del que tenemos también una versión en el Antiguo testamento.

Nergal/Erra, el señor de los infiernos

El seductor

Por orgullo, Nergal debe emplear la seducción ante Ereshkigal y se convierte en dios de los muertos: también se ocupa de la guerra, las epidemias y las calamidades, que le dan nuevos súbditos.

Nergal es hijo de Enlil, el dios del cielo. Su padre le ha dado los hombres y él determina su destino. Es un guerrero temible, armado con arco y flechas. Aspira a ser el más fuerte allí donde se encuentra.

De temperamento orgulloso, violento e impetuoso, se le asimila a un toro salvaje. Ama las catástrofes, las epidemias y la guerra. Se le compara a un huracán o a un diluvio. La muerte es su dominio; la busca, la provoca y la propaga: la proclama como una cuestión personal.

El señor de los infiernos

Ereshkigal, hija de Anu, se ha construido en los infiernos un reino independiente y terrible. Los propios dioses solo pueden entrar en él despojándose de su dignidad: así se convierten en súbditos, arriesgándose a que los hagan prisioneros.

Así, Ereshkigal se ha apartado demasiado de sus iguales para participar en el banquete celeste. Sin embargo, envía un mensajero encargado de llevarle su parte. Nergal se niega a sentarse en la asamblea de los dioses ante este emisario llegado de ultratumba. Ereshkigal se enfada y exige excusas al insolente.

Nergal se las niega. Va a los infiernos, escoltado por catorce demonios que le permiten cruzar ileso las siete

Ereshkigal. En la repartición de los poderes entre los dioses, ha recibido el dominio del más allá, que se encuentra bajo las aguas del Apsu, y que está rodeado por siete altos muros. Aquel que entra, en cada puerta debe quitarse una prenda de vestir, de modo que al séptimo recinto llega completamente desnudo, tanto físicamente como desnudo de poderes, prerrogativas y dignidad. Como un cadáver, solo puede alimentarse de tierra y se encuentra encerrado en una oscuridad eterna. Allí, Ereshkigal aplaca un apetito sexual insaciable. Como no sabe resistirse a sus deseos, pierde a manos de Nergal el dominio absoluto que poseía sobre el más allá. Pero este mundo, que es el suyo, está totalmente separado del otro mundo. No obstante, Ereshkigal se alimenta de los muertos que le llegan y, para ello, periódicamente envía al otro mundo a su fiel servidor Namtar, para que esparza las sesenta enfermedades. Está condenada a comer arcilla y agua turbia, y no puede participar en el banquete de los dioses. Pero envía a un servidor para imponer sus condiciones. Ereshkigal inspira a todos ellos un miedo cerval.

146

UN ORANTE ENTREGA
UNA AZUELA A UN DIOS
ÉPOCA DE AGADÉ; H. 2200 A. C.
Sello cilíndrico; serpentina

El dios del Sol, destructor, ataca con una antorcha los árboles, que simbolizan la divinidad de la vegetación.

puertas del mundo infernal. Al llegar ante la presencia de la señora del lugar, se muestra en todo su esplendor, cortés, amable, divertido y dócil. Es tan perfecto que logra hechizar a la bella, la seduce y, sin el menor aviso, vuelve a su casa. Pero Ereshkigal no se conforma. Han abusado de ella y quiere castigar al infame. Envía una misión a Anu: exige que Nergal vuelva para entregarse a la muerte y amenaza al mundo con las peores calamidades si sus exigencias no se ven satisfechas.

Nergal vuelve, pues, a los infiernos, pero esta vez sin esperanza de salir de ellos, una situación que estimula su fuerza y su violencia. Si debe quedarse en los infiernos, será como señor. Una vez delante de Ereshkigal, la coge por el cabello y la tira al suelo. Ella pide piedad y promete el matrimonio a su agresor si la suelta y, con el matrimonio, el poder que posee sobre los infiernos.

Nergal acepta el trato. Su crueldad se troca en sensibilidad. Toma en sus brazos a la reina, se casa con ella y se convierte en rey de los infiernos. Es un jefe terrible, que dirige a los dioses infernales y reina sobre el pueblo de los muertos, unos seres crepusculares vestidos con plumas y que se alimentan de tierra (*Nergal* y *Ereshkigal*).

Erra

Más adelante encontramos a Nergal bajo el nombre de Erra, un marido satisfecho, descansando en el lecho conyugal. Cansado por la falta de sueño, tentado por el ocio e incapaz de tomar una decisión, hace olvidar su presencia y el mundo vive en una calma total. Hombres y animales se multiplican de un modo excesivo, y la naturaleza no puede proporcionar alimentos para todos los seres vivos. El exceso y el desbordamiento invaden el mundo.

Los Sibitti, unos dioses infernales, fieles servidores de Erra y siempre listos para el combate, están exasperados por este silencio. La vida civilizada no es para ellos. Sus armas están cubiertas de telarañas, y sus puñales, oxidados por el tiempo que pasan sin degollar. Aman el movimiento, la lucha y las matanzas. Anhelan la vida dura de las batallas y la gloria de la victoria. Los Sibitti acuden a despertar a Erra y lo exhortan a lanzar su grito de guerra.

El dios del mal

Tras este grito, los dioses y los hombres enloquecen; las montañas, el mar y los bosques se trastornan. Erra elabora un vasto proyecto de muerte y sangre. Quiere desestabilizar el mundo que vive en el exceso, cambiar los hábitos, destruir los cimientos, matar a cuantos más mejor y desbaratar el orden tan deseado por los dioses.

Nada será posible si no hace «levantar de su trono» al dios Marduk, el protector de la ciudad. Erra actúa con artimañas: hace creer al dios que solo él, Erra, sabrá volver a dar lustre a su estatua, durante mucho tiempo opaca (la estatua del dios en el templo es el símbolo de la realeza). Marduk se niega, pues recuerda que anteriormente ya se había levantado de su trono y había provocado así el diluvio. Ve el peligro desde el principio, y pondera la importancia de sus responsabilidades. Marduk duda.

Erra lo aprovecha, insiste, responde a las objeciones de Marduk y promete que mantendrá sólidamente el equilibrio entre el cielo y la Tierra, impedirá que los demonios asciendan de los infiernos y hará custodiar el templo por los dioses Anu y Enlil; asegura que nada va a cambiar, que todo vivirá en la paz y la prosperidad.

NERGAL
Estatua, puerta de Nínive

El culto a Nergal. Este dios feroz tuvo una proyección cultural notable: en Elam, hace sombra al dios local Inshushinak. Hacia el año 2300 es adorado en la alta Siria. Más tarde entra en el panteón oficial de Mari. A continuación, aparece en Asiria. Los palestinos lo confunden con Reshef, el dios de la peste. También está presente en Samaria e incluso en el Pireo, donde una inscripción menciona a uno de sus sacerdotes.

Poco a poco, Marduk se tranquiliza. Por fin acepta, se levanta y se va. Entra en la morada de los dioses y deja a Erra como señor del lugar. Durante algún tiempo, este mantiene sus promesas y está sosegado. Hombres y dioses gozan de la paz. Los acontecimientos prosiguen su curso natural. Pero luego Erra se exaspera. Su proyecto es insuflar el odio entre los hombres para que se maten entre ellos salvajemente. Los templos son profanados, los lugares habitados se convierten en desiertos, los bandidos irrumpen en los palacios de los príncipes, los hijos odian a su padre, la madre odia a la hija, el cojo corre más rápido que el hombre de constitución normal, los jóvenes son enterrados por los viejos, el hombre come al hombre. Todos los valores se han invertido, y nadie escapa a la muerte. Reina el salvajismo. Erra es el triunfo de la muerte y la sed de sangre. El propio gobernador se queda ciego, y Erra le dicta su conducta: «En esta ciudad a la que te envío, tú, hombre, no temas a dios, no temas a nadie, que nadie escape a la muerte, tanto a los recién nacidos como a los demás, se les dará muerte; que se apilen las riquezas de los babilonios como si fuesen bienes de los enemigos». Pero todo tiene un fin. La locura destructora termina. Erra regresa a su templo y todo vuelve al orden anterior (*Epopeya de Erra*).

148

DIOS (¿NERGAL?) SOSTENIENDO EN AMBAS MANOS UN CETRO CON CABEZA DE LEÓN
III MILENIO A. C.
Cerámica

Los Sibitti. Son siete
pequeños demonios del infierno. Cada uno tiene su forma de intervenir entre los hombres: Idpa entra por la cabeza, Namtar se introduce por el corazón, Utuk accede por los ojos, Alal entra por el pecho, Gigim se apodera de los intestinos, Telal empuña las manos, y Uruku, como una larva gigante, se alimenta de sangre.

Aun así, los Sibitti no son siempre demonios. En el poema de Erra se les denomina «héroes sin rival». De hecho, son ellos quienes matan a Tiamat, lo cual permite el desarrollo del mundo. Pero los Sibitti no pueden estar tranquilos. No les interesa la vida en la ciudad, los palacios ni las cervezas suaves. Necesitan movimiento, vida, armas y combates, chozas para vivir y el agua de los odres para calmar su sed. Están cerca de la naturaleza que alteran, transforman y renuevan. Son los artífices de todos los cambios.

Ninurta, el restaurador del poder

La guerra

Ninurta, un guerrero joven, valiente y temerario, es declarado paladín de los dioses en la lucha por la reconquista del poder robado por Anzu a su padre Enlil. Él restablece el orden en el universo.

Ninurta es hijo de Mah, o Mami, «la diosa de toda forma», y Enlil, el dios soberano. Es alto, fuerte, joven, valiente y heroico, y todos lo reconocen como tal.

El combate contra Anzu

Después de que Anzu se haya apoderado de los atributos de la soberanía, Enlil se encuentra desnudo y el mundo está desorganizado. Los dioses se reúnen para encontrar a un valeroso que luche contra Anzu, pero ninguno de los dioses consultado se ofrece para luchar.

Mah llama a su hijo, el glorioso Ninurta, y le explica la estrategia que debe seguir: ocultará sus bellos rasgos bajo la apariencia de un demonio y se sumirá en una densa niebla para que las flechas que lance sorprendan al adversario. Ninurta sube la montaña rodeado de los siete vientos malos, y llega ante la presencia de Anzu. La situación parece la opuesta: el dios está oscuro y envuelto en brumas, y el demonio lleno de la luz que le dan las tablillas del destino robadas. Anzu le dice: «¿Quién eres, joven presuntuoso? Muestra tu rostro, date a conocer». Ninurta dice los nombres de aquellos que le han enviado. Anzu hace una mueca y enseña los dientes. Cae la oscuridad, y el paladín de los dioses lanza sus flechas. Pero Anzu, que domina el destino, grita: «Caña que vienes a mí, vuelve a tu cañaveral» (el *Mito de Anzu*, II, 60), y las flechas retroceden. Ninurta envía a un mensajero para que explique lo que ha pasado. Entonces Enlil le da un consejo: «Lanza los siete vientos malos contra Anzu, que quede apresado en la tormenta, que deje caer sus alas, que no sea capaz de hablar. En ese momento, córtale las alas y lanza tus flechas».

El señor «tirita, tiembla, pero anda hacia la montaña» (el *Mito de Anzu*, II, 145). Actúa según las instrucciones recibidas. «El terror que inspira aterra a los más valerosos. Trastorna a Anzu y le corta la garganta» (*ibid.*, III, 20). De nuevo, las funciones divinas son ejercidas por sus dueños legítimos, y las tablillas del destino son devueltas a manos de Enlil.

El señor del cobre

Ninurta es el paladín del orden contra el caos y de la civilización contra la vida salvaje. Otro de sus adversarios es Kur, la montaña cósmica informe. Este crea un ejército de piedras para invadir el mundo. Pero no logra enrolarlas a todas, ya que algunas piedras permanecen fieles al dios. Ninurta acaba con los monstruos enemigos y se acuerda de los aliados: bendice aquellos que lo han apoyado y maldice a los rebeldes. Así, algunas piedras como el lapislázuli y la amatista brillan por su belleza y el hombre las busca para darles usos nobles. Las piedras restantes son pisoteadas todos los días.

Ninurta también es el *deus faber*, el dios artesano, que a partir de la materia en bruto es capaz de producir los instrumentos de la civilización.

150

Los siete vientos malos.

Son los *imhullu*: el viento malo, el torbellino, el huracán, el viento cuádruple, el viento séptuple, el ciclón y el viento incomparable. Sirven para aniquilar a Tiamat durante el combate primordial. Sin embargo, se dice que hay siete en la Tierra y siete en el cielo. Así pues, son en total catorce.

Se los equipara a los siete espíritus malos. A menudo los textos los confunden. El primero es el viento del sur; el segundo, un dragón cuya boca siempre abierta es inmensurable; el tercero, un leopardo; el cuarto, el terrible Shibbu; el quinto, un lobo furioso; el sexto, un loco que ataca a los dioses, y el séptimo, una terrible tormenta.

No son varones ni hembras, no tienen mujer ni progenie, no son accesibles a la plegaria ni a la súplica y no conocen el orden ni la bondad. La caverna oscura y tenebrosa es su hogar. En esencia, son espíritus destructores.

GUDEA, CON LAS MANOS JUNTAS SOBRE UN LIBRO SANTO DEL TEMPLO DEL DIOS NINGIRSU (¿O NINURTA?) SUMER; H. 2080-2060 A. C. Diorita

Gudea, el gobernador de Lagash, aquí se presenta ante la divinidad, humilde como el más modesto de sus súbditos, confiando en la justicia de Ninurta.

PLACA
DE CONJURO
CONTRA LA
ENFERMEDAD
HACIA 750 A. C.
Placa de bronce provista
de dos puntos de apoyo
para colgarla cerca
de un enfermo

La placa presenta
cuatro niveles:
arriba,
los emblemas
de las divinidades;
abajo, unos genios
con cabeza de león
expulsan a las
enfermedades;
en el centro,
el enfermo tendido
en su cama está
rodeado de las
dos divinidades
con cabeza
de pez. Por último,
abajo, un demonio
arrodillado sobre
un caballo, que
es transportado
sobre una barca,
avanza por
el río infernal.

Enki / Ea, la sabiduría

El señor de la Tierra

**Como organizador de la vida en la Tierra, el prín-
cipe Enki es quien decide los destinos, da la vida,
crea la sociedad y se enfrenta a todas las dificultades con astucia, engaños o gracias a su inteligencia.**

Enki aparece sobre una barca en medio del golfo Pérsico. Se
instala en las marismas que bordean el Tigris y el Éufrates.
Civiliza el lugar y construye un templo de metal y piedras
preciosas; lo llaman la Casa del Abismo. La ciudad de Eridú
se desarrolla a su alrededor, y Enki se convierte en su dios.

La vida del mundo

Enki no es el creador. Da la vida y acondiciona el mundo.
Procede del Dilmun, esa tierra de la que proviene el cobre.
Allí duerme junto a su esposa virgen. Ella lo llama y le pide
el agua necesaria para la vida. Enki responde: «El Sol en una
sola revolución te traerá el agua dulce. Para ti hará manar
agua en tu vasto dominio». Enki se une a Ningursag, su
esposa, luego a su hija y por último a su nieta. Él solo es la
fuente de toda la vida. Antes de la última unión, la esposa
sugiere a la nieta que pida frutos al dios, y esta unión es el
origen de las plantas. Pero Enki olvida dar su destino a las
plantas y se conforma con comerlas: un acto insensato, contrario a su naturaleza de creador, y que lo lleva a un debi-
litamiento extremo. La «mirada de vida» que le dirige su
esposa lo cura.

El civilizador

Es un «dios de un vasto entendimiento», mago y maestro de
las técnicas; se pasa el tiempo reparando las deficiencias de
los otros dioses. Cada uno de sus gestos y de sus palabras
aporta algo a la civilización. A su llamada, el ganado y el
grano salen de la «colina santa».
Durante un banquete, Ninmah desafía a Enki a encontrar un
empleo a los hombres con algún defecto que ella misma ha
sacado del molde. Enki acepta el desafío y encuentra soluciones para cada uno de ellos: da al ser débil e incapaz de
hacer esfuerzos la función de oficial del rey; al ciego, el ofi-
cio de poeta; a la mujer estéril, la función de prostituta, etc.
(*Enki y Ninmah*).

Los *me*

Inanna es diosa de Uruk, y desearía, para su ciudad, arrebatar a Enki los *me* que posee. Los *me* son los componentes de la vida social y de la civilización.
Son incontables, y entre ellos están la divinidad, la realeza,
el pastoreo, la prostitución, el comercio sexual, el abrazo,
la familia reunida, el trabajo, la pelea, la superioridad, el
deshonor, la rectitud, la felicidad, la facultad de dar consejo, la reflexión, el sentido de la justicia, etc. En fin, todo
lo que constituye la superioridad de Eridú.
Para robarlos, la diosa intenta emborrachar al poseedor
(*Inanna y Enki*). Pero, como el fuego, los *me* pueden repartirse sin perder su fuerza. Enki no está resentido contra su
ladrona. Es el dios inteligente, reflexivo y sensato por excelencia, capaz de perdonar a quienes le agreden.

Ea. El omnisciente Ea (o Nudimmud), inteligente, sabio y capaz, es entre los acadios lo que Enki
para los sumerios. Vierte el sueño sobre su padre Apsu, «lo despoja de su vestimenta, le quita la
tiara, le arrebata su resplandor y se reviste de ellos» (*Enuma Elish*, tablilla I). Ea es el padre de Marduk, el más sabio de todos, que recibe de Anu, el dios supremo, una doble esencia divina.

152

El astuto

Interviene incluso a favor de Inanna y encuentra una máquina capaz de seducir a la terrible Ereshkigal, que la tiene prisionera (el *Descenso de Inanna a los infiernos*). Defiende la humanidad que Enlil quiere diezmar con el hambre, las epidemias o el diluvio. Ayuda a Atrahasis en la construcción de su arca (*Atrahasis*). Encuentra un valiente para luchar contra el gigante Anzu, que le desorganiza el mundo, pero antes le indica qué artimañas debe utilizar en la batalla (*Anzu*).

Enki lleva a buen término todas sus empresas, pese a las apariencias. Recurre a maniobras sutiles y algo pérfidas. Así, Nergal, enviado a los infiernos para enfrentarse a la diosa Ereshkigal, se convierte en esposo de esta, y así se hace dueño del espacio infernal. Adapa, aconsejado pérfidamente por el dios, rechaza la inmortalidad, pero conserva su empleo a su lado.

EL DIOS DE LAS AGUAS RECORRE SU DOMINIO EN UNA BARCA
ÉPOCA DE AGADÉ; H. 2200 A. C.
Sello cilíndrico; jaspe rojizo

ESCENA DEL JUICIO EMITIDO POR ENKI
HACIA 2200 A. C.
Sello cilíndrico acadio

Marduk, el dios babilonio

El soberano

Surgido de una nueva generación de dioses, Marduk se convierte en el vencedor y, al mismo tiempo, en el soberano universal, imponiéndose a todos los demás dioses, así como al mundo entero.

Marduk, hijo de Ea y de Damkina, desde su nacimiento posee una doble esencia divina y un intelecto cuádruple. Su esposa es Sarpanitu, y su hijo, Nabu, dios de los escribas. Marduk es el más valiente de los dioses de una nueva generación, que representan la vida, la civilización y el progreso —los dioses primordiales eran el caos primitivo, la naturaleza no ordenada y la fuerza brutal sin inteligencia.

Marduk crea los vientos y levanta la tormenta. Los dioses primogénitos dan vueltas al mal en su corazón. Dicen a Tiamat: «Venga a Apsu, tu esposo, y a Mummu, al que pusieron grilletes. Ve a luchar».

«Tiamat reviste de terror a los dragones furiosos y los carga de resplandor sobrenatural [...]. Once especies creó» (*Enuma Elish*, tablilla I, 135-140). Tiamat pone a Kingu al frente de su ejército. La asamblea de los dioses se reúne y propone a Marduk que los defienda. Este acepta con la condición de que se le dé el poder supremo. «A la primera mirada, el movimiento de Kingu empieza a ser vacilante. Pero Tiamat se mantiene firme y no vuelve la cabeza. Tiamat y Marduk se abalanzan uno contra otro. El señor envuelve a su adversario en una red y lanza un viento maligno. Tiamat abre la boca para engullirlo. El viento dilata su cuerpo, su vientre se hincha. Marduk lanza una flecha que le desgarra las entrañas y le atraviesa el corazón. Entonces se alza sobre su cadáver y se produce una desbandada. Marduk pisotea a sus enemigos y Kingu entonces es elevado al rango de los dioses muertos» (*Enuma Elish*).

La creación del hombre

Marduk examina el cadáver. Con una mitad hace la bóveda celeste. Allí construye el palacio Eshara, que es el cielo, donde Anu, Enlil y Ea tienen sus moradas. Con la otra mitad hace la Tierra: acumula las montañas sobre su cabeza, abre en sus ojos el Éufrates y el Tigris, pone sobre su seno unas colinas opulentas y funda los santuarios. A la vista de estas maravillas, los dioses quedan admirados. Marduk dice: «Quiero hacer una red de sangre y formar una osamenta para producir una especie de seres cuyo nombre será "hombre"» (*Enuma Elish*, tablilla VI, 1). Este ser «servirá a los dioses y los aliviará de sus cargas».

Marduk toma a Kingu, que ha fomentado la guerra, le corta las venas y con su sangre crea la humanidad. Marduk será el responsable del orden en el mundo. Cuando Erra, el dios de la muerte, logra con sus astucias que Marduk se levante de su trono, el mundo queda trastornado, la luz del sol se troca en tinieblas, los caminos quedan infestados de salteadores y el hombre devora al hombre. El orden no se restablece hasta que Marduk regresa a su lugar.

EXTREMO DE UN TIMÓN EN FORMA DE CABEZA DE DRAGÓN CON CUERNOS, EMBLEMA DE MARDUK
Bronce

La gloria de Marduk

El mérito y la gloria de Marduk son reconocidos por todos los grandes dioses, que le otorgan cincuenta títulos, cada uno de los cuales corresponde a un privilegio divino. Él determina el destino, y cuando el ave-tormenta Zu arrebata las tablillas al destino, él se lanza en su persecución, la alcanza, le rompe el cráneo y le arranca el botín. Cuando los *utukku* consiguen ocultar la luz de la luna, los persigue, hace huir a los culpables y devuelve al astro de la noche su brillo natural.

«Cuando está enfurecido, ningún dios resiste su cólera ante el filo de su arma, los dioses huyen. Es un señor terrible, ¡que entre los grandes dioses no tiene rival!» Así es Marduk.

Como dios de Babilonia, reside en un templo llamado Esagil. Se lo representa con grandes orejas para mostrar su gran inteligencia, y protegido con el arma acodada, con la que ha matado a Tiamat. Durante el reinado de Hammurabi, Marduk alcanza la preeminencia sobre los demás dioses sumerios.

Cada año, por Año Nuevo, en la vía sagrada se organiza una gran procesión con todos los dioses. Estos se reúnen en el templo de Marduk para rendirle homenaje, reconocer el temor que inspira y esperar a que determine su destino para el año venidero.

EMBLEMA (LEÓN) EN LA VÍA SAGRADA DE MARDUK, HACIA LA PUERTA DE ISHTAR, EN BABILONIA
HACIA 604-561 A.C.
Bajorrelieve; ladrillo vitrificado (detalle)

Cada año, por Año Nuevo, en la vía sagrada se organiza una gran procesión con todos los dioses. Estos se reúnen en el templo de Marduk para rendirle homenaje, reconocer el temor que inspira y esperar a que determine su destino para el año venidero.

MARDUK Y SU ESCRIBA
SIGLO X A. C.
Estela de piedra calcárea

155

Adapa, el héroe acadio

El sabio

Adapa, un modelo de inteligencia, es uno de los siete Apkallu, enviados extraordinarios de Ea / Enki, el dios organizador del universo, inventor de los hombres y fundador de la vida civilizada.

Un gran número de hombres se asienta en Caldea. Allí llevan una existencia inculta, semejante a la de los animales. Un día aparece en la orilla un monstruo extraordinario. Se llama Oannes. Su cuerpo tiene forma de un pez enorme, pero bajo la cabeza de pez hay una cabeza humana, y sus pies son iguales a los del hombre. Este ser se pasa los días entre los seres humanos sin tomar alimento alguno. Les enseña la escritura, las ciencias y las técnicas, la fundación de las ciudades, la construcción de los templos, la geometría, el cultivo de los cereales y la recolección de los frutos. De él viene toda la vida civilizada, y después de él no se aprende nada más. Con cada puesta de sol, Oannes se sumerge en el mar, donde pasa la noche. Oannes tiene otro nombre, Uanna, y su apodo es Adapa.

Adapa resulta ser el personaje del que se sirve Ea para hacer realidad sus designios respecto al cielo y a la Tierra. Adapa

El pozo de ciencia. Adapa permanece en la memoria de los habitantes de Oriente Medio como el que lo sabe todo. Lo vemos asociado a las ambiciones de todos los soberanos reinantes desde Egipto hasta Grecia. Se dice que Assur Nasirpal I, rey de Asiria (883-859 a. C.), aseguraba tener relaciones privilegiadas con Adapa, que le había enseñado todo lo necesario para la vida de su pueblo.

ADAPA ENSEÑA A LOS HOMBRES EL CULTIVO Y LES LIBERA DE LOS MALOS ESPÍRITUS
HACIA 883-859 A. C.
Bajorrelieve de Nimrud

es sabio porque su dueño Ea también lo es, y le ha enseñado todo lo que sabe. Así pues, constituye el instrumento del progreso y la civilización de los hombres en el país de los acadios, en el III milenio a. C.

La pérdida de la inmortalidad

En Adapa destaca sobre todo la sumisión: sus pies y puños están atados a su maestro. Incluso renuncia a la inmortalidad por obediencia. Era mayordomo de Ea en su templo de Eridú y le gustaba pescar de vez en cuando en el río Amer (sin duda, el Éufrates). Un día que se había alejado de la orilla, Shutu, el viento del sur, se abalanzó sobre su embarcación, la empujó y la hizo volcar en el agua. Adapa escapó del naufragio. Pero estaba muy encolerizado, atacó a Shutu y le cortó las alas —ya que Shutu, como todos los dioses del viento, tiene forma de ave—; durante una semana, el viento del sur no se dejó oír.

Anu, el dios del cielo en esa época, se extrañó de tanto silencio y preguntó las causas. Una vez informado, exigió la comparecencia del culpable ante su tribunal. En el momento en que Adapa iba a marcharse, Ea le avisó: «Tienes que ganarte a los porteros del cielo, y cuando estés en presencia de Anu, te ofrecerán alimentos; no los comas. Te ofrecerán bebida; no la bebas. Son alimentos y bebida de muerte. Te ofrecerán vestidos: póntelos. Te ofrecerán aceite: úngete».

Adapa hizo como le habían dicho: simpatizó tanto con Tammuz y Gishzida, los dos porteros del cielo, que fue recibido no ante un tribunal, sino en la mesa de Anu. Este hizo traer alimentos y bebidas de eternidad. Los rechazó, dejando así de lado la inmortalidad. Entonces el dios del cielo ordenó que se expulsase lejos de sus ojos a Adapa el rebelde. Adapa fue víctima, pues, de los desacuerdos entre los dioses.

Pero existe otra versión. Anu proclamó: «Puesto que Adapa, de raza humana, ha roto el ala de Shutu por sus propios medios, que sea como sigue: sea cual sea la enfermedad que Shutu haya puesto en el cuerpo de los hombres, con él, Adapa, Ninkarak (diosa de la salud y de la curación) podrá calmarlos, ¡que salga la enfermedad! Pero sin él, ¡que llegue la fiebre helada y que el enfermo con un dulce sueño no pueda reposar!». ¡Cuánto poder!

GENIO ALADO
ADORANDO EL ÁRBOL
SAGRADO
SIGLO IX A. C.
Bajorrelieve de Nimrud

157

Los Apkallu.

Se dice que son siete, ocho o dieciséis. Son seres brillantes y geniales, inteligentes y expertos en todos los ámbitos. Están al lado de los soberanos, ya sean dioses u hombres, como una especie de primeros ministros, unos visires sometidos por completo a su señor: les aportan el saber y son instrumentos de su poder.

Ea es su patrón. Se sirve de ellos para introducir las comodidades de la vida y de la cultura entre los hombres. Él, a su vez, es el Apkallu de los dioses.

En el período seléucida (del siglo IV al siglo I a. C.) se les llamaba *Ummanu*. Se dice que uno de ellos escribió la epopeya de Erra, y otro, la de Gilgamesh.

Inanna, el amor y la guerra

La dama del cielo

Diosa del amor libre y de la vegetación, astuta, voluntariosa y reivindicativa, Inanna protege a Uruk, aporta a la ciudad la civilización, pero su avidez de poder la lleva a arriesgar su vida.

Inanna es la patrona de Uruk, y la diosa del amor y de la guerra. Manda en la vida y en la muerte.

Se llama Inanna porque es la «dama del cielo»: *in* significa «dama» y *an*, «cielo». Está asociada, unas veces como esposa y otras como hija, a Anu, el señor del dominio celeste y el patrón de la ciudad de Uruk. Sin embargo, Anu es un dios lejano y encarga a Inanna los asuntos de su ciudad.

La protectora de Uruk

Enki, el demiurgo, es el poseedor de los *me*, es decir, de todo lo que se refiere a la civilización. Hace que su ciudad, Eridú, se aproveche de ellos, y así vive en la prosperidad. Inanna se propone robárselos en beneficio de Uruk, su ciudad. Le invita a un banquete y consigue embriagarlo. Así puede cometer su hurto, mientras Enki se abandona a una dulce somnolencia. El robo de los *me* no priva a Eridú de ellos, sino que los hace extensivos a Uruk, que conoce el progreso y la civilización (*Inanna y Enki*).

Una curiosa historia de amor

Inanna se casa con el pastor Dumuzi, que de este modo se convierte en soberano de la ciudad. La diosa está muy enamorada y lo proclama alto y claro: «¡Camino en la alegría! [...] Mi señor es digno del regazo sagrado». Su matrimonio y su felicidad, sin embargo, no le impiden ser ambiciosa. Se propone descender a los infiernos para arrebatar el poder a su hermana Ereshkigal, que los gobierna. Logra pasar las siete puertas, pero en cada una de ellas debe quitarse una prenda de vestir. Llega delante de su hermana completamente desnuda, carente de poder e inerte, como una difunta.

Enlil, advertido de la desgracia de Inanna, envía a dos mensajeros para que le lleven el «alimento de la vida» y el «agua de la vida». Logran reanimar al «cadáver que colgaba de un clavo».

Pero la ley que entonces se impone a Inanna es estricta: si quiere salir de los infiernos, debe encontrar a un sustituto. Escoltada por demonios, los *galla*, regresa a la Tierra para buscar a aquel o aquella que ocupe su lugar. Va a Umma, a Bad Tibira, y allí las divinidades tutelares se echan a sus pies para pedirle piedad. Conmovida por su pavor, parte de nuevo

La luchadora.

«Inanna de poderes temibles, tú que esparces el terror, cabalgando sobre estos grandes poderes. Inanna, itú que esgrimes, por su mango sagrado, el ankara cuya sangre te salpica! ¡Tú que vences en terribles combates, que pulverizas los escudos y levantas huracanes y tormentas! Altiva soberana Inanna, experta en desatar las guerras, itú devastas la Tierra y conquistas los países con tus flechas de largo alcance! ¡Aquí y allí arriba, ruges como una fiera y azotas a las poblaciones! Como un uro gigantesco, ite yergues, impaciente por atacar las regiones hostiles! Igual a un formidable león, con tu boca espumeante aniquilas a adversarios y rebeldes.» (*Victoria de Inanna sobre el Ebih*)

PRESENTACIÓN DE OFRENDAS ANTE LA DIOSA INANNA
HACIA 2900 A. C.
Alabastro

158

y finalmente se encuentra en la ciudad de Uruk. En Uruk, Dumuzi está sentado sobre su trono. Con una magnífica vestimenta y gozando de una espléndida vida, celebra fiestas y goza del poder tranquilamente, sin preocuparse lo más mínimo por las tribulaciones que ha sufrido Inanna. Al percatarse de ello, la diosa, enojada, fija sobre él «el ojo de muerte» y profiere un grito: «¡Lleváoslo!». Al momento, los demonios se apoderan de él, lo torturan y se lo llevan para que ocupe el lugar de Inanna en los infiernos.

Inanna y Bilulu

Pese a todo, la diosa no está satisfecha con la situación. Conserva un amor profundo por su esposo y oye su lamento: «En el desierto, mi Dumuzi, ¡elevaré mi lamento! ¡Mi lamento por ti! ¡Haré que lo oigan hasta el Arali infernal!». Entonces, desierto e infiernos se confunden. Inanna parte para unirse al cadáver de Dumuzi. Ve el rebaño de su esposo conducido por Gigiro, hijo de Bilulu, «la vieja y respetable matrona». Gigiro, un individuo solitario, artero y lleno de astucias, ha robado el rebaño igual como roba semillas y gavillas y mata a los propietarios. Permanece en compañía de Sirru-del-desierto-ventoso, «hijo de nadie y amigo de nadie». Entonces Inanna va al desierto ventoso, entra en la caverna de Bilulu y la transforma en un «odre-de-agua-fresca». Gigiro se convierte en demonio y espíritu del desierto, y gritará sin cesar: «¡Verted más! ¡Derramad más!», para calmar la sed del cadáver, que permanecía en el desierto. Así, dice el texto, harán volver a Dumuzi de donde había desaparecido.

Dumuzi y Gestinanna

Otra versión de los hechos habla de Gestinanna, la hermana de Dumuzi. En el momento en que Dumuzi está descendiendo a los infiernos, Gestinanna, que está acicalándose, oye la petición de socorro de su hermano. Al percatarse de la situación, suplica que no se lleven a su hermano único y propone pasar la mitad del año en su lugar en el reino de Ershkigal. Aquí se muestra una notable oposición entre la amante, egoísta y cobarde, y la hermana, valiente y unida sinceramente a su hermano.

La epopeya de Enmerkar.

Enmerkar, el rey de Uruk, quiere construir para la diosa Inanna un templo más suntuoso que el edificado por el señor de Aratta. Pero este posee piedras y metales preciosos que el primero necesita, y lo desafía a transportar grano en un recipiente agujereado, a llevar un cetro ni de madera ni de metal ni de piedra y, por último, a encontrar a un valeroso que lleve un vestido sin color conocido. Con la ayuda de Inanna, Enmerkar encuentra las soluciones: transporta grano germinado, que no pasa por los agujeros del recipiente, lleva un cetro de caña, y finalmente viste a su paladín de lana cruda. Este primer combate de enigmas podría tener una antigüedad de 5 000 años.

PROCESIÓN PARA UN SACRIFICIO RITUAL EN HONOR DE LA DIOSA INANNA
(TORO Y PORTADORES DE OFRENDAS)
HACIA 2900 A.C.
Alabastro

Sin, el dios del orden cíclico

La Luna

Coronado con la luna creciente con las dos puntas hacia arriba, como un esquife, sin boga por las aguas de los espacios celestes, aporta luz al mundo y señala el destino de los dioses y de los hombres.

Sin también se llama Suen o Nanna entre los sumerios, y Nannar entre los acadios. Está sentado sobre un trono, y una larga barba cae sobre su pecho; sostiene un hacha, un cetro y un bastón.

Sin es la Luna y el padre de Shamsha, el Sol; su esposa es Ningal, la gran dama. La luz de Sin es benefactora, pues guía a las caravanas; la del Sol es despiadada, pues quema y reseca. La luna creciente se asemeja a una cornamenta, por lo que Sin es comparado a un toro joven cuya fuerza aumenta a medida que el mes avanza.

Sin está continuamente en lucha contra los malvados. Al iluminar el mundo de noche, les impide actuar. Por ello, los demonios luchan contra él. Un día logran hacerlo desaparecer. Pero Marduk lo defiende y restablece el orden. Sin formula oráculos; sus previsiones atañen tanto a los dioses como a los hombres. El eclipse es la señal más temible que da Sin, ya que entonces se esconde, y con ella anuncia las catástrofes.

El culto a Sin se extiende a partir de Ur, en Babilonia, y de Harran, en Asiria. Las más altas autoridades intervienen en él: la hija de Sargon, rey de Acad, se convierte en la esposa del dios; una de las hermanas de los reyes de Larsa es la gran sacerdotisa, y uno de los hermanos de Assurbanipal es el gran pontífice del templo de Harran.

160

TRÍADA DE PALMIRA: BAAL, SEÑOR DE LOS CIELOS, ENTRE EL DIOS LUNA Y EL DIOS SOL
SIGLO I D. C.; bajorrelieve; calcárea

EMBLEMAS DE LOS DIOSES GARANTES
DE LOS CONTRATOS: LA LUNA CRECIENTE
DE SIN, EL SOL DE SHAMASH
Y LA ESTRELLA DE ISHTAR
HACIA 1188-1174 A. C.
Bajorrelieve de piedra negra

Shamash, la luz

El Sol

La luz de Shamash resplandece en el cielo, sobre la Tierra y en los infiernos; ve, oye y entiende todo. Da las leyes y dirige la justicia. Se ocupa de la institución de las leyes de Hammurabi.

Sobre una tablilla encontrada en Sippar, se ve al dios Shamash sentado, tocado con una tiara de cuádruple rango de cuernos, con moño, barba larga y ataviado con un traje largo. En la mano derecha sostiene el bastón y el círculo. La imagen que lo simboliza es el disco solar naciente entre dos montañas, o bien una simple rueda de rayos.

El dios de la luz

Hijo del dios de la Luna, Sin, y de Ningal, Shamash es hermano de Ishtar, la diosa del amor y de la guerra. Tiene por esposa a Aya, «la muchacha». Da la luz al universo. Viaja de día por el cielo y lo ve, lo inspecciona y lo descubre todo, revela los secretos, presta ayuda a quien la necesita, castiga a quien lo merece y recompensa a quien es digno de ello.

Las primeras leyes escritas conocidas, el código de Hammurabi, fueron establecidas bajo su autoridad. Como dios de la justicia, dicta su voluntad al rey de Babilonia. Los juramentos se hacen en su nombre. Shamash no permite la mentira. Dos pequeños dioses le ayudan en su tarea: Girru, el dios fuego, y Nusku, el dios luz. Las plegarias que se le dirigen se sitúan entre la magia y la religión. Siempre está presente, y sin duda responde, con la condición de que se respeten unos ritos precisos.

Su culto se concentra en las ciudades de Larsa, al sur, y de Sippar, en el centro. En ambas ciudades, su templo se llama el *Efabbar* (la «casa brillante»).

Como dios omnisciente, se jura por él en los juicios, como se hace hoy en día sobre la Biblia. Junto con Adad, dirigía el arte de la adivinación.

EL DIOS SOL SHAMASH SOBRE UNA CRIATURA FABULOSA, CON LOS SÍMBOLOS DEL DIOS DE LA LUNA Y DE LA DIOSA ISHTAR

HACIA LOS SIGLOS VIII Y VII A. C.

Bajorrelieve de yeso

Gilgamesh, el héroe de Sumer

La búsqueda de la inmortalidad

Gilgamesh, un rey tiránico, voluptuoso y cruel, además de aventurero intrépido, ilustra de una forma sobrecogedora cómo la condición humana se afana por escapar de su finitud.

Gilgamesh, hijo de la diosa Ninsun y de un mortal, es el rey de Uruk. «En él, dos tercios son dios y un tercio es humano; los propios dioses perfeccionaron la forma de su cuerpo, y su madre, Ninsun, además, lo dotó de belleza. En el recinto de Uruk, hace gala de una fuerza tan poderosa como la de un búfalo. El choque de sus armas no tiene rival» (*Epopeya de Gilgamesh*, II, 3-15). Es un gran constructor, hace de su ciudad una fortaleza inexpugnable, rodeada de una muralla de nueve kilómetros y medio flanqueada por más de novecientas torres.

Enkidu

Enkidu es un déspota cruel: todas sus mujeres le sirven para su placer, y todos los hombres, para sus trabajos. Sus súbditos, alienados por esta opresión, suplican a los dioses que los liberen de su verdugo; entonces, estos deciden crear un gigante para que luche contra él y lo mate.

Enkidu representa lo contrario de Gilgamesh. Es medio salvaje, pero tiene más de animal que de hombre. Su cuerpo está cubierto de vello, vive en cuevas y en terrenos yermos, entre los animales salvajes. No conoce la civilización y, al estar dotado de una fuerza colosal, lo destruye todo a su paso y busca pelea con todo aquel que encuentra en su camino. En un primer momento, Gilgamesh lo ve en un sueño, y más tarde conoce su existencia a través de un cazador emboscado que lo ha visto beber en una fuente. Le envía una cortesana para que lo seduzca. Esta se une a él durante siete días y siete noches y logra hacer de él un hombre. Enkidu la sigue hasta la ciudad, donde poco a poco se introduce en la civilización. Entonces se encuentra con el rey. La confrontación es despiadada: ambos desean vencer y afirmar así su supremacía. Gilgamesh, que es más astuto, lo supera, pero cobra aprecio por su adversario.

162

HUWAWA, DEMONIO DESNUDO QUE VIGILA EL BOSQUE. GILGAMESH Y ENKIDU LO MATAN
HACIA 2000 A. C.
Bajorrelieve

GILGAMESH Y LOS DESPOJOS DE UN LEÓN
HACIA 722-705 A. C.
Bajorrelieve

La muerte de Enkidu

Gilgamesh y Enkidu parten para acabar con Huwawa, un monstruo de una fuerza fenomenal que escupe fuego y mata con su aliento. Lo encuentran en un bosque de cedros fabuloso, del que es el guardián. Después de muchas peripecias, consiguen darle muerte. De regreso, Gilgamesh recibe proposiciones de la diosa Ishtar, que está maravillada al conocer sus hazañas. Pero él la rechaza de forma insolente, tratándola de «zapato que aprieta». Ishtar se enfurece y crea un toro celeste capaz de destruirlo a él y a toda su ciudad. Enkidu logra coger al animal por la cola y Gilgamesh le clava su espada entre la cruz y los cuernos. Enkidu, ebrio de victoria, se mofa de la diosa y la insulta profusamente. Esta se venga enviándole una enfermedad, y Enkidu muere tras doce días de agonía. Gilgamesh está desconsolado. Durante siete días y siete noches llora a su amigo, con lo que espera devolverlo a la vida. Después del entierro, Gilgamesh vaga por el desierto, aterrorizado por la perspectiva de la muerte. Allí se le ocurre una idea: conquistar la inmortalidad. Sabe que Utnapishtin, el único que ha sobrevivido al diluvio enviado por los dioses, todavía vive, y decide visitarlo. En ese momento empiezan sus aventuras.

Las pruebas

Los guardianes le abren la puerta del Sol. Se trata de los hombres-escorpión, «cuya vista es suficiente para dar la muerte» (*Epopeya de Gilgamesh*, IX, II, 7); estos han discernido en él la parte divina que posee. Gilgamesh anda durante doce horas en las tinieblas subterráneas, se encuentra con la ninfa Siduri, que intenta disuadirlo de sus planes, cruza las aguas de la muerte y, por fin, llega a la orilla donde vive Utnapishtin.

Este le pide que no duerma durante seis días y siete noches para prepararse para la inmortalidad. Pero Gilgamesh se duerme y no despierta hasta la séptima noche. Eso le preocupa: «¿Qué debo hacer, Utnapishtin, adónde debo ir? Un demonio se ha apoderado de mi cuerpo; en la habitación donde duermo vive la muerte, y vaya donde vaya, ¡la muerte está ahí!» (*Epopeya de Gilgamesh*, X, 6-9). Utnapishtin finalmente le revela dónde se encuentra la planta de la vida, llamada «el anciano se vuelve joven». Gilgamesh va a buscarla al fondo del mar, y toma el camino de vuelta con la intención de compartirla con sus súbditos. Por el camino, se

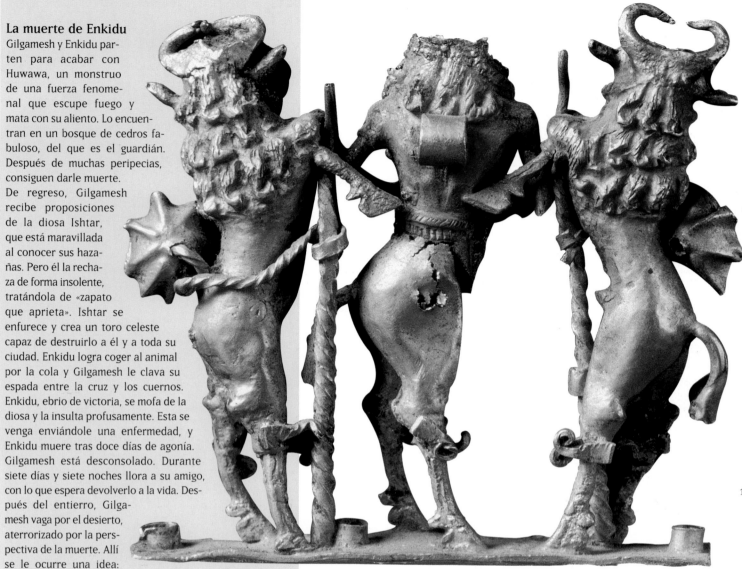

163

EL HOMBRE-TORO
(MINOTAURO) ENKIDU
SOSTENIENDO A DOS TOROS
ANDROCÉFALOS (ARRIBA)
SUMER
Colgante de oro

LA DIOSA NINSUN,
MADRE DE GILGAMESH
III MILENIO A. C.
Bajorrelieve; esteatita

GILGAMESH CON DOS SEMIDIOSES (MINOTAUROS)
SOSTENIENDO EL DISCO ALADO DEL CIELO
SIGLO IX A. C.
Bajorrelieve

detiene para tomar un baño en un manantial. Pero una serpiente, atraída por el perfume de la planta mágica, la devora.
Gilgamesh es despojado de la inmortalidad. Regresa a Uruk y
se resigna a proseguir su vida anterior.

«Cuando los dioses hicieron a los hombres, pusieron la
muerte para los hombres y se quedaron la vida para ellos. Tú,
Gilgamesh, llena tu barriga y, día y noche, regocíjate. Pon una
fiesta en cada día, día y noche, baila y diviértete... Sostén al
niño que toma tu mano, que la mujer contigo goce. Para los
hombres, es la única opción.» (*Epopeya de Gilgamesh*)

El rey Gilgamesh. Gilgamesh es el quinto rey de la I dinastía de Uruk. Se le deben
importantes obras hidráulicas. Desvió las aguas a la periferia de la ciudad e hizo construir una
muralla de 9 km de longitud, flanqueada por 900 torres semicirculares. Ahora bien, la grandeza del
constructor, sin duda, no ha tenido nada que ver con la difusión de su mito.

Ishtar, la diosa del amor

La amante apasionada

Como estrella de la mañana, Ishtar es la guerra. Como estrella del atardecer, es el amor y la voluptuosidad. Se la confunde con Inanna, Astarté, Anat y Afrodita, según los países, pero en todas partes es la diosa del amor.

Ishtar siempre es virgen, no por abstinencia, sino porque recupera periódicamente la virginidad bañándose en un lago. Siempre la siguen sus dos sirvientas músico, Ninatta y Kulitta.

Es hermana y esposa de Tammuz (el Dumuzi sumerio), que todos los años muere y baja a los infiernos, y todos los años resucita y vuelve a la Tierra, acompañando la vegetación de la primavera. Así, cada año se celebra, primero, su duelo y, después, su retorno a la vida. Ezequiel habla «de las mujeres sentadas bajo el porche del templo de Yahvé que lloran a Tammuz» (Ezequiel, VIII, 13).

Diosa del amor

Es una gran amante, canta con pasión su afecto por Tammuz. También ama a Gilgamesh, el cual, consciente de su vida desordenada, la rechaza con insolencia. Es la diosa del amor, y sus templos son lugares de prostitución: en Babilonia, todas las mujeres deben sentarse en el templo, por lo menos una vez en su vida, y esperar a que llegue un extraño, les eche dinero y les diga: «Te conmino en nombre de la diosa». Entonces ella sigue a ese hombre y se une a él (Herodoto, *Historias*, L, 2).

Como benefactora, presta su ayuda en la impotencia sexual. Sacrificios de corderos, emanaciones de perfumes, libaciones de cerveza y quema de figurillas de cera o de madera son las acciones que atraen su intervención.

Diosa de la guerra

Como guerrera feroz, Ishtar es cruel y decidida. Se la representa con el arco y el carcaj, y dirige el combate. Da gloria a Asiria y es la responsable de la crueldad de sus reyes: Assur Nasirpal (883-859 a. C.) es célebre por la barbarie con que trata a los enemigos vencidos; hace desollarlos vivos y que les corten las manos.

Astarté, o Ashtart, una diosa fenicia, reúne a Afrodita y a Eros: es la seducción y el desorden erótico. Como diosa del amor, es honrada en numerosos países de oriente. Sus templos se encuentran en Tiro, Cartago y Chipre. La Biblia la llama «diosa sidonia», ya que los reyes de Sidón son sacerdotes de Astarté. Pero también es una diosa lasciva, y su culto puede incluir ritos orgiásticos. En ocasiones se la ha confundido con Anat, hermana y amante de Baal, con Athirat, esposa del dios El y, por último, con Inanna, la hija del dios An.

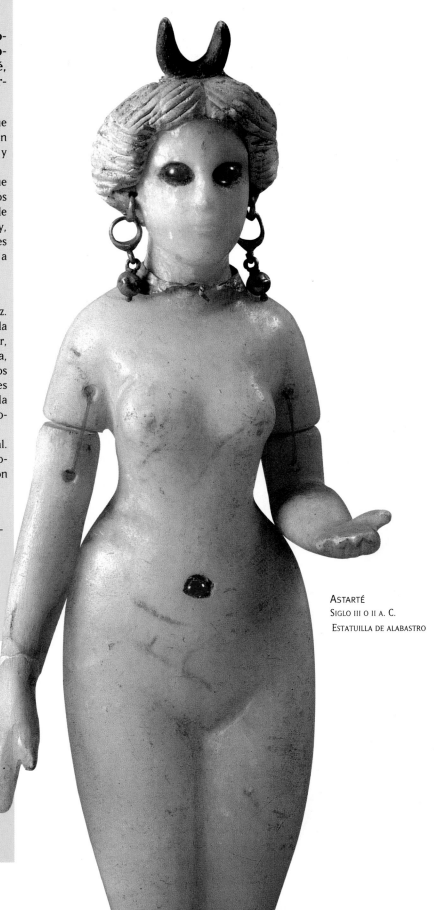

ASTARTÉ
SIGLO III O II A. C.
ESTATUILLA DE ALABASTRO

Mitología de la India

Mitología de la India

EL BATIDO DEL OCÉANO DE LECHE
Escultura india

La India es todo un continente en sí misma. La riqueza, la variedad y la abundancia de su mitología son equiparables a las de otras culturas del mundo. Sus mitos, cuyo origen se sumerge en los tiempos más remotos de la prehistoria, se expresan a través de un lenguaje poético que esconde una profunda coherencia espiritual. La mitología india, que nace y gana profundidad gracias a múltiples e incesantes cambios culturales entre las comunidades sociales, étnicas y religiosas más diversas, se transmite por medio de un ingente fondo de relatos tradicionales.

El nacimiento del mundo

Desde los primeros *Vedas* —cuyo origen se remonta aproximadamente al siglo XV a. C.— hasta los últimos *Puranas* —probablemente redactados entre los siglos IV y XV d. C.—, se van sucediendo unos relatos en los que los conceptos abstractos revisten una importancia cada vez mayor. No hay un relato único, sino varios, y cada uno de ellos empieza con las palabras: «Al principio...». Por lo general, se trata de un comienzo relativo.

«Del no-ser, ¿cómo podría nacer el ser? El ser solo, ¡oh, querido!, existía al comienzo, el ser único, sin segundo» (*Chandogya Upanishad*, VI, 2). En la mayoría de narraciones, el origen del mundo no es un acto de creación, sino de organización de un caos, que se troca en orden universal. Además, estos mitos de origen contienen una gran variedad de metáforas pintorescas procedentes de las actividades humanas.

Unas veces, el mundo se representa como salido del cuerpo de un ser antropomórfico gigantesco, Purusha, que es ofrecido en sacrificio y cortado en pedazos por los dioses. Otras, la creación es atribuida a un demiurgo, Prajapati, que hace salir de sí mismo, sucesivamente, a todos los seres: «Saca las vacas de su vientre y de sus flancos; los caballos, los elefantes [...] de sus pies. De su pelo nacieron las plantas, los frutos y las raíces» (*Visnú-Purana*, I, 47-48). Otras veces, el universo, al principio, está compuesto solo de agua: «Al principio, en verdad solo había agua, solo líquido. Las aguas formularon un deseo: "¿Realmente podríamos engendrar?". Hicieron un esfuerzo, aumentando su calor interno, y mientras incrementaban su calor, en ellas se formó un huevo de oro» (*Satapatha Brahmana*, XI, 1-6). Ese huevo de oro, tal como se dice en el capítulo primero del *Manavadharmasastras*, «se revistió del resplandor del Sol de mil rayos».

Más tarde, se habla del jabalí que se sumerge en lo profundo de las aguas y levanta la tierra: «Sacó a flote la tierra y la dejó flotando sobre el océano como un gran navío. Tras allanar la tierra, la adornó con montañas y la dividió en siete continentes» (*Visnú Purana*, I, 4, 45-50). El jabalí se dice que es un avatar —una transformación— de Visnú. Se trata de la primera creación, o de una recreación, tras el diluvio. El mito del diluvio se conoce de manera universal. En la India, encontramos narraciones sobre este en el *Satapatha Brahmana* (I, 8, 1) y el *Bhagavata Purana* (VIII, 24, 7 sq.). Dura cien años y está precedido por el incendio cósmico. Todo queda destruido. Es un retorno al mundo del caos inicial, sobre el que se acostó Visnú dormido: el receptáculo de todas las criaturas (*Visnú Purana*, VI, 37-41).

Los dioses

A medida que pasamos del vedismo al hinduismo, los dioses más antiguos del panteón védico van siendo reemplazados por la Trimurti, compuesta por tres grandes dioses: Brahma, el creador del cosmos; Visnú, el preservador del universo, y Siva, el destructor.

Según el *Rig Veda*, existen 33 dioses védicos: 11 viven en el cielo, 11 en la Tierra y 11 en las aguas. Son concebidos como seres personales; se desplazan en carros relucientes, comen, beben y trabajan. No necesitan dormir, y difícilmente conceden su amistad. Se ha dicho que los dioses védicos representan las fuerzas naturales. Pero no son solo eso, sobre todo porque no se hacía una distinción clara entre lo que pertenecía a la naturaleza y lo que no. Los dioses védicos experimentan una larga evolución que acentúa sus diferencias.

Se los conoce sobre todo por los himnos del *Veda* dirigidos a ellos. Así pues, no son exactamente relatos mitológicos estrictamente hablando, sino alusiones a sus acciones pasadas o presentes, que nos hacen ganar familiaridad con ellos. Así, sobre su figura existen numerosos sobreentendidos, presuposiciones y suposiciones. Más que una teología, la religión védica explica toda una cultura.

Al principio, Indra era tan solo el dios de la tormenta, pero más tarde se convirtió en el dios del Sol, el que libera las aguas. Es el creador de los ríos. Varuna podría haber sido el dios del cielo, quien, con sus espías, las estrellas, vigila el mundo. A veces se asimila al dios indoeuropeo Mitra, de Asia Menor, con el que comparte algunos rasgos, aunque a veces resultan opuestos. Los dioses luchadores son honrados con los relatos sobre sus combates: Indra contra Vritra, Rudra contra todo lo que es vida; es el destructor. Pero disponemos de poca información sobre su historia completa. El hecho de que Indra y Rudra sobrevivan al paso del vedismo al hinduismo permite reactivar o reinventar toda una historia mitológica en torno a ellos. Por oposición a ellos, los dioses de la fecundidad, de una forma u otra, favorecen la vida: la creación, el fuego, el agua, etc.

EL CARRO DEL SOL
SIGLO XVIII
Miniatura india

Lo que caracteriza al hinduismo posterior es que desvaloriza de manera importante el panteón védico: las omisiones y los añadidos van acompañados de un ascenso extraordinario de dos divinidades antiguas: Visnú y Siva —este último confundido a menudo con el Rudra védico. Los tres dioses de la Trimurti hindú, cada uno en diferentes lugares de culto, alcanzan el rango de divinidad suprema. Pero son sobre todo las epopeyas, a menudo interminables, las que narran sus aventuras, así como las de su progenie, sus reencarnaciones, sus amigos y enemigos. Entre otros libros, son los numerosos *Puranas* y el *Mahabharata* por lo que respecta a Krishna. En cuanto a Rama, un héroe hindú también considerado una reencarnación de Visnú, tiene su propia epopeya: el *Ramayana*.

Los dioses de la India

El panteón védico
Los antiguos dioses de la India

Los soberanos:
Mitra, garante del contrato
Varuna, el organizador del mundo

Los luchadores:
Indra, la exuberancia de la vida
Rudra, el destructor

Dioses de la fecundidad:
Aditi, madre de los dioses
Agni, el fuego
Purusha, el señor de la inmortalidad
Sarasvati, el río sagrado
Soma, la bebida de los inmortales
Visnú, el señor del espacio
Yama, el primer hombre

La Trimurti hindú
Los tres grandes dioses del hinduismo

Siva-Rudra, benefactor y destructor
Su esposa **Durga**
Sus hijos **Ganesa** y **Skanda**
Su cortejo:
    Kama y su esposa **Rati**

Visnú, el omnipresente
Su esposa **Lakhsmi**
Sus encarnaciones o «avatares»:
    Matsya, el pez
    Kurma, la tortuga
    Varaha, el jabalí
    Narasimha, el hombre–león
    Vamana, el enano
    Parasurama
    Rama y su esposa **Sita,** avatar de Lakshmi
    Krishna y su esposa **Rukmini,** avatar de Lakhsmi
    Kalkin
Su séquito:
    Indra
    Hanuman

Brahma, el creador
Su esposa **Sarasvati**

Varuna, el símbolo del paraíso

El orden del mundo

Varuna, soberano y mago, reina en el mundo sobre los dioses y los hombres. Con su mirada observa los quehaceres de todos, lee los pensamientos secretos e inspecciona todas las actividades.

Varuna, uno de los grandes dioses védicos, está asociado a Mitra en relación con la soberanía del mundo. Es la rigidez, la fuerza que se impone, mientras que Mitra es la benevolencia, el aspecto favorable a los hombres. Varuna se suele representar a con una cuerda en la mano: es el que ata, el señor de los nudos. Su animal preferido es la tortuga, que implica estabilidad y unos cimientos sólidos.

Varuna crea los límites de la Tierra y el cielo, hace correr el aire por encima de los árboles, modela la cima de las montañas, da «la leche a las vacas, la inteligencia a los corazones, ha puesto el fuego dentro del agua, el Sol en el cielo y el Soma en la montaña» (*Rig Veda*, V, 85, 1-2). Concede la lluvia y hace discurrir el agua por los ríos. Es responsable de la fertilidad y la fecundidad.

Sus poderes

Varuna es el guardián del *rita*, es decir, la organización del mundo, con sus normas y el desarrollo regular de sus manifestaciones. El *rita* es una forma universal que se impone a todos los seres y las cosas. Es la verdad, la realidad profunda, fuera de la cual no existe nada.

El *rita* también es el conjunto de los ritos del sacrificio. Varuna supervisa su desarrollo con minuciosidad. En el sacrificio, el resto de los dioses toman lo que está conforme, mientras que Varuna toma lo que no lo está y se ocupa de sancionar los incumplimientos del rito. Así pues, posee la soberanía espiritual, al igual que Indra goza de la soberanía temporal.

Varuna reside en medio del cielo. Su color es el negro: se le regala un grano de cebada negra o un animal negro. Su dominio son la noche y las aguas. Las estrellas son sus mil ojos, con los que observa constantemente las actividades de los hombres. Es justiciero y ve antes las faltas que las buenas acciones. Castiga todo extravío del orden y los desórdenes morales o rituales.

Varuna es el señor de la *maya*, el poder de obrar milagros o maravillas. Es una potencia creadora que supera las palabras humanas. Su acción es en ocasiones imprevista: suscita pánico en el ejército o provoca la locura en los pecadores. La *maya* a menudo es la ilusión, el cambio aparente y engañoso, no ligado a una transformación verdadera, que induce a error y hace sufrir. Varuna es taumaturgo y mago.

El bien y el mal

Varuna es iracundo, violento y malvado: provoca terremotos y siembra enfermedades. Produce el mal y lo esparce por todo el mundo. Es terrible y todos le temen. Nadie consigue hacerle reflexionar.

Pero, así como siembra el mal, también puede liberar de él. Posee todos los remedios y todos los beneficios. Otorga la paz y la prosperidad, y concede el perdón y la salud.

VARUNA, DIOS DE LOS OCÉANOS
SIGLO XVIII
Escuela india, guache sobre papel

Varuna montado sobre un monstruo, el *makara*. Está rodeado de las estrellas, que son para él como ojos con que mira el mundo. Con la mano sostiene un látigo que «reúne toda sabiduría».

170

Purusha, el ser primordial

El señor de la inmortalidad

Purusha es el mundo pasado, presente y futuro. Es el estado latente de todo cuanto existe, a la vez que indispensable para la energía que se desarrolla en el mundo.

Purusha es representado como un hombre gigantesco, más grande que la Tierra. Es inmortal en el cielo, que lo ocupa en sus tres cuartas partes, mientras que la otra parte se reserva a las criaturas mortales. Tiene mil muslos, mil pies, mil ojos, mil rostros y mil cabezas.

De Purusha, el señor de la inmortalidad, nace la creación individual: los hombres y los elementos de la naturaleza son las partes de su cuerpo; su boca se convierte en los brahmanes, y sus brazos en los nobles; sus muslos se transforman en los artesanos, y su ojo en el Sol.

El universo

Purusha es pura inmutabilidad, pura espiritualidad. Es incalificado e incalificable. No piensa, no tiene voluntad, no actúa ni percibe nada en absoluto. Es inactivo por naturaleza. Purusha es el universo, penetra y sostiene a todos los astros. Es único, inmutable e inconmensurable. Es el origen y el fin. Es el ser y el no ser. Es el mundo pasado, presente y futuro.

Purusha y Prakriti

La energía propia de Purusha, la fuerza del asceta y la savia de las plantas, el valor del guerrero y la violencia de las tormentas, son representadas por su *paredre* (su esposa) Prakriti. Es Purusha quien pone en movimiento a Prakriti y, con ella, al proceso evolutivo del mundo, esa evolución que va de lo más fino a lo más grueso, de lo suprasensible a lo físico, de la conciencia profunda a la materia. Pero esta evolución es solo ilusión.

Purusha no conoce la felicidad, ni el poder de actuar, ni la causa material. No participa en las alegrías ni en los deseos, en las penas ni en los sentimientos. Precisamente por eso es auténtico.

Atman y Purusha.

«En cuanto a este Atman, solo se expresa por negaciones: es inalcanzable, ya que no se puede aprehender; es indestructible, ya que no puede ser destruido; no tiene ataduras, ya que no está atado a nada; no tiene vínculos ni miedo, ni ningún deseo. [...] Pero aquel que, evitándolo o rechazándolo, rebasa el espíritu, sobre ese Purusha, ¿qué enseña la doctrina?» *(Aranyaka Upanishad, libro III)*

NACIMIENTO DEL CREPÚSCULO TRAS EL DILUVIO BAJO LA MIRADA DE BRAHMA
SEGUNDA MITAD DEL SIGLO XVIII
Miniatura india de la escuela del Pahari

Purusha es asimilado a Brahma, dios de cuatro cabezas, ordenador del mundo. De Brahma/Purusha nace la creación: es él quien pone en marcha el proceso evolutivo del mundo.

Purusha, el principio espiritual.

«Este mundo era incognoscible. Entonces, el augusto Ser que existe por sí mismo, desarrollando este universo bajo la forma de los grandes elementos y otros, tras desplegar su energía, este Ser que solo el espíritu puede percibir, sutil, sin partes distintas, eterno, que contiene en sí todas las criaturas, apareció espontáneamente. [...] Extrajo de su cuerpo las diversas criaturas, y de sí mismo extrajo el Espíritu, que encierra en sí el ser y el no ser, y del Espíritu extrajo el gran principio, el Alma.» *(Ley de Manu)*

Prajapati, el ser primordial

El señor de los seres creados

Todo está comprendido en Prajapati: es el universo, el tiempo y el altar del sacrificio. Crea el día y la noche, la primavera y el verano, la vida y la muerte.

Prajapati desempeña el papel de demiurgo que pone orden en la unidad no manifestada. Es el 34.º dios al lado de los 33 restantes; él los junta y les da la unidad.

La creación

Al principio solo hay agua. Las aguas aumentan su calor interno y en ellas aparece un huevo. De este huevo nace Prajapati, el señor de las criaturas y de la posteridad. Prajapati rompe el huevo, y durante un año permanece en la cáscara, que flota de un lado a otro.

A lo largo de este año dice «Bhur» y aparece la Tierra; dice «Bhuvar» y aparece el aire; dice «Suvar» y aparece el cielo. Con estas cinco sílabas crea las cinco estaciones, de manera que todo está comprendido en él, el día y la noche, la vida y la muerte, el universo y el tiempo. Prajapati se pone de pie. Ha nacido con una edad de mil años. «Así como se mira de lejos la orilla opuesta de un río, del mismo modo se contempla de lejos la orilla opuesta de su edad» (*Satapatha Brahmana*, XI, 1, 6, 6).

Con su boca, Prajapati concibe a los dioses, que en cuanto son creados toman posesión del cielo. Con su aliento interior crea a los espíritus malos, los asuras, que toman posesión de la Tierra; son las tinieblas. Prajapati da la existencia a los hombres, a las melodías y al Sol. Prajapati crea por «emanación», lo cual puede significar «sudoración» o bien «emisión seminal». Por eso, se le conoce como el señor de los seres creados.

El sacrificio

Debido a su esfuerzo creativo, Prajapati se consume y siente agotamiento. «Una vez Prajapati hubo creado a los seres vivos, sus coyunturas fueron desarticuladas. Prajapati representa el año, y sus articulaciones son las dos uniones del día y la noche, la luna llena y la luna nueva, y los principios de las estaciones. Como Prajapati no podía levantarse con las articulaciones sueltas, los dioses lo curaron con el ritual de la *agnihotra*, reforzando sus articulaciones» (*Satapatha Brahmana*, I, 6, 3, 35-36).

El cuerpo desarticulado de Prajapati es reconstruido mediante el sacrificio, que mantiene al dios vivo, es decir, el mundo unificado y fértil. El rito es tan necesario para el desarrollo del tiempo como la respiración. «El Sol no se levantaría si el sacerdote, al alba, no ofreciese la oblación del fuego» (*Satapatha Brahmana*, II, 3, 1-5).

La celebración del rito es el par del acto creador; reúne lo que ha sido dispersado, restaura la unidad primitiva, da coherencia y estructura el mundo. El sacrificio, repetido constantemente, permite a Prajapati «proseguir su obra creadora» (*Satapatha Brahmana*, X, 1, 5, 1).

PRAJAPATI COMO BRAHMA,
SEÑOR Y PADRE DE TODAS LAS CRIATURAS
Escultura india

Yama, el primero de los mortales

El rey de los muertos

Yama es el primer hombre. Es hijo de Vivasvant, el Sol, y recibe el nombre de Ymir en el norte de Europa y de Yima o Manu en Irán.

Yama tiene una hermana, Yami, con quien se une para crear a la humanidad. En la India, el quinto día de la Fiesta de las Luces, las hermanas invitan a sus hermanos, los reciben para desayunar, les preparan un buen baño y los veneran. Así se conmemora la unión de la primera pareja humana (*Rig Veda*, X, 10).

El emisario de la muerte

Yama, el primer hombre, también es el primero en conocer la muerte. Se convierte, pues, en el cabecilla de los muertos. Él mismo, o uno de sus servidores, es quien va a buscar a aquellos que han agotado su tiempo de vida.

Nada debe distraerlos de esta tarea. Sin embargo, un día, Yama está tan concentrado en el cumplimiento de los ritos de sacrificio que no hace morir a ningún hombre, de forma que la especie humana crece de forma desmesurada. Los hombres llegan a competir con los dioses. Debe esperarse al final del sacrificio para que la situación vuelva a la normalidad (*Mahabharata*, I, 1, 196).

LA CORTE DE YAMA,
SOBERANO DE LOS INFIERNOS (IZQUIERDA)
SIGLO XVI
Detalle de una miniatura, escuela de Chamba

YAMA, GUARDIÁN DE LA LEY (ARRIBA)
SIGLO XIX
Escultura tibetana. Cobre

A Yama. «Él que se ha ido hacia las grandes distancias / y que a muchos ha señalado el camino, / el hijo de Vivasvant, el que reúne a los hombres, / Yama, el rey, ¡hónralo por la oblación! / Es Yama quien ha descubierto primero el acceso, / ese paso que no nos quitarán nunca. / Los mortales, una vez nacidos, siguen su propio camino. / Allí donde se fueron nuestros primeros padres.» *(Rig Veda, X, 34)*

Indra, el invencible

Fuerza, valor y poder

Indra, modelo y ejemplo para los guerreros, es uno de los principales dioses de los tiempos védicos y la personificación de la exhuberancia de la vida.

Indra es un atleta. Tiene una nuca fuerte, una mandíbula de oro y una barba poblada. Sus brazos musculosos y sus largas manos revelan su poder. Su vitalidad se manifiesta en mil testículos y en una garganta grande como un río. Tiene un apetito gigantesco y una sed insaciable de Soma. Indra es joven, violento y valiente, pero tiene la inteligencia y la sabiduría de la madurez. Es un señor magnánimo y un hombre de acción. Su carro, hecho de oro, es tirado por sus dos caballos. Su maza arrojadiza está provista de mil púas. Es el luchador supremo, el caudillo.

Indra, una potencia divina positiva, da la vida y la luz; crea al buey y al caballo, da la leche a la vaca, fecunda todas las hembras y tiene numerosas aventuras con las mortales. Es el benefactor de todos los seres.

Indra lucha contra los enemigos de sus fieles, derriba al rebelde Pipru, destruye sus fortificaciones (*Rig Veda*, IV, 16, 13), precipita a Cambara desde lo alto de la montaña (*Rig Veda*, IV, 30, 14), expulsa a las bandas del malhechor Varcin y lucha contra los bandidos, los iracundos, los avaros y los hechiceros.

El dios «nacido para matar a Vritra»

Vritra es un demonio, hijo de Tvastar. Es profundamente malvado, símbolo del obstáculo y la cerrazón. Cierra el gran espacio entre el cielo y la Tierra (*Satapatha Brahmana*, I, 1, 3-4). Se lo representa como una serpiente inmensa tendida sobre una montaña, segura de su poder, hostil a todo lo viviente, a todo cuanto se mueve. Detiene las aguas de los torrentes, los ríos e incluso las del cielo. Representa el desorden universal.

Indra aplasta a Vritra con su maza, le hunde su arma en la nuca y le parte la cabeza. Así libera las aguas, que se precipitan hacia el mar. Esta victoria imperecedera permite, para siempre, el surgimiento del alba, la salida del Sol y la consolidación del cielo y de la Tierra (*Rig Veda*, I, 80, 4). El orden del mundo se restablece y la Tierra vuelve a ser habitable.

Los maruts

Indra va acompañado en su lucha por los maruts, jóvenes bellos y engalanados con oro, que le alaban sin cesar, lo fortifican y lo rodean durante el sacrificio. Estos compañeros poderosos y temibles sobrevuelan las montañas y hacen temblar el paisaje. Dan origen a los vientos, los rayos y la lluvia, inspiran a los artistas y son beneficiosos para todo el mundo; producen los alimentos y la riqueza, y favorecen la victoria.

Trita Aptia está igualmente a su lado. También es un luchador, y acaba con el tricéfalo Vicvarupa. Participa en la lucha contra el demonio Vritra, libera a quienes el demonio Vala ha recluido y permite así la obtención de alimentos (*Rig Veda*, I, 187, 1).

174

Indra, dios de la lluvia y rey de los dioses, adopta la apariencia de un águila para matar a la serpiente Vritra (arriba)
Período Hoysala (siglos XII-XIV)
Escultura india; altorrelieve del templo de Hoysalesvara, Halebid

Caballo (derecha)
Período Hoysala (siglos XII-XIV)
Pintura; palacio Jagmohan, Mysore

El combate contra el demonio Namuci

Namuci es un demonio «que no suelta presa». Indra no lo vence a la primera, sino que se ve obligado a cerrar con su adversario un acuerdo en virtud del cual no podrá matarlo de noche ni de día, ni con algo seco ni con algo húmedo.

Namuci, astuto y malicioso, logra dejar fuera de combate a Indra mezclando alcohol con el Soma y embriagándolo. Pero el dios recibe ayuda de los Asvins y de la diosa Sarasvati, que consiguen devolverle la sobriedad, y entonces Indra sorprende a Namuci al crepúsculo y lo decapita con espuma (*Rig Veda*, 14, 13). Indra es un dios indoeuropeo muy antiguo. Su función esencial de «demoledor de obstáculos y dios de la victoria» aparece en el *Indra* del *Avesta* iraní y en el *Vahagn* armenio.

Un dios védico

Indra ocupa el lugar principal en el panteón védico, junto con Mitra y Varuna. Más adelante, en la religión hinduista, su importancia disminuye notablemente ante Visnú y Siva. De dirigente de los dioses que reina en el cielo se convierte en un simple súbdito de Visnú, conoce el temor y el deseo y, según los relatos, deja de ser inmortal, ya que ciertos brahmanes y héroes a menudo son más valientes que él.

INDRA
HACIA 1300-1500
Escultura india

175

Los Asvins
son unos dioses gemelos, hermosos y siempre jóvenes. Sobre un carro dorado y reluciente, todos los días dan la vuelta al cielo, por el bien de la humanidad. Son taumaturgos y médicos. Dan a Indra la fuerza particular que le había arrebatado Namuci. A menudo se los compara con los Dioscuros, Cástor y Pólux.

Rudra, el rojo

El destructor

Rudra es el terrible, el destructor. Es el dios de las tempestades y de los muertos. Dispersa sus maleficios entre los hombres y los animales.

Prajapati desea tener progenitura. Practica la ascesis más estricta, produce calor interno y, de ese calor, nacen cinco seres: Agni, el fuego; Vayu, el viento; Aditya, el Sol; Candramas, la Luna, y Usas, la aurora. Usas se transforma en ninfa y se presenta ante sus hermanos. Estos, muy excitados, esparcen su simiente. Prajapati la recoge y de ella nace Rudra, un ser de mil ojos y mil pies. Así, Rudra ha nacido de un incesto de Usas y sus hermanos (*Sadvimca-brahmana*, VI, 13, 7-8).

Otras tradiciones afirman que ha nacido de Manyu, el furor (*Sadvimca-brahmana*, 9, 1, 1-6), o que tras un incesto de Prajapati y su hija, los dioses pretenden castigar a esta y reúnen todo lo que cada uno tiene de más terrible: este ensamblaje da origen a Rudra, que atraviesa a Prajapati con una flecha (*Maitrayani-samhita*, IV, 2, 12).

Rudra se casa con Rudrani y ambos se unen en un largo abrazo. Los dioses están preocupados pensando en qué hijo puede dar esta unión. Piden a Rudra que no procree. Él accede y, en adelante, guarda una abstinencia sexual casi total. Pero Rudrani está furiosa y condena a los dioses porque no tiene ningún hijo. Solo Agni, que está ausente, escapa a esta maldición (*Mahabharata*, XIII, 84-86).

Rudra vive en la Tierra. La montaña es su guarida. Desciende de ella, cruza los bosques y los campos y llega a los lugares habitados. Visita los pueblos, pero prefiere las zonas aisladas, temidas por los hombres por miedo a encontrarse con él.

El dios de la rareza

Rudra lleva los cabellos trenzados, tiene la barriga negra y la espalda roja. Viste pieles de animales y va armado con arco y flechas. Es un cazador, el señor de los animales y el bosque. Los rudras Bhava y Carva corren por la naturaleza como lobos salvajes. Rudra no tiene contacto con la vida civilizada, es rudo y grosero, amigo de los bandidos y ladrones. Es el jefe de todos aquellos que matan, ya sea por necesidad o por placer.

Es el gran destructor. Las «ruidosas, devastadoras, silbantes y comedoras de carne» (*Rig Veda*, IV, 19, 8) están a sus órdenes. Siembra la enfermedad y la muerte, ataca a animales y hombres, maneja el veneno y el rayo y esparce el terror a su alrededor. Los dioses recurren a él para que lleve a cabo los trabajos sucios.

Rudra está fuera de lo establecido. Le gusta lo que se aparta de la norma, aquellos que no viven como los demás y también los que luchan. Aprecia a las personas extrañas, a los excluidos, a los réprobos y a aquellos que viven solos y retirados del mundo. Es una potencia divina salvaje, indómita y peligrosa. Así pues, es un dios temido. Se le implora para obtener su favor y su protección y se le pide su amistad. De dios destructor se convierte en Siva, el dios benefactor, y se le ofrecen sacrificios. Lleva el nombre de Sambhu («el saludable») o

RUDRA Y SU ESPOSA
HACIA 1660
Escuela del Pahari; croquis sobre papel

Invocaciones a Rudra. «¡Gracias a los remedios dados por ti, oh, Rudra, muy saludables, pueda yo alcanzar cien inviernos! ¡Aleja de nosotros la hostilidad, aleja aún más la tristeza, aleja en todos sentidos las enfermedades! ¿Dónde está, oh, Rudra, tu mano compasiva, remedio y bálsamo, aquella que aparta la maldad divina? Mírame con indulgencia, ¡oh, toro! Miembros robustos, formas múltiples, el pardo temible se ha ornamentado con oros brillantes. De Rudra, señor del vasto mundo, la naturaleza de asura no podría ser disociada.» (*Rig Veda*, II)

de Sankara («el benefactor»). «Siva es tu nombre. Eres un remedio, una medicina para la vaca, el caballo y el hombre, la felicidad para el carnero y la oveja.» (*Vajasaneyi-samhita*, 3, 63)

Cuando el rito hizo ascender a los dioses al cielo, Rudra, como siempre, se encontraba aparte. Al darse cuenta de que era excluido, empezó a perseguir a los demás. Por temor a recibir sus golpes, los dioses le prometieron otro sacrificio. Pero ya se había ofrendado todo y solo quedaban unos pocos restos. Pese a todo, se los dedicaron al dios, y por ello a Rudra también se le llama Vastavya, el «dios de los restos» (*Sadvimcabrahmana*).

Los rudras

A menudo se encuentra mencionado el nombre de rudra en plural. Los rudras son los «hijos» o representantes del dios. A menudo, los rudras son asimilados a los maruts. Hay millares de ellos. Se encuentran por todas partes, en las ciudades, los caminos, el mar y los ríos, y hacen reinar el terror.

En definitiva, los rudras son manifestaciones del dios. Se les atribuyen las enfermedades, las catástrofes, los envenenamientos, la destrucción, los delitos y los crímenes, y su multiplicación bajo el término de «rudras» simplemente revela la ubicuidad del mal.

Rudra-Siva

Rudra es un dios védico. Simboliza la vida salvaje, es el señor de los animales y del bosque, y le gusta mucho cazar. En el panteón védico está en medio de potencias benefactoras como Mitra, Varuna e Indra, el destructor y el colérico. A menudo hace el papel de demonio.

Más adelante, en el hinduismo, Rudra desaparece casi por completo, reemplazado por Siva, un recién llegado que absorbe sus rasgos de devastador y subversivo que, no obstante, también posee un carácter benéfico. Rudra y Siva son un solo y único dios.

CAZA DE JABALÍES (ARRIBA)
SIGLO XVI
Detalle de una miniatura

Rudra simboliza la vida salvaje; es un cazador, el señor de los animales y del bosque.

BRAHMA Y SIVA-RUDRA, EL DIOS NEGRO
HACIA 1750
Miniatura; escuela del Pahari

Aditi, la diosa sin límites

La benefactora

Los himnos védicos la celebran como creadora de todas las plantas y los animales, y como madre de todos los seres. Es un ser fabuloso que no se puede incluir en ninguna categoría.

Aditi, la diosa-madre, da a luz a los adityas, en su origen serpientes que han perdido la piel y han ganado la inmortalidad (*Pancavimsa Br.*, XXV, 15, 4). Se han convertido en dioses, *devas*, incluso soberanos. Entre los adityas están Mitra, Varuna, Aryman, el protector de los arios, y Bhaga, que asegura la distribución de los bienes. Aditi es *rajaputra*, «aquella cuyos hijos son reyes», *ugraputra*, «aquella cuyos hijos son fuertes» (*Rig Veda*, VIII, 56, 11), *suputra*, «aquella de hijos buenos» (*Rig Veda*, III, 4, 11) y *suraputra*, «aquella cuyos hijos son héroes fuertes» (*Atharva Veda*, III, 8, 2). Es la madre por excelencia, y las mujeres, durante el embarazo, llevan encima el amuleto «que Aditi llevaba cuando deseaba un hijo» (*Atharva Veda*, XI, 1, 1). Así, es protectora de los alumbramientos.

Una diosa aparte

Aditi es la «no atada», la libre. Este es el sentido de su nombre. De hecho, es una diosa primordial. «Aditi es el cielo, Aditi es la atmósfera. Aditi es la madre, es el padre, es el hijo. Aditi es todos los dioses, las cinco razas. Aditi es lo que ha nacido. Aditi es lo que debe nacer» (*Rig Veda*, I, 89, 10). Sus atributos son lo bastante indeterminados como para propiciar una especie de panteísmo. Mientras que sus hijos, los dioses soberanos, tienen una función dentro de la sociedad divina o el universo, Aditi lo es *todo* a la vez: es la suma, el origen y el final, unión de los contrarios. Es la divinidad indiferenciada. Representa la amplitud, la extensión y la libertad.
En los sacrificios no se la trata como a los otros dioses, pues es exterior al mundo divino: recibe la primera y la última ofrenda. Otro modo de honrarla es que no reciba nada: su ministerio es distribuir a cada pareja divina lo que le está destinado. Aditi es un ser fabuloso, creador de todos los seres y por ello se la honra.

Su acción

Aditi es la diosa que permite la expansión, libera de todo lo que constriñe y hace desaparecer todo rastro de pecado, impureza, sufrimiento y enfermedad. Otorga la buena salud (*Rig Veda*, X, 100),
Fue adoptada por la tradición budista e integrada en la mitología de esta religión. Así, ayuda a Buda ahogando a los ejércitos de Mara, el tentador, que quiere distraerlo de su meditación para conseguir con ello impedirle que alcance la iluminación.

El culto

Tailandia, Birmania, Laos y Camboya representan a Aditi como una joven que se retuerce la melena con ambas manos. De su bonito y largo pelo mana el río, fuente de todas las riquezas. En estos países asiáticos la llaman Dharani o Brah Dharni.

ESCENA DE ALUMBRAMIENTO (ARRIBA)
SIGLO XVIII
Miniatura india; arte rajputa

La diosa Aditi es la madre por excelencia; protege a las mujeres que dan a luz.

LA VICTORIA DE BUDA SOBRE EL EJÉRCITO DE MARA (ABAJO)
HACIA 1850
Fresco; Tailandia

Aditi es adoptada por la tradición budista; la diosa ofrece su ayuda a Buda y ahoga a los ejércitos de Mara.

El origen

«En la primera edad de los dioses, del No-ser el Ser nació. Entonces las regiones nacieron, saliendo de la Parturienta. El mundo nació de la Parturienta. Del mundo las regiones nacieron. De Aditi, Daksa nació. Y de Daksa, Aditi, ya que Aditi nació, oh, Daksa, ella que es tu hija. Después de los dioses nacieron los bienaventurados, los inmortales emparentados.» (*Rig Veda*, X, 72, 3-5)

LA RUEDA DEL TIEMPO O RUEDA DEL SAMSARA
SIGLO XVI
Pintura

«Aditi es lo que ha nacido, Aditi el lo que debe nacer» (*Rig Veda*, I, 89, 10). Es la viva imagen de la Rueda del Samsara, representación del ciclo eterno: nacimiento, muerte y renacimiento.

Los adityas (según Shri Aurobindo). «No son dioses míticos y bárbaros [...], no son alegorías confusas de salvajes estúpidos. Son el objeto de adoración de hombres mucho más civilizados interiormente y dotados de un conocimiento de sí mismos mucho más profundo que el que poseemos. [...] Nacen arriba, en la verdad divina, como creadores de los mundos y guardianes de la ley divina; nacen aquí abajo, en el mundo, y en el hombre, como los poderes cósmicos y humanos de la divinidad. [...] Sin ellos, el alma del hombre no podría distinguir su derecha de su izquierda, lo que está delante de lo que está detrás, las cosas necias de las cosas sabias.» («Himnos de Atris», en *Aria*, oct. 1916, p. 182)

Agni, el dios del fuego

El Sol, el rayo y el fuego del sacrificio

En el período védico, el dios del fuego no es una divinidad cualquiera, porque para todos los demás es el mediador, y para los hombres, el ordenador de los ritos, el fuego del sacrificio.

Los romanos lo llamaban Ignis; los eslavos, Ogni; los lituanos, Ugnis, y los iraníes, Atar. Es *vaicvanara*, «el que pertenece a todos los hombres».

Agni es el fuego en todas sus formas: en el cielo, donde aparece en todo su esplendor —el Sol—; en los bosques, de donde surge; en las moradas, donde calienta el hogar. También se manifiesta en el calor de la ira y en el de la digestión. Toda llama es Agni.

El personaje

Agni deslumbra con su brillo e ilumina todo lo que se le aproxima. Se habla de «sus cabellos de llamas» y de «su mandíbula de oro». Es muy viejo: su origen se pierde en la noche de los tiempos. Al mismo tiempo, es joven y posee el vigor y la fuerza de la juventud. Es un «dios que no envejece», *tanunapat*, «retoño de sí mismo»: el fuego sale del fuego. Es inmortal, invencible y dominador. Es un rsi, un sabio, particularmente dotado de inteligencia y de clarividencia. Es inspirado, sensato y prudente. Despierta los pensamientos de los hombres y los conduce al bien.

Se lo representa en forma humana, con tres cabezas barbudas. Sostiene un rosario en una mano y una vasija en la otra. A menudo aparece montado en un carnero llamado Vahana. Su asociación con las aguas es frecuente. A menudo, el sacerdote invoca a todos los Agnis que están en lo acuático (*Aitareya-brahmana*, VIII, 6). Las plantas que nacen en el agua son la morada de Agni (*Rig Veda*, X, 91, 6), y él mismo surge del frotamiento de una de ellas, la flor de loto (*Rig Veda*, VI, 16, 13). Se lo denomina «toro de las aguas» (*Rig Veda*, X, 21, 8), porque hace que sean fecundas. También es un hijo nacido del río que engendra a todos los seres. Precisamente es en el agua donde nace el Sol (*Rig Veda*, II, 35, 6).

Mataricvan, el Prometeo hindú, lleva el fuego del cielo. Es el primer hombre que realiza un sacrificio. Pero, a menudo, «Mataricvan» también es empleado como el nombre oculto del fuego.

Agni es guía y protector de los hombres: con su vista aguda ve a los demonios, a quienes persigue y fulmina. Protege contra la enfermedad. Es el «señor de la casa» (*grihaspati*), el fuego que encendieron los antepasados y que nunca se extingue.

El sacrificio

Agni muerde con fiereza todo lo que encuentra. Tiene dos rostros, uno apacible y el otro terrible. Él da la vida y la muerte. Su poder hace de él un intermediario necesario entre lo terrestre y lo celeste, el dios en torno al cual «se reúnen las ofrendas». Es la «boca de los dioses», que devora la parte que le corresponde en el sacrificio.

La ofrenda que le está reservada es el macho cabrío, símbolo de potencia y de virilidad. Los dioses quieren que sea un hijo suyo quien dirija su ejército contra los asuras, sus enemigos (*Mahabharata*, III, 223, sq.).

180

SALUDO A AGNI, DIOS DEL SOL (DERECHA)
SIGLO XVIII
Miniatura india

MADERA DE CARRO ESCULPIDA CON LA EFIGIE DEL DIOS AGNI (IZQUIERDA)
SIGLO XVII
Altorrelieve

SATI ARDIENDO EN MEDIO DEL FUEGO (DERECHA)
SIGLO XVIII
Miniatura kishangarm; detalle de un manuscrito sobre el *Ramayana*

Agni, el fuego del sacrificio. Al morir el marido, era tradición que la viuda se arrojase a una pira. Numerosos grupos de la India lucharon contra esta costumbre.

Todo lo relativo al sacrificio le concierne: con el *Agnicha-yana* determina el modo de fabricar ladrillos destinados a la construcción del altar; con el *Agnishtoma* precisa los ritos relativos a la inmolación del macho cabrío; con el *Agnadh-yeya* indica cómo alumbrar el fuego para el sacrificio. Todas las mañanas y tardes, desde tiempos inmemoriales, los hindúes practican el *Agnihotra*, el rito de ofrenda al fuego sacrificial, que consiste en verter *ghi* (mantequilla fundida) sobre el fuego para mantenerlo vivo, mientras se recitan las plegarias apropiadas.

El indispensable.

«Invoco a Agni como encargado del culto, dios del sacrificio, oficiante, realizador de oblaciones que confiere los tesoros por excelencia. Agni es digno de ser invocado por los profetas antiguos, así como por los actuales: ¡Que convoque a los dioses aquí! ¡Gracias a Agni, el sacrificante puede esperar riquezas y prosperidad día tras día, riqueza y prosperidad honrosa, muy abundante en hombres de elite!» (*Himnos a Agni, Rig Veda*, I, 1 sq.)

Soma, la bebida de los dioses

El filtro de inmortalidad

El Soma, una bebida divinizada, equivalente al Haoma de los antiguos persas, es necesario para la inmortalidad de los dioses y para los sacrificios hechos por los hombres.

Soma es el dios Luna. Aporta el frescor de las noches y marca el ritmo de los días y los meses. Pero, por encima de todo, es el néctar de inmortalidad. Dios y bebida celeste a la vez: esta equiparación puede sorprender y contradecir ciertas nociones intelectuales occidentales; en realidad, sirve para expresar el gran valor otorgado a un licor, que constituye un elemento esencial del sacrificio.

La bebida del sacrificio

El Soma es una bebida extraída de una planta procedente del cielo que crece en las montañas desérticas. Los ritos de elaboración del Soma, fijados hasta el último detalle, constituyen la ceremonia principal de la religión.

La planta a partir de la cual se fabrica el Soma es en realidad una seta. La primera fase de preparación consiste en mojar los tallos, que se hinchan de agua. A continuación, se prensan y se empapan de nuevo con agua. Luego se colocan los tallos sobre una piedra de moler y se machacan. Por último, se recoge el jugo y se hace pasar por un filtro de pelo de oveja para eliminar las impurezas.

Todo este proceso se acompaña por el canto de los poetas. La poesía alienta a los sacerdotes, acelera la decantación y hace que el Soma sea más fuerte. A cambio, el Soma da inspiración y fervor a los aedos. Así, ritos y palabras están intrínsecamente asociados con la eficacia del sacrificio.

El Soma se bebe puro o mezclado con leche. Sus efectos son intensos: actúa sobre el pensamiento y sobre el cuerpo; hace surgir las ideas y proporciona vigor intelectual, fuerza y valor físico; cura a los enfermos y refuerza la potencia sexual. Es un elixir de vida. El Soma es la bebida de los dioses; les da fuerza, esplendor, seguridad y, en definitiva, la inmortalidad. Lo beben tanto los dioses como los hombres, y hace surgir lazos de amistad entre ellos; es el centro del sacrificio.

La ebriedad producida por el Soma tiene cierta relación con los efectos de los alucinógenos, pero el objetivo es muy distinto: crear una unión íntima con los dioses y la comunión con el universo. El Soma no es una bebida corriente: es el corazón del universo.

El origen del Soma

El mito de origen del Soma hace converger nociones aparentemente sin relación entre ellas. Sirve para explicar los elementos esenciales del sacrificio: la bebida,

MÚSICOS Y BAILARINES (ARRIBA)
HACIA 1550
Ilustración para el *Bhagavata Purana*

INDRA, REY DE LOS DIOSES, UNGIDO POR EL DIOS VÉDICO SOMA (ABAJO)
SIGLO XVIII
Escuela india; guache sobre papel

182

la palabra, el fervor y la ofrenda; también esclarece las diferentes etapas de la ceremonia. En la narración de este mito tienen lugar maravillosos sucesos: el Soma, como se ha dicho, toma la naturaleza de un dios, y los versos de los poetas se convierten en pájaros.

En los tiempos primordiales, el Soma está en el cielo y los dioses en la Tierra. Pero estos desean que el Soma esté entre ellos y, para lograrlo, deciden crear dos seres femeninos: Kadru, la Tierra, y Suparni, la palabra.

Kadru y Suparni son dos elementos contrarios. Empiezan una especie de competición, en la que ganará la que sea capaz de ver más lejos. Suparni ve un caballo blanco atado a un poste, y Kadru observa cómo el viento agita su crin. Así, Kadru resulta vencedora, y según las reglas que ambas habían fijado, se apodera del alma de Suparni.

No obstante, Suparni puede recuperar la libertad yendo a buscar el Soma en el cielo para los dioses. Suparni encarga esta tarea a sus hijos, que son las formas métricas del *Veda*: *jagati*, *tristubh* y *gayatri*.

Para cumplir su misión, las formas métricas se transforman en aves. Al comienzo, todos los versos tienen cuatro sílabas. La *jagati* sale la primera y alza el vuelo. A mitad de camino, está tan cansada que debe dejar caer a tres de sus sílabas. Como no le queda más que una, no puede llegar hasta el Soma y regresa, trayendo consigo solo el fervor ascético.

Entonces, parte la *tristubh*. Esta tiene las mismas dificultades, pero, advertida por la experiencia de su compañera, se esfuerza por retener a sus sílabas y solo pierde una. Por desgracia, de pronto se siente demasiado empobrecida, no puede llegar hasta el Soma y debe regresar, trayendo consigo la *daksina*, es decir, el dinero que se da a los sacerdotes para el sacrificio.

La tercera en salir es la *gayatri*. Más dotada y noble, logra llegar al cielo con todas sus sílabas, asusta a los guardianes y toma el Soma en sus patas y su pico. De regreso, recupera las sílabas perdidas por la *jagati* y la *tristubh*. Así es como reviste la forma que tiene actualmente: es octosilábica. Es la forma de versificación más perfecta, la que se utiliza en los momentos más importantes del rito.

La *gayatri* trae en su pata derecha la extracción de Soma de la mañana, en su pata izquierda, la del mediodía, y en el pico, la de la tarde. Pero como esta última ha estado en contacto con el pico de *gayatri* durante el viaje, ya no se considera pura, por lo que debe mezclarse con leche, mantequilla y con las víctimas inmoladas para ser digna del sacrificio.

La *gayatri* se encarga ella misma de la extracción de Soma de la mañana, y se une a las otras dos formas métricas, más débiles a causa de sus aventuras, para las extracciones del mediodía y de la tarde.

El robo del Soma

Pero las aventuras del Soma no han terminado: tomando de nuevo su naturaleza de bebida, es robado por el demonio Gandharva. Los dioses, conscientes de que a Gandharva lo pierden las mujeres, proyectan tentarlo enviándole a Suparni, transformada en mujer de un año de edad y encargada de recuperar el Soma. Esta lleva a cabo su misión con éxito.

EL DIOS LUNA
HACIA 1700
Miniatura; escuela de Mewar. Rajastán

Soma, el dios de la Luna en su carro tirado por un antílope, esparce toda clase de beneficios asociados al astro, como la buena salud y las cosechas abundantes.

La Luna está asociada, pues, al elixir de la vida; es la copa de Soma, el cáliz de ambrosía que beben los dioses y que se llena de nuevo por sí solo. En el yoga, el Soma es el nombre que se da a la energía sexual. La Luna es, por lo tanto, la copa de esperma dominada y metamorfoseada en energía que representa la sustancia mental.

Gandharva, lejos de estar satisfecho, persigue a Suparni, con la intención de recuperar por lo menos a la diosa. Pero si Suparni faltara, ¿cómo podría realizarse el sacrificio sin ella, la palabra? Se decide que sea la diosa quien elija su propio destino. Entonces Gandharva y los dioses se proponen seducirla. Gandharva le recita la palabra sagrada del *Veda*, mientras que los dioses, más astutos, le muestran la lira. Suparni, la palabra, elige unirse a los dioses y permanecer entre ellos para siempre (*Taittiriya-samhita*, VI, 1, 6, 1, sq.).

Desde entonces, los dioses y los hombres ya disponen de la palabra y del Soma. Los hombres lo preparan y, transformado en ambrosía por el rito, hace que los dioses, al beberlo, se vuelvan inmortales.

Beber el Soma. «Hemos bebido el Soma, ahora somos inmortales, hemos llegado a la luz, hemos encontrado a los dioses. ¿Qué puede importarnos ahora la impiedad o la malicia del mortal, ioh, inmortal! ¡Una vez tomado, oh, licor, sé beneficioso para nuestra alma, indulgente como un padre con su hijo, como un amigo con su amigo, oh, sabio Soma, que te dejas oír desde lejos! Prolonga, ioh, Soma!, nuestro tiempo de vida.» (*Rig Veda*, VIII, 48)

EL ROBO DEL SOMA POR EL ÁGUILA GARUDA
Ilustración procedente de Nanda Lal Bose, *Mythes des hindous et des bouddhistes*, 1926.

Kama, el dios del amor

Nacido de sí mismo

Kama es la personificación del deseo, el placer sensual y, muy en particular, el sexual. Su acción determina entre los seres la ley del *samsara*, la perpetua sucesión de nacimientos y muertes.

Kama es el dios más antiguo: hace brotar en el espíritu del creador el deseo de otros seres. Se le dan distintos nombres: Dipaka («el inflamador»); Gritsa («el agudo»); Mayi («el engañador»); Mara («el destructor»); Ragavrinta («el camino de la pasión») y Titha («el fuego»). Su esposa es Rati («la voluptuosidad»).

Kama es un joven hermoso que va montado sobre un papagayo y armado con un arco hecho de caña de azúcar y flechas que son yemas de loto. En cuanto nace, mira a su alrededor y se pregunta qué va a incendiar.

El dios «sin cuerpo»

Kama, que es la personificación del deseo, está siempre dispuesto a provocar el amor entre los hombres o entre los dioses, como se verá.

Sati no soporta la actitud despectiva de su padre, Daksa, hacia su esposo, Siva, y se suicida arrojándose al fuego. Siva, afligido, se retira al Himalaya y se entrega a la contemplación, practicando una abstinencia total y una ascesis profunda. Una mujer va a vivir junto a él. Es Parvati, la montañera. Permanece en segundo término, humilde y respetuosa. En silencio, adopta la misma posición que él, realiza los mismos ejercicios y sigue las mismas reglas. Así espera captar la atención del dios y ganarse su amor: no es otra que Sati, quien, aún enamorada, se ha reencarnado en ella.

Mientras tanto, el mundo se ve amenazado por Taraka, un demonio a quien Brahma ha concedido la invulnerabilidad. Únicamente un vástago de Siva puede vencerlo. Pero ¿cómo hacerlo si el dios se entrega a una abstinencia total y no se digna ni siquiera a mirar a la mujer que se presenta ante él? Los dioses se dirigen a Kama. Este visita a Siva con su esposa Rati. Kama engaña al «guardián de la puerta», Nandin, transformándose en una brisa perfumada.

Luego, tomando de nuevo su forma habitual, acecha al dios, espera sesenta millones de años y después procede a disparar su primera flecha.

Siva abre los ojos, ve a Parvati y queda rebosante de deseo. Enseguida se da cuenta de que Kama le ha sacado de su profunda meditación; lo descubre y lo reduce a cenizas. Siva se vuelve entonces hacia Parvati y, admirando la pureza de su actitud, le promete cumplir su mayor deseo. Parvati responde: «Que Kama viva y caliente el mundo». Kama vivirá, pero sin cuerpo. Este episodio le vale a Kama el nombre de Ananga, «sin cuerpo» —¡precisamente él, el dios del deseo!—, pero también explica su presencia oculta y siempre activa en el mundo.

Siva y Parvati se unen. De su unión nace un hijo, Kamura, que da muerte al demonio (*Kumarasambhava*).

KAMA LANZANDO SUS FLECHAS DE AMOR
SIGLO XVII
Miniatura india, ilustración del *Rasikapriya*; Rajastán

El arco de Kama está hecho de caña de azúcar, y las flechas, de yemas de loto.

El «guardián de la puerta». La mitología hindú conoce un cierto número de «guardianes de la puerta». Su misión es proteger un secreto contra las indiscreciones del prójimo. Ganesa y el toro Nandin forman parte del cortejo de Siva: el primero protege la intimidad de Parvati; el segundo, las relaciones sexuales o el ascetismo de Siva.

Brahma, el inconmensurable

El señor de todas las criaturas

Es el primer dios de la Trimurti hindú, se lo considera un creador y es el director del cielo, señor de los horizontes y de los cuatro *Vedas*. Está por encima y más allá de toda devoción y todo culto.

Brahma nace de sí mismo, o incluso se lo llama «no nato». Procede el huevo original del mundo (*Mahabharata*, I, 1, 32) o sale de las aguas (*ibid.*, XII, 166, 12). Se lo asimila a Prajapati, Dhatar, el ordenador del mundo; a Visvakarman, la potencia divina creadora del mundo; a Brihaspati, el capellán de los dioses; a Hiranyagarbha, el huevo primordial que es el origen de toda la creación, y a Purusha. «Cuando Brahma modelaba la creación, nacieron las cuatro clases de seres que, comenzando por los dioses, acaban con los seres inanimados, pasando por los animales y los hombres» (*Visnú purana*, I, 26, 27-28).

Reina con esplendor en un cielo que le es propio, un paraíso que todos esperan alcanzar. Con Visnú, el conservador, y Siva, el destructor, forma lo que se llama la Trimurti hindú.

Brahma y Sarasvati

Brahma decide crear, y para ello se divide en dos y forma una pareja. Sarasvati —o Savitri— llega así a la existencia. Es la energía femenina necesaria para la fecundidad de Brahma, pero también es como su hija. La creación tiene lugar, pero a costa de un incesto.

Muy pronto, Brahma se enamora de Sarasvati. Esta, para mostrar su respeto hacia su padre, da vueltas sin cesar alrededor de él, y Brahma, al querer seguirla con la mirada, ve como le crece una cabeza a la derecha, otra detrás y una tercera a la izquierda. Brahma acaba teniendo cuatro cabezas, todas ellas absorbidas en el deseo que le inspira Sarasvati (*Matsya-purana*, III, 30-41). También se le dan cuatro brazos para indicar su poder. Con frecuencia se lo representa montado sobre una oca.

Brahma es creador; su hijo Marici le ayuda en su tarea. Kasyapa, el hijo de Marici, es el padre de los dioses, los hombres y los demás seres. Brahma viaja mucho e interviene a menudo. Cuando los dioses están en un apuro, van a pedirle consejo. Es como el «abuelo» (*pitamaha*). Otorga funciones a cada uno de ellos. Así, hace de Indra el rey de los dioses (*Mahabharata*, I, 212, 25). Brahma organiza el mundo, que para él es como un día en una vida. Conoce el futuro y revela los *Vedas* a la humanidad. Da las reglas del *karman*, una norma de retribución de los actos, y nunca da su brazo a torcer. Es imparcial, instaura las leyes y los castigos, crea la muerte y es responsable de la destrucción del mundo.

No es un dios de la gracia y el don gratuito: no se puede esperar ningún favor por parte de él. Por consiguiente, se le dirigen pocas plegarias y se le consagran pocos templos. Representa el destino

El creador. «Este mundo era oscuridad, incognoscible, sin nada distintivo, escapaba al razonamiento y a la percepción, sumido por completo en el sueño. Entonces, el augusto ser que existía por sí mismo, que no se ha desarrollado, creando este universo bajo la forma de los grandes elementos y otros, habiendo desplegado su energía, apareció para disipar las tinieblas. Este ser que solo el espíritu puede percibir, sutil, sin partes claras, eterno, que encierra en sí a todas las criaturas, incomprensible, apareció espontáneamente. Queriendo sacar de su cuerpo a las diversas criaturas, en primer lugar produjo con el pensamiento las aguas y depositó en ellas su simiente. Esta simiente se convirtió en un huevo de oro, tan brillante como el Sol, en el que nació él mismo en forma de Brahma, el padre original de todos los mundos.» (*Ley de Manu*, I, 5, 5)

LA BELLA SARASVATI
SIGLO XII
Escultura india

Sarasvati, esposa e hija de Brahma.

intocable y la ley férrea inexorable que se aplica a las buenas y malas acciones. Es un dios distante y orgulloso.

Brahma es la personificación del brahmán, el ser profundo y misterioso que impregna las cosas, a los hombres y a los dioses, el absoluto que se encuentra en su corazón, que los precede, los trasciende y, al mismo tiempo, les es inmanente. Brahma evoca la realidad impersonal y neutra que lo engloba todo.

Sarasvati, la palabra.
Sarasvati es una bella y blanca joven que lleva en la mano el libro del *Veda*, un instrumento musical y un rosario formado por las letras del alfabeto. Es madre de las escrituras, las ciencias y las artes. Se la llama también Savitri, Gayatri, Brahmani o Satarupa, y nace de Brahma. Sarasvati está asociada al agua; es la diosa del río sagrado. Está presente en el lugar más santo de la India: la confluencia del Ganges, el río blanco, y el Yamuna, el río negro, pero solo es visible para los iniciados.

CABEZA DE BRAHMA CON CUATRO ROSTROS
FINALES DEL SIGLO IX O PRINCIPIOS DEL X
Escultura khmer; arenisca

SALUDO DE UN ASCETA
A BRAHMA, DIOS
(DE CUATRO CABEZAS)
DE LA CREACIÓN
Miniatura india

Siva, el favorable

El fuego creador

Siva y Rudra constituyen dos caras de la misma divinidad. Rudra es destructor, y Siva, benefactor. Siva es denominado Mahadeva («el gran Dios»). Es soberano y organizador del mundo. También se lo llama Bhairaba («el terrible»), Hara («el raptor») y Kala («la muerte»).

Siva, que representa a las tinieblas, tiene los ojos llenos de serpientes, un cinturón hecho de cráneos y está rodeado de espectros y de vampiros. Se lo representa con una luna creciente puesta a modo de diadema. Tiene cuatro brazos: el primero sostiene una gacela; el segundo, un hacha; el tercero hace un gesto para apaciguar, y el cuarto, un gesto de ofrenda. Posee un tercer ojo en medio de la frente, con el que fulmina todo lo que mira.

Siva baila sobre los lugares de cremación en medio de diablos, acompañándose de un pequeño tambor. El baile representa la construcción y la destrucción periódicos del mundo (*Mahabharata*, XIII, 17, 50): es su faceta de Rudra. Siva defiende sus derechos: se da cuenta de que, a causa de su aspecto repulsivo, no ha sido invitado al sacrificio de Daksa, padre de Sati, su mujer. Enfurecido, impide la realización de los ritos hasta que no se haya reparado la ofensa (*Mahabharata*, 12, 283 sq.).

Siva es Yogesvara, el «príncipe de los ascetas». Se lo representa en postura de meditación, cubierto de cenizas, con la trenza recogida en un tocado sobre la cabeza. El ascetismo está asociado con el refuerzo de la energía y, por ende, con el dominio de las fuerzas vitales.

El matrimonio de Siva

Siva es hirsuto, sucio y errante. Pese a ello, Parvati, todavía llamada Sati o Uma, está enamorada de él. Él solamente le da un hijo de forma natural: Kumara. Ganesa y Skanda se lograrán mediante artimañas. Siva no está demasiado interesado en la unión sexual, pese a que tiene amantes: su propia hermana Manasa, Ganga (*Mahabharata*, 3, 109) y muchas otras, tomadas preferentemente de las castas impuras. Frente a este zafio, Parvati es una esposa perfecta: está tan enamorada de él que le permite todos sus caprichos. Ella representa la energía del dios, el poder que engendra, mantiene y destruye. Parvati también es el prototipo del devoto.

El linga

Siva es representado mediante el linga, una piedra vertical de forma cilíndrica que sale de una jofaina casi plana provista de un pico vertedor, que descansa sobre una base. En ello se suele ver un símbolo del falo emergente de un sexo femenino. Se trata del sexo de Siva, caído tras la maldición lanzada por los sabios del bosque de Daruka porque el dios, disfrazado como un asceta desnudo, joven y hermoso, sobresaltó a sus esposas.

El linga representa fundamentalmente el dominio del mundo. Visnú y Brahma se lo disputan. Mientras uno y otro intercambian argumentos, aparece un linga luminoso del

SIVA BAILANDO
Bajorrelieve del templo de Colapuram, India

El baile es el símbolo del renacimiento periódico del mundo.

188

que no se ven la base ni la cima. Brahma se transforma en ave para ir a buscar la cima. Visnú se transforma en jabalí para escarbar el suelo y encontrar la base. Ambos regresan sin haber hallado nada. Entonces aparece Siva a través del linga partido en forma romboidal y los Visnú y Brahma reconocen la supremacía de Siva (*Siva-purana*, 2, 5).

Otra versión narra que Brahma pretende haber alcanzado la cima de la columna y, cuando Siva aparece empieza a insultar a este dios. Entonces Siva, enfurecido, le corta una de las cinco cabezas, pero este gran pecado le obliga a hacer voto de doce años de mendicidad.

El linga es un objeto de culto. Durante las ceremonias se rocía con agua, leche o aceite, que son recogidos en la jofaina. El linga representa al dios dentro de los templos, mientras que sus efigies permanecen en el exterior.

La muerte de Kama

Siva es despreciada por su suegro, Daksa, lo cual induce al suicidio a su mujer, Parvati (o Sati). Tras el duelo, Siva decide retirarse a la montaña y sumirse en la meditación. Sati, reencarnada, va a vivir junto a él y sigue su misma forma de vida.

SIVA, EL CREADOR
MINIATURA INDIA

Siva es
el organizador
del mundo:
el Ganges mana
de su melena.

Pero el mundo necesita a Siva, pues está amenazado por un terrible demonio llamado Taraka, a quien Brahma concede la invulnerabilidad y al que solo un hijo de Siva puede aniquilar. Se pide ayuda a Kama, el dios del amor. Este se acerca a Siva, espera sesenta millones de años y lanza la primera flecha.

Siva, encolerizado porque lo han molestado, reduce a Kama a cenizas con su tercer ojo. Luego observa a Sati y, tomando conciencia de la vida ascética que lleva, se llena de deseo por ella. Ambos dioses se unen, y de esta unión nace Kumara, que da muerte al demonio Taraka (*Kumarasambhava*).

Las hazañas

Siva es conocido como aquel que, para salvar al mundo viviente, se traga el pez que la serpiente Vasuki ha escupido (*Mahabharata*, I, 18); el que aniquila a un elefante en el que se había escondido un demonio; el que sale del linga para vencer a la muerte que quería apoderarse de uno de sus fieles; el que destruye tres fortalezas que estaban en posesión de los demonios (*Mahabharata*, VII, 202, 64).

Siva defiende a sus devotos. Así, un joven vaquero utiliza la leche de sus vacas para rociar el linga que ha formado con arena. Llega su padre, se enfurece y derriba el linga con el pie. Entonces aparece Siva y asigna al niño el cargo de guardián de su casa.

Sabe reconocer el valor de cada uno: durante una caza, Siva y Arjuna disparan a la misma pieza y, naturalmente, tanto el dios como el héroe reivindican la propiedad del animal. De los insultos pasan a las manos y comienzan a luchar. El dios resulta vencedor, pero reconoce el valor de su adversario y le concede lo que él pida.

El toro

La montura de Siva es Nandin, un toro blanco. El propio Siva a veces es invocado como un toro, símbolo de la fecundidad. Normalmente, el toro es representado delante del templo, recostado y mirando hacia el santuario.

El culto

Siva forma parte de la gran tríada de los dioses hindúes, junto con Brahma y Visnú. Pero, para muchas sectas, él es el ser supremo, el absoluto, la única realidad que se materializa en el mundo. Es el que actúa, crea, mantiene y aniquila el mundo. La ambivalencia del dios creador y destructor, símbolo de la fecundidad y de la abstinencia sexual, está en la base de su personalidad.

El culto que se le rinde consiste en aplacar su ira con flores y libaciones. Pero existen numerosas prescripciones; por ejemplo, hay que cubrirse el cuerpo con cenizas, pronunciar ciertas fórmulas mágicas, participar en procesiones, reír, cantar y bailar.

El yoga

Estos ritos tienen como finalidad hacer al hombre insensible a la materia. El yoga es una de las prácticas que libera de las presiones del mundo a fin de lograr la realización perfecta del ser. Siva es, para muchos, el yogui por excelencia, y sus devotos lo toman como modelo. No obstante, el sivaísmo también inspira prácticas populares licenciosas.

190

Vaca sobre el linga, rociándolo con su leche
Bajorrelieve

Un individuo sin honor. «¿Por qué antojo has podido encapricharte por este muchacho sin linaje, sin calidad, sin honor, sin casta y sin padre ni madre conocidos? Vive de la mendicidad, duerme sobre los lugares de cremación; baila desnudo como los demonios y los diablos. Se entrega a la marihuana y a los alucinógenos y recubre su cuerpo con cenizas. Es un yogui harapiento de moño trenzado que detesta los placeres sexuales [...]
—Las mujeres razonables escucharían tus consejos. ¡Pero yo no soy más que una loca enamorada de un loco!» (*Parvatimangal de Tulsi-Das*, 49 sq.)

Durga, la diosa
La inaccesible

Durga, esposa de Siva y asesina de búfalos, es el poder de acción personificado del dios, la parte femenina de Siva.

Según las diversas tradiciones, a Durga se la llama Devi («la diosa»), Mahadevi («la gran diosa»), Kali («la negra»), Uma («la tranquila») o Parvati («la casta esposa»).

«Durga es la madre de los dioses, la fuerza del deseo, la acción y el conocimiento; ella da el yoga [...]. Es la hija de Savitar (Savitri) y concede las gracias; es el futuro, el destino y el poder de la muerte al final del mundo, la gran Maya, la impetuosa, que lleva un toro atado, sostiene una pica y practica la abstinencia» (*Saura-purana*, VIII, 14-22).

Durga es una diosa temible, una potencia de perdición y salvación al mismo tiempo, una guerrera que se complace en los combates y en la sangre vertida. Es creadora y, a la vez, destructora del mundo.

Es la protectora de las tribus que viven de la caza, y se alimenta de carne cruda.

Su corte se compone de los *yogini*, espíritus maléficos y que lanzan sortilegios; de los *vetala*, vampiros, y de los *bhuta*, espíritus de personas fallecidas de muerte violenta.

Durga tiene dos hijos de su unión con Siva: Skanda, cuya vocación es la lucha contra el demonio Taraka; y Ganesa, el dirigente de los ejércitos celestes.

Cuando Mahisa, el cabecilla de los demonios, se apodera del mundo, todas las energías de los grandes dioses se incorporan a Durga: toma el tridente de Siva, el disco de Visnú y el rayo de Indra, y libra un combate que dura nueve noches. Durga mata al búfalo del que Mahisa había tomado la apariencia (*Devi-mahatmya*).

Las tribus de los kolis y de los cabaras le ofrecen sangre y bebidas embriagadoras. Otros la honran sacrificando para ella cabras o realizando el suicidio ritual.

LA DIOSA EXTERMINADORA CABALGANDO SOBRE UN LEÓN
Bajorrelieve del templo de Mahisha Mardini Mandapam

LA DIOSA DURGA
EN EL CAMPO DE BATALLA
SIGLO XIX
Miniatura india extraída del *Durga Charita*; guache sobre papel

Skanda, el muchacho

Nacido por un artificio

Skanda, en ocasiones considerado un dios soberano, que se mantiene siempre adolescente, es el dirigente de los ejércitos divinos.

Skanda es hijo de Siva. Para engendrarlo, este permanece unido a Parvati durante mucho tiempo. Los dioses temen que el fruto de esta unión sea demasiado fuerte, y piden a Siva que se abstenga de procrearse. El dios acepta y, en lo sucesivo, practica una abstinencia sexual completa. Pero el aviso de los dioses ha llegado demasiado tarde, y un poco de simiente cae al suelo, sobre las llamas. Agni, el fuego, deposita en Ganga el embrión salido del semen de Siva. Una vez encinta, Ganga no puede soportar el ardor de Agni y de Siva que siente en su interior y abandona el embrión en el monte Meru. Las pléyades se encargan de criarlo.

Desde el momento en que nace, los dioses se precipitan para verlo, asustados por el poder que pueda tener. Incluso piensan en matarlo, tal es el temor que les inspira. Sin embargo, quedan impresionados en su presencia, se someten y piden su protección. El propio Siva va a su encuentro, reconoce a su hijo y Skanda se pone bajo las órdenes de su padre.

Skanda es un joven bello, lleno de ardor y fuerza. Su hermano, Ganesa, es feo, grueso y taimado. Lo que el primero consigue con valor y voluntad, el segundo lo logra por medio de astucias. Al primero corresponden la guerra, la liberación y las acciones violentas; al segundo, la paz, el buen curso de los negocios y el gobierno. Skanda es designado para dirigir los ejércitos de los dioses.

Skanda tiene dos esposas: Vali, hija de la montaña y cazadora; y Devasena, cuyo nombre significa «ejército de los dioses». Devasena es una muchacha a la que Indra, durante uno de sus paseos, halla en plena lucha con un asura, un enemigo de los dioses. Indra la libera y ella le pide como favor que le dé un marido: este será Skanda.

En cuanto alcanza la edad de asumir sus funciones, los dioses informan a Skanda que han sido vencidos en un combate con los asuras, y que Taraka, el jefe de los enemigos, está causando estragos en el mundo. Skanda no se hace rogar: parte al momento al combate y mata a Taraka con un arma mágica infalible, que lo hace invencible.

El misógino

Skanda es honrado en toda la India. A causa de su nacimiento, debido enteramente al padre, es muy antifeminista. Sus templos están prohibidos a las mujeres, que no le gustan y a quienes persigue con su ira, amenazándolas con fiebre puerperal hasta el sexto día de sus partos.

También es un raptor de niños, aunque a él se le pide tener hijos.

Las pléyades, sus madres adoptivas, le ayudan en sus trabajos maléficos. Existen ritos para calmar su ira y eludir sus maldiciones.

SKANDA, DIOS DE LA GUERRA, MONTADO SOBRE UN PAVO
SIGLO VII
Escultura de la época pre-Angkor; arenisca

Skanda, honrado bajo el nombre de Subrahmanya. «Su estatua es adorada en todas las pagodas. También hay pagodas que están consagradas solo a él y que llevan su nombre. Se le atribuyen dos mujeres, una llamada Dewanei, y la otra, Walliamei; esta última, de la raza de los cesteros.» (B. Ziegenbalg, *Descripción del paganismo malabar*, 1711, ed. W. Caland, Amsterdam, 1926)

Ganesa, el dios con cabeza de elefante

El jefe de las tropas divinas

Ganesa, el señor de la inteligencia, es el patrón de los artistas y los escritores, de los viajeros, los comerciantes y los ladrones.

Ganesa —también llamado Ganapati o Ganpati— es hijo de Siva y de Parvati, y hermano de Skanda. Es joven, está metido en carnes, tiene cabeza de elefante, se sienta sobre blandas almohadas y sostiene en la mano un bol de arroz, su alimento preferido. Se desplaza sobre una rata. Por su gran inteligencia, Brahma le encarga copiar el *Mahabharata*.

Su origen es curioso: Parvati es con frecuencia sorprendida en el baño por su marido. Eso no gusta a la diosa, quien decide crear un «guardián de la puerta». Engendra a Ganesa con la suciedad procedente de sus abluciones y pone a su hijo todavía joven como centinela. Siva quiere forzar el paso, y Ganesa se lo impide. Entonces Siva crea a una mujer bella, Maya (la ilusión mágica), que distrae al guardián, y él aprovecha para cortarle la cabeza. Parvati se enfurece y exige que se devuelva la vida a su hijo. Siva se apresura a hacerlo, pero no encuentra la cabeza cortada y, en su lugar, le pone la de un elefante. Ganesa y su hermano Skanda están siempre compitiendo. El primero es astuto, el segundo, fuerte. Cuando quieren casarse, Siva decide que el primero en hacerlo será el que dé la vuelta a la Tierra más rápidamente. Skanda sale corriendo sin esperar. Ganesa, en cambio, saluda primero a sus padres dando la vuelta a su alrededor siete veces. Se trata de un rito védico que corresponde a siete vueltas a la Tierra. Así pues, Ganesa se lleva la victoria y recibe dos mujeres: Buddhi, la inteligencia, y Siddhi, el éxito.

Ganesa es Vighnesvara, el señor de los obstáculos. Su misión es la buena marcha de los asuntos terrestres. Es un productor de riquezas. Pero es ambivalente: dos de sus manos aplacan, y las otras dos llevan armas. Pone obstáculos a quien lo desobedece y los quita a quien lo honra. Se le invoca al iniciar cualquier empresa.

Gracias a su gran popularidad, a Ganesa se le dedican templos en toda la India. Es vegetariano, por lo que se le ofrecen flores rojas, pequeños manojos compuestos por 21 briznas de hierba y, sobre todo, *modak*, unas pastas en forma de higo.

Un dios político

Ganesa es el dios más xenófobo del panteón hindú. Fue el inspirador de la lucha contra los ingleses y del conflicto actual contra el islam.

GANESA, EL DIOS CON CABEZA DE ELEFANTE
SIGLO XI
Escultura india

SARASVATI Y GANESA
SIGLO XVII
Miniatura india; manuscrito de Mahratte

Visnú, el benévolo

La causa de la existencia

Visnú, uno de los grandes dioses de la India, da estabilidad al mundo y posee mil nombres y cualidades. Es el compañero y el complementario de Siva.

Visnú aparece durante la lucha entre los devas (seres celestes) y los asuras (espíritus supremos). Unos y otros pretenden poseer el dominio del mundo. Los asuras desafían a sus rivales: aceptarán darles lo que uno de los devas pueda medir en tres pasos. Visnú, que entonces no es más que un enano, se ofrece entre sus congéneres para realizar la hazaña y, en tres pasos, recorre el universo entero: Tierra, cielo y espacio intermedio (*Satapatha Brahmana*).

Estos tres pasos de Visnú marcan la omnipresencia del dios, su vocación de extender su influencia por todo el mundo y en todo momento. Se lo identifica con el *Brahman*, la totalidad de lo que existe. Visnú es el dios del espacio, y Siva el dios del tiempo. Visnú irradia como el Sol, cuyos beneficios proceden del dios. Es el origen de la fertilidad de la naturaleza y de la fecundidad de los hombres.

Visnú se convierte en una divinidad suprema. La iconografía lo representa dormido, entre dos creaciones, sobre la serpiente Sesa de mil cabezas. Su sueño no significa inactividad, es un sueño místico: medita sobre el mundo futuro y lo prepara en su mente. Cuando despierta, de su ombligo sale un loto; lleva a Brahma, que se encarga de realizar la nueva creación (*Mahabharata*, III, 272).

El séquito de Visnú lo integran Garuda, el águila que le sirve de montura, y Hanuman, el rey de los monos. Tiene asociados algunos objetos: el disco, la caracola, la maza, el loto y, a veces, la espada y el arco.

En ocasiones, Visnú es confundido con Prajapati. Ambos son asimilados al sacrificio o al espacio sacrificial, y ambos están en el centro del mundo; tanto Visnú como Prajapati llevan a cabo acciones beneficiosas hacia los hombres.

Lakshmi es la esposa de Visnú y el modelo de todas las esposas. Es la diosa benefactora por excelencia, la energía eficaz del dios, su fuerza en acción. Bhumi, la Tierra, es su segunda esposa.

Bajo el nombre de Narayana, Visnú aparece como un ser resplandeciente que tres personajes —Ekata, Dvita y Trita— contemplan como resultado de una dura ascesis. Quedan cegados por el brillo del dios y, al principio, solo consiguen oír las plegarias de «hombres blancos» que cumplen con sus deberes religiosos. Por fin, una voz se hace oír: es la voz de Visnú. Dice que solo una *bhakti* («devoción») exclusiva hacia Dios conduce al hombre a contemplar el ser supremo; el estudio del *Veda*, la no violencia y el sacrificio, todo es inútil salvo esta *bhakti* (*Mahabharata*, XII, 236).

Visnú está por todas partes, lo penetra todo, es el salvador y el protector. Así como Siva es el señor, Visnú es el amigo que está al lado de los hombres. La inmutabilidad y la inactividad que forman parte de su ser no le permiten intervenir directamente en los acontecimientos. Lo hace, pues, a través de numerosísimos avatares, o reencarnaciones.

Cada vez que el mundo lo necesita, aparece en forma de un héroe que no solo lo representa, sino que se identifica con él;

194

Himno a Visnú. «Os conduzco por el acto piadoso y por la ofrenda, / oh, Indra y Visnú, hasta el otro extremo de esta obra. / Aceptad el sacrificio y dad riqueza / que nos conduzca al objetivo por caminos seguros; / vosotros que sois los padres de todos los pensamientos, / oh, Indra y Visnú, tinas de Soma, / que las invocaciones recitadas os asistan / y las alabanzas cantadas con los himnos.» (*Rig Veda*, VI, 69)

VISNÚ REPOSA SOBRE EL OCÉANO PRIMORDIAL Y SUEÑA EL MUNDO: DE SU OMBLIGO SALE BRAHMA, EL DIOS DE LA CREACIÓN
SIGLO XVIII
Miniatura india

en el caso de los avatares secundarios, estos son penetrados por la fuerza eficiente del dios. El avatar muestra a Visnú como el restaurador del orden, y es la manifestación de la unidad del dios en la multiplicidad de la creación.

Los avatares

Visnú, en forma de pez, salva del diluvio a Manu, el antepasado de los hombres; a continuación, va hasta el fondo de los océanos para buscar la escritura santa, el *Veda*, que el demonio Hayagriva ha robado a Brahma y que ha depositado en el lecho oceánico durante una gran crecida (*Satapatha Brahmana*, I, 8, I).

En forma de tortuga, Visnú acude en ayuda de los devas y los asuras. Estos habían empezado a batir el mar de leche para obtener el *amrta*, la garantía de inmortalidad. Para ello, utilizaban como batidor el monte Mandara, el cual se estaba comenzando a hundir peligrosamente. Visnú, transformado en tortuga, logra formar una base sólida y estable para el monte Mandara (*Ramayana*, I).

En forma de jabalí, el dios salva la tierra, que se hunde sobrecargada por el peso de numerosos demonios. Visnú se sumerge en las profundidades de los océanos, toma la tierra que se había sumergido bajo la acción del demonio Hiranyaksa y la devuelve a su lugar, que nunca hubiera debido abandonar (*Satapatha Brahmana*, XIV, I, 2, II).

En forma de un hombre león llamado Narasimha, Visnú libra al mundo de Hiranyakasipu, hermano de Hiranyaksa, que amenaza a los dioses. Hiranyakasipu ha recibido de Brahma el

VISNÚ Y LAKSHMI CON SU CORTE
SIGLO XVIII
Miniatura india

VISNÚ MATA AL DEMONIO KALTABHA
SIGLO XVIII
Pintura

privilegio de no poder ser matado ni de día ni de noche, por un hombre ni por un animal, ni en el interior ni fuera del palacio. Visnú interviene saliendo al exterior de un pilar del palacio, al crepúsculo, en forma de un ser mitad hombre mitad animal, y mata a Hiranyakasipu en el momento justo en que este se disponía a efectuar el sacrificio de su hijo Prahada, fiel a Visnú.

El quinto avatar concierne al enano, que, en tres pasos, recorre el universo (ver más arriba). El sexto es Parasurama, que borra de la faz de la Tierra a los kshatriyas. El séptimo es Rama, que pone fin a las fechorías de los ravanas. El octavo es Krishna, que mata al cruel Kamsa. El noveno es Buda, que llega para prohibir los sacrificios con sangre. El décimo y último es Kalkin, que vendrá al final de la edad presente, sobre un caballo blanco, para castigar a los malvados y recompensar a los buenos.

Esta es la lista normalmente aceptada de los avatares de Visnú. Pero, en realidad, su número es incalculable (*Bhagavata-purana*), y no todos los avatares son conocidos.

Para crear, estabilizar, conducir, destruir y liberar al mundo, Visnú debe escindirse. Los vyuhas, unas manifestaciones menos completas que los avatares de la divinidad, son, sin embargo, emanaciones de ella. Se trata del hermano, el hijo y el nieto de Krishna, y se llaman Samkarsana, Pradyumna y Aniruddha.

Vasuveda-Krishna posee las seis cualidades mayores de la divinidad: el saber, la fuerza, la potencia, la eficiencia, la influencia y el vigor. Los vyuhas, sin embargo, solo poseen dos cualidades: a Samkarsana pertenecen el poder y la fuerza; a Pradyumna, la potencia y el vigor, y a Aniruddha, la eficiencia y la influencia.

196

Lakshmi, la energía de Visnú.

Lakshmi aparece ante un decorado suntuoso, hecho de tejidos preciosos, joyas, instrumentos musicales y animales de compañía. Se la representa montada sobre un pavo o de pie sobre una flor de loto. Es la belleza personificada.

Lakshmi es la esposa de Visnú, y encarna la fuerza y la potencia del gran dios. Ella actúa mientras Visnú dormita, indiferente e impasible, sobre su serpiente. Cuando Visnú se encarna en Rama, ella sale de un surco en la tierra para convertirse en su esposa. También es Radha, la favorita de Krishna, otro avatar del dios.

Es benefactora, distribuye su generosidad sin explicar por qué favorece a unos y perjudica a otros. Es la fortuna, con todo lo que esta comporta de aleatoria e injusta.

Cuando el joven casado lleva a su esposa a su casa, lleva a Lakshmi. La esposa debe llevar joyas e ir ataviada con un vestido adornado por lo menos con un brocado de oro, metal que simboliza a la diosa. Las joyas son el signo de la presencia de Lakshmi. La diosa también se llama Shri, que significa «esplendor». Como los hombres que han logrado algún triunfo están bajo la protección de Lakshmi, es costumbre que añadan la palabra *Shri* precediendo su nombre.

VISNÚ Y SU MUJER LAKSHMI
SIGLO XI
Escultura de Khajuraho

Krishna, el negro

El avatar de Visnú

**Krishna —o Krsna— es un hijo amable y un gue-
rrero despiadado, adorado por los pastores e
inaccesible. A veces incluso se lo considera el avatar de todas las divinidades hindúes.**

Krishna nace en Mathura, al norte de Agra, a finales de la
tercera edad del mundo. Su madre es Devaki, y su padre
Vasudeva. Tiene la tez oscura; su nombre significa «el
negro». Los hogares hindúes a menudo tienen una imagen
de Krishna en forma de un niño que roba mantequilla o de
un pastor que toca la flauta.

En aquella época, Kamsa, el hermano de Devaki, reina en
Mathura. Por un oráculo, sabe que uno de sus sobrinos lo
asesinará. Por consiguiente, retiene a su hermana prisionera y mata a los hijos de ella. El primero que escapa es
Balarama. Luego viene Krishna. Para salvarlo, en cuanto
nace lo sustituyen por la hija del pastor Nanda y de
Yasoda, nacida en el mismo instante.

Krishna, dotado de una fuerza y una inteligencia excepcio-
nales, se burla de los enemigos que encuentra a su paso.
Cuando Putana le ofrece leche envenenada de su pecho,
Krishna bebe hasta agotar la sustancia vital de la demonio.
Mata a Trnavarta, que quería lanzarlo por los aires. Cuando
Kamsa empieza a eliminar a todos los niños un poco
excepcionales de la región, Nanda lo lleva con Balarama a
Gokula, donde se esconden durante siete años.

En Gokula, Krishna sigue siendo un niño prodigio. Mata al
monstruo Baka, que se había presentado en forma de grulla,
al igual que a Arista, que había adoptado forma de búfalo, y
a Kevin, que había tomado la de caballo. Lucha contra Kaliya,
el rey de las serpientes, que ponía su veneno en las aguas del
Yamuna; Krishna baila sobre la cabeza del reptil, pero, reconociendo que Kaliya no hacía más que respetar las leyes de
su especie, le perdona la vida y la envía al océano.

Los pastores celebran a Krishna, y él los invita a reempla-
zar las ceremonias en honor a Indra por sacrificios ofreci-
dos a las divinidades de las montañas y de los bosques.
Indra se enfurece, provoca una tormenta terrible y Krishna
debe proteger a sus amigos manteniendo el monte Govard-
hana sobre sus cabezas a modo de parasol. Indra reconoce
entonces en Krishna un avatar de Visnú.

El gran enamorado

Krishna es mimado por las pastoras; baila con ellas y acompaña sus cantos con su flauta. Un día en que se están dando
un baño, esconde sus vestidos, obligándolas así a ir a bus-
carlos desnudas, una a una. Se casa con mil de ellas, pero
su favorita es Radha, «la que gusta» (*Gitagovinda*).

Más tarde, mata a Kamsa y se erige en el señor del reino.
Pero muy pronto se aleja y funda la ciudad mítica de Dva-
raka, donde los suyos re reúnen con él. Se casa con Ruk-
mini-Lakshmi, la hija del rey de los Vidarbha. Las fiestas de
estos esponsales son fastuosas (*Bhagavata-purana*). Entonces comienza una vida ostentosa con sus 126 100 esposas y
sus 180 000 hijos, interrumpida no obstante por múltiples
combates librados contra los demonios, un duelo con su

KRISHNA, EL QUE TOCA LA FLAUTA
SIGLO XVII
Panel de un carro de procesión; escultura, teca

primo, el rey Cisupala, y por la guerra de los Bharata, tema del extenso poema llamado *Mahabharata*.

Krishna lleva a cabo un gran número de astucias. En el combate que libran pandavas y kauravas, los primeros tienen al frente a un capitán invulnerable, a quien solo una noticia muy triste lograría debilitar. Krishna tiene la idea de hacer que le anuncien la muerte de su hijo, Asvatthaman, y para evitar la mentira le da el nombre de Asvatthaman a un elefante muerto. La treta funciona, y los kauravas acaban con el enemigo (*Mahabharata*, VII, 8 694-8 892).

El cochero de Arjuna

A continuación, Krishna se encarna en el cochero de Arjuna, que lucha en las filas de los pandavas. Es muy hábil conduciendo el carro, y también es el amigo, el consejero y el apoyo eficaz de su maestro, con quien entabla largas conversaciones. Arjuna expresa a su cochero sus cargos de conciencia ante una guerra fratricida, sus vacilaciones y dudas. Krishna lo libera de su conmovedora angustia, fortalece su coraje y le dispensa sus enseñanzas.

Krishna es un sabio que no lucha. Sin embargo, esta vez decide hacer frente al enemigo. Arjuna teme por la vida de su cochero y tiene grandes dudas acerca de la legitimidad de la batalla.

Krishna ocupa el lugar de Arjuna, desciende del carro y avanza hacia Bhisma, el adversario. Al décimo paso, Arjuna

KRISHNA Y RADHA
SIGLO XVII
Miniatura india

Radha, «la que gusta», la pastora bella como una diosa, seduce al dios.

BHISMA, EL HIJO DEL REY SHANTANU Y DE LA DIOSA DEL RÍO GANGES, PARTICIPA EN LA BATALLA CONTRA ARJUNA, CONDUCIDO POR KRISHNA; ARJUNA MATA A BHISMA CON SU FLECHA
SIGLO XVIII
Arte mogol; guache sobre papel

se adelanta y proclama: «Esta carga es toda mía, soy yo quien debe matar», y así recupera toda la energía perdida (*Mahabharata*, VI, 2597).

Cuando el enemigo posee el arma absoluta, que se puede fabricar con cualquier cosa soplando encima y pronunciando un mantra, Krishna se presenta para avisar y aconsejar. Asvatthaman utiliza el arma absoluta. Krishna profiere un grito y dice a Arjuna que lance «el arma que desarma las armas». Entre las dos armas se interponen dos grandes rsi. Piden a los combatientes que recuerden cada uno su tiro. Arjuna, que es puro, lo hace sin dificultades, pero Asvatthaman, que no lo es, no puede hacerlo; solo puede desviarlo y lo manda a los hijos que habían de nacer de los pandavas.

Solo se salva el hijo que espera la nuera de un Pandava, y Krishna lo anuncia. Asvatthaman, furioso, apunta hacia el embrión, que, en efecto, nace muerto. Pero Krishna, que aquí se muestra como un gran dios, lo resucita enseguida y así salva a la raza. Al momento, condena al enemigo a una soledad de tres mil años (*Mahabharata*, X, 729).

Una disputa en el seno de los yadavas, su clan, desencadena una enconada lucha en la que perecen todos. Krishna se retira al bosque, donde es alcanzado por una flecha perdida, que le hiere el talón, su único punto vulnerable. EL héroe fallece y sube al cielo de los dioses, donde recupera su forma divina. Krishna es la encarnación de Visnú. Es el dios supremo, objeto de la devoción, que se denomina *bhakti*. El *bhakti*, como lo define Jan Gonda en *Les Religions de l'Inde*, es el abandono, la dedicación profunda, el compromiso personal y apasionado, la necesidad de unirse al objeto de culto. El amor y la adoración que los pastores sienten por Krishna es un modelo de esta devoción al dios, mientras que los cantos del *Gitagovinda* son el «Cántico de los Cánticos» de la India.

Los textos.

Las leyendas referentes a la vida de Krishna son incontables. Varias obras las relatan en detalle: entre otras, el *Mahabharata*, el *Harivamsha*, el *Bhagavata-purana*, el *Visnú-purana* y el *Gitagovinda*. En algunas nuevas sectas religiosas, Krishna se ha convertido en un dios único, creador universal, al que se debe el amor absoluto y la práctica del *bhakti*, es decir, una devoción suprema.

«Eres mi adorno, eres mi vida, eres para mí la joya del océano de la existencia. Seme siempre favorable: es a ti hacia quien tiende mi corazón por encima de todo. [...]

¡Que brille tu collar de diamantes entre las curvas de tus senos! ¡Que haga resplandecer tu corazón! ¡Que resuene el cinturón sobre el grueso flanco de tus caderas! ¡Que proclame las órdenes del amor!

Tus pies, decorados con flor de loto, alegría de tu corazón, adorno sobre el lecho del placer, ¿debo hacer, oh, tú, de voz armoniosa, que enrojezcan de voluptuosidad bajo la laca fulgente? Para combatir el veneno amoroso, fija sobre mi cabeza los encantadores ramos de tus pies. Él me consume, fuego cruel, asesino de la pasión. ¡Que puedan eliminar los estragos que ha causado a mi amiga!»

(*Gitagovinda*, Canto 19)

KRISHNA Y ARJUNA SOBRE EL CARRO
SIGLO XVII
Miniatura india

El seductor.

«Aunque haya desfigurado a nuestra hermana, no podríamos matarlo, porque no tiene igual entre los hombres, ¡Ami! ¿Existe alguien con cuerpo de carne que pueda no ser atraído por su forma? Era natural que las mujeres, en las que todos los instintos llevan hacia la belleza del varón, fuesen seducidas por él. Pero ¿cómo explicar que hombres, y no hombres ordinarios, sino sabios austeros que viven en el bosque, que han renunciado a todos los deseos, se sientan tan profundamente perturbados que no sean capaces de ocultar su emoción y supliquen que se les permita tocar al dios?» (Karapatri, Bhagavan, «Krishna aur unke parivara», en *Siddhanta*, vol. V, 1943-1944)

UNA GOPI INTENTA
SEDUCIR A KRISHNA
SIGLO XVII
Ilustración del *Rasikapriya*;
guache sobre papel

Rama, un avatar de Visnú

El príncipe perfecto

Rama es la referencia esencial para un buen gobierno. Es un guerrero virtuoso y piadoso, y lo acompañan Sita, su mujer, su hermano Laksmana y el mono Hanuman.

El rey Dasaratha de Ayodhya tiene tres esposas, pero no ha conseguido descendencia, por lo que ofrece un sacrificio a los dioses para que le den progenitura. A lo largo de la ceremonia, aparece un ser extraordinario y le tiende un recipiente con una papilla mágica que su esposa debe tomar para quedar encinta. Este rey ofrece la mitad de la papilla a Kausaalya, su primera esposa, quien da a luz a Rama. Ofrece tres cuartos de lo que queda a Sumitra, su segunda esposa, quien trae al mundo a los gemelos Laksmana y Satrughna. Por último, el resto lo da a su tercera esposa, Kaikeyi, quien pare a Bharata.

Bharata está totalmente entregado a Rama, y los gemelos estarán al servicio de uno y del otro. Estos hijos forman un grupo unido de kshatriyas (príncipes) a las órdenes de Rama. Según la cantidad de la papilla que provocó su nacimiento, todos ellos son encarnaciones más o menos importantes de Visnú.

Rama y Visvamitra

Los kshatriyas ya son adolescentes cuando Visvamitra pide al rey la ayuda de su hijo Rama para que lo libre de los raksasas (demonios) que le impiden terminar su sacrificio. Visvamitra está convencido de que solo Rama es capaz de matar a los raksasas. Rama es autorizado a partir y, durante el viaje, Visvamitra le enseña fórmulas mágicas destinadas a hacerle invencible. Dotado de armas excepcionales, a Rama le resulta fácil dejar a los raksasas, que oprimían a Visvamitra, incapacitados para molestar, y también mata a Tataza, la madre de uno de ellos. Rama y su hermano Laksmana prosiguen su camino hacia Mithila. En esta ciudad, el rey Janaka posee el arco de Siva. Nadie puede tensar ese arco, para lo cual se precisa una gran fuerza, y Janaka ha prometido a su hija, Sita, a quien lo logre. Gracias a los medios mágicos que Visvamitra ha puesto en sus manos, Rama no tiene dificultad en tensar el arco hasta romperlo. Por consiguiente, recibe a Sita como esposa, y sus hermanos, glorificados con el mismo prestigio, obtienen asimismo esposas procedentes de la familia de Janaka.

De regreso, Rama se encuentra con Parasurama, el destructor de kshatriyas, que lo

CASAMIENTO DE RAMA Y SITA (ARRIBA)
SIGLO XX
Lámina a color

RAMA Y LAKSHMANA RECIBEN LA NOTICIA DE LA MUERTE DE SU PADRE (ABAJO)
SIGLO XVIII
Ilustración del *Ramayana*; guache sobre papel

desafía a tensar el arco de Visnú. Rama lo tensa sin dificultad, y Parasurama admite su derrota y saluda en Rama a un avatar del propio Visnú.

El exilio

De vuelta a su país, Rama se prepara para convertirse en príncipe heredero. Pero la reina Kaikeyi, la madre de Bharata, pretende la realeza para su hijo. Recuerda a Desaratha que ella le ha salvado la vida y que él le prometió la recompensa que ella eligiese. Pide que Rama se exilie y que Bharata sea declarado príncipe heredero. El rey, obligado por su juramento, se ve forzado a aceptar.

Rama se somete de buen grado y se retira al bosque. Sita, como mujer fiel, lo sigue. Ante esta situación desgarradora, Dasaratha muere de pena y Bharata asciende al trono. Al mismo tiempo, descubre las maniobras de su madre y se niega a reinar. Va en busca de Rama para convencerlo de que regrese. Rama se niega, ya que el vínculo del juramento no ha desaparecido por la muerte de quien lo ha prestado. Bharata se conforma, pues, con administrar el país en nombre de Rama, que está ausente.

El rapto de Sita

Rama instala su retiro en Pancavati, y todos los rsi (sabios) que viven alrededor buscan su protección. Surpanakha, hermana del raksasa Ravana, se enamora de él. Se presenta ante él ataviada con sus mejores atuendos y le promete toda clase de goces. Pero Rama es fiel a Sita, al igual que Sita es fiel a Rama. Laksmana lo libera de estas tentaciones cortando la nariz y las orejas a la demonio, y Rama extermina a los raksasas que quieren vengarla.

Surpanakha no se detiene ahí. Va a ver a su hermano Ravana y le habla tan bien de los encantos de Sita que Ravana siente un violento deseo de poseerla. Va a Pankavati y crea un ciervo dorado que atrae la mirada de Sita y que incita a Rama a perseguirlo. Durante la ausencia de este, Ravana rapta a Sita asiéndola por el pelo. La lleva a Lanka, y todos los días intenta seducirla. Está decidido a no tomarla por la fuerza, pero la virtud de Sita es inexpugnable y no logra su objetivo.

Rama y Laksmana parten en busca de Sita. Encuentran a Hanuman, consejero del rey Sugriva, que ha sido desposeído por su hermano Valin de su reino y también de su mujer. Rama y Hanuman sellan un acuerdo y deciden ayudarse mutuamente. Hanuman ha encontrado las joyas que Sita ha dejado caer durante su rapto.

Hanuman llega primero a Lanka, pero no se permite liberar a Sita, pues este honor recae en Rama. Sin embargo, advierte a Rama que su fin está próximo. El combate empieza a la llegada de Rama, y Lanka es destruida por completo. Vibhisana, el hermano de Ravana, que estaba de parte de Rama, se instala en el trono, y Sita es liberada.

Entonces Rama dice a Sita: «Subsiste una duda acerca de tu conducta. Una mujer que permanece en casa de otro, ¿qué hombre de honor y de buena familia se dejaría extraviar por la pasión hasta el punto de tomarla de nuevo?» (*Ramayana*, VI, 115, 17-20), y hace que Sita se exilie en el bosque. Pero no cesan de hablarle de la virtud de su mujer, y sus dos hijos gemelos, Kusa y Lava, todos los días le imploran e insisten en la inocencia de su madre. «Ni en sus palabras ni en su corazón, ni en su espíritu, ni en sus miradas, tu virtuosa y bella esposa se ha mostrado indigna de tus nobles sentimientos.» (*Ramayana*, VI, 118, 6)

EL INCENDIO DE LANKA POR EL EJÉRCITO
DE MONOS GUIADO POR HANUMAN
SIGLO XVII
Miniatura india

RAMA DESTRUYE EL EJÉRCITO DE DEMONIOS
SIGLO XVIII
Ilustración del *Ramayana*; guache sobre papel

Rama se deja convencer por los sollozos y los ruegos de sus hijos y por todos los elogios que hacen los demás sobre las virtudes de su querida esposa y va a buscarla. Pero Sita, reuniéndose con la tierra que la ha hecho nacer, le suplica que se la lleve. Entonces la tierra se abre y la engulle.

Rama no puede soportar la pérdida de su querida esposa. Decide abandonar la realeza, se va a orillas del Sarayu y reza una última plegaria por los gloriosos héroes que le han acompañado por afecto (*Ramayana*, VII, 110, 17).

Acto seguido, entra en las aguas acompañado por todo su séquito y allí lo recibe Brahma, que lo lleva directamente al cielo, donde recupera toda la gloria de su naturaleza divina.

Un ser perfecto

«En las desgracias de los demás, Rama muestra una aflicción sincera, y en todas las fiestas, se alegra como un padre en el seno de su familia. Es franco con el lenguaje, un hábil arquero, lleno de atenciones hacia la vejez, dueño de sus sentidos, acompaña las palabras con una sonrisa, apoyándose con toda su alma en el deber, guía fiel en el bien, no se complace en las murmuraciones y habla con una elocuencia igual a la de Vacaspati; con sus bellas cejas, sus ojos grandes y color de cobre, es igual a Visnú en persona.» (*Ramayana*, II, 2, 40-43)

Sita, la mujer nacida de un surco en la tierra. Sita es un avatar de Lakshmi. El nacimiento de Sita es excepcional: sale de un surco hecho por el arado del rey Janaka, mientras este labraba su campo para preparar el lugar del sacrificio. Así pues, nace de la tierra santificada. El rey la hace de inmediato su hija adoptiva (*Ramayana*, I, 66, 13).

Con el tiempo, Sita se convierte en una muchacha muy bonita que atrae las miradas de los hombres. Janaka ha prometido darla como esposa a quien logre tensar el arco de Siva, que está en su poder. Está convencido de que ningún hombre logrará tal proeza, y así conservará a su hija para sí mismo. Rama, tras ser desafiado, consigue tensar el arco hasta romperlo. Janaka, atado por su promesa, se ve obligado a dar a su hija en matrimonio a Rama. Los dos esposos se juran amor eterno.

Sita es fiel a su marido en las peores circunstancias, incluso cuando su esposo, convencido de que no ha podido más que sucumbir ante Ravana durante su rapto, la castiga injustamente y la somete a la prueba del fuego. Ella le dice: «Si pese a las pruebas de mi amor durante nuestra cohabitación, orgulloso príncipe, todavía soy una desconocida para ti, es que mi pérdida es irremediable» (*Ramayana*, VI, 116, 10). Sita sube sin flaquear a la hoguera, pero el fuego se niega a quemarla y sale victoriosa de la prueba. No obstante, habrá que esperar a otra separación para que sea reconocida definitivamente inocente. Entonces regresará a la tierra que la hizo nacer.

Hanuman, el superhombre

El vencedor de los planetas

Hanuman es el maestro de la astucia, la destreza y la agilidad física. Lleva a cabo unas hazañas extraordinarias al servicio de su señor, Rama.

Hanuman, Anuma o Maruti es hijo de Anjani, la mona, y de Vayu, el dios de los vientos. Como caudillo del ejército de los monos, es un superhombre de una fuerza extraordinaria, de una inteligencia sutil y de una abnegación ejemplar. Es cercano a la naturaleza: lucha sin armas, utilizando piedras y árboles arrancados. Es vegetariano, fiel a sus amigos y no tiene relaciones femeninas.

En cuanto nace, Hanuman tiene hambre y, al ver el Sol, lo confunde con una fruta madura. De un salto se lanza hacia él, arrollando todos los planetas a su paso. Indra se asusta y le lanza su maza. El bebé cae inconsciente sobre una elevada montaña. Vayu, en protesta por la muerte de su hijo, decide dejar de actuar, y el mundo entero, privado de viento, no puede respirar, con lo que corre peligro de ahogarse. Los dioses, presos del pánico, se precipitan sobre el niño y le devuelven la vida. Indra le deja su maza, y Brahma le promete que será invencible.

El combate contra Ravana

Hanuman es el aliado de Rama, cuya mujer, la bella y virtuosa Sita, ha sido raptada por el demonio Ravana, que la ha encerrado en su palacio de Lanka. De un salto prodigioso, Hanuman alcanza Lanka, descubre a Sita y le promete su pronta liberación. También anuncia a Ravana el desastre que se aproxima. Luego va a rendir cuentas de su misión ante Rama. Estalla la guerra y Lanka es invadida y destruida por completo. Ravana muere y Sita, liberada, regresa a su reino (*Ramayana*).

Es lógico que, con tales proezas, que ponen de manifiesto ampliamente su destreza y su agilidad física, Hanuman sea el dios de los deportistas, los atletas y los gimnastas. Como protector, destruye los rayos mortíferos emitidos por los planetas.

HANUMAN, REY DE LOS MONOS Y ALIADO DE RAMA
SIGLO XVII
Miniatura india

Parasurama, el destructor

Sexto avatar de Visnú

Parasurama es un brahmán guerrero que aúna la pureza religiosa y la impureza del guerrero. Al parecer, venció a 21 generaciones de kshatriyas.

Kartavirya es un rey poderoso. Posee mil brazos y un carro celeste. Impone su poder a los dioses, a los rsi (sabios) y a todos los seres. Cree que todo le está permitido y llega a perturbar la intimidad de Indra y de su esposa. Entonces, Visnú e Indra se reúnen para poner fin a esta situación y crear un héroe que destruya a los kshatriyas (guerreros), tan impertinentes como Kartavirya.

El rey Gadhi tiene una hija, Satyavati, esposa del brahmán Rcika. Este prepara dos papillas de arroz, una para su mujer y otra para su suegra, para que la primera dé a luz a un brahmán y la segunda a un kshatriya. Pero, debido a un error al manipular los recipientes, estos quedan invertidos, de modo que el hijo de Satyavati, la mujer de brahmán, tendrá la fuerza de un kshatriya, mientras que el otro, hijo de un kshatriya, tendrá las cualidades de un brahmán.

Satyavati está asustada por lo que ha ocurrido y pide que caiga la maldición sobre su nieto. Jamadagni, su hijo, resulta ser un brahmán puro. Se casa con Renuka, que le da cuatro brahmanes puros, y un quinto hijo, Rama o Parasurama, que es brahmán pero posee los dones de un kshatriya.

Renuka es la esposa modélica de un brahmán asceta. No obstante, un día, en el río, ve a un príncipe que juguetea con sus mujeres y se detiene para contemplar la escena. Jamadagni, al ver lo que ocurre, se enfurece. Pide a sus hijos que corten la cabeza a su madre como castigo. Los cuatro primeros hijos, los brahmanes, se niegan, y su padre los fulmina con la mirada. Parasurama, con su naturaleza particular, no duda en decapitar a su madre.

Jamadagni, en reconocimiento por haberle obedecido sin pensárselo, le pregunta qué desea recibir. Parasurama se convierte de nuevo en brahmán al pedir la resurrección de su madre y de sus hermanos.

La destrucción de Kartavirya

La morada de Jamadagni es resplandeciente y suntuosa, gracias a la vaca que proporciona todo lo que se puede desear. El rey Kartavirya es recibido en ella con todos los honores. Pero esta opulencia hace que se sienta celoso; pide a su anfitrión que le dé su vaca.

Parasurama se enfurece enormemente, corta los mil brazos de Kartavirya y después lo mata. El hijo de este venga a su padre matando a Jamadagni. Entonces, Parasurama decide liberar al mundo de todos los kshatriyas. Ejecuta su misión durante 21 combates.

Tras la masacre, Parasurama vierte la sangre de las víctimas en cinco agujeros y lleva a cabo las ceremonias en honor de los antepasados.

Su abuelo se le aparece y le reprocha estas matanzas, de modo que Parasurama ofrece un sacrificio a Indra y se retira al monte Mahendra (*Mahabharata*, III, 115-117).

Un guerrero brahmán. «Soy un kshatriya; pero la fuerza, *bala*, es la característica, la regla propia, *svadharma*, de la clase guerrera, mientras que esta no pertenece a los brahmanes, cuyo deber es el esfuerzo interior, adquirir calma y firmeza de espíritu.» (*Mahabharata*, 6649-6695)

PARASURAMA MATANDO AL DEMONIO KARTAVIRYA
SIGLO XVIII
Guache sobre papel

Visvamitra, el asceta

Uno de los supuestos autores del Veda

Visvamitra, un kshatriya (guerrero), quiere llegar a brahmán (sacerdote) mediante una ascesis cada vez más estricta, una forma de actuar particularmente excepcional, dado que el brahmán y los kshatriya son opuestos.

Visvamitra comprende que solo podrá igualar al brahmán Vasistha si se convierte él mismo en brahmán. Así pues, se retira al bosque y comienza la práctica de la austeridad. Al cabo de cien mil años, Brahma le da el título de rsi real. Pero, al querer crear un nuevo cielo, agota los méritos acumulados. Prosigue sus prácticas austeras durante mil años, y Brahma lo vuelve a hacer rsi, pero se enamora de la ninfa Menaka y vive diez años con ella. Con ello, se destruye irremisiblemente el fruto de su ascesis.

Visvamitra, obstinado, se pone entre los cinco fuegos en verano y en el agua en invierno, y Brahma lo hace maharsi («más que rsi»). Pero los dioses le envían la ninfa Rambha, y Visvamitra, intuyendo la trampa, se encoleriza y pierde el resultado de sus esfuerzos.

Entonces Visvamitra deja de comer y de respirar durante cientos de años. No se deja tentar y, por fin, se convierte en brahmán e igual a Vasistha (*Ramayana*, I).

Visvamitra y Rama

Visvamitra iba a llevar a Rama por el camino de su destino. El asceta visita a Dasaratha. «¡Sé bienvenido, venerable maestro!», le dice el rey. «Tu fama basta para abrir mis puertas, pero ¿cuál es el motivo de tu visita?» «Desde hace algún tiempo», dice el sabio, «dos raksasas nos atormentan y hacen que nuestros esfuerzos sean en vano. Nos molestan sobremanera, y cada día se envalentonan más. Por estas razones, necesito a tu hijo, Rama. Que sea nuestro protector». Y Visvamitra acompaña al joven de quince años en la lucha contra los raksasas. Es el principio de las aventuras de Rama.

Brahmán y kshatriya

El brahmán es el sacerdote que posee el poder religioso. El kshatriya es el guerrero que goza del poder civil. En el plano espiritual, el kshatriya está sometido al brahmán; en el plano civil, el brahmán depende del kshatriya.

ASCETA (YOGUI)
SIGLO XVIII
Miniatura india

VISVAMITRA ACOMPAÑA A RAMA, JOVEN DE QUINCE AÑOS, EN SU LUCHA CONTRA LOS RAKSASAS
SIGLO XVIII
Ilustración del *Ramayana*; guache sobre papel

Mitologías china

El mundo celeste se organiza a imagen del terrestre: reina el Augusto de jade, con sus ministros, una administración potente y puntillosa y un personal numeroso. Cada cual es juzgado por lo que hace. Los informes se trasmiten desde la base hasta lo más alto de la escala social. Se distribuyen elogios y reprobaciones: ascensos, degradaciones e incluso la destitución son moneda corriente. Los dioses no son inmutables: a menudo las antiguas divinidades son sustituidas por otras nuevas. Hay que señalar que la mayoría de los dioses chinos son de origen humano; se trata de hombres deificados después de su muerte. La similitud entre el cielo y la Tierra llega muy lejos: se considera, por ejemplo, que el cielo posee nueve pisos con nueves puertas superpuestas, al igual que el cuerpo humano presenta nueve orificios. Nuestro organismo es un microcosmos, y a cada uno de sus elementos le corresponde un componente del macrocosmos: la cabeza es el cielo; los pies son la Tierra; los miembros corresponden a las cuatro estaciones; las articulaciones son tan numerosas como los días del año lunar; los ojos son el Sol y la Luna; el aliento y la sangre son el viento y la lluvia. Poseemos cinco vísceras al igual que son cinco los elementos de la naturaleza: el hígado corresponde a la madera, el corazón al fuego, los pulmones al metal, los riñones al agua y el bazo a la tierra.

El dios del pueblo

En cada pueblo, el dios del Sol es representado por un montículo, un árbol o un mojón. En este lugar es donde se anuncian los acontecimientos, los trabajos agrícolas y las fiestas. Pero este dios, que apenas alcanza el rango de divinidad, solo tiene

PAN GU, EL CREADOR DEL MUNDO, SOSTIENE EN SUS MANOS EL SÍMBOLO DEL YIN Y DEL YANG

Las fuerzas del yin (oscuridad, feminidad, frío) y las del yang (luz, masculinidad, calor) cohabitan en el interior del huevo primordial que contiene todo el universo.

existencia por y para el pueblo. Él manifiesta, de un cierto modo, la presencia de un mundo superior.

Hay otro lugar particularmente importante, donde se celebran las fiestas que reúnen a varios pueblos. Con ocasión de la primavera, el otoño, la siembra y la cosecha, los agricultores se reúnen en estos lugares para vender y comprar, y también para organizar encuentros de todo tipo, desde orgías hasta concursos de canciones, juegos o competiciones de todas clases. En ellos coinciden los muchachos y las muchachas, siempre alejados en la vida cotidiana. ¡Sin duda, en esa ocasión se conciertan matrimonios! Además, en esas fiestas se narran relatos que se transmiten de generación en generación, y que son el origen de algunas de las historias míticas.

La creación

Al principio de los tiempos tan solo existe un gran huevo en el que se mezclan el cielo y la Tierra, la oscuridad y el caos. Del huevo primitivo sale el primer ser. Los chinos narran: «En la época en que el cielo y la Tierra eran un caos parecido a un huevo, Pan Gu nació dentro de este y vivió en él durante dieciocho mil años». Pan Gu duerme durante todo ese tiempo, y cuando despierta queda sorprendido por la oscuridad y por una sensación de ahogo y de molestia. Tiene un fuerte arranque de ira, abre sus manos inmensas, levanta sus brazos colosales y da un fuerte golpe a la pared. Se produce un ruido de trueno y el huevo se parte en dos. Todos los elementos fijados desde hacía miles de años se esparcen en todas direcciones. «Se forman el cielo y la Tierra: los elementos puros yang forman el cielo, los elementos toscos yin forman la Tierra. Y Pan Gu, que se encuentra en medio, todos los días se transforma nueve veces, bien en dios en el cielo, bien en santo en la Tierra» (*Nacimiento del mundo*, París, 1959).

El relato continúa explicando como Pan Gu se convierte en el antepasado de los diez mil seres del universo: su aliento se transforma en una brisa primaveral; su voz, en un trueno que sacude cielo y Tierra; su ojo izquierdo, en un sol resplandeciente; su ojo derecho, en una Luna brillante; sus cabellos y su barba, en una multitud de estrellas; sus miembros y su cuerpo, en las cinco montañas más altas; su sangre, en ríos de corriente impetuosa; sus venas, en caminos que van en todas direcciones; sus músculos, en campos fértiles. Sus dientes y sus huesos se transforman en perlas. Los pelos de su piel se metamorfosean en praderas; su sudor, en rosada, etc. Así es como se crea un mundo espléndido.

La aparición del hombre

El Sol calienta la Tierra y la Luna ilumina sus noches. Los emperadores del cielo se suceden, hasta que le toca el turno a Nuwa. Posee una gran belleza y sabiduría. Tiene cuerpo de serpiente y cabeza con rasgos humanos. Se arrastra sobre la Tierra, aspira las inhalaciones del suelo

y mongol

y constata que tienen el aroma de la vida. No obstante,
a la Tierra le falta algo: un ser vivo, inteligente, que sea capaz
de hacer evolucionar la naturaleza; sin él, la Tierra permanecerá
lúgubre y solitaria.

Nuwa empieza a cavar y toma un poco de tierra amarilla. La modela
y extrae una rama que había dentro de la arcilla. La pasta amarilla
se abre y la rama se va liberando poco a poco. Detrás de la rama
aparece un ser con cabeza de hombre y cuerpo de mono. Nuwa
coloca estos objetos uno al lado de otro. Al cabo de un momento,
está rodeada de una multitud de pequeños seres que se desplazan,
andan y hablan. Están vivos y son inteligentes. Como este juego
la divierte, va modelando cada vez más barro. Pronto toda una
multitud de ambos sexos baila y la aclama alegremente. Entonces
da a sus criaturas el nombre de «ser derecho», según el sentido
que en chino tiene el pictograma que significa «hombre».

Nuwa imagina un gran proyecto: hacer que los humanos ocupen
toda la Tierra. Trabaja sin descanso hasta que está agotada,
y los seres creados por ella se dispersan enseguida por todo
el mundo. Cuando ha descansado, ata una piedra al extremo
de una liana y la hace voltear en el cielo. Cada vez que la piedra
toca la tierra, lanza pedazos de barro por los aires. Al volver a caer,
estos trozos se transforman en seres vivos. Gracias a este método,
todos los rincones del mundo son habitados por los humanos.

Los hombres

La sociedad china se compone de emperadores —los grandes dioses
reciben el nombre de «emperadores», en el cielo y en la Tierra—
y de gente humilde, que pueden convertirse en héroes y, a veces,
también en emperadores. No existe una división estricta entre
el nivel más bajo de la escala y el más alto.

AVE FÉNIX (ARRIBA)
Bajorrelieve labrado por Feng Huang; templo de Macao

DRAGONES EN UN TORBELLINO DE AGUA
Pintura sobre madera

Representan las fuerzas internas y externas dominadas; sus cabezas ornadas
con cuernos y bigotes simbolizan el yang, y sus escamas representan el yin.

Fuxi, el primer emperador

Uno de los «cinco Augustos de la alta antigüedad»

Fuxi tenía cuatro cabezas para vigilar en las cuatro direcciones. Es una gran figura civilizadora, que ha enseñado al pueblo la pesca con red, la cría de animales domésticos y la escritura.

El nacimiento

Su origen es anecdótico: había un río llamado «río del Rayo». Una veces estaba tranquilo y otras era un torrente impetuoso que inundaba los hogares y hacía temblar toda la Tierra. Entonces se decía que el dios del rayo estaba enfurecido. Ello sucedía varias veces al año. Todos los habitantes deseaban aplacar la furia de este dios, pero ¿cómo hacerlo? Entonces interviene Hua Xu, una muchacha bella e inteligente. «Hay que ir al lago del Rayo», dice, «y ver al dios que causa tantos destrozos». Pese a las reticencias de sus ancianos padres, ella sale a su encuentro.

Hua Xu comienza una larga travesía: se alimenta de frutas silvestres, bebe el agua de los arroyos y, tras meses de caminar, alcanza el lago. Sus aguas están muy agitadas, y unas olas enormes se precipitan sobre ella. Del fondo del lago surge un monstruo con cabeza de hombre y cuerpo de dragón. Hua Xu se esconde detrás de un árbol; todo su cuerpo tiembla como una hoja. Entonces una voz surge de las profundidades: «¿Qué vienes a hacer a mi morada?». De repente, una fuerza la atrae hacia el lago, que se ve transformado al instante en un agradable palacio. Hua Xu responde: «He venido para reclamar la calma. Los hombres no están contentos con el río: con frecuencia lo conviertes en un torrente y haces resonar un rayo espantoso». El dios del rayo admira el valor de la muchacha y se siente conmovido por su belleza. «Estoy dispuesto», responde, «a cambiar el lago por el cielo, con la condición de que te cases conmigo». Hua Xu accede y, al poco tiempo, trae al mundo a su hijo Fuxi.

Aprovechando la ausencia de su marido, Hua Xu pone al niño en una cesta y la deposita en el río. La cesta es llevada por la corriente hasta la casa de sus abuelos. Así, el padre de la muchacha puede criar a su nieto.

Fuxi, hijo del dios del rayo y de Hua Xu, crece rápidamente. Se distingue por su alta estatura, su inteligencia y su valentía. Pero, por encima de todo, puede subir por la escalera celeste, algo que nadie más es capaz de hacer.

Fuxi y Nu Gua

Fuxi tiene cuerpo de serpiente, igual que Nu Gua, con quien forma pareja. Las colas de ambos personajes a menudo están entrelazadas. Se cuenta que son hermano y hermana, y están muy próximos el uno al otro. Pese a ello, el muchacho pide a la muchacha que le dé hijos. Ella duda, pero acaba por aceptar con la condición de que la atrape. Fuxi se lanza, pues, a la persecución de su hermana. Así es como se inventan los ritos del matrimonio.

Otra versión cuenta que quieren casarse y por ello se proponen pedir autorización a los dioses. Suben cada uno a una montaña y, al llegar a la cumbre, alumbran el fuego de la alegría. Los humos de ambos fuegos se mezclan y en ello la pareja ve la señal del permiso divino.

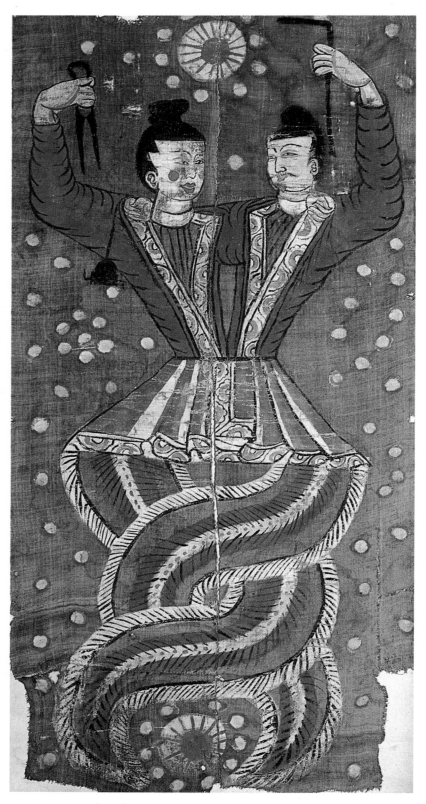

FUXI Y NU GUA (NUWA)
HACIA 700-750
Tinta y colores sobre cáñamo;
necrópolis de Astana, Turfan

Fuxi forma una pareja con Nu Gua, que también tiene cola de serpiente. Las colas de ambos personajes a menudo están entrelazadas. Se cuenta que son hermano y hermana, o bien marido y mujer.

212

Los ocho trigramas

La leyenda dice que Fuxi es el origen de los ocho trigramas que dan origen al orden cósmico y representan los diferentes aspectos del universo en movimiento: el cielo, la Tierra, el agua, el fuego, la montaña, el trueno, el viento y el lago.

Según el *Xici*, «antiguamente, cuando Fuxi gobernaba como rey en el mundo, levantó los ojos para contemplar las formas que podían observarse en el cielo; luego los bajó para observar los modelos de la Tierra. Miró atentamente las huellas de las aves y de los animales salvajes. Lo que era próximo, lo juzgaba a partir de sí mismo; lo que era lejano, lo juzgaba a partir de las cosas. Entonces inventó los ocho trigramas, a fin de penetrar en la eficacia de los seres luminosos y clasificar la multiplicidad de los diez mil seres» (*Xici*, B2).

Otras fuentes explican que Fuxi no encontró los trigramas solo, sino que los observó inscritos en la concha de una tortuga mientras paseaba a orillas del río Huang He.

El emperador legendario Fuxi sosteniendo el símbolo del yin y del yang
Siglo xviii o xix
Acuarela y tinta sobre papel

Como sabio célebre sobre las cosas del cielo y las de la Tierra, se le atribuye la configuración de los ocho trigramas, llamada *disposición de Fuxi*.

213

Lei Kung, divinidad del trueno
1500
Escultura policroma

Los kung kung, contra los que Fuxi lucha, son mitad hombre mitad pájaro, con cabeza simiesca y patas de pollo.

Los beneficios de Fuxi.
Gracias a su inteligencia, Fuxi es autor de incontables aportaciones, así como de numerosos inventos. La tela de araña le dio la idea de la red de pescar, los fuegos en el bosque le sugirieron cocinar las piezas de caza, y la evolución de las estaciones le permitió inventar los trigramas. Estos ayudaron a Yu a desviar y drenar el agua de los campos de cultivo asolados por las inundaciones. Sin embargo, más tarde, bajo el reinado del emperador Wen, el ministro Ji Cheng cayó en desgracia y fue encarcelado. Desde su prisión, Ji Cheng estudió los ocho trigramas de Fuxi y entendió muchas cosas relacionadas con su propia aventura. A fin de transmitir su comprensión sobre los cambios de la naturaleza de la sociedad, redactó el *Libro de las transformaciones*, o *I Ching*, cuyos 64 hexagramas representan todas las situaciones posibles de los seres a lo largo de las mutaciones del universo.

Huangdi / Huang-ti

El emperador amarillo

Huangdi, uno de los cinco emperadores legendarios de China, patrón de los alquimistas, los médicos y los adivinos, que siempre ha andado por el camino recto, es uno de los padres del taoísmo.

El nacimiento del emperador es milagroso: su madre, Fubao, fecundada por un rayo procedente de la Osa Mayor, lleva el hijo durante 25 meses. En cuanto llega al mundo, está dotado de poderes divinos. Sabe hablar desde los primeros días de vida.

El soberano

Huangdi es el prototipo de soberano. Maneja la lanza y el escudo, doma a los animales salvajes y se sirve de ellos para someter a los señores de su entorno. Fabrica un tambor que se oye a lo lejos e impone el respeto en todo el imperio. Huangdi es el fundador de la civilización, patrón de la alquimia, la sexualidad y la medicina —es el supuesto autor de la obra de medicina titulada *Libro de Huangdi, Medicina general de Huangdi* o *Nei Ching*. Está redactado en forma de un diálogo entre el emperador amarillo y un funcionario especialista en medicina. Se divide en dos partes. La primera trata de anatomía, fisiología, patología y diagnóstico; la segunda trata de acupuntura. Está basado en los principios femenino (yin) y masculino (yang) y los cinco elementos (metal, madera, agua, fuego y tierra), que explican el funcionamiento y la interacción del cuerpo con los fenómenos naturales, unas fuerzas macrocósmicas y microcósmicas del universo que actúan en el interior de cada ser humano.

Huangdi es el inventor de los carros, los barcos y las casas. Es un emperador modélico, defiende la civilización agrícola contra su ministro rebelde, Qiyu, inventor de la guerra y las armas. Concibe la rueda del carro y la del alfarero, y descubre la mágica «tierra que se hincha», destinada a retener el agua.

La vía del tao

Los súbditos de Huangdi vivían felices y su gobernante gozaba de todos los placeres de los sentidos; sin embargo, su sensibilidad se embotó. Después de treinta años de reinado, el emperador se sentía débil y cansado, y se dijo: «Si no soy capaz de hacer el bien a mí mismo, ¿cómo voy a poder hacerlo a los demás seres?». Así, abandonó las preocupaciones de gobierno, se retiró a una estancia apartada y durante tres meses se dedicó a ordenar sus pensamientos y a refrenar su cuerpo.

Un día soñó que paseaba por el país de Hoa-su-cheu. En ese país, no se podía viajar en barca ni en carro, sino solo mediante el vuelo del alma: «No hay ningún gobernante. Allí todo marcha espontáneamente. La gente no tiene deseos ni envidia, sigue tan solo su instinto natural. Nadie ama la vida ni teme a la muerte; cada cual vive hasta su fin. No hay amistades ni odios. No hay ganancias ni pérdidas, intereses ni temores».

Al despertar, Huangdi reunió a sus ministros y les mostró la vía del tao: «El tao no puede buscarse con los sentidos: lo conozco, lo he encontrado, pero no puedo contároslo».

HUANGDI (HUANG-TI), DIOS DE LA GUERRA
DINASTÍA QING (SIGLO XVIII)
Cerámica

214

Durante los siguientes 28 años de reinado, Huangdi aplicó el método de «dejar estar» todas las cosas, y el imperio prosperó casi tanto como el país de Hoa-su-cheu. Entonces, Huangdi se elevó por el cielo como un inmortal. El pueblo, que lo quería mucho, le lloró durante doscientos años sin interrupción (*Lietseu*, II).

La búsqueda de la inmortalidad

Huangdi, en su búsqueda de la inmortalidad, fue a consultar al señor de la sabiduría Koang-tch'eng. Cuando lo encontró, le preguntó cómo debía comportarse y conservarse. El señor le respondió: «Cuando uno no mira nada, no escucha nada y envuelve su espíritu de recogimiento, el cuerpo espontáneamente se vuelve recto. Sé recogido, sé desprendido, no canses a tu cuerpo, no embotes tus instintos y permanecerás para siempre» (*Tchuang-tseu*, XI).

El gobierno sabio. «El imperio puede ser gobernado como yo gobierno a mis caballos», dice el muchacho. Huangdi pide explicaciones y el muchacho responde: «Aparto de mis caballos aquello que puede perjudicarlos: en cuanto a todo lo demás, los dejo hacer. Pienso que, en el gobierno de los hombres, un emperador debería limitarse a eso».

MANIQUÍ DE ACUPUNTURA
SIGLO XVIII
Cartón hervido y laca

Ilustración del *Libro de Huangdi*,
uno de los pilares de la medicina china,
cuya segunda parte trata de acupuntura.

LOS CINCO ELEMENTOS: MADERA,
METAL, AGUA, FUEGO Y TIERRA
Pintura china

Guan-di, el dios de la guerra

Un guerrero partidario de la paz

Guan-di también es conocido por los nombres de Guan-yun-chang, Guan-Gong, Kuan-yu, Kuan-Kung, Kuan-ti, Zhang-yun, Chang-yun, Chang-sheng y Zhang-sheng.

Guan-di es un gigante de larga barba, rostro escarlata y cejas hechas de gusanos de seda. Se le representa o bien en armadura junto a su caballo y provisto de una alabarda o bien sin armas, frotándose la barba con una mano y sosteniendo en la otra los textos clásicos del confucianismo.

Zhang es un comerciante de soja. Se cambió el nombre cuando entró en la carrera militar. Sirvió en el ejército en la época de los Tres Reinos. Tras perder un brazo en un combate, se prestó a una operación quirúrgica para reimplantarse el miembro cercenado. Ante los ojos de los espectadores atónitos, Zhang jugó al solitario durante la operación (pues se puede jugar con una sola mano). Cayó prisionero, y el emperador enemigo le dio a elegir entre cambiar de bando o morir. Insultando a los soldados traidores, Zhang eligió la muerte, y fue ejecutado.

Guan-di es venerado desde el siglo VII. En 1594, un emperador Ming lo declara dios de la guerra, protector de China y emperador. En esa misma época es admitido en el panteón taoísta. Ahora bien, es dios de la guerra no porque desee el combate, sino porque se opone a todos aquellos que perturban la paz. Como dios de la guerra, impide que esta se declare, procura evitar cualquier confrontación y minimiza aquellas en las que se ve mezclado. Protege el reino contra los enemigos tanto exteriores como interiores.

Pero sus funciones se extienden mucho más allá: proporciona información sobre personas fallecidas, hace profecías sobre el futuro y anuncia las sanciones causadas por las buenas y las malas acciones. Por último, es venerado como un dios en la literatura, porque aprendió de memoria los clásicos del confucianismo. Es invocado de forma particular por las personalidades. El gobierno permite la construcción de numerosos templos por todo el reino, en los cuales se depositan las espadas de los ejecutores públicos. Guan-di es integrado en la tradición budista china como un general virtuoso y valiente, leal a su país, respetuoso con sus ascendientes y fiel a sus amigos. Guan-di, dios de la guerra, es un guerrero, pero es partidario de la paz. También se lo invoca como dios de la prosperidad y se acude a él en épocas de carestía.

216

GUAN-DI, DIOS DE LA GUERRA, VESTIDO DE GENERAL Y PROTEGIDO POR UNA CORAZA
1800
Madera policroma y dorada

Representación inspirada por la figura del general Guan-Yu (161-219), personaje que, con el tiempo, se convirtió en objeto de culto.

Guanyin, diosa de la compasión

El bodhisattva que permite escapar de los peligros

Guanyin, o Kuan Yin, es la diosa de la piedad o de la compasión del budismo chino. A veces se la representa con un niño en brazos, pero por lo general aparece bajo los rasgos de un bodhisattva de mil brazos y mil ojos.

Guanyin es la tercera hija del rey Miao Zhong; se supone que vive en una montaña o en una isla del mar de China oriental. Ella enseña al hombre a cultivar el arroz, que vuelve alimenticio llenando cada grano con su leche. La diosa acude en ayuda de aquellos que la necesitan, sobre todo las personas amenazadas por las aguas, los demonios, el fuego y la espada. Se dice que a veces se aposta sobre un acantilado azotado por enormes olas y presta socorro a las víctimas de naufragios en el mar, símbolo del samsara, el ciclo perpetuo de la existencia terrestre.

También se narra que, al ir contra la voluntad de su padre, este decide matarla. Pero Yanluo Wang, el señor de la muerte, protege a Guanyin conduciéndola a su reino subterráneo. Allí, Guanyin alivia a los condenados y transforma el infierno en un paraíso. Yanluo Wang le concede la libertad. Se considera que Guanyin es capaz de liberar a los prisioneros de sus cadenas, privar a las serpientes de su veneno y aniquilar el rayo. Sabe curar casi todas las enfermedades.

La hacedora de milagros

La simple formulación del nombre de Guanyin, diosa de la piedad y de la compasión del budismo chino, puede obrar milagros. «Si un ser maligno va a lanzar al fuego a un hombre porque quiere destruirlo, tan solo hay que acordarse de Avalokitesvara [Guanyin], y el fuego se apagará como si lo hubiesen rociado con agua. Si un hombre cae en el temible océano, que es la morada de los nagas, los monstruos marinos y los asuras, que se acuerde de Avalokitesvara, que es la reina de los habitantes marinos, y nunca se hundirá en las aguas. Si un ser maligno lanza a un hombre desde lo alto del Meru para aniquilarlo, solo debe acordarse de Avalokitesvara, que es parecida al Sol, y se sostendrá, sin caer, en medio del cielo. Si unas montañas de diamante se precipitan sobre la cabeza de un hombre para destruirlo, que se acuerde de Avalokitesvara y esas montañas no podrán quitarle ni un pelo del cuerpo. Si un hombre se ve rodeado por una tropa de enemigos, armados con sus espadas y que solo piensan en matarlo, no tiene más que acordarse de Avalokitesvara para que, en un instante, sus enemigos conciban en su favor pensamientos benévolos. [...] Si un hombre se ve cercado por animales feroces y salvajes, terribles, armados con colmillos y uñas afiladas, que se acuerde de Avalokitesvara y esos animales al momento se dispersarán en las cuatro direcciones del espacio. Si un hombre se ve rodeado de reptiles de aspecto terrible, que lanzan veneno por los ojos y esparcen a su alrededor destellos parecidos a la llama, no tendrá más que acordarse de Avalokitesvara y esos animales serán privados de su veneno» (*Sutra de Guanyin*).

CABEZA DE GUANYIN, DIOSA DE LA PIEDAD Y LA COMPASIÓN
SIGLO XVIII
Escultura en marfil

Jiu Zhong Ba Xian

Los ocho inmortales

Al término de un largo trayecto que tiene por objeto la purificación física y espiritual, los inmortales celestes —también existen inmortales terrestres— alzan el vuelo y el alma liberada se evade del mundo.

En la China antigua, el ideal es vivir durante mucho tiempo, o incluso no morir. Para este fin, se utilizan numerosos métodos: algunos son espirituales y se relacionan con la ascesis; otros son físicos. Entre ellos están las técnicas de meditación, ejercicios de respiración o de gimnasia, principios de higiene e incluso drogas, cuyo efecto mágico se considera infalible. El «país de las personas que no mueren» se describe en el *Chan hai King*, una obra de geografía de los siglos IV-III a. C. que algunos atribuyen a Yu el Grande, pero que los historiadores afirman que fue escrita por Tsu Yen. En ella encontramos un árbol de inmortalidad y un manantial de larga vida. Los inmortales, o Sien-jen, que viven allí, tiene la cabeza alargada y están cubiertos de plumón. Sus brazos se han transformado en alas y vuelan por entre las nubes. Son relucientes y cabalgan sobre dragones. Hay tres tipos de inmortales: los que suben al cielo en pleno día en una ascensión llena de luz; los que permanecen en la Tierra, viven en la montaña sin señales de envejecimiento y disponen de procedimientos mágicos extraordinarios; y los que viven todas las apariencias de la muerte y la sepultura pero que, en realidad, se reúnen con su cuerpo con los otros inmortales.

Los Jiu Zhong Ba Xian

Los «ocho inmortales embriagados», o Jiu Zhong Ba Xian, pertenecen ya a la leyenda.

Li Tie-kuai aprende el arte de alcanzar la inmortalidad gracias a la diosa Xi wang mu, la reina madre de occidente. Así, entrega su cuerpo a su discípulo, y le pide que lo queme si no ha vuelto al cabo de siete días. Pero durante ese tiempo, el discípulo debe alejarse para asistir a un duelo familiar, por lo que incinera el cuerpo de su maestro antes de la fecha acordada. Cuando Li Tie-kuai regresa, solo encuentra un montón de cenizas en lugar de su cuerpo, y debe conformarse con el de un mendigo.

Zhong Li-quan es un mariscal del imperio. Un día, durante su meditación, se derrumba una pared de su casa. Entre los escombros encuentra un bote de jade que contiene las instrucciones para llegar a ser inmortal. Sigue las indicaciones y una grulla se lo lleva al país de la inmortalidad.

Lan Cai-he canta por las calles. Lleva tan solo un zapato, y el otro pie lo lleva descalzo. Un día es encontrada ebria en un albergue y desaparece dentro de una nube, dejando allí mismo su ropa y una flauta.

Zhang Guo-lao es un eremita de los montes del Shan. Viaja hacia la corte del emperador, pero muere de repente frente a la puerta del templo de la mujer celosa. Su cuerpo ya se empezaba a descomponer cuando reaparece vivo y con buena salud. Monta una mula blanca que, al llegar a su destino, dobla como una hoja de papel y la guarda en un saco. Cuando vuelve a necesitar su montura, la rocía con agua y el animal ya está listo para partir.

UN INMORTAL TOCANDO LA FLAUTA EN EL PARAÍSO
1850
Pintura

En el bolsillo lleva la seta sagrada que da la inmortalidad.

He Xiang-gu es una mujer que vive en los montes de Nácar. Un espíritu le pide en sueños que reduzca a polvo una piedra grande, pues así alcanzará la inmortalidad. He Xiang-gu obedece y tras un tiempo se da cuenta de que no necesita comer. Lu Dong-bin encuentra un dragón, el cual le da una espada mágica que le permite esconderse en el aire. Al llegar a la capital, Chang An aprende alquimia y los secretos de la fabricación del elixir de la vida. Es el patrón de los letrados y lleva el nombre de Patriarca Lu.

Han Xiang-zi es sobrino de Han Yu, un importante hombre de Estado. Pronto supera a su maestro y, llevado por las ramas de los melocotoneros sobrenaturales, cae y durante la caída se convierte en inmortal.

Cao Guo-jiu decide alejarse del bullicio del mundo y se retira a la montaña para vivir como eremita. Los siete inmortales anteriores, que ocupan siete de las ocho cuevas de las esferas superiores, eligen a Cao Guo-jiu para ocupar la octava porque su actitud ha sido ejemplar.

LU DONG-BIN, UNO DE LOS OCHO INMORTALES, A CABALLO
SOBRE UN MONSTRUO MARINO
1915
Ilustración procedente de *Superstition en Chine*

HE XIAN-GU, UNA DE LOS OCHO INMORTALES
SIGLO VII
Pintura sobre madera; templo chino de Penang, Malaysia

Las islas de los inmortales. Se trata de cinco islas montañosas: Daiyu, Yuan-qiao, Fanhu, Yingzhou y Penglai Shan. En ellas, las montañas son tan altas que, para alcanzar la cima, hay que andar 15 000 kilómetros. Cada cumbre está formada por una gran meseta de un perímetro de 5 000 kilómetros. Las cinco islas distan entre ellas 45 000 kilómetros. Cuando uno se acerca a ellas, observa magníficos pabellones y suntuosos palacios de oro o jade. En estas tierras, las aves y los animales son de un blanco inmaculado, las flores y las frutas son como en ninguna otra parte. En cada isla crece un árbol de las maravillas: sus frutos son particularmente sabrosos y hacen inmortal a quien los come. Los inmortales pueden viajar por los aires a la velocidad del viento. Hay un solo inconveniente: estas islas flotan a merced de la brisa. Se trata de cinco grandes balsas, y los inmortales temen que deriven hacia el lejano occidente, frío y oscuro, donde no hay Sol ni Luna.

Yu el Grande

El ingeniero

Yu, un demiurgo, es el artífice de grandes presas destinadas a evitar las inundaciones. Más tarde, como terrateniente, recorre el mundo de norte a sur y de este a oeste para acondicionarlo.

Existen dos versiones sobre el nacimiento de Yu: la primera dice que salió del vientre de su padre en el momento en que este se transformaba en dragón. La segunda es más compleja: su madre, Xiuji, ve como una estrella fugaz cruza las Pléyades; queda muy impresionada, se estremece y durante la noche siguiente sueña que se traga una perla divina con un curioso parecido a una semilla de nenúfar. Así es como concibe a Yu. Desde entonces, se dice que es el espíritu del emperador Bai.

Las inundaciones

En la época de las grandes inundaciones, la tierra parece un océano, los cultivos quedan inundados y las casas son destruidas. Para evitar el agua, muchas personas suben a los árboles o se alejan hacia las montañas, pero poco a poco mueren de hambre o frío. Otros encuentran abrigo en las cuevas, pero los atacan las serpientes, que también huyen de la inundación.

Kuen, el nieto del emperador celeste, se dice: «Debo hacer algo». Va a ver a su abuelo, pero este, egoístamente, se niega a ayudarlo. Kuen sabe que para controlar las aguas basta con utilizar la «tierra que se hincha». Una porción muy pequeña de esta puede erigir diques de varios li (el li es una unidad de medida). Pero la «tierra que se hincha» está en manos del emperador. Por ello, coge una tortuga gigante y hace que cave una abertura y se introduzca en el palacio del gobernante. La tortuga roba la «tierra que se hincha» y la lleva sobre su espalda. Entonces se controla la inundación, los refugiados vuelven a sus hogares y cultivan de nuevo la tierra.

Pero el emperador ha sido informado del hurto. En un arranque de ira ordena a su guardián Zhu Rong que dé muerte a Kuen y que devuelva la «tierra que se hincha» al palacio. Con ello, la inundación se extiende de nuevo.

La gesta de Yu

Yu, el hijo de Kuen, es un ser perspicaz, servicial, capaz y laborioso. Consciente de que el emperador no hará nada por los hombres, decide dominar las aguas con sus propias manos.

Ordena a todos los señores y a las cien familias que recluten hombres, divide las tierras y determina los montes venerables y los ríos nobles. El grupo se dirige hacia la región más devastada y logra dominar la fuerza de las aguas. Entonces se elige otro sector. Se trata de drenar las aguas hacia el mar y controlar las crecidas.

Yu reflexiona y comprende que no conseguirá nada yendo de región en región. En primer lugar, es preciso investigar cómo está configurado el relieve de la Tierra. Así, ordena a Da Zhang y Shu Hai que les ayude a medir la superficie terrestre: uno camina de este a oeste y mide 200 033 500 li y 75 pasos; el otro cuenta la misma cifra de norte a sur.

220

EL PRÍNCIPE YU, FUNDADOR MÍTICO DE LA PRIMERA DINASTÍA, LOS XIA
HACIA 1650
Pintura

Es un héroe civilizador a quien se atribuye el control de las inundaciones del río Huang He. Se lo representa con el color que será reservado exclusivamente a los emperadores.

El dominio de las aguas sobre una extensión tan grande no será fácil, sobre todo porque los ríos discurren en todos los sentidos, y existen abismos que a veces se abren a más de 800 metros.

Encabezando una pequeña tropa, Yu camina por montes y valles desafiando mil peligros.

Al llegar a los montes de Tushan, se encuentra con Nujiao, una muchacha bella y graciosa con la que se casa.

Cuatro días después de su matrimonio, vuelve a la tarea y recorre regiones que nunca hasta entonces habían sido pisadas por el hombre. Un día se encuentra con Fuxi, que le da el mapa de los ocho trigramas que representan el cielo, la tierra, el viento, el trueno, el agua, el fuego, la montaña y los lagos. Otra vez se encuentra por casualidad con Feng Yi, que le da un mapa hidrológico con indicaciones sobre las direcciones de los ríos y su caudal. Entonces Yu puede empezar la ordenación de las aguas.

Han pasado cuatro años desde que dejó a su familia. Pasa por delante de su casa y oye las imprecaciones de su esposa: «Tu padre se fue a domar las aguas. Hace cuatro años, y no ha vuelto. Es un estúpido». También oye como llora un niño. Pero el control de las aguas es un asunto importante, se dice. No puede perder tiempo en asuntos familiares. Y se va discretamente. Provisto de un pico y una canasta, Yu inicia las obras en las que trabajarán miles de personas: se excavan lagos, se edifican presas y se rellenan barrancos. Desplazan colinas enteras. La tortuga gigante transporta toneladas de tierra sin ayuda alguna. El dragón Ying draga varios ríos en un solo día. Yu ejecuta su obra en función de las cuatro estaciones: divide las nueve provincias, hace comunicar las nueve vías, alza diques en los nueve lagos y toma las medidas de las nueve montañas. Después de seis años, pasa de nuevo por delante de su casa y oye a la esposa decir: «Hijito, si un día tu padre no te reconoce, ¿qué harás?». «Le pegaré», responde el hijo. Luego oye como se ríen. Mi familia está bien, se dice. ¿Por qué ir a verles? Y vuelve a su obra.

El país de los enanos

Un día, cansado de viajar, Yu se acuesta sobre una playa y se duerme. Cuando despierta, observa unas pequeñas criaturas que andan a su alrededor. Son enanos de unos pocos centímetros de altura, que llevan la cabeza cubierta con un gorro.

Yu los observa sin moverse. Entonces, un grupo de enanos se encarama por sus brazos y sus piernas. Montan unos caballos no más grandes que ranas. De pronto, uno de ellos se acerca a su nariz, escala aquello que para él es un promontorio e intenta plantar una bandera. Yu nota un picor, estornuda y se levanta. Todo el grupo de enanos es lanzado al suelo con todos sus bártulos.

Entonces, Yu se da cuenta de que los habitantes de ese país son inteligentes, honestos y hábiles, y saben fabricar toda clase de instrumentos. Su país es próspero.

El enemigo mortal de los enanos es la grulla blanca. Cuando se acerca la época de la siega, cuando las espigas están bien maduras, nubes enteras de grullas se abaten sobre el país, se comen las cosechas laboriosamente sembradas e incluso atacan a los enanos.

El país de los gigantes

Yu llega a un lugar llamado «la Altura de la Ola», situado no muy lejos del sitio de donde salen el Sol y la Luna. Avanza en dirección a una pequeña montaña. Pero, tras andar una

YU HUANG, EL EMPERADOR DE JADE
1915
Pintura

Tiene otros muchos apodos. En China se le considera la divinidad suprema.

河圖

decena de li, comprende que lo que creía que era una montaña en realidad es un palacio. Ve a cinco o seis gigantes en cuclillas, discutiendo. Son unos seres muy grandes, miden 25 metros de alto. Se dice que son descendientes de dragones. No en vano esa tierra se llama el «país de los hermanos dragones». Sus voces resuenan como un redoble de tambor. Yu se va y encuentra a otros gigantes ocupados en sus actividades cotidianas. Cuando levanta la cabeza, ve que se le acerca uno de ellos. Su pie iba a pisarlo. Yu se lanza hacia atrás y grita muy fuerte. Entonces el gigante se percata de su presencia. Pronto, todos los demás van rodeándolo y escuchan a Yu, que les explica el motivo que lo ha traído hasta allí.

A lo largo de cientos de kilómetros, la montaña obstruye el río Huang He. Serían necesarias unas obras de gran envergadura para comunicar este río con el mar. «¡Podemos ayudarlo!», dicen al unísono los gigantes.

Al poco tiempo, llegan a la desembocadura del río Huang He y, con sus largos brazos y sus manos poderosas, parten la montaña y echan toda la tierra al mar. Ahora, las aguas discurren libremente a través de una especie de puerta denominada «la Puerta del Dragón». Han pasado diez años, y Yu vuelve a su casa. Un joven se divierte drenando el agua de los canales. «¿Ha visto a mi padre?», le pregunta. «Es Yu el

EL DRAGÓN-CABALLO, EL ESPÍRITU DEL RÍO HUANG HE, SALE DE LAS AGUAS Y REVELA A YU EL SECRETO DE LOS NÚMEROS
SIGLO VIII
Manuscrito ilustrado procedente de Tuen-Huang

El mapa de Yu.
Se dice que Yu reprodujo un mapa del mundo sobre nueve calderos de bronce, unas joyas-talismán de su dinastía, los cuales, no obstante, no se han encontrado. Sin embargo, ciertos documentos pretenden inspirarse en ellos. El más célebre es el *Cuadro del río (Hedu)*, una especie de diagrama emblemático que representa el mundo dentro de un cuadrado mágico. El *Hedu* representa la concepción básica de la cosmología china. A lo largo de la historia de la China, ha sido objeto de un gran número de comentarios.

Grande. Dígale que venga a ayudarme a drenar el agua». «Tu padre está conteniendo las aguas del país. Volverá cuando las aguas hayan sido dominadas», dice la madre. Yu, muy contento, reemprende su camino.

Unos años más tarde, Nujiao espera al pie de la montaña. Ve de lejos como se acerca un hombre. Reconoce a su marido, agotado, enflaquecido, con los pies cubiertos de ampollas y la ropa hecha jirones. Le apremia a que entre en casa para descansar. Él le dice: «No, los trabajos de control de las aguas aún no han terminado. Todavía hay personas atrapadas en los cerros». Parte de nuevo sin volver la cabeza. Pasan los años, y Yu va sin cesar de norte a sur, de este a oeste, dirigiendo a sus trabajadores. Al cabo de treinta años, las aguas discurren de las montañas hacia las llanuras, y los lagos fluyen hacia los ríos. Las llanuras se han secado y las casas se han reconstruido.

El paso de Yu

Yu ha trabajado durante tanto tiempo sin volver a su casa para descansar que «sus manos ya no tenían uñas y sus pantorrillas no tenían vello. Contrajo una hemiplejía. Su tez ahora era negra y uno de sus pies no podía adelantar al otro, lo cual recibió el nombre de "el paso de Yu"». El paso de Yu es un paso de baile que está en uso en China desde hace mucho tiempo.

Finalmente, Yu regresa a su casa. Se convierte en emperador y confiere el título de emperatriz a su mujer.

Transformado en dios, Yu recorre el mundo para dominarlo. Lo estabiliza con cinco montañas sagradas, en los cuatro puntos cardinales y en el centro, y luego convoca a las divinidades de los grandes montes y de los grandes ríos.

Yu es el primer emperador de la dinastía Xia, y el autor mítico del *Chan-hai-King*, el primer libro sobre geografía de China.

223

BALSAS CARGADAS DE TÉ ENFRENTÁNDOSE A RÍOS INDÓMITOS
SIGLO XVIII
Lámina coloreada

LA VIDA EN EL CAMPO
Y EN LOS CANALES

A fin de luchar contra el fenómeno de las grandes inundaciones, Yu dirige unas obras gigantescas para dominar las aguas de los ríos. Hace construir diques, edificar presas y excavar canales para lograr que la vida sea más tranquila.

Yi, el arquero celeste

El liberador

Llegado del cielo, bienhechor de los hombres y seducido por la bella Chang E, Yi quiere quedarse en la Tierra, pero pierde la inmortalidad debido a la perfidia de uno de sus discípulos, celoso de su arte.

En los tiempos primordiales, la diosa Sol Xihe tiene por esposo a Ku, uno de los cinco emperadores celestes. De esta unión nacen diez soles que suelen representarse con un elemento natural: el Sol, las nubes, el agua, las rocas, el ciervo, la tortuga, la grulla, el pino, el bambú y la hierba. Viven cerca del lago de Tanggu, donde pasan el día bañándose en medio de la alegría y la frivolidad. Por orden del emperador celeste, cada sol iluminará por turnos el mundo. El que es designado se levanta al alba, cruza el cielo y se pone a la puesta, al atardecer. Así, a lo largo de diez días, cada uno de ellos aporta luz y calor a los hombres.

Los diez soles

Pero el mundo es bello con sus montañas elevadas, sus ríos impetuosos, sus bosques profundos, sus flores multicolores y sus campos con cosechas abundantes. Es mucho más bello que el lago Tanggu que, con el tiempo, llega a ser monótono. A los soles pronto les resulta insoportable permanecer constantemente en el lago y no poder más que dar la vuelta al mundo un día de cada diez.

Entonces, toman una decisión: una mañana saldrán todos juntos. Enseguida, el calor en la Tierra se vuelve abrasador: los campos se queman, los árboles se secan, los ríos se quedan sin agua y los hombres se refugian en las cuevas sin nada que comer.

El emperador Yao, que reina en China, pide a los soles que se retiren inmediatamente, pero estos no escuchan y siguen divirtiéndose. El emperador Yao se dirige al emperador celeste, y este llama a Yi, el arquero del cielo; le da un arco rojo y diez flechas blancas y le ordena: «Castígalos».

El liberador

Yi toma el arco y las flechas y desciende a la Tierra. Desafía la mirada de los diez soles, coge su arco y lo tensa. La flecha sale disparada como una estrella fugaz. El sol tocado se transforma en una bola de fuego y cae. Los demás huyen. Pero Yi es más rápido: los soles caen uno tras otro. En el momento en que va a disparar la décima flecha, el emperador Yao detiene su brazo: «No podemos vivir sin sol, perdona al último».

La temperatura vuelve a estabilizarse. Los hombres salen de sus refugios, labran la tierra, cosechan y construyen sus casas. La vida retorna a la placidez.

PEQUEÑA COPA EN FORMA DE CÁLIZ CON PIE. LA DECORACIÓN REPRESENTA UN ARQUERO DINASTÍA TANG (618-907) Orfebrería: plata bañada en oro

Yi se dispone a regresar al cielo, pero todavía lo necesitan. Hebo, el demonio de las aguas, que tiene forma de un dragón blanco, provoca grandes inundaciones, asola los campos y destruye las casas. Yi, escondido detrás de un gran sauce, le dispara una flecha en el ojo izquierdo y lo mata. Otro monstruo, Yayu, que posee una fuerza prodigiosa y se desplaza a la velocidad del rayo, penetra en los pueblos por la noche, destruye las casas y devora a sus habitantes. Parece un buey, cubierto de pelos largos y rojos, con rostro humano y cascos de caballo. Su grito es como el llanto de un niño. Yi decide matarlo. Cruza la montaña, llega a un valle lleno de cráneos y huesos humanos y espera al monstruo escondido detrás de un árbol. Pronto distingue a Yayu recostado sobre una gran losa de piedra, devorando a sus víctimas. Yi tensa su arco, apunta y le dispara una flecha en medio de la cara. Yayu profiere un grito espantoso y desprende su último suspiro.

También está el monstruo Zuochi, que posee dientes de dos metros de largo, duros como el hierro, cortantes como sables, y una piel gruesa y dura como una armadura. Vive dentro del agua, se lanza sobre los que pasan, los arrastra al fondo de su guarida y allí los devora. Yi espera a que Zuochi abra su gran boca de par en par y le dispara una flecha que se hunde profundamente en su garganta. El monstruo muere lanzando un estertor de dolor.

Más tarde aparece otro monstruo, Jiuying. Tiene nueve cabezas y escupe unas veces fuego y otras agua. Herido gravemente e.incluso con una cabeza cortada, continúa lanzándose sobre su agresor. Yi debe mostrarse particularmente eficiente. En unos segundos logra dispararle nueve flechas en las nueve cabezas. Jiuying no tiene tiempo de reaccionar y muere al instante.

A orillas del lago Dongting, no lejos del río Xiong-Shui, se encuentra Bashe, una pitón monstruosa capaz de tragarse de una sola vez a un elefante adulto, si bien tarda tres años en digerirlo y expulsar los huesos. Bashe es imposible de atacar. Es feroz y siembra el terror allí por donde pasa, tragándose a todos los seres vivos. Yi logra matarla mientras está digiriendo a sus víctimas.

En las regiones del este, Yi se entera de que un ave, Dafeng, está causando grandes estragos. Sus alas cubren la mitad del cielo y sus batidas provocan tempestades y tormentas. Es difícil matar a Dafeng, porque en cuanto se la hiere huye y no regresa hasta su próxima incursión mortífera. Yi ata un hilo a las plumas de la flecha que lanza al ave, impidiéndole la huida. El arquero tira de Dafeng hasta hacerla llegar al suelo y allí la mata de un sablazo.

No terminaríamos nunca de explicar las hazañas de Yi, que mata, asimismo, al jabalí gigante Fengxi y al zorro Fenghu. Yi presta una enorme ayuda al pueblo chino. Su recuerdo y la veneración de que es objeto se perpetúan de generación en generación.

El amor de Yi

Un día, Yi distingue en la otra orilla de un riachuelo a una muchacha que saca agua con una rama de bambú. Se le acerca y le pide que le dé agua para beber. La muchacha le sirve el agua y adivina que es el héroe Yi. Él se informa de que se llama Chang E, que a sus padres los mataron unos animales salvajes y que vive sola. Los dos jóvenes se enamoran y se casan. Yi se olvida por completo de volver al cielo. Cuando el emperador celeste se lo pide, él se niega y desde entonces el cielo le está prohibido.

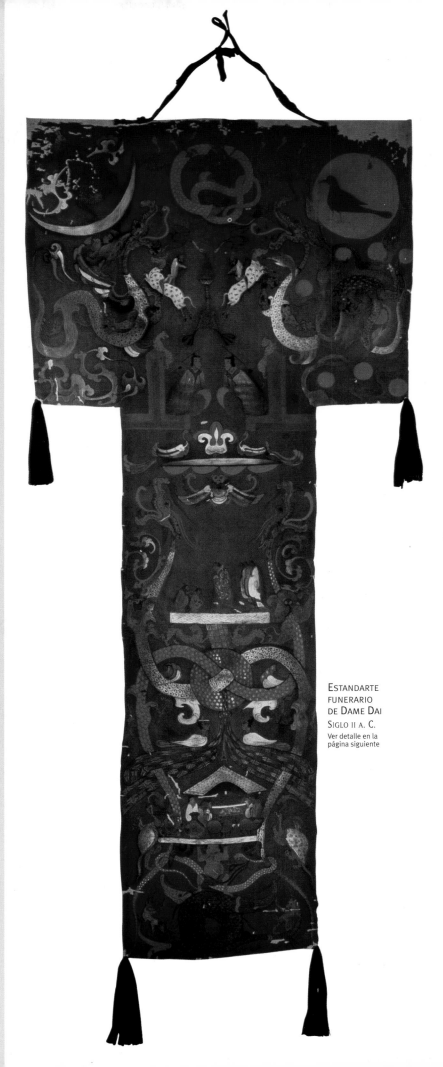

ESTANDARTE
FUNERARIO
DE DAME DAI
SIGLO II A. C.
Ver detalle en la
página siguiente

Yi sabe que la vida de los seres humanos tiene sus límites. Un día, dice a su mujer que en los montes Kunlun, al oeste, vive la reina madre de occidente, y que esta posee una píldora de la inmortalidad. Entonces decide ir a buscarla. Para llegar a la morada de la reina-madre de occidente, hay que atravesar un gran número de montañas escarpadas, de bosques profundos y de desiertos inhóspitos. Los dos últimos grandes obstáculos son el río de Aguas Límpidas y la montaña de Fuego. En el primero, el agua es tan ligera que una pluma de oca se sumergiría enseguida. En cuanto a las llamas de la montaña de Fuego, su altura es de una decena de metros y el humo hace imposible el paso. Después de cabalgar mucho tiempo, Yi llega a orillas del río de Aguas Límpidas, encuentra un madero totalmente insumergible

ESTANDARTE
FUNERARIO
DE DAME DAI
SIGLO II A. C.

Detalle que ilustra la leyenda de Yi y de los diez soles: cuando los diez soles se niegan a volver, el emperador celeste llama a Yi, el arquero, le da un arco rojo y diez flechas blancas y le dice: «Castígalos». Pero Yi, al ver a los hombres muertos o moribundos por sus quemaduras, se encoleriza de tal modo que mata a nueve soles. Cada sol tocado se transforma en una bola de fuego y cae. Cuando una flecha alcanza a un sol, la gente solo ve a un cuervo. Yi está tan enfurecido que hay que recordarle que debe dejar por lo menos un sol en el cielo.

y lo convierte en canoa. Llega al pie de la montaña de Fuego. Se protege con la piel del monstruo Jiuying que se había llevado y de una sola tirada atraviesa la montaña. La reina-madre de occidente conoce la reputación de Yi y lo recibe con gran respeto. Le da la píldora de la inmortalidad y le avisa que es suficiente para él y para su esposa. Pero si uno de los dos la traga entera, subirá inmediatamente al cielo, no podrá volver a la Tierra y el otro no tendrá nada. Es preciso que tomen, juntos, la mitad cada uno. También le da la hierba mágica Yao, que hace bella y bondadosa a aquella que la huele.

Yi regresa con Chang E, le explica todo lo que ha pasado y le confía la píldora de la inmortalidad. Le dice cómo deben tomarla, según las instrucciones de la reina-madre de occidente. Como confía enteramente en Chang E, le propone que tomen la píldora un día particularmente festivo. Chang E guarda cuidadosamente la píldora en su bolsillo. Luego, Yi le da la hierba Yao como regalo de la reina-madre de occidente. Chang E, conmovida por el presente, mira la planta y la huele. Entonces se transforma súbitamente en aún más bella y más bondadosa de lo que nunca había sido hasta ese momento.

La traición de Feng Meng

Yi lleva mucho tiempo viviendo en la Tierra. Muchos jóvenes van a verlo para oír sus hazañas y para aprender el tiro al arco. Entre ellos está Feng Meng. Es buen arquero, pero es un hombre presuntuoso y celoso. Tiene la esperanza de ser el sucesor de Yi y convertirse en el mejor arquero del mundo. Al enterarse de que su maestro tiene la píldora de la inmortalidad, trama un pérfido proyecto.

Feng Meng aprovecha la ausencia de Yi para visitar a Chang E y pedirle la píldora. Amenaza con matarla si no se la da. Chang E se extraña de esta intrusión y de tal exigencia: ¿acaso Yi no es un buen maestro y Feng Meng un discípulo aventajado? Entonces el «discípulo aventajado» desvela todo lo que encierra en su corazón: si Yi no muere, Feng Meng nunca será el maestro. Chang E enrojece de ira, pero Feng Meng tiene prisa y la amenaza con su arco. En unos segundos, Chang E repasa en su mente lo que Yi ha hecho, les pruebas por las que ha pasado, las hazañas que ha realizado. Todo eso, ¿no va a servir de nada? Chang E saca de su bolsillo la píldora, la tiende a Feng Meng y rápidamente se la lleva a la boca y la traga.

Ya tranquila, se eleva hacia el cielo y decide refugiarse en el astro más cercano a su marido, la Luna. Desde ese día, brilla con un resplandor renovado.

A su regreso, Yi se encoleriza. Toma su arco y sus flechas y sale en busca de Feng Meng. Pero este, escondido en un matorral, le asesta un fuerte golpe en la cabeza que le causa una herida mortal.

Feng Meng es seguido por los amigos de Yi, que lo atrapan, lo atan a un árbol y lo atraviesan con sus flechas. En cuanto a Chang E, sigue llevando una vida solitaria y triste en el palacio lunar.

Los eclipses solares en China.

Algunas tradiciones, sin duda, están relacionadas con el mito de Yi el arquero. La China antigua observa un cierto número de ritos con ocasión de los eclipses de Sol. En primer lugar, el astrólogo del emperador se encarga de anunciar el fenómeno y la corte imperial debe empezar a ayunar enseguida. Más tarde, en el momento exacto del fenómeno, unos arqueros disparan flechas al Sol para abatir al monstruo que lo está devorando, mientras el emperador en persona hace sonar un tambor. La guardia imperial se mantiene alerta cerca de la Torre del Rocío a fin de estar lista para liberar al Sol.

MONTAÑAS JUNTO AL LAGO KARAKUL CHINA, 1996

Yi va a los montes Kunlun para pedir a la reina-madre de occidente la píldora que da la inmortalidad.

Tengri, un dios mongol

El ser supremo

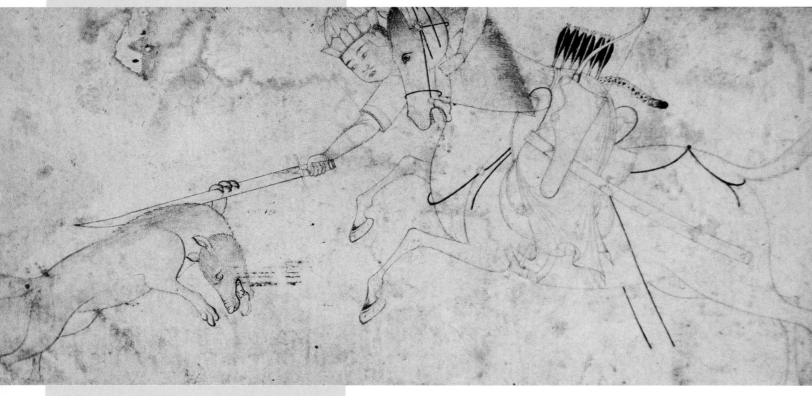

Tengri, Od u Odlek es el gran dios del cielo, el tiempo personificado. Otorga la vida y las oportunidades y es el garante del orden cósmico, social y político.

Según las transcripciones chinas, *Tengri* es la palabra más antigua que se conoce del turco mongol. Tengri, un dios eterno, manifiesta su poder en el orden que impone. Se le atribuyen las disposiciones de la naturaleza, la organización y los movimientos de los astros y el gobierno del imperio mongol. Se dice que es grande y misericordioso. Manifiesta su ira mediante la tormenta. Su pueblo vive bajo él en el centro del universo. Sin embargo, nunca se lo llama padre, sino emperador, y cuando el imperio se extiende, lo que aumenta es el número de sus súbditos.

Tengri actúa desde el interior mismo de los seres; proporciona la energía que les es necesaria y la orientación mejor para ellos y para el universo. Otorga las oportunidades y las riquezas. No se le atribuye abiertamente la creación, pero sí garantiza el mantenimiento y el buen funcionamiento del mundo. Delega su poder en el emperador, el cual se encarga de promulgar los decretos de los que él es el verdadero autor.

Tengri es exigente y castiga sin piedad a aquellos que lo desobedecen. Para el hombre, el castigo es la muerte; para un pueblo, es el genocidio. En el más allá, no se concibe ningún premio o castigo para las buenas acciones ni para las malas.

El caballo es el animal preferido de Tengri. Se dice que monta por todo el mundo, reparando lo que está roto y

JINETE CAZADOR DE LOBOS
SIGLO XV

El caballo es el animal preferido de Tengri. Se dice que cabalga por el mundo arreglando y reparando lo que debe restaurarse, o destruyendo todo lo que causa el desorden o la desgracia, por ejemplo, el lobo, enemigo del hombre.

Los mongoles y el lobo.

Para que los hombres puedan demostrar sus grandes dotes guerreras, necesitan un antepasado prestigioso. El lobo, que hace reinar el terror, puede ser este antecesor. En el corazón de Mongolia, cerca del río Orjon, se encontró una estela con inscripciones datadas del siglo VIII. Cuentan el origen de las tribus mongoles: un niño fue recogido por una loba que lo alimentó con su leche. Al alcanzar la edad adulta, se unió a ella. De su amor nacieron diez niños que la loba trajo al mundo en una cueva. Es el origen de un pueblo fuerte, los T'u-kiu, los primeros turcos.

Otra versión habla de un célebre antepasado, Borta Tchino, nacido de la unión de un lobo celeste, agente del cielo, y de la cierva salvaje, la Tierra. Cuando la caza los lleva a matar un lobo, el cazador le rinde homenaje y destruye el arma que ha dado el golpe fatal, por ser maléfica.

SANTUARIO DE CHAMÁN
(DERECHA)
Hohhot, Mongolia

favoreciendo la paz. El emperador, que es su gran sacerdote, en ciertas ocasiones organiza, junto con el pueblo, el sacrificio de un caballo. La víctima es empalada en una estaca inclinada y sus restos se cuelgan de un árbol. El águila también es distinguida por volar cerca del cielo, es enviada por el cielo. Se cuenta entre los mensajeros de Tengri, junto con otros más misteriosos, como ángeles, rayos de luz, muchachas resplandecientes o aves azules.

Las divinidades asociadas

Las divinidades inferiores también se llaman *tengri*. Son sus hijos o sus enviados: la tierra, la montaña, el agua, el fuego y los árboles son tengri muy asociados al ser supremo porque poseen un poder que está enteramente entre sus manos. El Sol y la Luna son más independientes. Venus se llama «la viril»: es una luchadora que ahuyenta a las otras estrellas al final de la noche. Así pues, se reserva un culto a los astros, basado esencialmente en deambulaciones en círculo, parecidas al movimiento aparente del cielo.

Algunos pueblos también poseen una gran diosa, aunque no la llaman paredre de Tengri, sino Umay, la diosa de la maternidad, «la madre pura de setenta cunas». Lleva incontables trenzas de oro, símbolo de la riqueza.

Los chamanes

«Los tengri del oeste crearon a los hombres, que en los primeros tiempos vivieron felices y no conocieron la enfermedad ni la tristeza. Pero he aquí que los hombres se granjearon la desgracia de los tengri del este y empezaron a caer enfermos y a morir. Los tengri del oeste se asustaron por el destino de los hombres y comenzaron a deliberar sobre los medios para prestarles ayuda. Para ayudar a los hombres a luchar contra los malos espíritus se decidió darles un chamán, y se eligió al águila para ello» (Régis Boyer, *Les Religions de l'Europe du Nord*, París, 1974).

Los chamanes son el vínculo entre el mundo inferior y el mundo superior. Sus prácticas, que combinan magia, trances y éxtasis, les permiten entrar en comunicación con los espíritus sin depender de ellos. Los éxtasis son ascensos hacia el dios del cielo para presentar las ofrendas de la comunidad, o descensos a las regiones subterráneas para buscar el alma de un enfermo arrebatada por demonios, o bien acompañar a la de un difunto a su última morada. Durante las ceremonias chamánicas mongoles se emplean máscaras para favorecer la comunicación con los espíritus.

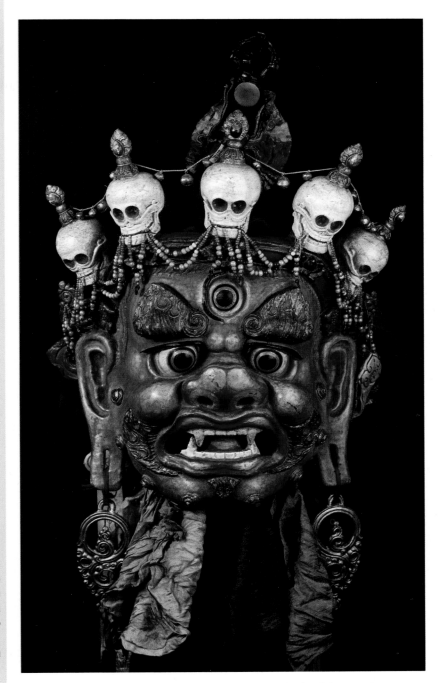

229

MÁSCARA DE LA DANZA
Ulan Bator, Mongolia
Máscara utilizada durante una ceremonia chamánica mongol. Los chamanes son el vínculo entre el mundo inferior y el mundo superior; sus prácticas combinan bailes, trances y magia.

Mitología japonesa

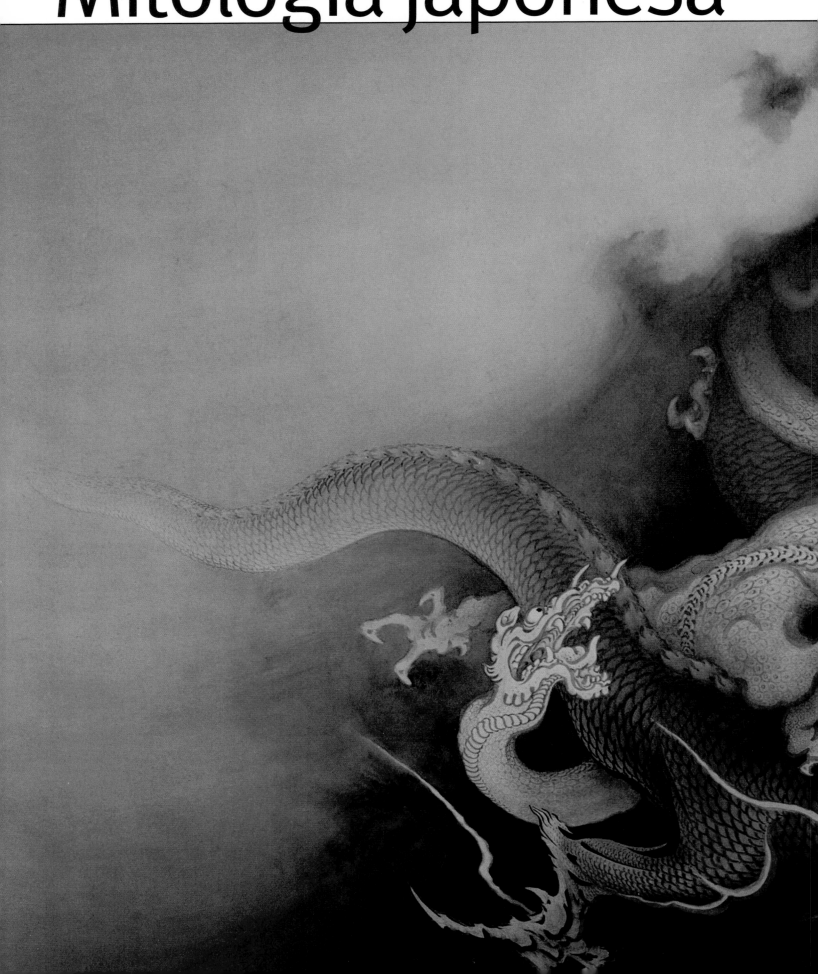

Mitología japonesa

Al comienzo, la Tierra es joven. Se parece a una «mancha de aceite que flota y va a la deriva como una medusa. De esta cosa que surge, como un brote de caña, nacen tres divinidades que se esconden». El lugar es el Takamanohara, también llamado las «altas llanuras celestes». El primer dios es Amanominakanushi-no-Kami, o «señor del entorno del cielo», los dos restantes son Takamimusubi y Kami-Musubi.

informarse. Incluso se dice que utilizan la astrología y la magia. Todo lo que es grande e inexplicado es kami. Así pues, son muy numerosos: ochenta millones. «[...] Esta multitud de kami, de los cuales los textos clásicos dirán que son *ya oyorozu* (ochocientas miríadas), en otras palabras, incontables. En estas condiciones, traducir kami por "dios" sin duda es inadecuado. [...] Sería mejor hablar de *numina*, a la manera de los romanos» (R. Sieffert, *Les Religions du Japon*, París, 1968).

Los kami entre nosotros

Los kami ancestrales no son otros que los antepasados divinizados. Encontramos también los kami de las fronteras, los de un arte, los de las estaciones, la lluvia, el buen tiempo y la tormenta, e incluso kami extranjeros. La lista nunca está cerrada.

Hubo un tiempo en que los árboles y las hierbas hablaban (*Nibongi*, 2.º mes, 16.º año del emperador Kimmei). Las mismas piedras a veces son grandes divinidades (*Kojiki*). Se les dirigen plegarias y, en caso de sequía, de ellas se obtiene la lluvia (*Izumo Fudoki, Tatenui no Kori*). Los animales, ríos, lagos y mares son kami, objeto de veneración. Son fuerzas personificadas, seres vivos que tienen un cierto influjo sobre el hombre y se imponen a él. A veces se les

DOS INMORTALES
ÉPOCA EDO (FINALES DEL SIGLO XVII)
Estatuillas: verdeceladón, loza

Luego vienen al mundo las divinidades secundarias, Umashiashikabihikoji-no-kami y Amanotokotachi-no-kami. En total, cinco divinidades celestes autónomas. Les siguen otras siete generaciones de dioses y diosas celestes. Todos se esconden, salvo la última pareja, que tiene por nombres Izanagi e Izanami, y que crea Japón. Así, en las cosmogonías japonesas no hay una creación *ex nihilo*, no hay un primer momento del mundo, ni siquiera un caos inicial. Los dioses salen de ellos mismos a la existencia, como por descuido, y tendrán que llegar ocho generaciones antes de que se elabore un principio de organización. El único objetivo que se persigue es la fundación de las islas de Japón por Izanagi e Izanami.

Los kami

Los japoneses, como muchos otros pueblos, se sienten dominados por las fuerzas de la naturaleza. Así, atribuyen a cada una de ellas una personalidad, un poder, una clase de divinidad: los kami. Son kami las altas montañas, los árboles grandes y viejos, los ríos e incluso los hombres superiores. Los kami están «situados más arriba», se los respeta y venera, y se les rinde culto. Los kami tienen un cuerpo parecido al de los hombres. Poseen las cualidades y los defectos de estos. Se dice que poseen dos almas, una buena (*nigi-mi-tama*) y una mala (*ara-mi-tama*). Los kami reaccionan según la influencia de una u otra. Pueden hacer el bien y el mal, pero entre ellos no hay kami esencialmente malos. Por otra parte, sus almas pueden abandonar su cuerpo y entrar en un objeto cualquiera. Pero los kami japoneses no son todopoderosos, no lo saben todo, no están en todas partes a la vez, y solo conocen a los que están cerca de ellos. A veces envían mensajes para

ofrecen sacrificios humanos (*Nibongi*, 10.º mes del 40.º año del emperador Keiko). El sake, una bebida misteriosa a causa de su efecto embriagador, es la ofrenda preferida de los kami. Así pues, por todo Japón hay santuarios y templos. Se denominan *jinja*, y tienen poco contacto unos con otros. El sintoísmo, la religión de Japón, no está muy reglamentada: no reconoce a un dios supremo, y el cielo no es más que la morada de los kami. Por lo tanto, hay pocos o ningún dogma, poca o ninguna disciplina. Es una religión de prácticas. En los jinja, todos los años se celebra la *matsuri*. Entonces la efigie del kami local es llevada triunfalmente por la ciudad por muchachos y muchachas. Se rinde una veneración especial a las montañas: algunas son el cuerpo mismo de las divinidades, como el Miwayama; otras son el domicilio de los dioses, que desde sus cimas envían el agua de los manantiales. La divinidad de la montaña, el *yama no kami*, por lo general se muestra en forma de una serpiente repelente y espantosa; se le atribuye sexo femenino. Cuando desciende a las llanuras se convierte en *ta no kami*, la divinidad de los campos que hace crecer las plantas. Hay dos lugares de culto particularmente apreciados: uno es el monte Fuji (Fuji Sama), que alcanza los 3 776 metros de altura. Su ascensión es para el sintoísmo lo que el peregrinaje a La Meca para un musulmán. Todo japonés debe subir al monte Fuji por lo menos una vez en su vida. El otro lugar es el templo de Ise.

EL MONTE FUJI, TOYOKUNI II, H. 1830-1835
Lámina procedente de la serie *Ocho vistas de lugares célebres*

Cualquier cosa puede ser declarada kami. Se dice que un tal Ube No Oshi afirma que un determinado insecto es el dios del más allá. La gente lo cree, y empiezan a venerar al insecto; le dirigen plegarias para obtener riquezas y una larga vida, y organizan fiestas y ceremonias en su honor. Se le consagra un lugar, se le hacen ofrendas, y le honoran con cantos y bailes. Ello dura mucho tiempo, hasta que un hombre sensato pone de manifiesto que no sucede nada y ridiculiza a Ube No Oshi (*Nibongi*, XII).

Los kannushi

Los kannushi son personas poderosas: señores o poseedores de una divinidad, hablan por ella, actúan en su nombre y ejercen su autoridad. Transmiten las plegarias a los kami y son capaces de hacerlos actuar. El *Wei-chich* habla de Pimiko, la reina de los Wa (japoneses), que sabe embrujar al pueblo. No se casa y solo aparece muy de vez en cuando en público; es la intermediaria entre el mundo de los espíritus y la Tierra de los hombres. Su hermano menor ejerce la realidad del poder, pero bajo sus órdenes. Pimiko es una kannushi.

El cielo, la Tierra y los infiernos

Existen los kami del cielo, Ama Tsu Kami, y los de la Tierra, Kuni Tsu Kami; estos últimos son los más numerosos. Pero la distinción no es muy importante, ya que no es raro que los primeros desciendan para instalarse en la Tierra y que los segundos suban al cielo. El cielo se designa con la palabra *Ama*. No es un lugar particularmente inaccesible, pues un puente, *Ama no Hashidate*, permite a los kami subir o bajar. Se dice que un día este puente se hundió, dando lugar a uno de los paisajes más bellos de Japón.

El reino de los muertos, también denominado «país de las tinieblas» (Yomi tsu Kuni), «país de las raíces» (Ne no Kuni) o «país profundo» (Soko no Kuni), posee dos entradas: la primera hace una pendiente suave y sinuosa, la otra es una cavidad enorme situada junto al mar y que se hunde verticalmente en la tierra: ahí se echan todas las deshonras junto con todos los pecados.

El mundo subterráneo no está en absoluto desierto. Se compone de casas y de palacios, es habitado por demonios varones y hembras, *shiko-me* («las mujeres feas») o *hisa-me* («las mujeres con la frente fruncida»).

Amaterasu, la antecesora del emperador

Diosa del Sol y de la luz

Su nombre significa «aquella que brilla en el paraíso». Cuando se esconde en una cueva, la oscuridad invade el mundo y facilita la actividad de los dioses malvados; cuando se muestra, la luz lo invade todo y se convierte en la diosa del crecimiento y la fertilidad.

El presente solo se justifica por el pasado, y lo terrestre por lo celeste: así pensaban los japoneses del siglo VIII. Por lo tanto, la autoridad del emperador debía tener un origen muy antiguo y divino.

Su origen

El *Kojiki* (*Notas sobre los hechos del pasado*), el libro japonés más antiguo, explica que inicialmente había cinco parejas divinas, la última de las cuales fue la de Izanagi e Izanami, un hermano y una hermana. Izanagi, el dios que consolidó la Tierra, es el padre de Amaterasu, la diosa del Sol, de Tsukiyomi, el dios de la Luna, y de Susanowoo, el dios del mar. Pero este último rechaza su herencia, pues en realidad desea vivir con su madre en los infiernos.

Los hijos de las joyas

Cansado de sus súplicas, Izanagi expulsó a Susanowoo del cielo. Pero este, antes de irse, quiso visitar a su hermana Amaterasu. Sin embargo, hizo tanto ruido que ella se asustó y se armó como para ir a la guerra. El hermano y la hermana se enfrentaron a un lado y otro del río de la Tranquilidad. Amaterasu rompió un sable y de él nacieron tres diosas. Susanowoo chupó las joyas que le había regalado su hermana: aparecieron los dioses del arroz y cinco dioses varones. Los hijos del sable eran los de Susanowoo y los hijos de las joyas, los de Amaterasu. Entonces Susanowoo, que estaba como enloquecido, rompió los diques, taponó la salida de los arrozales y echó un caballo desollado a la residencia de su hermana. Esta, sorprendida, se dio muerte atravesándose el sexo.

La resurrección

La diosa fallecida se encerró en una cueva, sumiendo al mundo en las tinieblas. Ello preocupó a los dioses, que buscaron trucos de magia para hacer resurgir la luz. Colocaron en la entrada de la cueva un árbol sagrado: «Arrancaron una planta de hojas perennes muy frondosa del monte Perfume Celeste y ataron a las ramas superiores unos *tama* curvados, ensartados en hilos largos; en las ramas medias colgaron un gran espejo, y en las inferiores, telas vegetales blancas y verdes. Majestad Futodama tomó estos objetos como ofrendas sagradas y Majestad Koyane Celeste salmodió, mientras que Kami-Masculino-de-Puño-Poderoso se mantenía escondido cerca de la puerta de la cueva» (*Kojiki*, IV). La diosa Uzume empezó a ejecutar un baile: llevando en la mano ramos de bambú enano, se subió a una cubeta vacía vuelta al revés y comenzó sus movimientos. Luego, agitándose a un ritmo violento, desabrochó su vestido, lo bajó lentamente, descubrió su pecho y poco a poco se desnudó hasta el sexo. Ante este espectáculo, los dioses estallaron en sonoras carcajadas.

El templo de Ise.

Al igual que con la ascensión al monte Fuji, por lo menos una vez en la vida hay que ver el templo de Ise. Dada su condición sagrada, nadie entra en él. Solo unos poquísimos privilegiados (invitados de honor del emperador) han podido acercarse a la puerta principal del templo. Este santuario se reconstruye cada veinte años. La primera vez fue en el año 690, y la última tuvo lugar en 1993. Según el sintoísmo, la reconstrucción es necesaria para purificar el templo (sobre todo después de la muerte del emperador). Veinte años son el lapso necesario para alcanzar una nueva generación y poder formarla en las técnicas milenarias de construcción.

A la construcción se le dedican todas las atenciones en Japón. En este sentido, se cuida de forma especial un bosque para que dé los árboles que son talados según los mismos ritos religiosos ancestrales y transportados por todos los pueblos, lo cual es ocasión de grandes fiestas populares. Para asegurar una reconstrucción idéntica, los carpinteros se transmiten los secretos de generación en generación.

AMATERASU SOBREVOLANDO EL MONTE FUJI
UTAGAWA HIROSHIGE, 1850
Lámina

Sorprendida por estas risas, Amaterasu entreabrió la puerta de la cueva y vio su cara en el espejo que le mostraban. Aún más intrigada, salió de la cueva, que una divinidad cerró tras ella. La danza de Uzume iba a servir en adelante como modelo en ciertos ritos populares: se ejecuta tras la muerte de un individuo, y tiene por objetivo recordar la vida; también es un símbolo de fertilidad.

La descendencia de Amaterasu

Oshihomimi es uno de los «hijos de las joyas», y el primer soberano de Japón. Su padre es del dominio de abajo, por tres razones: en primer lugar, a causa de su vocación, que era la de ser el dios del mar; en segundo lugar, por su voluntad, que era la de reunirse con su madre en los infiernos; por último, por su destino, que es ser exiliado en la Tierra. Susanowoo es un mediador.

Amaterasu, a quien los emperadores de Japón invocan como una potencia tutelar, es del dominio de arriba, es decir, el dominio celeste.

El culto

En Ise Jingu, en la isla de Honshu, hay todo un conjunto de santuarios consagrados a Amaterasu.

A finales del otoño, la sacerdotisa, siguiendo unas reglas rituales, hace nudos en unas fibras de morera para papel. Estos nudos simbolizan el acto de creación y el tejerlos permite acercarse a la divinidad y apropiarse un poco de la energía celeste. Este rito va acompañado de palabras mágicas destinadas a obtener la ayuda divina, principalmente un aumento de la vitalidad del emperador, descendiente de la diosa y garante de la renovación de la vida después de la estación fría. El culto supone la expresión de pertenencia a la raza japonesa. Habitualmente, el nuevo primer ministro rinde cuentas en él sobre la formación de su gobierno.

La costumbre quiere que se reconstruyan los templos (de madera) cada veinte años, y en este caso ello ha se ha hecho 61 veces hasta 1993. Dentro se conserva el espejo que simboliza la presencia divina de Amaterasu.

235

LA APARICIÓN DE AMATERASU (ABAJO)
UTZGAWA KUNISADA
Grabado sobre madera policroma

AMATERASU SALIENDO DE LA CUEVA
(ARRIBA)
YOSHITOSHI, 1882
Lámina

Izanagi e Izanami, dioses de la vida

Los creadores

Hermano y hermana, marido y mujer, bajan del cielo a lo largo de un arco iris, el «puente flotante del cielo», para crear y consolidar el mundo. Son el origen de los dioses y de los hombres.

Los dioses les dan una lanza adornada con piedras preciosas. Ellos la sumergen en agua del mar, la remueven un momento y dejan que se solidifique. Cuando retiran el arma, una gota cae de la punta y forma la isla de Onokoro, que significa «coagulada de forma natural». Es la primera tierra firme, la primera de las islas de Japón. Izanagi e Izanami descienden hasta ella y construyen una casa y una gran columna.

Los esponsales

Izanagi pregunta a su hermana cómo está hecho su cuerpo. Ella responde que «hay un agujero en cierto lugar». Él dice que su cuerpo posee «una excrescencia en el mismo lugar, y que podrían ajustar estas dos partes de su cuerpo». Entonces, Izanagi rodea la columna por la derecha e Izanami por la izquierda. «¡Oh, qué muchacho tan bello!», dice Izanami al encontrarse frente a su compañero. «¡Qué muchacha tan bella!», dice Izanagi. Así se celebran las primeras ceremonias de matrimonio. Se aparejan y de ellos nace un hijo deforme, Hiruko. Sus padres no quieren reconocerlo. Lo ponen en una barca de juncos y lo dejan a la deriva. Esta misma situación se repite varias veces. Tras una consulta adivinatoria, los dioses dicen que es Izanami la responsable de la malformación de los hijos. De hecho, contrariamente a la costumbre, ha hablado primero durante la ceremonia nupcial. Así, empiezan de nuevo el rito y esta vez es Izanagi quien dice primero: «¡Qué muchacha tan bella!». Entonces sus hijos son todas las islas de Japón, los dioses de los vientos y los mares, los árboles y el agua. El último de sus hijos es Kaguzuchi, el dios del fuego. Al venir al mundo, quema gravemente las entrañas de su madre, causándole un terrible sufrimiento. De sus vómitos nacen otros muchos dioses, pero ella finalmente muere y desciende a los infiernos.

Los infiernos

Loco de desesperación, Izanagi se lamenta. De sus lágrimas nace la diosa del arroyo gimiendo y, enfurecido, corta la cabeza a su último hijo. Luego desciende a Yomi, en los infiernos, para buscar a su mujer. La ve al principio rodeada de sombras, la saluda con gran efusión y le pide que vuelva con él. Deciden hacer la petición a los dioses del mundo subterráneo, puesto que Izanami ya ha comido del alimento infernal. Ella le suplica que, por encima de todo, no la mire. Pese a ello, él está lleno de deseo y lo hace, rompiendo una púa de su peine para hacer con ella una antorcha. Entonces la ve putrefacta, comida por los gusanos y custodiada por los ocho truenos. Izanami, humillada, quiere vengarse y envía contra él a las feas-hijas-de-los-infiernos. Izanagi se protege con mil procedimientos mágicos. Ella le envía los ocho dioses del trueno y los guerreros de los infiernos. Pero él siempre logra escapar y obstruir la entrada del infierno con una enorme roca. Izanami alcanza el otro lado de la

236

roca. Ambos acaban poniéndose de acuerdo para divorciarse, pero ella sigue amenazándole con matar cada día a más de mil personas, y él responde que hará nacer a mil quinientas.

La purificación

Mancillado por su paso por el infierno, Izanagi se va a la isla de Tsukushi para purificarse en el río de Tachibane. Lanza su bastón y de este nace el dios-erigido-en-la-bifurcación-de-los-caminos. Se deshace de sus ropas y de cada una de ellas hace aparecer a una divinidad. De su baño en el río nacen también otros dioses; de su baño en el mar, nacen los dioses del mar. Por último, cuando se lava el ojo izquierdo, se manifiesta Amaterasu, la diosa del Sol; cuando se lava el ojo derecho se manifiesta Tsukiyomi, el dios de la Luna; y cuando se frota la nariz se manifiesta Susanowo, el dios de las tempestades.

Entonces, Izanagi da su reino a compartir entre sus tres hijos menores: a Amaterasu le da un collar de perlas y la soberanía sobre las altas llanuras celestes, a Tsukiyomi le da las esferas de la noche, y a Susanowo le ofrece la supremacía sobre el océano.

MEOTO-IWA (LAS ROCAS UNIDAS)
M. S. YAMASHITA, 1988
Península de Ise-Shima

Estos peñascos, unidos por cordajes, según la leyenda son la morada de Izanagi e Izanami.

IZANAGI E IZANAMI CREAN LAS ISLAS DE JAPÓN (IZQUIERDA)
EITAKU KOBAYASHI, 1885
Rollo de seda colgado; tinta negra y colores

EL PUENTE DEL CIELO
UTAGAWA HIROSHIGE, 1850

Izanagi e Izanami han descendido por el «puente del cielo» para crear el mundo.

Susanowo, el dios de la tormenta

Hermano de Amaterasu

Susanowo, dotado de una fuerza extraordinaria, tiene grandes dificultades en dominarse, lo cual hace que se enfade con su padre, el creador, que lo expulsa, y con su hermana, Amaterasu, la diosa del Sol.

Susanowo, hijo de Izanagi, rechaza la herencia que le ofrece su padre. No quiere reinar sobre las aguas, sino ir al reino de su madre. Anuncia que va a despedirse de su hermana, Amaterasu, y entra en conflicto con ella. Entonces Amaterasu se encierra en la cueva rocosa del cielo, dejando el mundo en la oscuridad.

La diosa de los alimentos

Ya se ha labrado su reputación cuando ordena a Ogetsu, diosa de los alimentos, que le sirva de comer. Contrariamente a sus costumbres, Ogetsu solo le da lo que sale de su boca, de su nariz y de su ano. Enfurecido por este insulto, Susanowo la mata, pero las funciones de la diosa se perpetúan, ya que de sus ojos brotan granos de arroz; de sus orejas, granos de mijo; de su sexo, espigas de trigo, y de su recto, granos de soja.

El dragón de Izumo

Susanowo está preocupado por lo que le pasa, abandonado por los suyos, falto de verdaderos fieles y sin saber nunca si obra bien o mal. Sin tierra, poder, privilegios ni buena reputación, ya no es nada en el país de los dioses. Sale a la aventura, disfrazado de hombre. Llega a Izumo. El país parece abandonado: las casas están cerradas y no hay nadie por las calles. Oye unos sollozos cerca e, intrigado, entra en una casa empuñando la espada, listo para defenderse. Allí descubre a dos ancianos que lloran y una muchacha muy bella que se llama Kunisada. El hombre explica que esta chica es la última de sus ocho hijas. Las otras siete fueron devoradas una tras otra por un dragón de ocho cabezas y ocho colas. Todos los años, el dragón entra en el pueblo para buscar su presa. Al día siguiente debía ir a buscar a Kunisada, la última de sus hijas, para llevársela y devorarla como ha hecho con todas las otras.

Los campesinos no saben que el joven caballero que han recibido es Susanowo, el dios de las tormentas. Este, impresionado por su tristeza y deslumbrado por la belleza de la muchacha, está dispuesto a luchar con el monstruo. Sin embargo, duda ante el peligro, pero un rugido procedente del exterior le recuerda la urgencia de su decisión.

SUSANOWO, EL DIOS DE LAS TORMENTAS, PREPARÁNDOSE PARA MATAR AL DRAGÓN DE OCHO CABEZAS
KEISI, 1822

CABEZA DE DRAGÓN. DECORACIÓN DE LA PROA DE UNA EMBARCACIÓN JAPONESA TRADICIONAL

Se decide y afirma resueltamente: «Defenderé a la joven aunque deba dejar mi vida en ello», y al momento la transforma en peine para que el monstruo no pueda encontrarla.

Pide que lo reciban esa misma noche, visita la ciudad, concibe un plan de batalla y solicita que todos los habitantes del pueblo se reúnan.

Susanowo exige que se le obedezca en todo. Ordena que se talen árboles, que se coloquen postes alrededor del pueblo y que se construya una gigantesca empalizada. Los aldeanos se ríen de él, pues saben muy bien que el dragón lo quema todo a su paso: una fortificación de madera no va a detenerlo. Más intrigantes son los ocho agujeros que Susanowo hace excavar dentro del recinto, delante de cada uno de los cuales hace colocar una jarra enorme llena de sake.

Por la mañana llega el dragón. Muchos aldeanos huyen, otros se esconden en las casas; estos últimos, más valientes o más curiosos, vigilan. El monstruo ve la palizada y se dispone a incendiarla, cuando percibe el olor que flota en el aire y se acerca todo lo que puede: huele la madera, se acerca al primer agujero y encuentra el espacio justo para poner la nariz. En los ocho agujeros, pone sus ocho cabezas, y cada garganta de un solo trago bebe y vacía en un momento la jarra que se encuentra delante. Así, se embriaga, no es capaz de dominarse, se tambalea y todos sus miembros tiemblan. Susanowo, que está vigilando, llama al monstruo al combate cuando este se dispone a incendiar la empalizada. El dragón se burla de este adversario que para él no será más que un bocado. Sin embargo, las cabezas le dan vueltas. Titubea y le faltan los reflejos. Sus golpes demasiado lentos son fáciles de esquivar, y Susanowo corta una tras otra sus ocho cabezas. Susanowo devuelve a Kusinada a su forma primitiva, se casa con ella y engendra muchos hijos, entre ellos Okuninushi, el dios de la medicina y de la magia.

RAIJIN, EL DIOS DEL TRUENO
SIGLO XIII

Raijin, el dios del trueno, es otra divinidad asociada a Susanowo, el dios de la tormenta; aquí se lo ve golpeando unos gongs y provocando su sonido característico.

Okuninushi, la medicina y la magia

Hijo o yerno de Susanowo

Astuto, mago y generoso, Okuninushi vive un gran número de aventuras, pasa por pruebas muy duras y siempre sale victorioso.

Okuninushi tiene ochenta hermanastros. Todos quieren casarse con la misma princesa, llamada Yagami, y se van a Inaba, la provincia donde vive la bella. Con ellos llevan a Okuninushi para que les lleve sus equipajes.

Por el camino encuentran un conejo blanco que está desangrándose y sufre terriblemente. «Báñate en el mar», le dicen sus hermanos, «y luego exponte al viento. Verás como te curas». El conejo hace lo que le dicen, pero el agua salada abre las heridas y aviva el dolor.

Okuninushi, que lleva los pesados bultos de sus hermanos, se ha retrasado, pero pronto llega donde está el conejo. «¿Qué te pasa?», le dice. Y el conejo le cuenta su triste desgracia: «Para atravesar el mar, he pedido a unos tiburones que se pongan uno detrás de otro para formar una especie de puente sobre el cual yo pudiese andar. Los tiburones querían saber si eran más numerosos que los otros animales marinos y les he prometido que los contaría al pasar. A lo largo del camino he olvidado contar y se lo he confesado. Entonces el tiburón sobre el que estaba me ha destripado sin miramientos dejándome más muerto que vivo».

Okuninushi siente una profunda pena por esta pobre víctima. Le dice que vaya a lavarse a la desembocadura del río, en agua dulce, y que se cubra con polen de juncos. El conejo lo hace así y consigue sanarse. Así es como Okuninushi se convierte en el dios de la medicina. El conejo dice a su salvador: «Has hecho una buena acción, y serás recompensado. Serás tú quien se casará con la princesa Yagami».

Las pruebas

Los hermanos de Okuninushi están tan enfadados que intentan matarlo. Calientan hasta el rojo vivo una roca inmensa y se la tiran desde la cima de una montaña. Él la coge y muere por las quemaduras. Pero su madre interviene ante la diosa Kami-Musubi, que lo resucita, y así tampoco logran matarlo cuando intentan empalarlo sobre la horcadura de un árbol. Okuninushi se convierte en un joven robusto. Como sus hermanos todavía están enfurecidos, su madre, para evitarle sus maldades, lo envía al reino subterráneo, a la morada del dios Susanowo. Allí encuentra a Suseri-hime, hija del dios, y se enamora de ella. Los dos jóvenes no quieren volver a separarse. Susanowo se da cuenta de que está perdiendo a su hija, pero no puede impedir esta unión. Hace que Okuninushi duerma en una habitación llena de serpientes. Afortunadamente, Suseri-hime había dado a su enamorado un chal mágico que lo protege. La noche siguiente, la habitación está llena de escolopendras y de avispas. De este modo, Okuninushi sale indemne de la prueba.

Entonces, Susanowo lanza una flecha silbante en medio de una pradera y envía a Okuninushi a buscarla. Este sale al momento, y cuando está en medio de la pradera, Susanowo prende fuego a la hierba. Un ratón indica a Okuninushi un agujero donde

EL GRAN TEMPLO DE IZUMO   En él se practica el culto a Okuninushi.

ILUSTRACIÓN (DETALLE) EXTRAÍDA DE *ZAMBULLIDA DEL CONEJO*

puede esconderse y le lleva la flecha. Okuninushi, al que se creía muerto, una vez más sale vencedor.

Susanowo, por fin, confía en él y organiza en su honor un gran banquete. Susanowo pronto se duerme y Okuninushi aprovecha para atar los caballos del dios a los pilares de la casa. Carga a su mujer, Suseri-hime, sobre su espalda, se apodera del sable, el arco, las flechas y el arpa del señor del lugar y se va. Por desgracia, el sonido del arpa provoca un terremoto y Susanowo despierta. Al levantarse, se lleva la casa con él. Pero antes de que Susanowo consiga desatar a sus caballos, Okuninushi ya está lejos. Ha cruzado la puerta de los infiernos, que Susanowo no puede franquear. Entonces este grita a Okuninushi sus consejos: «Utiliza el sable, el arco y las flechas contra tus hermanos y vencerás y reinarás sobre el mundo. Instala tu palacio al pie de la montaña Ukaf».

Un dios, Sukuna-Bikona, hijo de la diosa Kami-Musubi, ayuda a Okuninushi a fortificar el país donde se ha instalado. Pero un día Sukuna-Bikona va al cabo Kumano y desaparece. Okuninushi se encuentra solo. Entonces, el dios Omiwa, que es su protector, le pide un templo en el monte Mimoro. Así, Okuninushi nunca volverá a estar solo.

LA CUERDA SAGRADA QUE MARCA LA ENTRADA DEL TEMPLO DE IZUMO Se la conoce por el nombre de *nawa*, y es célebre por sus dimensiones impresionantes.

Mitología de Oceanía

Mitología de Oceanía

*A*lcheringa, «el tiempo del sueño», es el término utilizado por muchos pueblos de Oceanía para designar los tiempos primordiales. En los tiempos del sueño hay un huevo que se abre y hace posible la creación del universo. Normalmente, el universo nace de la unión de dos dioses. Para algunos son Po, el vacío oscuro, informe e inerte, y Ao, la luz activa; para otros, son Papa, la madre Tierra, y Rangi, el padre cielo. Esta primera pareja crea toda una serie de dioses: Tawhiri, dios de las tormentas; Haumia, padre de las plantas salvajes; Tane, padre de los bosques; Tangaroa, padre de los peces y de los reptiles; Rongo, padre de los alimentos cultivados, y Tu, el primer hombre. Pero todos están atrapados entre sus padres, estrechamente entrelazados. Tane es quien logra separarlos, apoyándose en la tierra para levantar el cielo con sus pies. No obstante, la pareja primitiva nunca se resigna a su separación. Los suspiros de Papa se transforman en brumas, mientras que los lloros de Rangi dan lugar al rocío de la mañana. Tawhiri, muy conmovido, se enoja ante esta separación impuesta a sus padres, y decide vengarlos. Encolerizado, provoca unas tormentas terribles. Sus hermanos enloquecen de miedo. Tangaroa se refugia en el bosque, donde ahora viven los reptiles. Haumia y Rongo permanecen bajo tierra, de donde hacen brotar las plantas silvestres y las cultivadas. Solo Tu permanece en su sitio: se fabrica abrigos para protegerse, inventa herramientas para sobrevivir, explota los productos de la tierra y del mar y come las piezas que caza en el bosque.

En otra versión del mito intervienen los grandes antepasados. Existen desde siempre, pero están adormecidos en un sueño eterno, el tiempo del sueño. Despiertan súbitamente y modelan el mundo viajando por el país. Modelan las montañas y los ríos, las llanuras y los lagos. No crean el mundo, sino que se conforman con transformarlo. Cuando están cansados de sus viajes caen en su sueño original, desaparecen bajo el suelo o se transforman en árboles o en rocas.

Variedad de mitos

Las diferentes regiones de Oceanía a menudo comparten los mismos temas mitológicos, pues los indígenas colonizaron progresivamente el Pacífico yendo de isla en isla y asentándose en los valles interiores. Así, Tangaroa, Tane, Rongo, Tu y muchos otros se encuentran en un número mayor o menor de islas. Llevan el mismo nombre u otro algo distinto: en Micronesia, Tangaroa se convierte en Tabueriki («el señor sagrado»); Rongo o Lono pasa a ser Rongala en las Carolinas (isla Fais), o Mo-rogrog, o también Ono, en las Marquesas, y Tu pasa a ser Ku en Hawai. Pero, junto a estas similitudes, hay también numerosas diferencias.

Y por lo que respecta a la creación del hombre: según los ata de Mindanao, fue creado a partir de hierba; para los igorot de Luzón, a partir de dos cañas; en las Filipinas, a partir de la mugre de la piel; en Borneo, a partir de excrementos. En las Célebes, fueron esculpidos en piedra o también en madera. Y para darle vida, los dioses utilizan ya sea el hechizo, ya sea el soplo, el viento, un fluido o bien polvo de jengibre, e incluso la saliva. En el sur de Australia se cuenta también que el creador, después de dar forma al primer hombre, le hizo cosquillas para provocar en su criatura una carcajada, la primera señal de vida.

¿Quiénes son los dioses?

Los dioses son poderes sobrenaturales de esencia básicamente espiritual. Existen los grandes dioses y las divinidades secundarias que pertenecen a un lugar (montaña, volcán o riachuelo), a una tribu e incluso a un momento del año. Normalmente, los hombres no los ven, pero pueden revestir formas sensibles en ciertas circunstancias o para ciertos individuos particularmente dotados. Sin embargo, por lo general no tienen en sí mismos una forma material, sino que la toman de los seres en los que se encarnan de forma más o menos duradera.

La mayoría de los grandes dioses de la Polinesia, por ejemplo, son antropomorfos. Otros son animales: tiburones (Tahití, Viti), serpientes de verano, arañas de mar, cocodrilos, anguilas, lagartos, ratones, ranas, moscas, mariposas, saltamontes, pájaros, etc. Kabo Mandalat, de Nueva Caledonia, es un cangrejo ermitaño gigantesco, con unas patas tan grandes como cocoteros. Algunos dioses tienen un aspecto fantástico: gigante o enano, de piel blanca o roja. Uno tiene manos de madera, ocho ojos, dos cuerpos y ochenta estómagos. Otras divinidades viven en las piedras o son ellas mismas piedras.

Uluru

Uluru podría ser uno de estos últimos casos. Se trata de una roca colosal de arenisca rosada que surge del desierto árido, en el corazón de Australia. La base de la roca y sus cuevas están decoradas con múltiples pinturas rupestres. Es la piedra más grande de toda la superficie terrestre. Su circunferencia es de 9,5 km y su altura de 348 m. Está situada a 400 km al sur de Alice Springs y a 2 000 km al sur de Darwin. ¡Existe desde hace unos 600 millones de años! Según la dirección de la luz, este monolito pasa del rojo al marrón, y del carmín al violeta. Su aspecto es hechizador. Es un milagro de la naturaleza.

En el tiempo del sueño, el gran dios serpiente pasa por esta región desértica. Aquí, el aire es tan caliente y la tierra tan seca que ninguna forma de vida, entre todas las que ha creado, puede sobrevivir. Entonces, el dios serpiente tiene una idea genial, como las pueden tener los dioses: en medio de este desierto va a plantar una semilla gigante, de la que muy pronto germinará un árbol gigantesco. Así, piensa, el árbol cubrirá la inmensa llanura con su follaje y protegerá la Tierra con su sombra. Una vez protegida de los rayos ardientes del Sol, el suelo volverá a ser fértil y la región se poblará de otros árboles, flores, canguros, wallabíes y zarigüeyas. Y será bello, como de ensueño. Así pues, crea esta semilla enorme y la coloca en medio del desierto. Entonces llama al agua del cielo, que cae en grandes trombas. ¡Un verdadero diluvio!

Pero los dioses a veces tienen sueños que superan un poco los límites de su poder. En medio del desierto, nunca cae suficiente agua para hacer germinar esta semilla inmensa. La llanura permanece desértica, y la semilla estéril se endurece como una piedra. El dios serpiente la llama Uluru y se va a vivir en ella definitivamente.

Todavía hoy, cuando llueve sobre Uluru, la vida parece pendiente del renacimiento del dios. Dar la vuelta a Uluru es revivir el tiempo del sueño.

Uluru es, pues, la morada de un dios fundador, como tantos hay en Oceanía, al lado de numerosos héroes, más hombres que dioses.

245

RANGI (EL CIELO) Y PAPA (LA TIERRA)
1850
Madera gravada con incrustaciones de piedra; Auckland

Tane

El alumbrador del cielo

Tane, un demiurgo, mantiene separados el cielo y la Tierra y así permite que el mundo exista, pero de este modo separa a aquellos que conocen la muerte de aquellos que no la conocen.

Tane es hijo de Rangi, el cielo, y de Papa, la Tierra. El Sol, fijado en el cielo, puede destruir a todos los hijos de Papa. Tane se acuesta sobre su madre y luego, levantando los pies y poniéndolos sobre Rangi, separa el cielo y la Tierra manteniéndolos así distanciados.

Durante esta separación, algunos de los hijos de Rangi y de Papa han permanecido asidos al padre. No deben conocer la muerte y vivirán para siempre. Los hombres son los que han quedado sobre su madre; ellos conocerán la muerte. Tane es el dios de los bosques: las ramas de los árboles son sus piernas; el tronco, su cabeza, y la madera de las piraguas y las casas, su carne. Tane también es la protección de los hombres contra la ira de Rangi, separado de su mujer. Tane ha traído del décimo cielo (el del dios supremo Io) las tres cestas que contienen todo el saber.

Encontrar una mujer

Tane quiere descendencia, y con este objetivo inicia la búsqueda del elemento femenino. Da origen a las aves, a los árboles, a las plantas trepadoras y al árbol *rata*, a los insectos y a los reptiles.

Más tarde, Tane encuentra a una mujer. Se dice que, después de modelarla con arena roja, le da vida con su propio aliento. Pero le cuesta engendrar hijos con ella, ya que es muy torpe. Al principio pretende usar la «casa de la vida», sin resultado; luego los ojos de la mujer, pero eso la hace llorar; luego sus ventanas de la nariz, y eso le provoca mucosidad; luego su boca, lo cual le produce saliva; sus orejas, pero solo obtiene cera; sus axilas, que le dan transpiración. Por último, encuentra la abertura correcta y engendra una hija, Hine Ahu One, a la que toma enseguida por esposa. Más adelante engendra a Hine Ahua Rangi, a la que también hace su mujer. Cuando esta última pregunta quién es su padre, Tane le dice que es él; entonces ella huye asustada. Él sale en su busca, descubre su escondrijo y le pide que regrese, pero ella se niega y se convierte en la diosa de la muerte.

Tiki, el primer hombre, es hijo de Tane y de Hine Ahua Rangi. Será el antepasado de un número incalculable de mortales, héroes y semidioses.

TANE, EL DIOS DE LOS BOSQUES
SIGLO XVIII
Estatuilla maorí; Auckland

Con sus ojos saltones, sentado y con las manos sobre el vientre, este dios parece muy robusto.

El origen del mal

El dios Tangaroa, que se ha transformado en pez, es enemigo de Tane. Algunos de los hijos de Tangaroa deciden no seguirle al océano y se instalan en tierra firme. Tane pide a los descendientes de Tu-matanenga, su hermano, el dios de los hombres feroces, que construyan redes, que luchen con sus lanzas y sus anzuelos y que maten a los hijos de Tangaroa. Desde entonces, los hombres comen pescado. Para vengarse, Tangaroa inunda la tierra y destruye las orillas.

De esta guerra nacen la desgracia y la muerte, ya que Tane y Tangaroa se desean mutua destrucción, y sus peleas les llevan a devorar a sus enemigos.

A menudo, Tane es considerado el dios del bien, y Tangaroa, el dios del mal.

Tane, el organizador del mundo. «Que el cielo sagrado no esté cubierto, el cielo sin nubes, el cielo claro. Conoced el contenido de la cesta de Tane, traída hasta aquí para ornar a su padre (el cielo), organizado en belleza, a lo alto, Canopus, Rigel y Sirius (estrellas). La cesta ha sido vaciada para formar el pez del cielo (la Vía Láctea) extendido a lo lejos en una bella disposición.» (E. Best, *The Maori*, Wellington, 1924)

KAURI
NUEVA ZELANDA Este árbol recibe el nombre de Tane Mahuta, en honor a Tane, el padre del bosque. Se trata del árbol más macizo de la selva de Nueva Zelanda. Al parecer, tiene 51 metros de altura y 5 metros de diámetro, y su edad ronda los cuatro mil años. Se encuentra en medio de una reserva forestal llamada Waipoua, que cubre 2 500 hectáreas y está poblada por kauri, una especie de conífera de Asia tropical de madera amarilla y grano fino.

TANE Y SUS DOS HIJOS
Gran estatua de madera, de 1,96 metros

Qat

El civilizador

Qat, el hombre de los orígenes, es el organizador de la vida y de la muerte, el día y la noche, los hombres y los animales.

Qat, o Ambat, nace de una roca que se excavó en su medio para permitir su llegada al mundo. Tiene once hermanos que se llaman los Tagaro. Entre ellos está Tagaro Gilagilala, que lo comprende todo y puede instruir a los demás, y Tagaro Loloqong, que no sabe nada y actúa como un loco. Se dice que Qat los ha devuelto a los once a la vida después de que un espíritu maligno los había hecho desaparecer.

Qat crea las cosas a partir de un mundo preexistente. Al principio, hace a los hombres y a los cerdos muy parecidos, pero sus hermanos se lo reprochan, y entonces obliga a los cerdos a ir a cuatro patas y a los hombres a andar erguidos. A continuación, modela la primera mujer con ramitas flexibles, y cuando esta sonríe, se da cuenta de que es una mujer viva. Así se divierte realizando la creación, y como es genial, triunfa en todas sus empresas. Esculpe el cuerpo de los hombres y de las mujeres en un árbol; luego los esconde durante tres días; durante otros tres días los expone a la luz y, bailando al son del tambor, les da la vida. Marawa —su rival, más que su enemigo— encuentra interesante la creación y también desea crear, de modo que empieza a esculpir hombres, pero con otra madera, y deja las figuras que produce en el suelo. Cuando quiere recogerlas, al cabo de seis días, las encuentra totalmente descompuestas. Uno puede preguntarse si es así como Marawa inventa la muerte, pero existe otra versión de esta creación.

Qat crea las aves que anuncian la salida del Sol. Antes que él, solo había la noche. Sin embargo, al principio recorta una porción de noche con un cuchillo de obsidiana y la quita al dios de la noche.

La invención de la muerte

En esos tiempos, los hombres no morían, solo se renovaba su piel. Pero ello también planteaba problemas: como las tierras tienen siempre los mismos poseedores y en ellas siempre se plantan los mismos cultivos, no hay progreso, las cosas no cambian.

Qat hace venir a un hombre llamado Mate, prometiéndole que no se le hará ningún daño. Hace que se tienda sobre una piedra y colocan a su lado un cerdo al que han matado. A continuación, se organiza la comida funeraria. Al cabo de cinco días, Qat levanta lo que había sobre Mate: solo quedan unos huesos. Mate debe irse, hacia el mundo subterráneo o hacia el mundo superior. Tagaro Loloqong entra en este último

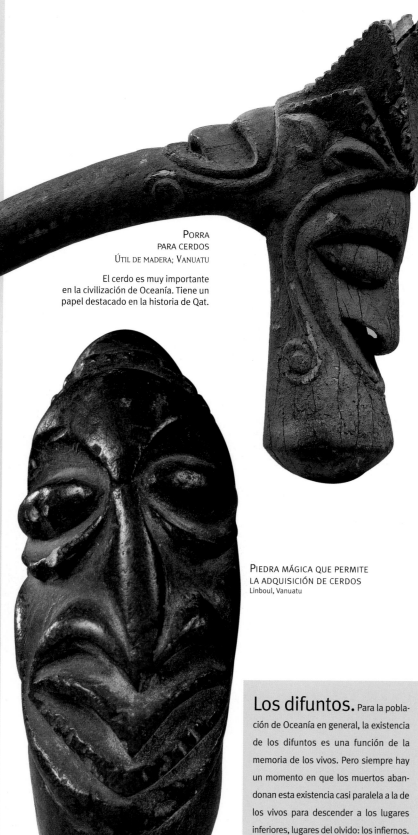

PORRA
PARA CERDOS
ÚTIL DE MADERA; VANUATU

El cerdo es muy importante en la civilización de Oceanía. Tiene un papel destacado en la historia de Qat.

PIEDRA MÁGICA QUE PERMITE LA ADQUISICIÓN DE CERDOS
Linboul, Vanuatu

Los difuntos. Para la población de Oceanía en general, la existencia de los difuntos es una función de la memoria de los vivos. Pero siempre hay un momento en que los muertos abandonan esta existencia casi paralela a la de los vivos para descender a los lugares inferiores, lugares del olvido: los infiernos.

248

camino, impidiendo el paso, y Mate parte, pues, hacia el mundo inferior. Es el origen de la muerte para los hombres. Se dice que Qat tuvo que ir hasta el pie del cielo para encontrar la noche. La intercambió por un cerdo y ella le enseñó a dormir cuando estaba ahí, y a cortarla con una hoja de obsidiana al alba para hacer aparecer la luz. Todas estas cosas, él las enseña a sus hermanos.

Qat tiene una esposa muy bonita, y sus hermanos están celosos, por lo que pretenden cogerla y matarla. Esta leyenda conoce muchas versiones: o bien Qat siempre se salva, gracias a su rival y pese a ello amigo, Marawa, o bien muere y su esposa, desesperada, se suicida al ver sangre en su peine. Qat también pudo irse en piragua, muy lejos, sin duda al país de los muertos, llevándose con él todas las esperanzas de los hombres. Pero aseguran que volverá.

PIRAGUA DE PIEDRA CON UN TIKI EN SEGUNDO PLANO
Islas Marquesas

Qat se va en piragua al país de los muertos.

249

TALISMÁN MAORÍ
Piedra verde

Representa un Tiki, que tradicionalmente se lleva como un colgante alrededor del cuello.

Las hermanas Wawilak

Las que dan forma a la Tierra

Vienen de muy lejos, crean la Tierra y todo lo que esta contiene desplazándose. Simbolizan el papel de la mujer que, sacrificándose, da vida y forma a las cosas.

Las hermanas Wawilak son unas mujeres poderosas. Proceden de la región de Wawalag, cerca del río Roper. Se dice que se fueron de allí porque habían tenido relaciones incestuosas, una con su padre y la otra con su hermano. La mayor, Waimariwi, tiene un hijo pequeño que lleva en sus brazos y está encinta de otro. La menor, Boaliri, acaba de llegar a la pubertad. Viajan por muchas regiones. La Tierra va tomando forma bajo sus pasos a medida que avanzan. Señalan con sus lanzas los animales y las cosas. Con este gesto, les dan un nombre. Sus cestos están llenos de puntas de flecha de piedra y pesan mucho. Por el camino recogen raíces, y sus dos perras les ayudan a atrapar pequeños animales, a los que también dan nombre. Finalmente, llegan a una gran charca. Como están cansadas, se detienen y dejan sus enseres.

Junto a la charca

Entonces nace el segundo hijo de Waimariwi. Boaliri empieza a hacer fuego para cocinar las presas que han cazado con sus lanzas y prepara la cena. Pero todos los alimentos saltan del fuego y caen en la charca: las raíces, los lagartos, los wallabíes, ¡todo! «¡Oh, hermana!», dice la menor, «algo va mal. ¿Tal vez hay una serpiente por aquí?». Pero está demasiado oscuro para irse. Estalla una fuerte tormenta, con rayos, truenos y una intensa lluvia. Lavan enseguida al recién nacido, pero en la charca ha caído sangre del parto y un poco de la sangre menstrual de la hermana pequeña. En su cabaña, junto al fuego, bailan y entonan cantos sagrados para aplacar la tormenta, hasta que esta se calma.

La serpiente Yulunggul

Durmiendo sumergida en el agua de la charca, la serpiente Yulunggul percibe la sangre. Se despierta y se dirige a la superficie. Cuando sale del agua, mira a su alrededor. Ha caído la noche. Las hermanas Wawilak ven la serpiente, que tiene un arco iris sobre la cabeza. Para aturdirse, empiezan de nuevo a bailar, sincronizando así el flujo de su sangre. Mueven su cuerpo graciosamente, dando golpes con los pies, balanceando sus cuerpos de un lado a otro y cogiéndose de la mano. La sangre se esparce por todos lados, y se percibe su olor: el líquido que fluye tras el nacimiento y el que fluye porque no hay nacimiento. Las pinturas rupestres de la región de Pilbara muestran la danza armoniosa de estas dos mujeres.

La serpiente, atraída por el baile, abre su boca de par en par, sale de su escondrijo, se estira, se levanta y vuelve a bajar. Introduce la cabeza en la cabaña, y el agua corre por el suelo. Se enrosca alrededor de las hermanas y sus hijos y los traga a todos, y también las perras y las puntas de flecha. Todos duermen en el vientre de Yulunggul, cuando le pica una hormiga y la serpiente da un salto y los regurgita.

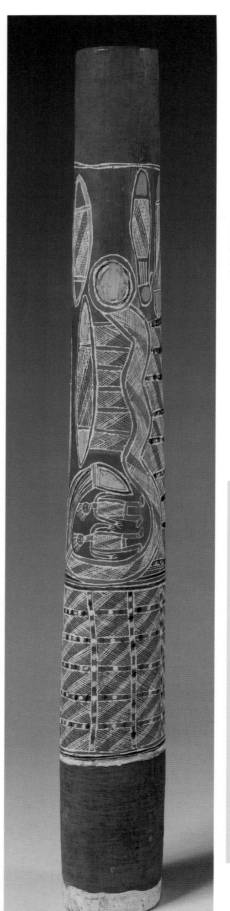

RECIPIENTE PARA HUESOS QUE SE USA EN LAS CEREMONIAS VINCULADAS CON LAS HERMANAS WAWILAK
DJULWARAK, SIGLO XX
Madera vaciada y pintada, Australia

El mito. La ingestión de las hermanas Wawilak y de sus hijos es revivida durante los ritos de iniciación de los adolescentes yolngu. Cada fase del rito representa una muerte simbólica antes de un renacimiento como adulto. Todas las ceremonias se acompañan de canciones que describen en detalle los episodios del mito.

Las mujeres yolngu hacen el papel de las hermanas. Más tarde, en la misma ceremonia, los hombres interpretan a la serpiente, pero en lugar de comer a los hijos, los llevan a la soledad de un lugar sagrado prohibido a las mujeres. Cuando los jóvenes regresan, se considera que la serpiente los ha regurgitado.

Luego se vuelve a tragar a las hermanas. Se yergue con la cabeza mirando al cielo y, girada hacia el este, se dirige a las otras grandes pitones que viven en los lugares sagrados de la región. Al principio, Yulunggul se miente a sí misma, pero luego admite: «¡He devorado a las dos Wawilak!». Baja y se retira a su charca. Es allí donde se encuentra hoy en día, con las dos Wawilak inmersas en el agua sagrada.

Las hermanas Wawilak y sus hijos son engullidos por la serpiente Yulunggul
Daurangulili; siglo xx
Pintura sobre corteza de eucalipto; Australia

Ríos y palmeras enanas creados por la pitón Yulunggul cuando persigue a las hermanas Wawilak
Buranday, hacia 1960
Pintura sobre corteza de eucalipto; Australia

Maui, el *trickster*

El bienhechor

Maui ha decidido poner su talento de mago al servicio de la humanidad. Así, da a los hombres la tierra firme, la luz del día y el fuego, pero no consigue proporcionarles la inmortalidad.

Maui es un héroe civilizador, un semidiós que vive en Hawaiiki. Actúa libremente, sin ocuparse de lo que piensan o lo que hacen los otros dioses. Así, otorga a la civilización sus propias reglas, burlándose de los tabúes y las prohibiciones. Defiende al débil contra el fuerte, al pequeño contra el grande y al pobre contra el rico.

Maui nace antes de hora y su madre lo echa al océano después de envolverlo en un bucle de sus cabellos. Pero lo salva el Sol, o Tama del cielo, y finalmente se reencuentra con su madre.

La tierra firme

Maui acompaña a sus hermanos cuando van a pescar a alta mar. Sin embargo, la pesca resulta infructuosa. Los hermanos se desaniman y se van a dormir. Maui persevera y lanza de nuevo su caña. Cuando los hermanos despiertan, sacan el sedal de Maui y, con gran sorpresa, advierten que la presa debe de ser enorme. La tracción es demasiado fuerte para que se trate de un simple pez: «No es un pez», dicen, «es una isla». Entonces, el pez rompe el sedal y desaparece en las aguas. Pero la escena se repite: los hermanos se esfuerzan, tiran y Maui logra asir en parte el cuerpo del pez, que se convierte en la isla de Hawaiiki, o Te-Ika-a-Maui, «el pez de Maui». Entonces, la piragua es elevada hasta la cima de la montaña más alta de la isla, el monte Hikurangi, y el anzuelo de Maui se convierte en la bahía de Hawke. Los golpes que Maui proporciona al «pez» dan origen a numerosas cadenas montañosas de la isla del Norte actual. Así, Maui pesca la isla del Sur, que se conoce con el nombre de Te-Waka-a-Maui (el *waka* de Maui). La isla Stewart, justo debajo de Nueva Zelanda, lleva el nombre de Te-Puna-a-Maui (el ancla de Maui): es el ancla que ha retenido el barco de Maui mientras él tiraba del pez gigante. Así, Maui crea la tierra firme, es decir, las islas, sacándolas del fondo del mar con una caña de pescar.

El Sol atrapado con una red

A la madre de Maui le falta luz para confeccionar sus *tapa* (vestidos de corteza). Por ello, pide a su hijo que detenga al Sol. La mañana siguiente, Maui y sus hermanos se levantan muy temprano para atrapar el Sol a la salida de su cueva, que es la alcoba donde duerme. Utilizan cuerdas de *kau-ko-mako* para confeccionar una red, dado que esta planta no arde, y consiguen aprisionar al Sol. Maui golpea al Sol con la quijada mágica de su abuela. Este le dice: «¡Deteneos! ¿Qué es lo que queréis?». «Queremos que vayas más despacio para que el día dure más.» «De acuerdo, si me soltáis.»

Así es como los maoríes consiguen disfrutar de unos largos y bellos días.

La conquista del fuego

Los hombres aún no conocen el fuego. La heroína ancestral Mahui-ike, que vive en los infiernos, lo guarda para sí misma. Con una treta, Maui la lleva a abandonar una a una sus uñas en llamas, la fuente del fuego. Sin embargo, ella logra conservar una, que tira al suelo y provoca un incendio pavoroso. Pero Maui decide llamar a la lluvia, que se encarga de apagar las llamas. No obstante, Mahui-ike salva unas cuantas chispas y las arroja contra los árboles. Desde entonces, los hombres saben que pueden utilizar la madera para hacer fuego.

La inmortalidad

El propio padre de Maui le afirma un día, bromeando, que si penetra en el cuerpo de Hine-nui-te-po, la diosa gigante de los infiernos y de la muerte, por su vagina y sale por su boca, se convertirá en inmortal.

Maui decide aplicar la lección y, viajando por el mundo subterráneo, sorprende a la diosa en pleno sueño. Entonces ordena a los pájaros, sus compañeros de camino, que no hagan ruido, se desnuda y penetra dentro de ella. Llega hasta el corazón, lo toma en su mano y se dispone a salir del laberinto. Sin embargo, lo intrincado de la situación hace que un pájaro rompa a reír; la diosa despierta y mata al héroe triturándolo dentro de su cuerpo.

Así, a causa de la trasgresión de Maui, los humanos están destinados a vivir solo unos años y nunca podrán alcanzar la inmortalidad.

ESCULTURA QUE REPRESENTA
A MAUI (IZQUIERDA)

Su pelo está peinado en un moño, una referencia a su madre Taranga. A menudo se le llama Maui-tikitiki-a-Taranga. Ella incubó al feto nacido prematuramente en su moño antes de abandonarlo en el mar. Tiene el rostro tatuado, un rasgo característico de la cultura polinesia. Se lo representa pescando en las islas de la Polinesia, simbolizadas por un pez.

ATOLÓN
DE BORA BORA

La más bella de las «islas» que Maui sacó del mar.

Mitología

Mitología

La mitología precolombina básicamente es conocida gracias a textos aztecas de México central y por el relato cosmogónico maya-quechua transcrito en el *Popol Vuh*. En cuanto a los otros pueblos, sólo poseemos datos fragmentarios, que se reducen a muy poco. Estos relatos, recogidos en el siglo XVI, consisten en unos conjuntos complejos y a menudo contradictorios. El suelo y el clima de América Central reservan muchas sorpresas: sequías e inundaciones, ciclones y terremotos pueden arruinar cosechas enteras en un instante. Por ello, los espíritus están marcados por la obsesión de la precariedad cósmica. Sin duda, este es el origen del mito de los cuatro soles.

El mito de los cuatro soles

Cuatro soles han precedido al que hoy brilla sobre nuestras cabezas. Cuatro veces ha sido destruida la humanidad. Al comienzo, está Ometecuhtli, un ser dual que se modeló a sí mismo: es a la vez varón y hembra. Engendra a los cuatro Tezcatlipoca: el Tezcatlipoca rojo al este, el azul al sur, el blanco al oeste y, por último, el negro al norte. Cada uno de ellos corresponde a un cataclismo que marca su propio fin. El primer Tezcatlipoca dirige al primer Sol, que se denomina Jaguar; duró 676 años. Entonces la Tierra estaba poblada por gigantes, pero un día el cielo se hunde y el Sol queda sepultado; la oscuridad envuelve a los hombres, que son devorados por los jaguares. Al segundo Sol se lo lleva un huracán terrible. El tercero es aniquilado por el fuego que cae del cielo y abrasa la Tierra. El cuarto termina con un diluvio que dura 52 años. Las montañas quedan sumergidas y los hombres se transforman en peces.
El quinto sol se llama *movimiento*, nombre que refleja su extremada inestabilidad. Es fruto de la reconciliación de Quetzalcóatl y Tezcatlipoca. Juntos crearon el cielo y la Tierra. ¿Qué dios aceptará convertirse en Sol? Para cumplir esta tarea, hay que lanzarse al fuego para renacer como Sol. Tonatiuh lo intenta, pero fracasa y se convierte en la Luna. El segundo es Nanahuatzin, un dios maligno, el último de ellos. Se arroja al fuego sin dudarlo y se convierte en el Sol. Pero a raíz de su proeza se vuelve presuntuoso y solo acepta iniciar su trayectoria si los dioses se sacrifican por él. El Sol y la Luna, inmóviles, desprenden un calor insoportable. Los dioses se ven obligados a aceptar. Quetzalcóatl arranca el corazón a los demás dioses, y el Sol emprende su trayectoria.
Los aztecas hacen sacrificios humanos porque con ellos reproducen el sacrificio de los dioses y permiten al Sol continuar su trayectoria. La humanidad presente ha nacido de los huesos de los difuntos sacados de los infiernos por Quetzalcóatl.

El calendario

Esta alternancia imprevisible de destrucciones y de recreaciones del mundo ha dado una importancia enorme al calendario azteca. El calendario no tiene como única finalidad registrar el tiempo, sino que también aspira a preverlo, a dominarlo, en cierto modo. Es el instrumento de adivinación. En realidad, hay tres calendarios que se imbrican uno en el otro.
El año solar (xiuitl) consta de 18 meses de veinte días, a los que se añaden cinco días nefastos, llamados *nemomtoni* o *nemotemi*, durante los cuales se detiene toda actividad religiosa.

SACRIFICIOS HUMANOS: EL SACERDOTE EXTRAE EL CORAZÓN DE LA VÍCTIMA POR MEDIO DE UN CUCHILLO PARA SACRIFICIOS RITUALES
MEDIADOS DEL SIGLO XVI
Manuscrito del *Códice Boturni*

El año venusiano consta de 584 días. Los aztecas otorgan una gran importancia a la observación de Venus. El período de rotación de Venus alrededor del Sol es el mencionado año venusiano. En cuanto al año adivinatorio, consta de 260 días. Se trata del tonalpouhualli.
En el tonalpouhualli, el calendario adivinatorio, los días se designan mediante la asociación de un símbolo y un número. Los números se cuentan del 1 al 13, y los veinte símbolos son los siguientes: cocodrilo, muerte, mono, buitre, jaguar, lluvia, lagarto, agua, ciervo, hierba, movimiento, viento, flor, serpiente, perro, águila, caña, sílex, casa y conejo. La asociación del símbolo y el número se efectúa de la manera siguiente: el 1-cocodrilo va seguido del 2-muerte, y luego el 3-mono; después del 13 se inicia el recuento de los números a partir de 1, continuando con la serie de la lista de símbolos. De esta forma,

256

precolombina

el 13-flor va seguido del 1-serpiente. Cuando se termina la lista de símbolos se vuelve a empezar desde el principio, y así sucesivamente. Se puede imaginar dos ruedas que giran juntas, una que llevaría los números del 1 al 13, dotada de 13 encajes, y la otra con los veinte símbolos y, por tanto, con veinte encajes. Cada día, la rueda de los números pasa de un número al siguiente. Así, existen 260 combinaciones posibles repartidas en trece veintenas o veinte trecenas, como se quiera. Pero deben pasar 18 980 días para que se repita una combinación dada de una cifra y un símbolo; es decir, 52 años. También es el momento en que el calendario solar coincide con el Tezcatlipoca. Así, al cabo de 52 años, los años empiezan con el mismo nombre; asimismo, los hombres que alcanzan esta edad entran oficialmente en la vejez, quedan dispensados de muchas obligaciones, exentos de cualquier impuesto y están autorizados a beber pulque, una bebida fermentada a base de agave.

La atadura de los años

El final del ciclo de los 52 años sume a los aztecas en el más profundo terror, ya que es el momento en que los dioses pueden romper su contrato y aniquilar al mundo. El año anterior almacenan gran cantidad de alimentos y, llegado el momento, los hombres proceden a recrear el tiempo en una ceremonia dramática, la «atadura de los años». Se apagan todos los fuegos y se echa al agua gran cantidad de objetos de uso habitual. La vida se detiene. Por la noche, los sacerdotes van en procesión a lo alto de la montaña Uixachtecatl. La gente se apiña en los tejados de las casas. ¿Va a detenerse el curso de los astros? El gran sacerdote, con su cayado de fuego, el tlequauitl, hace saltar la chispa primordial sobre el pecho de un sacrificado. La llama crepita: el fuego nuevo ha llegado. El fuego se pasa de antorcha en antorcha a la ciudad, al conjunto del valle, a todas las casas. El mundo puede entrar en un nuevo ciclo. La atadura de los años se ha completado. Por esta vez, no ha llegado el fin del mundo.

257

EL CALENDARIO AZTECA LLAMADO PIEDRA DEL SOL, CON JEROGLÍFICOS DE LOS DÍAS, LOS MESES Y LOS SOLES
ÉPOCA POSCLÁSICA

Itzamná, el lagarto

El creador y el civilizador de la humanidad

Antes de ser honrado como dios, Itzamná fue un líder prodigioso, inventor de las leyes y organizador de la agricultura.

Itzamná, hijo de Hunab Ku, presenta los rasgos de un anciano sin dientes, de mejillas caídas, nariz prominente y mentón muy salido. Lleva un signo que significa «oscuridad» y un emblema que representa una caracola, símbolo del renacimiento. Es el señor del día y la noche. Ha dado nombre a los lugares, ha distribuido las tierras a las distintas tribus y ha fijado unas fronteras precisas. Le invocan en particular los mayas de la península de Yucatán, en México. Es el inventor de la escritura jeroglífica y el dios del conocimiento.

No se sabe muy bien qué vínculos le unen a Kinich Ahau, el dios del Sol. Se dice que este último tan solo es un avatar de Itzamná.

Su esposa es Ixchel, «nuestra madre», diosa del arco iris. A menudo, una serpiente se alza sobre su cabeza, rodeada de los símbolos de la muerte. Se la representa con la Luna. Ixchel protege a las mujeres, especialmente en el momento del parto. Se ha convertido en diosa de la medicina, el arte de tejer y el arte adivinatorio.

Itzamná, cuyo nombre significa «casa de la iguana», a veces se presenta en forma de una enorme serpiente que representa el cielo, cuya boca escupe a la vez la lluvia fecundadora que fertiliza las tierras y el diluvio que asola el país. Es un dios ambivalente, ora temible, ora benévolo. Como médico, enseña su saber a los curanderos, da salud a los enfermos y aleja las epidemias. Es objeto de un culto al comienzo de cada año: delante de su estatua se queman bolas de copal y se le sacrifica un perro o incluso una víctima humana. El sacrificado es arrojado desde lo alto de una pirámide sobre un montón de piedras afiladas. Después, se le arranca el corazón para darlo como ofrenda al dios. Entonces, y de forma excepcional, se abre el templo a las mujeres mayores, las cuales ejecutan una danza sagrada en el interior. Itzamná es el dios de los aristócratas. Los gobernantes pretenden ser sus representantes, visten sus atributos e incluso se cubren el rostro con una máscara que reproduce sus rasgos.

CABEZA DEL DIOS ITZAMNÁ (ARRIBA)
SIGLO VIII
Estela esculpida; Honduras

VIRACOCHA (ABAJO)
SIGLO XII
Estela esculpida

Viracocha. Viracocha es el dios supremo de los incas, principio de calor y de generación. Él crea a los primeros hombres. No obstante, decepcionado con ellos, transforma a algunos en estatuas de piedra y a los otros los destruye con fuego. Crea de nuevo a la humanidad, pero acompaña esta creación con la del Sol y la Luna. Los nuevos hombres viven así en la luz. Entonces empieza a recorrer la Tierra; en ella modela las montañas y las llanuras, traza los ríos, enseña a los habitantes la agricultura, la ganadería y todo lo necesario para satisfacer sus necesidades y vivir en la civilización. Después de cumplir su misión, Viracocha se dirige hacia el mar y desaparece en el horizonte; aún se espera su regreso. Una inmensa estatua de oro lo representa en el templo de Cuzco. Es el protector particular el emperador inca.

Xiuhtecutli, el fuego

El que reside en la «pirámide de turquesa»

Xiuhtecutli, el dios del equilibrio, representa el fuego, pero también aquello que lo apaga; es el siglo pasado y el nuevo, permite el paso de los guerreros de la Tierra al cielo.

Xiuhtecutli (de *xiuitl*, «hierba» o «año», y *tecutli*, «señor») es el amo de la hierba, el año, la agricultura, el tiempo, el lugar y el instante. Pero también se lo llama Otontecuhtli o Huehuetéotl. Es el viejo dios, el señor de turquesa.

Es un viejo con barba, arrugado, encorvado y desdentado. Sobre la cabeza lleva un brasero en el que arde incienso. Es el dios del hogar, los volcanes y el Sol. Se dice que tiene los colores de la llama: rojo, amarillo y azul. Es el más cercano a Tonacatecuhtli, la divinidad suprema que preside en el cielo. Junto con este, elige al héroe que se arroja al brasero y se convierte en el Sol actual. Xiuhtecutli está asociado al pimiento, símbolo de la fuerza vital. Su árbol es el pino, de cuya madera se hacen antorchas.

En una fiesta que se le dedica, se pone la efigie de Xiuhtecutli en lo alto de una cucaña ritual. Así se lleva con él las almas de los guerreros dignos de habitar en la morada celeste del Sol. Los bailarines evocan a los espectros, cubriendo su cuerpo con hollín y carbón vegetal, dos productos del fuego.

Xiuhtecutli es honrado durante la fiesta de la «atadura del año». El «siglo» azteca dura en realidad 52 años. En el paso de un siglo a otro, los dioses pueden romper su contrato y el pueblo está aterrorizado ante la perspectiva del fin del mundo. Pero nace el valioso fuego nuevo, y los sacerdotes lo toman y cada uno lo lleva a su morada.

La acción sobre los contrarios

Xiuhtecutli, el más antiguo de los dioses, tiene el poder de actuar sobre los contrarios: es la luz en las tinieblas, el calor en el frío, el principio masculino en los elementos femeninos, la vida en la muerte. Los sacerdotes lo invocan vertiendo tres cántaros llenos de agua en el gran fuego del altar del templo.

LOS DIOSES XIUHTECUTLI E ITZTAPALTOTEC
Manuscrito iluminado del *Códice borbónico* (*Libro de las predicciones*)

Xipe Totec, «nuestro señor el desollado».

Xipe Totec es el dios de la renovación primaveral y de la lluvia nocturna benefactora. Una de las principales fiestas mexicanas le estaba dedicada. De hecho, marcaba el retorno de la floración de la primavera, que se atribuía a este dios.

Las ceremonias empezaban con sacrificios humanos. Las víctimas eran atravesadas con flechas para que su sangre inundase el suelo como una lluvia fertilizante. Luego se les arrancaba el corazón y finalmente se los desollaba. Ciertos enfermos de la piel, para recuperar la salud, hacían el voto de llevar los despojos de los ajusticiados durante veinte días.

A ello seguía un simulacro de combate, en el que se enfrentaban guerreros reconocidos con alumnos de escuelas militares, los cuales también se habían cubierto con la piel aún caliente de los sacrificados. Estos jóvenes alumnos eran voluntarios ansiosos de hacer este acto de devoción o de purificarse por alguna falta pública.

Tal vez por estos restos de color amarillo que llevaban los penitentes, Xipe Totec era el dios de los orfebres.

XIPE TOTEC, DIOS DE LA PRIMAVERA, LA SIEMBRA Y LAS PLANTAS
SIGLO XV
Piedra esculpida

Tláloc, la lluvia

Nefasto o propicio

Tláloc, el dios de los campesinos, es «el que hace que las cosas emanen» y gobierna la fertilidad.

El dios azteca Tláloc es representado como un hombre pintado de negro. Tiene ojos grandes y redondos inscritos en unos círculos que a menudo son serpientes, y unos dientes largos que le hacen parecido a Chac, el dios maya de la lluvia. Lleva un sombrero similar a un abanico. Junto a él figuran un instrumento para arar y un hacha que simboliza el rayo. Se dice que está presente en los cuatro puntos cardinales. Tláloc tiene dos compañeras: Uixtociuatl, la diosa del agua salada y del mar, y Chalchiutlicue, «la que lleva una falda de piedras preciosas», la diosa del agua dulce. Esta última es la belleza y el ardor de la juventud.

Tláloc, el dios de la lluvia, está considerado el igual de Huitzilopochtli, el dios del Sol, tan necesario como él para la fertilidad de la tierra. Tienen sus santuarios respectivos en la cima del gran templo de México: el del Sol está pintado de blanco y rojo; el de la lluvia, de blanco y azul. Los grandes sacerdotes de ambos están en igualdad de rango y de honor.

Tláloc vive en la cima de las montañas. Allí está rodeado de numerosos pequeños dioses, los tláloques. Bajo sus órdenes, estos reparten ya sea la lluvia que fertiliza las plantas, ya sea el huracán que asola los cultivos.

El culto

Las plegarias que se le dirigen son confiadas: no se pueden cambiar las decisiones del dios, hay que someterse a ellas; o mejor, hay que acogerlas como beneficiosas, sean cuales sean: «Oh, mi señor, príncipe brujo, es a ti, verdaderamente, a quien pertenece el maíz» (Bernardino de Sahagún, «Historia general de las cosas de la Nueva España», *Códice florentino*, t. III, p. 208).

La importancia de Tláloc se mide por el número de ceremonias que le estaban dedicadas a lo largo de todo el año. Algunos días sus sacerdotes se bañaban en la laguna profiriendo gritos parecidos a los de los animales acuáticos y agitando instrumentos para hacer ruido. Otros días se elaboraban pequeños ídolos con pasta de amaranto, que se sacrificaban simbólicamente y se comían. Por último, otras veces se sacrificaba, ahogándolos, a niños, el bien más precioso que un pueblo unido a su descendencia puede poseer.

A Tláloc, un dios ambivalente, se le agradecen sus beneficios y se le teme por su ira.

A veces, este dios da la muerte por medio del rayo, causando enfermedades asociadas al agua o ahogando a las personas. Pero sus víctimas no son incineradas como los demás difuntos, sino enterradas con un pedazo de madera seca, y Tláloc las recibe en su paraíso, el Tlálocan, un país de hortalizas y frutas, donde viven una eternidad feliz —la madera seca que se han llevado recobra vida y se cubre de hojas y flores.

CABEZA DEL DIOS DE LA LLUVIA TLÁLOC ÉPOCA POSCLÁSICA Escultura

Chac, dios maya de la lluvia. También se le llama Ah Hoya («el que orina»), Ah Tzenul («el que da alimentos al prójimo») o Hopop Caan («el que alumbra el cielo»).

Ojos grandes, nariz respingona, dos colmillos curvados y cabellera hecha de nudos muy complicados: así es Chac. Viene de las cuatro direcciones del universo: al este es rojo; al norte, blanco; al oeste, negro, y al sur, amarillo. Hace aparecer el rayo con hachas de piedra y lanza la lluvia vertiendo calabacinos llenos de agua.

Chac es benefactor y amigo de los hombres. Les ha enseñado técnicas de cultivo de las plantas y es el protector de los campos de maíz. Se le implora para obtener la lluvia durante unas ceremonias particulares, en las que los hombres se instalan fuera del pueblo y se someten a un estricto ayuno y a la abstinencia sexual.

Chac es unos de los dioses importantes del panteón maya. Se le asimila al dios Tláloc de los aztecas. Su animal familiar es la rana, porque con sus gritos anuncia la lluvia. En las representaciones se muestra a este animal escupiendo agua.

Huitzilopochtli, el Sol en el cenit

El colibrí del sur

Huitzilopochtli, dios de la guerra y protector de la ciudad, es el sol abrasador de mediodía. Es el dios principal de la capital del Imperio azteca.

Huitzilopochtli es representado con el cuerpo cubierto con franjas azules y amarillas, llevando plumas de colibrí en la pierna izquierda, coronado con plumas, con el rostro negro y blandiendo el xiuhcóatl, la serpiente de turquesa o de fuego.

Su nacimiento

Coatlicue, la anciana diosa de la Tierra, «la que tiene una falda de serpientes», es la madre de Coyolxauhqui, las tinieblas nocturnas, y de los cuatrocientos Meridionales, unas divinidades estelares. En su camino encuentra una bola de plumas que mete dentro de su blusa. Al poco tiempo, se da cuenta de que está encinta. Sus hijos le reprochan este embarazo tardío y piensan en matarla. Pero Huitzilopochtli sale completamente armado del vientre de su madre y mata a sus hermanos y hermanas, y al igual que el Sol ahuyenta a las estrellas.

La fundación de la ciudad

Se le debe la fundación de Tenochtitlán, que se convertirá en México. Siete tribus nahuas de la región del lago de Aztlán son conducidas por su jefe Xolotl y guiadas por Huitzilopochtli. Este les dice que su templo y su ciudad deben ser construidos en medio de juncos, en una isla rocosa, donde se vea un águila devorando a una serpiente. Xolotl y sus compañeros buscan, pues, el símbolo prometido por el oráculo. Cuatro sacerdotes caminan al frente del grupo. Llevan una gran estatua del dios. Cerca de los volcanes de Iztaccíhuatl y de Popocatépetl finalmente descubren, en medio del lago Texcoco, un águila apostada sobre una chumbera, que sostiene en su pico una serpiente. Entonces comienzan a secar las marismas, a construir jardines flotantes y a proyectar canales, puentes, calles y plazas.

Huitzilopochtli se ha convertido en la autoridad suprema. Promete a su ciudad la conquista de todos los pueblos y le anuncia que va a recibir tributos de piedras preciosas, plumas de quetzal, coral y oro. Como es adivino, habla a los sacerdotes por la noche. Es cruel, arranca el corazón a quienes lo desobedecen. En su honor se organizan grandes fiestas con combates simulados, procesiones a paso de carga, banquetes y sacrificios. Durante estas ceremonias los sacerdotes entonan: «Gracias a mí, el Sol se ha levantado».

La ciudad de Tenochtitlán.
He aquí como describe Cortés la ciudad de Tenochtitlán: «Esta gran ciudad de Tenochtitlán se fundó sobre una laguna, y de la tierra firme al cuerpo central de la mencionada ciudad, del lado que se quiera acceder, hay dos leguas. Posee cuatro entradas, todas por una calzada hecha a mano, y ancha como dos lanzas de caballeros. La ciudad es tan grande como Sevilla y Córdoba; sus calles, hablo de las principales, son muy anchas y rectas; algunas de estas calles están hechas mitad de tierra y mitad por un canal, por los cuales pasan sus canoas; todas las calles, de tarde en tarde, se abren para dejar que el agua pase de una a otra; y en cada una de sus aberturas, alguna de las cuales son muy anchas, hay puentes, de pilares anchos y sólidos, algunos de ellos grandes y bien construidos, tanto que sobre la mayoría de ellos pueden pasar diez caballos a la vez [...]. Tiene otra gran plaza, tan ancha como dos veces la ciudad de Salamanca, toda ella rodeada de pórticos, donde a diario compran y venden más de sesenta mil almas; donde se puede encontrar todo tipo de mercancías llegadas de todas las provincias, así como muchas tiendas de vituallas».

HUITZILOPOCHTLI, EL DIOS DE LA GUERRA
JULES DESPORTES; SIGLO XVI
Litografía coloreada para *Historia de las Indias de Nueva España*, de Diego Durán

Quetzalcóatl, la serpiente emplumada

El bienhechor

Quetzalcóatl, origen de la civilización y dios de la vegetación, es también el dios de la tierra, del agua y del viento.

Quetzalcóatl es representado como un hombre barbudo que lleva una máscara de la que salen dos tubos hacia delante, dos pendientes con colgantes, un pectoral llamado «joya del viento» y un sombrero cónico. Es hijo del dios del Sol y de Coatlicue, una de las cinco diosas de la Luna. Se le considera el dios de la vegetación, y también el dios del viento. Quetzalcóatl es la fuerza de la vida. Junto con su gemelo Xólotl, visita el mundo subterráneo. Allí encuentra huesos de los difuntos antiguos, se los lleva, los muele y los rocía con su sangre. Así, los restos cobran vida y dan nacimiento a la humanidad. Como dios bienhechor, reina en Tula y rechaza los sacrificios humanos. Como legislador y civilizador, da a sus fieles el cultivo del maíz, las artes, la técnica, la escultura y la escritura. Les enseña a medir el tiempo con el calendario y también a descubrir los movimientos de las estrellas en el firmamento. Es el origen de la civilización. Los estudiantes se encuentran bajo su protección.

El rey de Tula

Como rey de Tula, Quetzalcóatl aporta la paz y la prosperidad. Un día, se presenta Tezcatlipoca; enseña al rey a beber pulque, con el que uno puede embriagarse, utiliza un espejo para mostrarle su rostro arrugado y después intenta seducir a su hija. Son tantas las ofensas que Quetzalcóatl recibe de Tezcatlipoca, que se niega a salir de su palacio, y finalmente decide tomar el camino del exilio. La maldad y los maleficios del intruso han hecho que el rey pierda el poder, y el país la prosperidad.

Quetzalcóatl se dirige hacia el este. Al llegar a orillas del océano ayuna durante cuatro días, se viste con sus mejores ropajes y hace preparar una hoguera. Acto seguido se arroja al fuego. De las llamas salen unos pájaros y, en medio de ellos, se ve cómo el corazón del rey sube al cielo y se transforma en el planeta Venus.

«Los antiguos dicen que Quetzalcóatl se convirtió en la estrella que aparece al alba, y por esta razón le llamaban el "señor del alba"» (*Anales de Cuauhtitlán*). Quetzalcóatl es uno de los principales dioses de los aztecas. Se le ofrecen flores, incienso y tabaco. Sin embargo, no se le dedica ninguna de las doce grandes fiestas anuales. Posee un templo redondo dentro del recinto sagrado de México y es especialmente honrado en Cholula, donde su santuario se encuentra situado en la cumbre de la pirámide más grande del mundo.

QUETZALCÓATL, LA SERPIENTE EMPLUMADA
SIGLO XVI
Manuscrito iluminado del *Códice Telleriano Remensis*

El dios azteca se eleva del suelo al mismo tiempo que la salida del Sol y lleva el collar del Sol.

Tezcatlipoca, el espejo humeante

El maléfico

Tezcatlipoca, un dios hechicero y maléfico, introduce en México la costumbre de los sacrificios humanos.

Tezcatlipoca se representa bajo forma humana, con una franja de pintura negra que le cruza la cara y un espejo de obsidiana que sustituye uno de sus pies. Según la leyenda, fue mutilado por el cocodrilo mítico sobre el cual está colocada la Tierra. También se lo llama Yoalli Ehecatl («viento de la noche»), Yaotl («guerrero») o Telpochtli («muchacho»). Como dios creador, reina sobre el primero de los cuatro mundos destruidos antes de la creación del mundo actual. Tiene como forma animal la del jaguar.

Un dios omnipresente

Es el dios de la Osa Mayor y del cielo nocturno. También se le honra como el dios del rayo. Con su espejo lo ve todo, conoce las acciones y los pensamientos humanos. Tiene el don de la ubicuidad, pero por lo general es invisible. Está asociado a Tlazoltéotl, la diosa de la lujuria y del amor ilícito, que recibe la confesión de los pecadores una vez en su vida.
Es el protector de los jóvenes y patrocina las escuelas militares. También protege a los esclavos y castiga severamente a los maestros que maltratan. Por último, recompensa a los buenos, haciéndoles ricos y felices, y castiga a los malos, haciéndoles pobres y causándoles enfermedades. Él es quien da el nombre a los nuevos emperadores.
Tezcatlipoca es un hechicero maléfico. Ataca al buen Quetzalcóatl, la serpiente emplumada, hostil a los sacrificios humanos.

Los sacrificios humanos

Cuando Tezcatlipoca asume el poder, instaura los sacrificios humanos. Durante la gran fiesta celebrada en su honor, se elige a un joven bello, que se presentará al dios. Durante un año vive en medio de un lujo principesco, con cuatro de las muchachas más bellas de la ciudad. Es servido y honrado como un gran personaje.
Entonces llega el día de la fiesta: el muchacho sube las escaleras del templo rompiendo todo aquello que le ha servido durante su triunfo. Al llegar a lo alto, se tiende, de espaldas sobre una piedra llamada *techcatl*. Cuatro hombres lo sujetan asiéndolo por los brazos y las piernas, mientras un sacerdote, armado con un cuchillo de sílex, le abre el pecho y le arranca el corazón, que deposita en una vasija cerámica.

Tlazoltéotl, el amor carnal. Tlazoltéotl, la diosa de la lujuria, también es Tlaelquarni, es decir, la «purificadora». Tlazoltéotl es una muchacha que lleva una máscara de caucho y, en la nariz, un adorno en forma de luna creciente. En su melena lleva husos, para mostrar que es la patrona de las hilanderas. Es responsable de las infidelidades conyugales, pero al mismo tiempo concede el perdón. Los aztecas se confiesan a Tlazoltéotl en la persona de un sacerdote. Pero este rito va precedido de múltiples penitencias. La cédula de confesión permite autentificar el acto realizado y no ser responsable de las consecuencias judiciales de las faltas. ¡Lástima que sólo pueda realizarse una sola vez en la vida! Tlazoltéotl es la patrona de los baños de vapor o *temazcalli*, y diosa de la primavera. Debido a este título, todos los años se le ofrece un joven: se lo sacrifica desollado, y luego se cubre la estatua de la diosa con su piel.

MÁSCARA DE TEZCATLIPOCA CUBRIENDO
UN CRÁNEO HUMANO
Mosaico: turquesa y pirita

LA DIOSA TLAZOLTÉOTL CON LA SERPIENTE,
SÍMBOLO DE LA SEXUALIDAD
SIGLO XVI
Manuscrito iluminado del *Códice Féjerváry-Mayer*

Mitología africana

Mitología africana

África vio nacer a los primeros hombres hace de tres a cuatro millones de años. Hoy, el continente está habitado por una multitud de pueblos muy diversos. La mitología africana posee temas comunes en numerosos países: por ejemplo, el mito de la creación llevada a cabo por un demiurgo que desaparece una vez que ha terminado su obra; el de la serpiente cósmica que se enrolla alrededor del universo; el de los *tricksters*, ni hombres ni dioses, pero que participan de la naturaleza de ambos; el de los gemelos primordiales; la presencia de los espíritus, etc. Cada pueblo de África ha elaborado su propio panteón y los dioses nacionales a menudo están agrupados en familias. Sin embargo, los elementos de la naturaleza tienen una gran importancia: el océano para aquellos que habitan cerca de él; el Sol, la Luna, la Tierra, la vida y la muerte, para todo el mundo; el bosque para los habitantes del Zaire. El ejemplo de la Tierra es bastante significativo: como diosa femenina, concede sus favores a quienes la respetan y veneran, pero puede mostrarse despiadada con aquellos que la olvidan.

Entre los espíritus y los dioses no siempre hay una distinción clara: los primeros se supone que viven en la naturaleza, los bosques, los manantiales, los caminos y el mar. Los segundos son de un rango superior, y no se encuentran en un lugar concreto. Pero hay una especie de tendencia que hace que los dioses revistan casi siempre rasgos humanos: se casen a veces con mortales y engendren hijos. También pueden transformarse en animales.

No es de extrañar. El universo se concibe como un conjunto compacto que va «del dios creador a la inmundicia del pueblo», como dice Marcel Griaule. No existe ruptura ni oposición. El mundo, el universo y la divinidad forman parte de una misma unidad. La única preocupación es la armonía, el ajuste entre el ser humano y el mundo visible e invisible. Así, todo es un problema de alianzas entre la naturaleza y los hombres. Nada pertenece a nadie. Ni siquiera la muerte representa una ruptura total, puesto que los antepasados son también parte del paisaje.

Los mitos de creación

Para los bakuba del Zaire, Mbombo, el dios blanco, reinaba en la Tierra, que no era más que una extensión de agua sumida en las tinieblas. Entonces vomitó el Sol, la Luna y las estrellas, y a continuación, a los animales, los hombres y las otras criaturas. Para los akan de Ghana, el universo ha sido engendrado por Nyame, una diosa madre identificada con la Luna. Entre los zulúes, el espíritu eterno da la orden a la diosa madre Ma de crearse a sí misma y luego crear las estrellas, el Sol y la Tierra. Al sur de Argelia, en Tombuctú, el primer objeto creado fue una gran serpiente llamada Minia. Los bambara, del África occidental, concibieron uno de los mitos más complejos: la vida primordial, *fu*, dio origen al saber, *gla gla zo*. Saber y vida constituyen la fuerza creadora del universo, a partir de la cual comienza un proceso místico de energía liberada y retraída. Este proceso conduce a la formación de la conciencia humana, principio del universo. Luego, el *glan*, o vacío original, empieza a enrollarse en dos espirales que giran cada una en un sentido, y así da origen a cuatro mundos. En ese momento cae una masa pesada que se convierte en la Tierra; una parte ligera se eleva y se convierte en el cielo, que al extenderse sobre la Tierra en forma de agua permite la eclosión de la vida. Entonces aparecen la hierba y los animales acuáticos (André Akoun, *Mythes et croyances du monde entier*, París, 1985, t. III).

Para los bantúes de Ruanda, todo es más sencillo: el dios supremo, Imaana, crea a partir de nada por la fuerza de su palabra, su verbo, como en la Biblia Yahvé lo crea formando un deseo que al instante se hace realidad: «Que sea la luz... Y la luz fue» (*Génesis* 1, 2). Así, en África tenemos una variedad muy importante de modos de creación.

Sucede lo mismo con la aparición del hombre: puede salir de una caña (tonga y zulúes) o de un árbol (herero y bambara), puede surgir espontáneamente de la superficie de la Tierra (kurumba, tsuana y tallensi) o también descender del cielo mediante

PAREJA DE EDAN
Bronce patinado; yoruba, Nigeria

266

y malgache

una telaraña (kurumba, tallensi y dogon). También puede ser creado directamente por un dios (pigmeos de Gabón, fon, dogon y kotoko). África es un continente lo bastante grande para ser habitado por tal multitud de pueblos que dan lugar a infinitas versiones sobre la aparición del hombre y del resto de los seres vivos sobre la Tierra.

La inmortalidad

De un extremo a otro del continente, los africanos están convencidos de la superioridad del hombre frente a lo que existe. No obstante, el hombre conoce la muerte. Muchos mitos explican cómo le ha llegado esta desgracia: por lo general, es un accidente, un olvido, una negligencia y raramente una desobediencia.
Los wafipa del Zaire narran que el día en que Dios descendió a la Tierra, la serpiente saludó su llegada, por ello este reptil no muere, sino que muda su piel cada año. Los masai de Tanzania relatan que Dios desea reservar a los hombres un destino muy dulce. Elige a Le-eyo, un hombre a quien da este consejo: «Cuando la muerte se lleve a tu primer hijo, deberás pronunciar esta fórmula: "El hombre muere y vuelve; la Luna muere y no vuelve". Así, será llamado de nuevo a la vida». Pero Le-eyo olvida la consigna para el primer hijo, y para el segundo la fórmula ya no tiene ninguna eficacia.
En Costa de Marfil, los bete explican otra historia.
Cuando Dios creó a los hombres, les recomendó: «No os alejéis de mí, u os arriesgáis a morir». Pero los hombres se establecieron lejos de Dios. Un día, Dios decide enviarles dos mensajes.
Encarga a un lagarto que vaya a decir a los hombres: «El hombre morirá, y así será para siempre», y a un camaleón que declare: «En adelante, el hombre morirá, pero volverá a la vida». El lento camaleón llega mucho después que el lagarto, por lo que solamente el primer mensaje se realiza y los hombres se condenan a ser mortales.
Así, el mito africano da a los temas más fundamentales de la existencia una forma narrativa atrayente. Sin duda, se trata de una manera de suavizar el contenido doloroso de la condición humana sin deformar demasiado la realidad vivida. Lo cierto es que, en general, África mantiene un culto dirigido a los dioses supremos, aunque se les denomine con nombres distintos según los países, no sin una cierta aprensión hacia el ser intermedio llamado *trickster*, ni una gran admiración por el primer hombre, que también es el primer héroe.

PAREJA ORIGINAL: HERMANO Y HERMANA GEMELOS EN EL EDÉN
Madera y metal; arte dogon

Las figuras de antepasados míticos son esquematizadas:
las cabezas presentan una forma parecida, los trazos
son paralelos, regulares y rígidos, con un carácter hierático.
Todos los años se les dedica una ceremonia.

267

Amma, el dios creador dogon

Lejano e inmaterial

Como dios supremo, vive en las regiones celestes y es el origen de toda la creación. No obstante, uno de sus hijos escapa y trae el desorden, la impureza, la noche y la muerte; otro de sus hijos es sacrificado para revivificar al mundo.

Al comienzo de los tiempos, Amma crea la Tierra y enseguida se une a ella. Pero el clítoris de la Tierra se opone al sexo masculino. Amma extirpa el clítoris de su esposa. No obstante, tienen un hijo, Ogo, y luego gemelos, los Nommo. Ogo no tiene pareja, por lo que es infecundo: así, introduce el desorden en el mundo. Comete incesto con su madre y de esta unión surge la primera sangre menstrual y nacen los genios de la selva Yeban y Andumbulu.

El infinitamente pequeño

Existe otra versión de la creación: el mundo procede de la palabra de Amma, que suscita un ser infinitamente pequeño, de la talla de una semilla de *fonio*, el más pequeño de los cereales. Este ser tan minúsculo se hincha hasta formar el huevo primordial. Una vez en marcha el proceso de creación, unos seres toman conciencia de sí mismos y el movimiento se amplifica. El huevo contiene dos placentas, cada una de las cuales encierra los gérmenes de gemelos. Estos deben dar nacimiento a otras dos parejas de gemelos, prototipos del hombre. Pero de una de las mitades del huevo, antes del plazo sale un ser varón único llamado Ogo. Para poseer él solo el universo en formación, este arranca un pedazo de su placenta y roba ocho de las semillas creadas por Amma. Desciende al espacio vacío con un trozo de placenta transformada en arco. Quiere fundar lo más pronto posible un territorio en el que pueda reinar, pero enseguida se da cuenta de que no puede hacer nada sin un alma gemela. Sube con dificultad hasta el cielo para encontrar el resto de la placenta que contiene a su gemela Yasigi, pero es demasiado tarde: Amma la ha apartado, y no consigue encontrarla, pese a todas sus pesquisas. Así pues, vuelve a bajar a la Tierra y empieza a procrear dentro de su propia placenta (es decir, con su madre), y de esta unión monstruosa nacen unos seres solitarios, incompletos e imperfectos, de sexo masculino.

El sacrificio del Nommo

Los Nommo son los gemelos de la otra mitad del huevo. Para hacer que la tierra sea fértil, Amma sacrifica a uno de los Nommo, el Nommo *semu*. Vierte su sangre y arroja los pedazos de su cuerpo al suelo: estos se transforman en cuatro árboles. Luego Amma resucita al Nommo en forma de una pareja humana. Así, el hombre es creado sin la participación de la tierra impura. Amma envía a la Tierra la segunda placenta. Es un arco gigantesco en el centro del cual se alzan dos Nommo, que arbolan la vestimenta y los instrumentos de los herreros. Cuatro parejas de Nommo, avatares de los anteriores, toman posición en los cuatro puntos cardinales y se convierten en los antepasados de la humanidad. El arco encarna una nueva creación, pura y sin mancha, y la luz y la lluvia llegan a la Tierra al mismo tiempo que ella. Los antepasados aportan la «simiente» de todo cuanto vive sobre el mundo: los hombres, los animales y las plantas.

CASA DE ARU (DERECHA)
Tierras dogon; Malí

Un santuario de Binu. El binu es una categoría de antepasados míticos que nunca conocieron la muerte. Para llegar a sacerdote, hay que ser capaz de comunicarse con el mundo de los espíritus. La facultad de entrar en estados de trance puede ser determinante para la selección de un futuro sacerdote. Los santuarios de binu están decorados con relieves y pinturas simbólicas. En las fachadas a menudo aparecen trazos blancos en honor a Amma, el dios supremo. Unas libaciones de una papilla de mijo hechas con ocasión de unos ritos agrarios deben propiciar la llegada de lluvia, la fertilidad del suelo y unas cosechas abundantes.

PAREJA DE ANTEPASADOS (IZQUIERDA)
Escultura en madera; arte dogon

Se trata de una especie de árbol genealógico africano, una forma de honrar a los antepasados como fundadores, iniciadores y padres de todos los seres vivos. Esta escultura se utiliza como fetiche y amuleto.

La división del mundo

Cuando Ogo se acerca al cielo, Amma transforma el resto de la placenta en un Sol ardiente. Entonces, Ogo pretende alcanzar el Nommo resucitado y consigue tomar una parte de su simiente. Pero otro de los Nommo se interpone y corta con sus dientes el extremo del sexo de Ogo, recupera la simiente robada y le desgarra la lengua. La pérdida de la palabra convierte a Ogo en un zorro pálido, llamado Yurugu. Al circuncidar a los hombres, se repite lo que hicieron a Ogo para separarlo del principio espiritual sustraído. No obstante, nunca se pudieron borrar las maldades de Yurugu, y la muerte se considera una consecuencia de su impureza. Así, el mundo está dividido en dos dominios: el de Yurugu, que abarca el desorden, la corrupción, la esterilidad, la sequía, la noche y la muerte, y el de Nommo, que comprende el orden, la pureza, la fertilidad, la humedad, el día y la vida.

La creación

«Amma crea las estrellas echando al espacio bolitas de tierra; crea el Sol y la Luna modelando dos vasijas cerámicas blancas, una rodeada de una espiral de cobre rojo, y la otra, de cobre blanco. Los negros han nacido al sol, y los blancos, bajo la Luna. Con otra tira de barro, Amma da forma a la Tierra, que es una mujer [...]; un hormiguero es su sexo, y un termitero, su clítoris. Dios se une a ella cortándole el clítoris (primera escisión) y da nacimiento al chacal.» (citado en L. V. Thomas, *Les Religions de l'Afrique noire*, París, 1969)

MÁSCARAS Y BAILES EN EL PAÍS DOGON

«La sociedad de las máscaras es todo el mundo. Y cuando se mueve en un lugar público, baila la marcha del mundo, danza el sistema del mundo.» (Marcel Griaule, *Dios de agua*, Barcelona, Alta Fulla, 2000).

Zanahary, el dios creador malgache

El dios «doble»

Es Zanahary, el «dios creador Yan-hary», «dios Sol» o «el que modela los pies y las manos». Es Raila-nitra, «padre del cielo». Es Andriamanitra, el «rey perfumado».

Zanahary es un dios pavoroso. Su palabra es el rayo y el trueno. Es el incorruptible por excelencia, perfumado por oposición al cadáver, a los restos mortales y malolientes que se encuentran en descomposición.

Zanahary es padre y, a la vez, madre. Encierra las perfecciones del hombre y de la mujer, el principio activo de la emanación de la vida y el principio pasivo de la continuidad y la permanencia.

Pero Zanahary es negligente y se deja engañar por su doble, el Zanahary de abajo.

La creación

Al principio, hay dos Zanahary, el de arriba, Andriamanitra, y el de abajo. El Zanahary de abajo se divierte haciendo figuri-llas de arcilla que representan a hombres, mujeres y animales, pero no puede darles la vida. El Zanahary de arriba le pide algunas de estas estatuillas a cambio de la luz del Sol. Entonces, el Zanahary de abajo le ofrece unos peces, pero el dios de arriba quiere mujeres. Se ponen de acuerdo y el Zanahary

LAS CÉLEBRES TUMBAS MAHAFALY (IZQUIERDA)
Madagascar

En el sureste de Madagascar pueden encontrarse decenas de monumentos que consisten en postes decorados con grabados que sostienen esculturas en su parte alta, las cuales a menudo representan escenas de la vida cotidiana o del difunto enterrado en el lugar. Es la manifestación de su presencia viviente junto al dios Zanahary.

CEREMONIA DE REGRESO DE LOS CUERPOS (ABAJO)
Ambalamana, Madagascar

La Famahidana, o «regreso de los cuerpos», es una tradición malgache. Para los malgaches, el cuerpo del difunto está dentro de la tumba, pero su espíritu se mantiene vivo y está en contacto con el dios Zanahary. Todos los años, de junio a septiembre, se abren las tumbas y los cuerpos son colocados en mortajas nuevas. Es *fadhi* (tabú) poner los cuerpos en contacto con la tierra, pronunciar su nombre o señalarlos con el dedo. Los muertos participan de la divinidad de Zanahary.

270

de arriba da la vida, pero el de abajo se niega a separarse de las mujeres, por lo que se convierten en enemigos. Así es como se separan el mundo de arriba y el de abajo.

Todos los extranjeros son un poco *zanahary*, porque son unos seres misteriosos, llegados de otras partes, procedentes de más allá de los mares y de los que no se conocen sus familias, sus países ni sus costumbres. Pero, sobre todo, son *zanahary* los genios que existen y operan en la naturaleza: los espíritus de los manantiales, de los ríos y los lagos. Los grandes personajes desaparecidos también se supone que están siempre actuando en el mundo de los vivos y son representados por los fetiches.

El origen de la muerte y de la lluvia

El Zanahary de arriba, Andriamanitra, envía a Ataokoloinona, su hijo, a la Tierra para ver cómo son las cosas. Pero hace tanto calor que Ataokoloinona se hunde en las entrañas terrestres para encontrar un poco de frescor y no vuelve a aparecer jamás.

Muy preocupado, Andriamanitra envía a unos servidores para que encuentren al desaparecido. Estos parten en direcciones diferentes, y tienen una difícil estancia en una tierra seca y abrasadora donde no crece ninguna planta. La búsqueda es en vano, y los servidores envían a unos emisarios para informar a su señor de lo inútil de sus esfuerzos. Ninguno vuelve a la Tierra. Es por ello por lo que los muertos nunca regresan. Así pues, ni rastro de Ataokoloinona y ninguna respuesta de Andriamanitra. Pero este, para recompensar a los hombres por su constancia en la búsqueda de su hijo, hace caer la lluvia para refrescar su mundo y permitir que crezcan las plantas.

Los servidores tienen descendencia en la Tierra y se multiplican.

El destino

Andriamanitra, el Zanahary de arriba, queda como amo y señor del destino de todo el mundo. Así lo manifiesta el cuento siguiente:

«Cuatro hombres no se ponen de acuerdo: uno lleva una azagaya, persigue todas las cosas vivas que ve, las atrapa, las mata y las come: es su tarea. El segundo tiende redes para los pájaros y los animales, los atrapa, los mata y lee augurios en sus entrañas: es su tarea. El tercero ve las cosas que brillan: el hierro, la plata, los frutos; se prepara un lugar y permanece en él todo el día: es su tarea. El cuarto trae hierro y hace girar la Tierra: es su tarea. Los cuatro hombres deciden ir a la morada de Dios para disponer sus destinos y combinarlos entre ellos. Dios está ocupado moliendo su arroz. "El lunes iré a vuestra casa", les dice. Y da un puñado de arroz a cada uno.

El que lleva la azagaya ve un perro salvaje, lo persigue y pierde su puñado de arroz.

El cazador de pájaros atrapa a un búho y el viento se lleva el arroz.

El tercero ve un objeto blanco, deja su arroz y ya no lo vuelve a encontrar.

El cuarto deja el arroz en el suelo y lo pierde.

El lunes, llega Dios y les pregunta qué han hecho con el arroz. Entonces les dice: "Ya veis que no se puede cambiar el destino que Dios os ha dado. Uno de vosotros es cazador, el otro es hechicero, el tercero es comerciante y el cuarto labrador. Cada hombre tiene su destino, cada uno tiene aquello que le gusta".»

271

TUMBA SAKALAVE: ESTATUILLA DE MADERA QUE REPRESENTA A UN GUARDIÁN
Madagascar

Mawu y Lisa, los dioses gemelos fon

Organizadores del mundo

Mawu y Lisa, gemelos o por lo menos hermano y hermana, son andróginos y constituyen el origen de la creación y de la civilización humana. También arbitran las rivalidades de sus hijos.

Nana-Buluku, la abuela del universo, que no es objeto de ningún culto, crea una primera divinidad llamada Mawu y Lisa. Es un ser andrógino o incluso formado por gemelos, uno de sexo masculino y otro de sexo femenino. Mawu, el principio femenino, está asociada a la Luna, la noche, el descanso, la fertilidad, la suavidad, el perdón, la alegría y la maternidad. Lisa, el principio masculino, está asociado al Sol, el calor, la fuerza, el trabajo y, por norma general, todo lo que la existencia tiene de difícil. Juntos aseguran el ritmo del día y la noche, al mismo tiempo que el equilibrio de la vida. Sin embargo, no son todopoderosos ni omnipresentes. Al principio, Mawu y Lisa no tienen hijos, pero cuando hay un eclipse y uno de ellos tapa con su sombra al otro, se unen y procrean. Esta doble divinidad engendra, pues, a todos los demás dioses y se encuentra al frente del panteón más importante, el del cielo.

Cada uno de los dioses se encarga de un ámbito particular de la naturaleza o la cultura. Así, a Age corresponde la maleza y los animales que viven en ella; a Loki, los árboles y todos los remedios extraídos de raíces, cortezas u hojas —es el dios de la medicina. Legba, el hijo menor de Mawu y Lisa, es el más inteligente y también el más astuto; está aliado con Fa, el destino.

La creación del universo

Mawu y Lisa crean el universo gracias a la serpiente Da Ayido Hwedo. Al comienzo, la serpiente se enrolla en torno a una Tierra informe, que reúne todas las cosas. Con su movimiento constante, provoca el giro de los cuerpos celestes. El pueblo fon de Dahomey celebra la creación en una semana de cuatro días; el primer día, Mawu y Lisa crean el hombre a partir de agua y arcilla; el segundo día, hacen la Tierra habitable para la humanidad; el tercer día, los hombres reciben la vista, la palabra y la comprensión del mundo en el que viven; el cuarto día, los hombres se ven confrontados a la tecnología. Es entonces cuando interviene Gu, el herrero celeste, hijo de Mawu y Lisa. El gemelo varón le hace bajar a la Tierra para enseñar a los hombres el arte de trabajar el hierro y de fabricar herramientas para alimentarse, vestirse y construir refugios. Además del universo, hay otros dos panteones, el de la Tierra y el del trueno. Cada uno de los tres panteones habla una lengua diferente, pero Legba las conoce todas.

El panteón de la Tierra es designado por el término genérico *Sagbada*, que se aplica igualmente al dios supremo del panteón, el mayor de los hijos de Mawu y Lisa. Uno de sus hermanos menores es andrógino y es llevado al cielo, donde funda el panteón del trueno, al que da su nombre: Sogbo. En la mayoría de las sociedades de África occidental, los hermanos mayores tienen prioridad sobre los menores en las cuestiones de sucesión y de herencia.

272

CAJITA DE MÁRMOL
QUE REPRESENTA
A LOS GEMELOS FON
Benín

La disputa

Sogbo desea obtener el gobierno de la Tierra, pero Mawu y Lisa prefieren al hijo mayor, Sagbada. Este, al reunir su herencia, no logra empaquetar el agua y el fuego. Su hermano, que está celoso, retiene el agua e impide que caiga sobre la Tierra. Con ello espera que los hombres lo reclamen como soberano, a él que impide que caiga el agua. Mientras tanto, la canícula se extiende por todo el orbe. Los hombres ya no tienen nada para comer ni beber y se quejan a Sagbada.

Mawu y Lisa son puestos al corriente de la situación y envían a Legba a la Tierra. Este promete a Sagbada solucionarlo todo y, de vuelta al cielo, envía al dios el pájaro Otutu, que lleva el mensaje siguiente: «Enciende un fuego tan grande que el humo suba hasta el cielo», y le dice al pájaro que cante en cuanto se haya encendido el fuego.

Entonces Legba va a casa de Mawu y Lisa. Les dice que el fuego puede consumirlo todo en la Tierra y en el cielo. Es por ello por lo que el creador ordena a Sogbo que haga caer la lluvia y decide que en adelante la lluvia será gobernada desde la Tierra; Otutu se quedará en el mundo y deberá ponerse a cantar cada vez que el sol sea abrasador.

EBO O GBO O GU, DIOS DE LA GUERRA,
HIJO DE MAWU Y LISA
Estatuilla de hierro; Benín

Lleva armas a modo de corona: este hecho significa que este dios puede tomar posesión de sus adeptos. Entre las divinidades, se encuentran aquellas que se llevan en la cabeza (*ta vodun*) y las que se llevan sobre el hombro. Solo los adeptos de los *ta vodun* son «tomados por la cabeza» y conocen los tránsitos de la posesión.

También se puede ver en la «corona» de Gu un *asin*, una especie de altar metálico fijado en el suelo. Sobre estos altares se aprecia todo tipo de objetos de hierro, entre ellos cadenas para esclavos: Gu tiene las llaves de la violencia, y sus adeptos están protegidos de ella.

Una campanilla pende de la corona: es una *alingle*, con un batán en la parte interior, utilizada por los *bokonon*, sacerdotes adivinos del culto de Fa, el gran antepasado de los orisha yoruba.

MAWU, UNO DE LOS GEMELOS FON (IZQUIERDA)
Madera; Benín

Wak, el bueno

El creador

Para los galla de Etiopía, Wak es el dios supremo, el creador y el benefactor universal. Reside en lo alto, en las nubes, pero su acción sobre la Tierra es constante.

Wak mantiene la bóveda de los cielos a distancia de la Tierra y la cubre de estrellas. Es benefactor y no castiga. Cuando la Tierra era llana, Wak pidió al hombre que le hiciese su ataúd, y el hombre lo hizo y se encerró en él. Wak hundió el ataúd en el suelo. Durante siete años, Wak hizo llover una lluvia de fuego y se formaron las montañas. Luego Wak pisoteó el lugar donde estaba el ataúd y el hombre salió vivo de él. Dijo que solo había dormido un breve instante. Es por ello por lo que el hombre está en estado de vigilia la mayor parte del día. El hombre estaba cansado de vivir solo. Wak tomó un poco de su sangre. Al cabo de cuatro días, la sangre se había convertido en una muchacha con la que el hombre se casó. Tuvo treinta hijos, pero estaba avergonzado de tener tantos hijos y escondió a quince de ellos: Wak los convirtió en animales y demonios.

Plegaria a Wak. «[...] ¡Haz que pase en paz este día! [...]
Tú has preparado en paz el camino que hoy seguiré, haz que en este camino, yo ande recto. Si hablo, quita de mis labios la calumnia; si tengo hambre, arranca de mí la murmuración; si estoy en la abundancia, ¡destruye en mí el orgullo!» (Plegaria de las tribus etíopes recogida en L. V. Thomas y H. Luneau, *Les Religions de l'Afrique noire*, París, 1969)

ROLLO PROTECTOR. DETALLE: DEMONIO
CON LOS RASGOS DE GORGONA
SIGLO XIX-XX
Pintura sobre pergamino; Etiopía

Modimo, el misterioso. Es originario de Zimbabwe.
Es creador, y distribuye las cosas buenas, aparece al este y pertenece al elemento «agua». Al mismo tiempo, es destructor, un monstruo espantoso, responsable de la sequía, el granizo, los ciclones y los terremotos. Entonces, aparece al oeste y pertenece al elemento «fuego». Modimo es cielo y luz, tierra y raíz. Modimo es único y singular. Carece de antepasados y no tiene ni pasado ni futuro. Invade toda la creación. Su nombre es tabú y sólo lo pronuncian los sacerdotes y los adivinos. Modimo es invisible e inaccesible, sólo puede ser alcanzado por seres imperfectos, los antepasados, llamados los badimo. Pero estos últimos son de un humor cambiante, y si uno los olvida se vuelven muy molestos. Como son imperfectos porque no están del todo acabados, los niños también hablan con Modimo.

Shango, el justiciero

El trueno

Cada tribu africana tiene su dios. Algunas lo denominan Obatala, otras Iansán, y otras Ogun o Shango. Shango es el dios del trueno y el antepasado de los reyes de Oyo.

Shango es un ser viril, violento y justiciero: castiga a los malvados, a los mentirosos, a los ladrones y a los criminales. Su arma favorita es el rayo, que sirve para castigar: la casa, el árbol o el bosque que son tocados por él pasan a ser prohibidos; al propietario se le imponen fuertes multas y debe aplacar a la divinidad por medio de sacrificios, ya que se lo considera necesariamente culpable.

Las piedras de rayo son importantes en el culto al dios. Están consideradas objetos sagrados o amuletos y se las coloca sobre altares; sobre ellas se vierte sangre de los animales sacrificados para devolverles el vigor y la eficacia.

Además de los sacrificios, el ritual también incluye bailes y tránsitos al son de una especie de sonajero hecho con una calabaza de forma alargada. También se agita la doble hacha, emblema de Shango, y se realizan actos licenciosos. Shango tiene tres esposas: Oya, que no es otra que el río Níger; Ochún y Obá, que son otros dos ríos. Se dice que Shango es el antepasado de los reyes de Oyo, el cuarto rey de los yoruba, el justiciero, señor del trueno, capaz de hacer brotar el fuego de su propio cuerpo.

La divinización de Shango

Se dice que, en el origen, Shango era un rey cruel y sus súbditos estaban muy divididos. Unos querían expulsarlo, pero otros tenían toda la confianza puesta en él. Tras muchas peripecias, ganaron los primeros; Shango abandonó el país y se colgó de un árbol.

Sus partidarios, al enterarse de su muerte, fueron a buscar su cuerpo, pero no pudieron encontrarlo, aunque al pie de un árbol —el árbol de la horca— observaron un agujero del que salía una cadena de hierro. Dedujeron que Shango se había convertido en dios.

En ese lugar edificaron un templo e idearon un culto, que era conducido por sacerdotes. Sin embargo, aunque para algunos era dios, para los demás solo era el rey difunto. Durante un tiempo unos gritaron: «¡El rey se ha colgado!»; y los otros: «¡El rey no ha muerto!». Reinó una confusión total hasta que finalmente Shango se hizo escuchar: envió una tormenta terrible que destruyó las casas de sus detractores. Entonces, después de la destrucción, todos reconocieron que Shango se había convertido en un dios.

El culto a Shango, originario de la región del río Níger, fue introducido en Brasil por las poblaciones negras que fueron llevadas allí como esclavos. Se confundió en parte con el culto a san Jerónimo, pero el paralelismo probablemente solo se debe a la presencia junto al santo de un león, que es, igualmente, el emblema de los reyes de Oyo.

BASTÓN DE CEREMONIAS OSHÉ SHANGO
Madera dura, ocre con pátina blanca; nagoyoruba, Benín

Eshu, el *trickster*

Benefactor y maléfico

No es ni dios ni hombre, sino que tal vez tiene un poco de ambos. Se lo considera un mensajero divino, pero es amado y a la vez temido porque unas veces es malo y otras generoso.

Los *tricksters* son héroes civilizadores de un género particular: ¿dioses u hombres? Sin duda, ni una cosa ni la otra. Tienen afinidades con ciertos animales: el coyote, el cuervo, el bisonte, el arrendajo o la urraca, con cuyos rasgos son descritos.

Siempre buscan aventuras y están dispuestos a utilizar sus poderes mágicos. No se preocupan del bien ni del mal, complican la creación y provocan el sufrimiento y la alegría, mueren y resucitan, y son capaces de todas las gracias; pero también son un poco ingenuos, engañan y a menudo son engañados.

Eshu es un *trickster* conocido por los yoruba del África occidental. En Benín se lo denomina Elegba o Legba. Los esclavos negros lo llevaron al Nuevo Mundo, donde en Cuba se lo llama Eleggua, y en Brasil, Exu. Su comportamiento ambivalente es significativo de la presencia en el mundo del día y de la noche, la luz y la oscuridad, la crudeza y la bondad, la creación y la destrucción. Pero, paradójicamente, al mismo tiempo manifiesta que la vida no es simplemente negra o blanca, que hay matices de gris, e incluso todos los colores del arco iris. Así, le gusta muchísimo trastornar a seres y acontecimientos. Ayuda a dejar un poco de espacio al caos, a la belleza, al flujo del placer, a las pasiones y, en definitiva, a todas la especies de la vida. La magia de Eshu despierta y enseña a vivir más plenamente.

Eshu es un espíritu que merodea por las plazas de los mercados, las encrucijadas y los umbrales de las casas. Está en todos los lugares de paso, de la infancia a la edad adulta, de la amistad a la enemistad, de la desesperación a la felicidad, del nacimiento a la muerte. Está presente en los cambios y las transiciones. Se complace observando y manifestando las fuerzas y las debilidades del hombre, pero nunca toma decisiones por él.

Con los hombres

Se dice que, al enterarse de la existencia de dos grandes amigos que vivían uno junto al otro, decidió ponerlos a prueba. Estos dos hombres cultivaban campos separados por un camino. Eshu pasa por este camino llevando un sombrero rojo por un lado y blanco por el otro, y se coloca su pipa detrás de la cabeza. Más tarde, los dos amigos hablan a un tercero del hombre misterioso con sombrero. Curiosamente, empiezan a discutir por el color del sombrero. ¡Blanco! ¡Rojo! La discusión se encona al pasar a la cuestión de qué dirección ha seguido

BASTÓN CEREMONIAL CON EL DIOS ESHU
Estatua yoruba, madera con pátina pardo-rojiza
Esta estatuilla representa al dios Eshu. La cabeza del dios está tocada con un gran sombrero que se proyecta hasta muy atrás y está decorado con unos motivos geométricos característicos. Los yoruba veneran a varios dioses:

Olorun es el dios supremo y creador, que da origen a todos los seres. No tiene atributos y no es honrado con ningún sacrificio, pero su existencia no se discute en modo alguno. Existen otras divinidades llamadas *orisha*: Shango, el dios del trueno y del rayo; Eshu, al que también se da el rango de los dioses. Es el mago, el hechicero, el señor de las fuerzas del mal y de la magia. Es capaz de proteger a los humanos de todos los demonios. También está Shopona, el dios de la sífilis, al que se teme porque es capaz de diezmar la población, y Ogún, el dios del hierro y de la guerra. Además de estas divinidades, hay centenares de otros *orisha*, y cada familia venera por lo menos a uno y le ofrece animales en sacrificio.

el paseante: ¡A la derecha! ¡A la izquierda! Cada uno acusa al otro de mentir. Rápidamente llegan a las manos, pues ninguno de los dos da su brazo a torcer. El *trickster* Eshu se ríe para sus adentros y les enseña su sombrero rojo por un lado y blanco por el otro: pelearse y arruinar una larga amistad por algo tan ridículo como el color de un sombrero es algo poco inteligente.

DANZAS RITUALES YORUBA
Benín

ESTATUILLA DE ESHU
Madera ennegrecida, cuero y cobre de Nigeria

Con el dios supremo

Eshu juega con los hombres, con los dioses e incluso con el dios supremo. Así, un día dice a este último que unos ladrones han decidido robar los ñames de su huerto. Luego, por la noche, introduciéndose en la casa del creador, le roba sus sandalias, se las calza y roba los ñames. Como ha llovido mucho, las huellas de sus pies se marcan claramente en el barro. Al día siguiente descubren el hurto. Entonces, Eshu dice que se podrá identificar al ladrón gracias a las huellas. Todo el mundo se reúne y comprueban que ningún pie corresponde a las huellas. Eshu sugiere que el dios supremo las ha robado mientras soñaba. Este se percata de que le ha jugado una mala pasada y decide abandonar inmediatamente el mundo. Eshu se encarga de ir todas las noches a decirle lo que ha pasado durante el día. Así es como Eshu se convierte en el mensajero entre los hombres y el dios supremo.

Desde ese día, Eshu comunica las plegarias de la humanidad al dios creador y es honrado en todas las ceremonias. Se coloca su figura detrás de la puerta de entrada de la casa, junto con un juguete que representa la infancia y un cayado que representa la vejez.

Kintu, el primer hombre

El yerno del dios Gulu

Llegado del cielo o nacido en algún lugar de la Tierra, Kintu es considerado el primer antepasado, que sale victorioso de múltiples adversidades y se casa con la hija del cielo.

Kintu es el primer hombre y el gran antepasado del pueblo baganda de Uganda. Kintu vive solo en la Tierra. Posee una vaca. Se alimenta de la leche de su animal, con la que hace mantequilla y queso. Un día, los hijos del dios Gulu, acompañados por su hermana Nambi, descienden del cielo y se encuentran con Kintu. «¿Quién puede ser este hombre, y de dónde procede?». Pero ni él mismo sabe responder a estas preguntas. Sin embargo, no deja indiferente a la muchacha, que dice: «Kintu me gusta, voy a casarme con él», y ante la reserva de sus hermanos, explica: «Kintu es un hombre, puesto que ha construido su casa, cosa que no hacen los animales. Voy a pedirlo a mi padre».

Las pruebas

Una vez al corriente de este suceso, Gulu considera a Kintu demasiado pobre e ignorante. Pero ante la insistencia de su hija, decide ponerlo a prueba.

En primer lugar, le quita su vaca y Kintu se ve obligado a comer la corteza de los árboles; pero Nambi va a verlo y se lo lleva a hombros al cielo, donde encuentra alimentos en cantidad. Entonces, Gulu hace construir una casa sin aberturas. Kintu es encerrado en ella con una cantidad enorme de papilla de llantén, un centenar de piezas de ganado y unas calabazas llenas de alcohol de plátano. Gulu afirma que si Kintu no logra comer todos estos alimentos y beber todo el alcohol, deberá dársele muerte. En cuanto Kintu se encuentra solo, se queda profundamente abatido y empieza a rezar. Al poco observa que en el suelo de la casa se abre un gran agujero. Echa todos los alimentos en él y todo el alcohol, y el agujero se cierra por sí solo.

A continuación, Gulu da a Kintu un hacha de cobre, y le ordena que con ella corte una roca. Kintu observa que la roca está partida, y que de ella puede hacer lascas fácilmente.

La cuarta prueba exigida a Kintu es que llene un recipiente para agua con rocío. Desesperado por encontrar la forma de llenarlo, Kintu levanta el bote y lo encuentra ya lleno. Acto seguido, debe reconocer su vaca en medio del rebaño propiedad de Gulu. En total, tiene 20 000 animales. Pero se le acerca una avispa y le murmura al oído que la vaca sobre la que se posará es la suya. Cuando desfila el primer rebaño, la avispa no se mueve, al igual que con el segundo, pero cuando se acerca el tercero, la avispa levanta el vuelo y va a posarse sobre los cuernos de una de las vacas. Entonces Kintu dice: «Es mi vaca». Luego la avispa se posa sobre los cuernos de una becerra y Kintu exclama: «Es una cría de mi vaca», y del mismo modo reconoce a todos los animales que le pertenecen.

Gulu reconoce el valor de Kintu y acepta el matrimonio. Entonces, envía a Kintu y a Nambi a vivir a la Tierra, dándoles una gallina, una planta de banano, unas semillas y

ARMAS BALUBA SOBRE UNA TELA
República Democrática del Congo

unos tubérculos, y precisando que no deben volver atrás, aunque hayan olvidado algo.

La pérdida de la inmortalidad

Sin embargo, a medio camino se dan cuenta de que se han dejado el grano para alimentar al pollo. Nambi quiere dar media vuelta y luego emprender de nuevo el viaje, pero Kintu intenta disuadirla. En efecto, Walumbe (la muerte), que estaba ausente en el momento de las pruebas de Kintu, ya estará de vuelta. Querrá seguirlos, pero Nambi se obstina. Cuando Nambi atrapa a Kintu, Walumbe, su hermano, la sigue. Elige su morada cerca de la pareja. Desde ese momento, todos los hombres de la Tierra se convierten en mortales.

La pareja tiene tres hijos. Un día, Walumbe pide a una de las niñas que cocine, y Kintu se opone a ello. Entonces Walumbe amenaza con matar a los niños. Kintu se mantiene firme, y los niños caen enfermos y mueren. A petición de Gulu, uno de sus hijos, Kaikuzi, intenta capturar a Walumbe, pero no lo consigue. Entonces Kintu decide tener tantos niños que la muerte no pueda terminar nunca con ellos.

La pérdida de la inmortalidad, un tema constante en la mitología africana. En un mito de los dinka del sur del Sudán, un día, dios da un solo grano de mijo a la pareja Garang y Abuk para suplir sus necesidades. Pero el ávido Abuk quiere plantar más semillas. La divinidad, encolerizada, envía un pájaro azul a cortar la cuerda que une el cielo con la Tierra. Desde ese momento, los humanos deben trabajar duramente para alimentarse y sufren enfermedades y la muerte. Para los pastores nuer del sur del Sudán, también existía una cuerda que unía el cielo y la Tierra, y toda persona de edad que subía a él volvía joven. Pero el creador había dado instrucciones para que no pudiesen regresar a la Tierra. Sin embargo, un día la hiena baja de nuevo y corta la cuerda. La parte superior de la cuerda entonces sube hacia el cielo y los humanos dejan de tener la posibilidad de ascender. Desde aquel día, envejecen y mueren.

Para los kuba del Zaire, el creador Mboom tiene nueve hijos, todos ellos llamados Woot. La muerte sobreviene cuando los hijos Woot empiezan a matarse entre ellos.

PINTURA RUPESTRE QUE REPRESENTA UNOS BOVINOS
Parque nacional Domboshana, Zimbabwe

Mitología celta

Mitología celta

La civilización celta se extiende desde el mar del Norte hasta el mar Caspio. Esta región ha conocido numerosos movimientos de población a lo largo de los siglos. La unidad de los celtas se debe esencialmente al hecho de que hablaban dialectos derivados de la misma rama lingüística. Su mitología es aún muy oscura: se la conoce sólo parcialmente a partir de las invasiones romanas y la cristianización.

Los druidas y la escritura

De la Galia no nos ha llegado directamente ningún relato ni textos de ninguna clase. César explica que los druidas prohibieron el uso de la escritura. De hecho, el uso que hacían de ella era puramente interno. Tras esta prohibición hay toda una filosofía: la escritura pone fin a la evolución de las cosas, las fija y les da una forma definitiva, lo cual no es en absoluto conveniente para la noción de la divinidad tal como la concebían los druidas. A causa de los misterios que se pretendía conservar, los druidas hicieron exactamente lo contrario de lo que han hecho la mayoría de las religiones: hacer de la permanencia de la escritura una especie de prueba de la existencia divina, de molde en el que pueden encerrarse las creencias. En realidad, llegan a considerar las escrituras sagradas (especialmente la Biblia y el Corán) como directamente inspiradas por los dioses, e incluso, a veces, escritas por Dios o los dioses. Tal vez los druidas eran más respetuosos con la fe de los creyentes y con los seres en los que se puede y se debe creer.

Así pues, no existen textos procedentes de los celtas, o bien son breves y ambiguos, o de carácter privado. En cambio, sí que hay monumentos: piedras verticales (menhires), piedras horizontales (dólmenes), crómlechs o alineamientos cuya significación todavía es dudosa.

La invasión romana

Eso es lo que encuentran los romanos al invadir el país. Al entrar en contacto con las tradiciones de los invasores, muy pronto las creencias locales empiezan a acercarse a las recién llegadas. La maniobra a veces es tosca. Así, Luciano de Samosata afirma: «Los celtas llaman a Hércules Ogmios, y lo representan bajo una forma singular. Es un anciano muy mayor, con la frente de la cabeza calva, y los cabellos que le quedan son completamente blancos. Su piel es rugosa, quemada y muy curtida, como la de los marineros viejos; se lo podría tomar por un Caronte o un Jafet, de las moradas subterráneas del Tártaro, por cualquiera, de hecho, antes que Hércules» (*Discursos*, I, 7). En cambio, César dice: «Honran a Mercurio como el mayor de los dioses. Sus estatuas son las más numerosas. Lo consideran el inventor de todas las artes, el guía en los caminos y en los viajes. Piensan que tiene el poder más grande para todo lo que concierne al dinero y al comercio. Tras él vienen Apolo, Marte, Júpiter y Minerva. Respecto a ellos, tienen aproximadamente la misma idea que las otras naciones: Apolo ahuyenta las enfermedades, Minerva enseña los rudimentos del arte y de los oficios, Júpiter tiene el imperio del cielo, y Marte dirige las guerras» (*La guerra de las Galias*, VI, 17).

Así, por un paralelismo algo fantasioso se pasa de Lugh a Mercurio, de Beleno (o Belenos) a Apolo, de Taranis a Júpiter, de Teutates a Marte, etc. Pero Lugh nunca fue dios del comercio, ni Taranis un líder de los dioses. La mitología celta es mucho menos organizada que la de los romanos. Entre los celtas no había jerarquía, ni funciones bien definidas, ni un modelo de belleza. Así, la *interpretatio romana* (la interpretación romana) está lejos de ofrecer un reflejo exacto de la religión celta. A causa de la valentía extraordinaria de los guerreros celtas en los combates, los romanos dedujeron que no temían a la muerte y, por tanto, que estaban convencidos de la existencia de un más allá benéfico. ¿Es eso exacto? Según otra fuente de información que nos llega de Irlanda y del País de Gales, parece que los celtas no creían en un mundo aparte para los dioses. El mundo de los hombres y el mundo de los dioses se interrelacionaban. Inicialmente, los dioses incluso vivían como los humanos en viviendas construidas sobre el suelo. En el mundo subterráneo de los túmulos y de los dólmenes, no sólo vivían los dioses y las diosas, sino también las hadas, los genios, los *korrigans* y también los difuntos que iban a reunirse con las divinidades en un mundo mejor. Lo que sabemos de los dioses galos también es muy fragmentario. Esus aparece en un relieve del pilar de los barqueros de Lutecia (museo de Cluny). Va vestido de leñador y está desramando un árbol del bosque donde se esconde el toro con tres grullas. En una estela galorromana de Tréveris, abate un gran árbol con un hacha. Pero básicamente

PIEDRA DE JÚPITER QUE REPRESENTA A UN TORO CON TRES GRULLAS
14-37 D. C.
Escultura

282

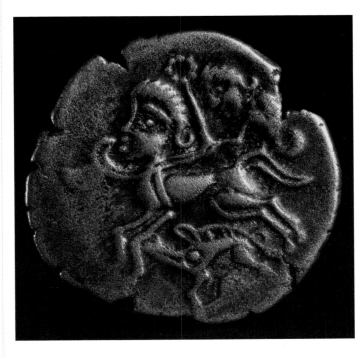

Las primeras son de una gran belleza, poseen una gran fuerza
y unos poderes mágicos excepcionales; los segundos son unos
monstruos cuyo único objetivo es invertir el orden establecido.
Los textos del País de Gales probablemente son más recientes.
Fueron agrupados en un conjunto que se denomina
los *Mabinogion*. Por último, en un cierto número de relatos
y poemas galos encontramos el personaje del rey Arturo,
un rey bretón cuyas aventuras inspiraron algunas novelas
medievales.
Aun sin lograr una reconstrucción completa de la mitología celta,
se pueden reconocer los grandes dioses, que son Daghda, Teutates
y algunos otros; los protectores, cuyo ejemplo más bello es Epona,
la diosa de los caballos; los guerreros que han luchado
por la conservación del orden vigente, y, por último,
los nobles que sin duda inspiraron el ideal de la caballería
de la edad media.

PILAR DE LOS NAUTAS: ESUS CORTANDO LAS RAMAS DE UN ÁRBOL
14-37 D. C.
Escultura

283

es conocido por los sacrificios sangrientos con los que
se lo honoraba. La víctima herida era colgada de un árbol hasta
que quedaba completamente exangüe. Teutates, Taranis
y Esus son los tres grandes dioses crueles de la Galia. Pero hay
otros dioses más pacíficos: Smertrios, por ejemplo, es un dios
que proporciona riquezas; es venerado como protector, ya que
mantiene a raya a los enemigos e infunde respeto con su fuerza,
fuerza que ha hecho que se lo asimile a Hércules; Cernunnos, el
anciano, es el dios de la abundancia; Beleno, el resplandeciente,
es el dios de la medicina, y Ogmios es el dios de la elocuencia.

Irlanda y el País de Gales

Irlanda escapó a la romanización, pero no a la cristianización.
Fue una suerte, por lo menos para la transmisión de su mitología.
Al parecer, sus jefes religiosos no tuvieron los mismos prejuicios
contra la escritura que los druidas galos. En efecto, había textos,
escritos probablemente sobre corteza, en una escritura original
llamada *ogham*. Los únicos otros ejemplos de esta escritura
se encuentran en monumentos de piedra. El conjunto fue reunido
y compilado a partir del siglo VII por escribas cristianos.
A través de estos textos recuperados, traducidos y trascritos
por los monjes, tenemos una idea general de las leyendas más
antiguas, aunque seguramente no han conservado su pureza
original. Los cristianos que luchaban contra las «supersticiones»
firmemente arraigadas en el país que evangelizaban, por lo
general truncaron y pusieron al gusto de su época los relatos
que encontraban. Estos fueron reunidos de modo artificial
en torno a cuatro ciclos: el ciclo de Tuatha De Danann
(tribu de la diosa Dana), el de Ulster, el de Finn y el de los Reyes.
El primero de estos ciclos se considera una especie de relato
cosmogónico, dado que, a través de un cierto número de
invasiones, relata la lucha entre las fuerzas de la luz, los Tuatha
de Danann, contra las fuerzas de las tinieblas, los Fomoirés.

Daghda

El dios bueno

El dios irlandés Daghda, también llamado Eochaid, Ollathir, Ruadh Rofhessa y Mog Ruith, «servidor de la rueda», es el equivalente celta del Júpiter galo Taranis.

Se lo representa como un hombre rústico vestido con una túnica con capuchón. Es barrigudo, glotón y desbordante de sensualidad. Lleva una enorme maza montada sobre ruedas, tan pesada que deben arrastrarla por lo menos ocho hombres para aplastar de un solo golpe hasta nueve hombres. Es el «todopoderoso de gran sabiduría» y posee un caldero de abundancia o de resurrección. Daghda tiene, pues, el doble poder sobre la muerte y sobre la vida. Reina sobre el mundo subterráneo, al que se accede por mar, bajo el nombre de su avatar, Manannann, señor de los mares y del más allá (Manawyddan en el País de Gales). Por último, es el dios músico: posee un arpa mágica que toca ella sola los tres aires maravillosos de Irlanda: el aire del sueño, el aire de la risa y el aire de la tristeza. Es el dios de la amistad y el señor de la ciencia.

Se lo llama el «buen dios». Este es el significado de Daghda, pero ello no implica que sea misericordioso y generoso, sino hábil y diestro en todas las actividades. Sin embargo, fue desdichado en los negocios y desposeído de su castillo, «el hotel de la Boyne», por su propio hijo Oengus. Un día este le pidió que le prestase su casa por «un día y una noche», y Daghda accedió sin prestar atención, sin embargo, a que estos dos términos en realidad significaban la eternidad; Oengus se quedó, pues, con el castillo.

Es un luchador fuerte, y el amante de Morrigane, la diosa de la guerra. Los huesos de sus enemigos se convierten en «granizo bajo los cascos de un caballo» cuando los golpea con su maza. Conduce a los Tuatha De Danann al campo de batalla. Pero justo antes del segundo combate de Magh Tuireadh, se pasa al bando de los Fomoirés, sus enemigos. Estos preparan para él un *porridge* hecho con leche, harina, grasa, cerdo y cabra en cantidad suficiente para saciar a cincuenta hombres, y le ordenan bajo pena de muerte que lo coma todo. Daghda lo toma todo de buena gana, sirviéndose con un cucharón de madera «tan enorme que un hombre y una mujer pueden acostarse dentro». Esta prueba transforma temporalmente a Daghda en un viejo obeso, lo cual no le impide seducir a una de las hijas de los Fomoirés, que le promete ayudar a los Tuatha De Danann con su magia.

GIGANTE DE CERNE ABBAS; REPRESENTA, SUPUESTAMENTE, A DAGHDA Y SU ENORME MAZA
SIGLO II

SUCELLUS, EL DIOS DEL MAZO
SIGLO II D. C.
Escultura en bronce

Sucellus, el buen golpeador. En la plenitud de los años, el barbudo Sucellus es representado con túnica, capuchón y botas. Lleva una piel de lobo sobre la cabeza; en la mano izquierda sostiene una larga maza-cetro, y en la derecha una vasija globular. Un mazo, comparable al del dios irlandés Daghda, parece la marca de soberanía. La vasija redondeada indica que es dispensador de alimentos. Es un dios benefactor asociado a la naturaleza generosa. César lo convierte en una divinidad nacional, el padre de la raza gala (César, *La guerra de las Galias*, VI, 17-18). La esposa de Sucellus es Nantosuelta, la diosa río. Como principio de fecundidad, sostiene en la mano el cuerno de la abundancia. También se la ve llevar una pequeña casa redonda: sin duda, debe manifestar que la mujer es el alma del hogar. Sucellus a menudo fue asimilado a Silvano, el dios de los bosques, también dispensador de bienes.

Teutates, el guerrero

El padre del pueblo

Teutates, o Tutatis, protector de la tribu, es el dios cruel por excelencia.

Teutates es un dios guerrero; se lo compara con Marte o bien con Mercurio. Tal vez es él quien está representado en un bajorrelieve del pilar de Mavilly (Côte d'Or, este de Francia); va armado a la romana, junto a él se yergue una serpiente con cabeza de carnero y está de pie una diosa guerrera con el seno izquierdo desnudo. Una de sus estatuas de bronce, de cuarenta metros de altura, se encontraba en el templo de Mercurio arverno edificado en la cima del Puy de Dôme (Francia).

Su culto se conoce por inscripciones latinas encontradas en Gran Bretaña, Alemania y Roma, y su recuerdo se ha perpetuado en topónimos franceses tales como Mercurey, Mercueil, Mercoeur, Mirecourt, Montmartre, etc. A menudo se lo ha asimilado a Ogmios, el dios de la elocuencia, porque este lleva una maza, arco y carcaj, y también porque en el pensamiento celta el líder guerrero es, ante todo, el que sabe entrenar a sus tropas con la palabra y que escribe la historia, en que la guerra ocupa un lugar preponderante.

Como todos los dioses tribales, protege los juramentos. Se jura diciendo: «Al dios al que jura mi tribu». Por otra parte, su nombre, Teutates o Tutatis, significa «pueblo», «tribu» o «nación».

Baño de muerte o de inmortalidad

Teutates es un dios cruel: por Lucano se sabe que exigía sacrificios humanos. Las víctimas eran sumergidas en una tina de agua hasta que se ahogaban. Esta escena está representada también en el caldero de Gundestrup (Dinamarca). Pero también se ha interpretado como un baño de inmortalidad que el dios de la guerra ofrece a sus guerreros.

¿Cómo no pensar también en las tres tinas de agua fría en las que el héroe Cú Chulaín es sumergido para curarlo de su locura asesina? ¿Sería, pues, un baño curativo?

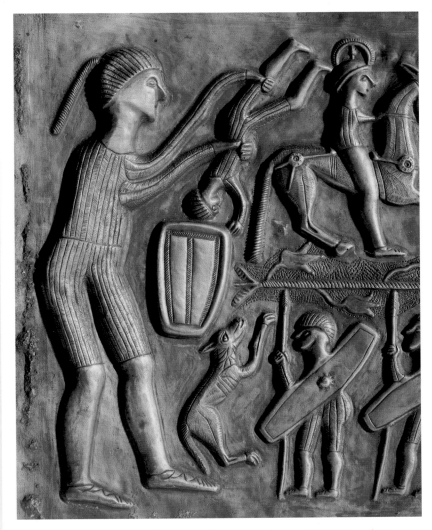

SACRIFICIOS HUMANOS AL DIOS TEUTATES
SIGLO I

Caldero de Gundestrup

El sacerdote echa a un hombre con la cabeza por delante en un recipiente; quizás se trata de un sacrificio en que se ahoga a la víctima.

285

EL DIOS TARANIS. LA RUEDA SIMBOLIZA LAS RIQUEZAS

SIGLO I, Caldero de Gundestrup

Taranis, el trueno.
Taranis, a la vez aterrador y sublime, puede dar miedo con el fragor de los truenos y lo repentino de los rayos. Sin previo aviso, provoca los destrozos del rayo e inundaciones, pero al mismo tiempo procura la lluvia benefactora que alimenta el suelo y hace crecer las mieses. Se lo representa como un hombre en plenitud de la vida, con barba y sosteniendo una gran rueda (Caldero de Gundestrup, Dinamarca). Esta rueda sin duda simboliza el rayo y el fragor del trueno. También se lo ve a caballo, dominando a un gigante con cola de serpiente, como para mostrar su poder. Pero su asimilación a Júpiter y a la victoria de este sobre los gigantes tal vez es la explicación a esta iconografía. El cruel Taranis exige sacrificios humanos: se encierra a las víctimas en cajas de madera a las que se prende fuego o bien se le ofrecen cabezas cortadas. Encontramos indicios de su culto en la Galia, así como en Alemania, Hungría, Yugoslavia y Gran Bretaña.

Cernunnos, el dios con cornamenta

El señor de los animales salvajes

El nombre de Cernunnos o Cernunnus significa «el cornudo». Es el dios de la virilidad, las riquezas, los bosques, los animales y la regeneración de la vida.

Su naturaleza es esencialmente terrestre. Se lo representa mayor, con las orejas y cuernos de un ciervo, y lleva torques, un tipo de collar galo. A menudo lo acompañan una serpiente con cabeza de ternero y un ciervo. Lleva el cuerno de la abundancia o un bol y vierte grano o monedas. Es un dios de la abundancia. Sobre un caldero de plata dorado hallado en Gundestrup, Dinamarca, aparece sentado con las piernas cruzadas, rodeado por un gran ciervo, dos toros, dos leones y dos lobos, mientras que no lejos de allí un niño cabalga sobre un delfín. Así, Cernunnos se muestra como el señor de los animales salvajes, tanto los terrestres como los acuáticos.

Sin duda, simboliza la fuerza, la potencia y la perennidad (representada por la cornamenta).

El generoso

Cernunnos se asimila a Gwynn en el País de Gales y a Herne, el cazador, en Inglaterra. Ambos son célebres por su «caza salvaje»: salen del bosque acompañados por su jauría de perros durante la estación de la caza invernal. Durante mucho tiempo se creyó que oír la voz de Herne, parecida al bramido del ciervo, presagiaba una muerte segura.

Al igual que la vida, el dios tiene una naturaleza cíclica: aparece en el solsticio de invierno, se casa con Beltane (a principios del verano) y muere en el solsticio de verano. Luego, en Samhain, sale de los infiernos para lanzarse a su caza salvaje. Entre los celtas era muy popular. Los druidas fomentaron intensamente la adoración de Cernunnos, el dios con cornamenta que a lo largo del tiempo se convirtió en un serio obstáculo para la difusión del cristianismo.

Algunas estelas romanas procedentes de Dacia (Rumania) lo asimilan a Júpiter, el señor del cielo.

Cernunnos ha dejado huella en el paisaje francés: Cernune, Cernone, Kernone (siglo VII) se convirtieron finalmente en Sanon, el afluente del río Mosela. Algunas ciudades francesas también llevan su nombre, como Cernay, al noreste de Francia, y Cernay-la-Ville, cerca de París.

Los cuernos de Cernunnos.
Las cornamentas de los ciervos caen en febrero, empiezan a salir de nuevo en primavera y crecen hasta el otoño. Cada año, sus ramas tienen una punta más. Así, posee su ornamento más espléndido en el momento en que fecunda a las hembras. Cernunnos simboliza la fecundidad y la renovación regular de la vida.

EL DIOS GALO CORNUDO CERNUNNOS
SIGLO I
Caldero de Gundestrup

El dios de la vegetación está sentado con las piernas cruzadas. En una mano sostiene una serpiente con cabeza de carnero, y en la otra, un collar.

Epona, la diosa de los caballos

La protectora de los caballos

El propio nombre de *Epona* indica la inclinación particular de la diosa como protectora de los caballos: *Epo* significa «caballo», y *-ona* es un sufijo que indica pertenencia.

No se sabe si puede darse por buena la explicación sobre el nacimiento de Epona que ofrece Agesilaos, rey de Esparta: «A Fluvius Stella no le gustaba la compañía de las mujeres; se acopló a una yegua y cuando esta estuvo fuera de cuentas trajo al mundo una bella niña a la que dio el nombre de Epona». Se dice, además, que Epona se mantuvo soltera.

La diosa figura en incontables representaciones, desde la Galia hasta el norte de África, pasando por Inglaterra, Alemania, Suiza e Italia: estelas de Luxeuil, Perthes, Bagé-la-Ville, Fontaine-les-Chalons, Allerey, Épinal, Trèves, Coutern (Luxemburgo) y muchas otras. Aparece sobre un caballo, sola o acompañada por una niña o un potro. A veces está recostada, medio desnuda, apoyándose con el brazo izquierdo sobre el cuello del caballo.

La gran mayoría de los monumentos que representan a la diosa gala son de piedra, pocas imágenes son de bronce (como la de Loïsa). Las dimensiones siempre son modestas y no tienen inscripciones, como si Epona ya fuese suficientemente conocida. Por lo general, las estelas se encuentran cerca de los campamentos militares. Es bien sabido que la caballería gala sorprendió numerosas veces a las legiones romanas durante la conquista. Epona es la patrona de los caballeros civiles o militares, de los viajeros y, por extensión, de aquellos que van de viaje al más allá —así lo indican algunas estelas en que se evoca el viaje del alma hacia la ultratumba.

Una gran reina

En ocasiones, se ve en Epona una diosa de la fecundidad, porque cerca de sus estatuas se encuentra un cuerno de la abundancia o una cesta de frutas. Se la identifica con Rhiannon, cuyo nombre deriva de la palabra céltica *Rigantona*, que significa «la gran reina». Se trata de una diosa que aparece en el *Mabinogi de Pwyll*. Es una amazona particularmente diestra: cuando hace galopar a su caballo es imposible atraparla. Rhiannon tiene como maridos, sucesivamente, a Pwyll y a Manawyddan.

Epona es una de las raras diosas galas admitidas en el calendario romano, en el cual mantiene su identidad propia.

EPONA MONTADA A SENTADILLAS EN SU CABALLO
SIGLO II-III
Escultura en bronce

Rosmerta, la gran proveedora. Es una mujer adulta, a la que se representa de pie, con un vestido largo, sosteniendo un cuerno de la abundancia y una patera, en los escasos monumentos que nos revelan su culto.

Bajo la ocupación romana, a menudo estuvo asociada a Mercurio, el dios de los intercambios, los viajes y el comercio. A veces se la ve llevando el caduceo como él, y lo acompaña en muchas representaciones. Rosmerta es invocada para obtener la fertilidad, la fecundidad y todo lo que es necesario para una vida mejor. Se encarga de repartir los bienes y procura los beneficios materiales, el bienestar y la prosperidad. A Rosmerta en ocasiones se la califica de reina (inscripción descubierta recientemente en Lezoux, Puy-de-Dôme, Francia). Ello significa que o bien fue una divinidad soberana, o bien estuvo asociada al culto del emperador.

287

Ogmios, el celta

La elocuencia

Gracias a un lazo mágico, Ogmios atrae a los hombres por las orejas. Es la elocuencia y todos los poderes de la palabra personificados.

Ogmios es un anciano completamente arrugado, que viste una piel de león; lleva maza, arco y carcaj. Tira de multitudes considerables de hombres atados por las orejas con una fina cadena de oro cuyo extremo pasa por la lengua perforada del dios. «Pese a estas débiles ataduras, no intentan huir, aunque les resulte fácil; lejos de resistirse, de tirar o de echarse atrás, todos siguen, alegres y contentos, a su conductor, cubriéndolo de alabanzas, procurando darle alcance, deseando adelantarlo. Aflojan la cuerda como si les sorprendiese verse liberados. Lo que me pareció más singular, voy a decíroslo inmediatamente. El pintor, que no sabía dónde colocar el extremo de las cadenas —ya que en la mano derecha sostenía la maza y con la izquierda el arco—, perfora la punta de la lengua y hace que tire de los hombres que lo siguen; el dios se vuelve hacia ellos sonriendo» (Luciano de Samosata). Este escritor griego se sorprende de que un anciano como Ogmios represente la elocuencia. Sumamente extrañado, recibe la siguiente explicación de un celta con el que se encuentra: «La mente de los jóvenes es fluctuante, pero la vejez se expresa con más sabiduría que la juventud».

La palabra ritual

Ogmios es la elocuencia segura de su poder, el dios que, con la magia, atrae a sus fieles. También es símbolo del poder de la palabra ritual que une el mundo de los hombres con el de los dioses. En su nombre se pronuncian las bendiciones a favor de los amigos y las maldiciones contra los enemigos. Es la expresión del pensamiento que rige la marcha de la humanidad, en el que la guerra y las batallas ocupan un destacado lugar.

En Irlanda se lo llama Ogma. Es el inventor del *ogam*, un conjunto de signos mágicos cuya fuerza es tan grande que puede paralizar al adversario.

Es mago, y lo es también en la guerra, por el ánimo que da a los guerreros y también por su vigor físico. En una ocasión lo matan, pero reaparece un poco más adelante en el relato, tan valeroso como antes. Participa eficazmente en la batalla de Mag Tured. Se dice que conduce los hombres a la muerte. ¿Pero no es esa la ley a la que nadie escapa? Asimilado a Heracles, cuya fuerza es extraordinaria, Ogmios es más bien el dios de la hazaña y del combate singular que el de la guerra.

288

ESCRITURA EN *OGAM*, UNA ESCRITURA SECRETA LLAMADA ASÍ POR OGMIOS, EL DIOS DE LA ELOCUENCIA
Piedra de Ogam, cerca de Coliaste, condado de Kerry, Irlanda

Cú Chulaínn, el guerrero supremo

El mago del combate

Cú Chulaínn es objeto de un fenómeno extraordinario: cuando el furor de la lucha cae sobre él, se convierte en una máquina ciega y despiadada.

Cú Chulaínn es hijo de Dechtine, hermana del rey Conchobar, y de Sualtaim. También se dice que lo es del dios Lugh, que siempre está a su lado en los combates e incluso lo sustituye. Es criado por su tía Findchoem, pero otros cuatro personajes participan en su educación: Sencha, el pacífico, que arbitra los conflictos; Blai, el hospitalario, que apoya a los hombres de Irlanda hasta en sus pillajes y defiende su honor; Fergus, el valeroso, que los protege contra todos los males, y Amargein, el viejo poeta, estimado por todos por su elocuencia y su sabiduría.

El guerrero

A los siete años, Cú Chulaínn oye el druida Cathbad decir que el muchacho que tome las armas ese día tendrá una vida corta y una gloria eterna. Él corre a buscar al rey para pedirle las armas. Exento de la maldición de Macha que impedía al rey y a los guerreros de Ulaid —el reino de Conchobar— tomar parte en la guerra, detiene él solo el avance de los enemigos unidos contra su país. Con sus propias manos mata al perro salvaje de Culann. Desafía en combate a los hijos de Nechta Scene que han diezmado el ejército de Ulaid, y los mata a los tres: al astuto que sabe esquivar los golpes, al campeón al que sólo se puede alcanzar por sorpresa y al rápido que alcanza el agua veloz como una golondrina.

Cú Chulaínn, inofensivo en la vida cotidiana, sin embargo enloquece en la guerra, y no puede librarse de este furor. De regreso al país, amenaza a todos cuantos se le acercan. Unas muchachas desnudas se muestran ante él para calmar su demencia y lo sumergen en tres tinas de agua fría para hacer que recobre el sentido.

El seductor

Tiene numerosas aventuras amorosas: intenta seducir a Emer, la hija de Forgall, Uathach («terrible»), la hija de la guerrera Scathach y Aife («bella»), la adversaria de Uathach en el combate. Vive un gran amor con la diosa Fand. Finalmente es vencido por la reina Medbh. Cae en una trampa y lo obligan a comer carne de perro, lo cual está estrictamente prohibido. Esta transgresión comporta otras muchas, y finalmente le da muerte Lugaid, el hijo de una de sus víctimas.

LA MUERTE DE CÚ CHULAÍNN
JOHN YUNGE-BATEMAN; SIGLO XX
Pintura sobre papel

El héroe cae en una trampa tendida por su enemigo y pierde la sangre.

Lugh, el señor de todas las técnicas

El liberador

Lugh, un dios excepcional, no tiene una función específica, sino que las asume todas: es buen cazador, buen músico, buen organizador y, en definitiva, un buen rey.

Lugh es hijo de Delbaeth, que es un Fomoiré —o genio maligno—, y de Eri. Es guerrero, sabio, mago, músico, señor de todas las técnicas, y es el líder de los Tuatha De Danann. Los Fomoirés, unos seres terribles y odiados, ocupan Irlanda y oprimen a sus habitantes. Nuada, el rey de los Tuatha De Danann, ha perdido un brazo en un combate. Esta lisiadura hace que no sea apto para reinar. Los Tuatha De Danann, para congraciarse con los ocupantes, eligen como rey al fomoiré Bres. Pero Bres resulta ser un mal rey, que explota a sus súbditos.

Al cabo de un cierto tiempo, Bres es obligado a restituir el poder, y el dios médico Diancecht, «de larga presa», fabrica para Nuada la prótesis de un brazo de plata que tiene todas las cualidades de un brazo natural. Bres, que al principio está amedrentado, huye a casa de su padre, el rey de los Fomoirés, y más tarde recluta un ejército inmenso e invade Irlanda.

Rey durante trece días

Se presenta entonces un joven y brillante guerrero llamado Lugh. Afirma poseer todas las capacidades, y así lo demuestra: con el arpa toca los tres aires de la música irlandesa; devuelve a su lugar la piedra de Fal, que solo podía ser movida por ochenta bueyes; por último, gana un torneo de ajedrez contra el rey. Este lo proclama sabio entre los sabios, le ofrece el trono durante trece días y le encarga la organización de un combate contra los Fomoirés.

Lugh reparte las funciones: los druidas sujetarán las aguas en detrimento de los Fomoirés, los hechiceros embrujarán a los enemigos, los artesanos fabricarán las armas, los campeones encabezarán la lucha, los médicos cuidarán de los heridos... Todo se organiza tan bien que el ejército de Lugh vence a los Fomoirés y Bres es hecho prisionero. Perdonan la vida de este líder con la condición de que les dé los secretos de la prosperidad.

Lugh participa poco en el combate. Es demasiado valioso por sus competencias, y permanece por encima de la guerra. Recorriendo los dos bandos, pronuncia «la maldición suprema» y promueve así la victoria. Solo cuenta con una acción brillante en su haber: de un tiro de honda vacía el ojo de Balor, de mirada paralizante, cuyo párpado solo se podía levantar con un gancho.

Otra versión del mismo texto muestra la rivalidad entre Nuada y Lugh. Este último es atado a un pilar por el rey, que quiere reservarse para él la gloria del combate. Pero Lugh rompe las cadenas y vence en la lucha por sí solo (*Cath Maighe Tuireadh*).

Llud, rey de la isla de Bretaña

Lugh se confunde con Llud, rey de la isla de Bretaña. Este es constructor y guerrero. Tres plagas asolan su reino: aparecen unos invasores que oyen todas las conversaciones en la isla.

290

EL BARDO
BENJAMIN WEST (1738-1820)
Pintura

Lugh sabe cantar
los tres aires
de la música irlandesa.

Lugh es Mercurio, según César. «Aquel de los dioses que los galos veneran más es Mercurio. Hay numerosas imágenes de él: hacen de él el inventor de todas las artes, el guía de los viajeros, y le atribuyen el poder supremo en las cuestiones de dinero y de comercio.» (César, *De Bello Gallico*, VI, 17) A menudo, el Mercurio galo es un dios con tres cabezas: una mira enfrente; otra, a la derecha, y otra, a la izquierda. La mirada del dios abraza la totalidad del mundo.

Cada 1 de mayo, dos dragones terribles se libran a un duelo y profieren tales bramidos que los seres vivos, tanto hombres como animales, quedan estupefactos y esterilizados; por último, llega un mago que roba de noche las provisiones reservadas para el abastecimiento del rey. Cuando termina con estas tres plagas, Llud se encuentra provisto de tres ventajas: posee una droga mágica lo bastante poderosa para triunfar sobre todos los invasores más sabios que él; los dos dragones muertos resultan ser un talismán contra los enemigos, y además, el ladrón, ya reformado, restituye la enorme cantidad de provisiones robadas (*Cyfranc Llydd a Llevelis*).

El culto a Lugh se extendió mucho más allá de Irlanda. Son testimonio de ello las ciudades francesas de Lyon (Lugdunum, «ciudadela de Lugh»), Laon (Aisne), Laudun (Gard), Loudun (Vienne), etc. También es posible que diera el nombre a la ciudad gallega de Lugo.

LA COLINA DE TARA, SOBRE LA QUE ERAN PROCLAMADOS LOS REYES SUPREMOS DE LA IRLANDA GAÉLICA
Últimas décadas a. C.

LUGH, DIOS DEL SOL

Lugh participa en el torneo de ajedrez organizado por el rey Nuada y gana la partida. Entonces, Nuada le concede el puesto de honor en su corte.

La asamblea de Tailtiu.
Tailtiu fue la nodriza de Lugh e hizo construir la fortaleza de Tara por cautivos. Pidió a su marido que talara el bosque de Cupan para que se celebrase una asamblea alrededor de su tumba. Luego ella murió en las calendas de agosto, como una divinidad que asegura la perennidad y el bienestar de su pueblo. Lugh fundó la asamblea de Tailtiu en conmemoración de su nodriza. Se celebra el 1 de agosto y consiste en juegos, cantos y música.

Pwyll, el sabio

El esposo de la diosa

Pwyll siempre sale vencedor de las mil adversidades por las que pasa. Su actitud dispuesta le permite conquistar el poder y, aunque en su país es tosco, adquiere la cortesía natural en el reino vecino al suyo.

Pwyll es príncipe de Dyfed. Un día de caza, se queda con un ciervo que han abatido los perros de Arawn, rey de Annwvyn. A Pwyll le reprochan la descortesía que supone haberse quedado con la pieza que pertenecía por derecho al rey.

Para redimirse, Pwyll ofrece sus servicios para acabar con Hafgan, el enemigo permanente de Arawn. Este acepta, y acuerda con Pwyll que durante un año intercambiarán sus funciones: Pwyll irá a reinar en Annwvyn y Arawn se encargará del principado de Dyfed. Pwyll mata a Hafgan de un golpe de lanza (la condición para acabar con él consistía en que fuera con un solo golpe) y entrega el reino a su legítimo poseedor.

El aprendizaje de la cortesía

Cuando Pwyll regresa a sus dominios, encuentra a sus súbditos acostumbrados a la cortesía, amabilidad y generosidad de Arawn, y no están dispuestos a que la situación vuelva a ser como antes. Así, Pwyll debe aprender los buenos modos que son habituales en la corte de Arawn, y se convierte en aquello que se esperaba de él. Ambos soberanos mantienen su amistad intercambiando multitud de regalos.

«A partir de este momento, se dedicaron a consolidar su amistad: se enviaron caballos, perros de caza, halcones y todos los objetos preciosos que cada uno de ellos creía adecuados para complacer al otro. Tras su estancia en Annwvyn, como había gobernado con tanto éxito y reunido en uno ambos reinos el mismo día, la calificación de príncipe de Dyef para Pwyll fue dejada de lado y en lo sucesivo solo lo llamaron Pwyll, jefe de Annwvyn.» (*Les Mabinogion. Contes bardiques gallois*, París, 1979).

Rhiannon

Mientras pasea, Pwyll ve a una bella muchacha montada sobre un caballo blanco. Apresura el paso para alcanzarla, pero ella se esconde, aunque sin mucha prisa. Entonces Pwyll deja de perseguirla y la llama. Ella se acerca y le explica que es Rhiannon, hija de Heveidd Hen, y que ha rechazado al pretendiente que se le había destinado por amor a Pwyll. Este se casa con ella.

Después de un banquete, Pwyll promete imprudentemente a un solicitante concederle aquello que le pida. El solicitante resulta ser Gwawl, el anterior pretendiente de Rhiannon, quien pide la mano de la diosa. Antes de que se la lleven, Rhiannon entrega a Pwyll un saco con provisiones mágicas. Cuando llega la boda y durante la comida, Pwyll, disfrazado de mendigo, se presenta con su saco. Pide que se lo llenen con alimentos, pero cuanto más se lo llenan, más vacío parece. Entonces Pwyll explica que nunca va a llenarse si el propio Gwawl no entra en él para comprimir los alimentos que han introducido. Pero en cuanto Gwawl entra en el saco, Pwyll tira de los cordones del saco y el hombre queda encerrado. El rey le da una buena paliza hasta que Gwawl clama piedad y acepta devolver a Rhiannon.

DOS HOMBRES EN COMBATE (ARRIBA)
SIGLO IX
Panel de un trineo; madera, arte vikingo

RHIANNON, LA AMAZONA PARTICULARMENTE RÁPIDA (ABAJO) – MAURICE COCKRILL (N. 1936)
Óleo sobre tela

Rhiannon trae un hijo al mundo, pero este desaparece una noche sin que se sepa cómo. Los guardias del niño, para disculparse, sugieren que la madre lo ha asesinado, y esta es castigada a permanecer de pie cerca de la puerta de entrada del palacio, contar su crimen a las personas que pasan y llevarlas a hombros. Mientras tanto, en casa de Teyrnon, un vasallo de Pwyll, se produce un fenómeno parecido: todos los años, su yegua da a luz a un potro del que nadie encuentra el rastro. Teyrnon monta guardia, corta el brazo al ladrón y lo persigue, pero lo pierde en la oscuridad. Cuando regresa, encuentra en la puerta de su establo a Pryderi, el hijo desaparecido de Rhiannon: la salvaguarda del potro permite el retorno del niño. Pryderi es devuelto a sus padres legítimos (*Le Mabigoni de Pwyll*).

Pryderi

Cuando se queda viuda, Pryderi hace que se case con Manawyddan, su mejor amigo. Un día, Pryderi y su padrastro van a la caza del jabalí y se encuentran frente a una fortaleza que nunca antes habían visto. Pryderi penetra en ella sin temor, pero su larga ausencia preocupa a su madre, que decide ir en su busca. Cuando Rhiannon entra en el castillo, este desaparece, y con él todos los que estaban dentro. Se trata de una venganza de Llwyt por la afrenta hecha a Gwawl. Como amo de Pryderi y de Rhiannon, obliga al primero a llevar en el cuello los martillos de la puerta y a la segunda a ceñir en el suyo unos cabestros de asno. Manawyddan ideará numerosas tretas para conseguir la liberación de su mujer y de su hijastro.

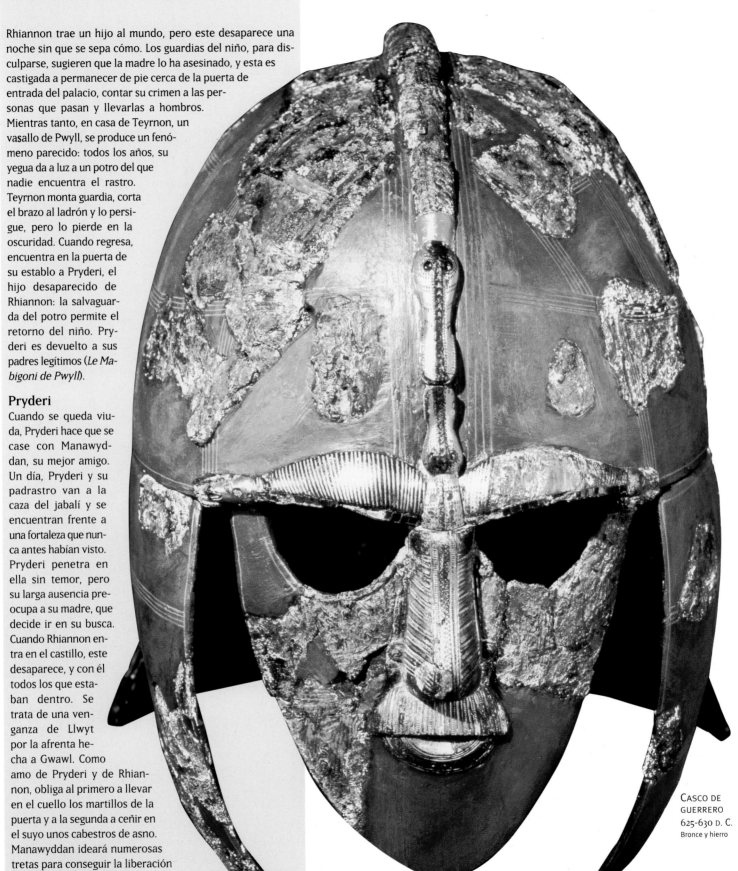

CASCO DE GUERRERO
625-630 D. C.
Bronce y hierro

Tristán e Iseo

El amor invencible

Tristán e Iseo, unidos por un amor indestructible, aunque culpable e ilegítimo, se ven arrastrados a unas crueles aventuras en las que prueban su fidelidad.

Tristán es hijo del rey Leonís y de Blancaflor, hermana del rey Marc. Su padre muere poco antes de su nacimiento, y después fallece su madre al traerlo al mundo. Es criado por Gorvenal, que le enseña a manejar la lanza y la espada, a prestar ayuda a los débiles y a detestar la traición. Poco a poco llega a dominar el arpa y el arte de la montería.
Iseo es hija del rey de Irlanda. Es rubia, joven y bella. Cornualles, donde reina el rey Marc, tío de Tristán, está unida por un tratado a Irlanda. En virtud de este tratado, Cornualles debe entregar trescientos jóvenes y trescientas muchachas a Irlanda. El rey de Irlanda acepta, no obstante, que esta obligación no se cumpla si un héroe vence en combate singular al gigante Morholt, su cuñado.

La herida

Tristán acepta el desafío y vence a Morholt, pero un venablo envenenado le ha alcanzado, haciéndole una herida mortal. Desahuciado, el héroe es abandonado en una barca para que espere la muerte.
La barca fondea en las orillas de Irlanda y Tristán, que no se da a conocer, es llevado al palacio y curado con un hechizo de la reina maga. Solo revela su identidad a Iseo, a la que acaba de conocer. Esta le confiesa que siente por él un odio atroz por haber matado a su tío Morholt. Poco después, Tristán vuelve con el rey Marc a Cornualles.

El filtro de amor

Marc decide casarse con Iseo, la de los rizos de oro, y envía a Tristán a buscarla al país de Irlanda. Pronto se sella el contrato y la reina maga deja partir a su hija, no sin antes confiar a la sirvienta Brangien, que acompaña a la joven, un filtro de amor que debe dar de beber al esposo la noche de la boda. Brangien oculta en el barco la copa que contiene el filtro.
Durante el regreso, mientras el sol irradia todo su calor, Tristán e Iseo, que se encuentran en el puente, sienten sed, descubren la copa y ambos beben su contenido. «No era vino, era pasión, era la áspera alegría y la angustia sin fin, y la muerte. Iseo bebe a largos sorbos, y la tiende a Tristán, quien la vacía» (*Tristán e Iseo*, cap. 4). El mal está hecho: a partir de ahora, un amor indisoluble los une. Llegan a Cornualles y se celebra la boda prevista. Pero al llegar la noche, Brangien, para reparar su falta, ocupa el lugar de Iseo en el lecho de Marc, mientras que la reina va a ver a Tristán. Marc no se percata de la infidelidad de los amantes, sino que en Tristán encuentra un caballero fiel y en Iseo una reina que honra a su corte. Pero los acontecimientos van a torcerse para los enamorados: unos barones, celosos por la posición preeminente de Tristán, van a ver a Marc y le dicen: «Debes saber que Tristán ama a la reina: es la verdad demostrada y ya se habla mucho de ello» (*Tristán e Iseo*, cap. 6).

Tristán lucha en duelo
1200-1299
Iluminación

Como campeón del rey Marc, Tristán se enfrenta y mata al gigante Morholt, cuñado del rey de Irlanda.

El nombre de Tristán.

«El nombre de Tristán viene de "triste". Este nombre se adecuaba bien a su caso y era del todo apropiado para él. Verifiquémoslo con la historia: veamos en medio de qué tristeza su madre lo trajo al mundo; veamos qué pronto se vio abrumado bajo el peso de las desgracias y los tormentos; veamos qué triste vida le fue dada vivir; veamos la triste muerte que acabó con todos aquellos dolores, con un final que sobrepasa toda muerte, más amarga que cualquier tristeza. Cualquiera que haya leído este cuento alguna vez sabe que este nombre se correspondía con su vida: era exactamente tal como lo llamaban y se llamaba exactamente tal como era: Tristán.» (Gottfried de Strasbourg, *Tristan*, Göppingen, 1980)

La separación

El rey, deseoso de tener pruebas, espía a Tristán y a la reina. Pero Brangien se da cuenta y avisa a los amantes. Entonces, como no puede esconder su sospecha, Marc pide a Tristán que abandone el castillo. El amor del héroe por su amada le impide alejarse: se instala en la casa de un burgués y «languidece, torturado por la fiebre, más herido que poco antes, el día en que el venablo de Morholt había envenenado su cuerpo» (*Tristán e Iseo*, cap. 6).

Los trucos de los amantes son inagotables; logran reunirse, pese a la vigilancia de los traidores, en el vergel que hay detrás del castillo. Al ser denunciados de nuevo por el malvado enano Frocin, ambos son condenados a ser quemados vivos. Pero una vez más la suerte les sonríe. Tristán logra escapar y va en busca de Iseo en el momento en que la llevan a la hoguera, y ambos huyen juntos.

Tristán e Iseo se encuentran en el bosque, donde llevan una vida miserable. «Van errando y al atardecer raramente se atreven a volver al refugio de la noche anterior. Solo comen carne de animales salvajes y echan en falta el sabor de la sal», pero «se aman y no sufren» (*Tristán e Iseo*, cap. 9). El rey les busca, hasta que un atardecer los halla dormidos uno junto al otro. Marc saca su espada, pero observa «que sus bocas no se tocan y que una espada desnuda separa sus cuerpos» (*Tristán e Iseo*, cap. 9). Entonces se apiada de ellos, coloca su propia espada en el lugar de la de Tristán, pone un anillo en el dedo de Iseo y después se va embargado por la tristeza.

Los amantes, emocionados por la generosidad del rey, regresan a la corte. Marc consiente en tomar de nuevo a Iseo, pero no acepta a Tristán. Este se exilia a la Bretaña, donde intenta olvidar a Iseo, la de los rizos de oro, en los brazos de Iseo, la de las blancas manos, la hija del rey Hoël, con la que se casa.

La muerte

El amor es ciego ante las separaciones. Tristán no puede unirse a Iseo, la de las blancas manos, y permanece fiel a su primer amor. Durante un combate es herido por una lanza envenenada. Los médicos llegan en gran número, pero ninguno sabe curar el veneno, y el estado de Tristán no cesa de empeorar. Siente que pierde la vida, comprende que va a morir. Entonces, recostándose, dice a su fiel compañero Kaherdin: «Querría ver por última vez a Iseo, la rubia». Y Kaherdin se dispone a ir en busca de la bienamada de su amigo. Acuerdan que, si logra traerla, izará la vela blanca, y si fracasa, la vela negra. Para desgracia de los amantes, Iseo, la de las blancas manos, la esposa abandonada, ha oído

TRISTÁN LLEVA A ISEO AL REY MARC (ARRIBA)
1200-1200
Iluminación

TRISTÁN E ISEO BEBEN LA POCIÓN MÁGICA (ABAJO)
1200-1200
Iluminación

la conversación. Con la primera brisa de la mañana, Kaherdin se hace a la mar.

Iseo, la rubia, al ser puesta al corriente del estado de salud de su amante, no duda en llevarle el consuelo de su presencia. Tristán pide todos los días que oteen el mar, y así, un día, Iseo, la de las blancas manos, anuncia la llegada de la nave de Kaherdin. Pero en vez de la verdad, proclama que la vela es negra. Tristán dice: «No puedo conservar mi vida», y entrega su alma.

Cuando llega Iseo, la rubia, y es informada de la desgracia, sube al palacio, se dirige a la habitación donde yace su amante, se echa junto a Tristán, cuerpo contra cuerpo, boca contra boca, y entrega también su alma. Iseo, la de las blancas manos, hace enterrar a Tristán y a su amada en dos tumbas preparadas a un lado y otro de la iglesia para mantener separados a los amantes incluso en la muerte. Pero en cada una de ellas crece un árbol. Ambos se elevan tanto, uno hacia el otro, que acaban por entrelazar sus ramas por encima del techo del templo. Nada puede acabar con el filtro mágico.

EL REY MARC SORPRENDE A TRISTÁN Y A ISEO EN EL BOSQUE
1200-1299
Iluminación

A fin de preservar la pureza de su amor, los dos amantes duermen con una espada entre ellos. Es por ello por lo que el rey Marc decide perdonarlos.

Epílogo de Tristán e Iseo. «Señores, los buenos trovadores de antaño, Beroul y Thomas, y Monseñor Eilhart y señor Gottfried, han contado este cuento para todos los que aman, no para los demás. Os envían a través de mí su saludo. Saludan a aquellos que están pensativos y a aquellos que son felices, a los descontentos y a los anhelantes, a aquellos que están alegres y a los inquietos, a todos los amantes. ¡Que puedan encontrar consuelo contra la inconstancia, contra la injusticia, contra el despecho, contra la pena, contra todos los males del amor!» (Jean Bédier)

LA MUERTE DE TRISTÁN E ISEO (DERECHA)
1200-1299
Iluminación

Creyendo que no volvería a ver a Iseo, la rubia, Tristán, herido y engañado por Iseo, la de las blancas manos, se deja morir. Cuando llega su amada, esta se tiende a su lado, lo abraza y muere junto a él.

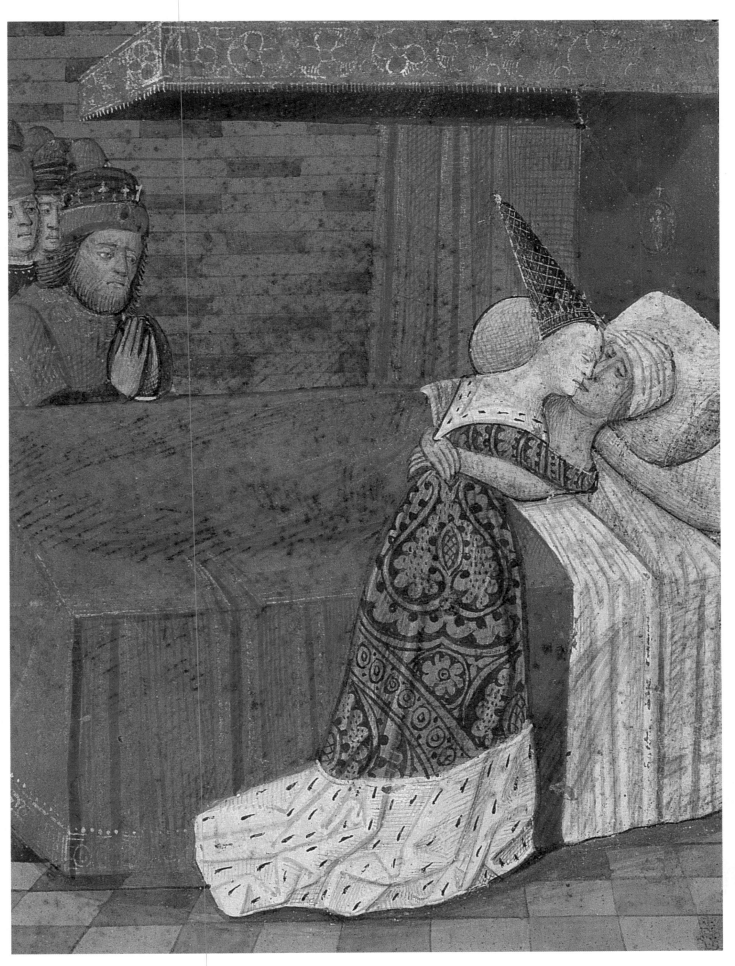

297

MacCumaill Finn, guerrero y sabio

El cabecilla

Finn, un héroe mítico, reúne las cualidades de un hombre excepcional y el talento de un ser procedente de otro mundo.

MacCumaill Finn es hijo de Cumaill y padre de Ossián. Es un guerrero temible: venga a su padre muerto en un combate y reconstituye la tropa de los Fianna.

Al principio, se llamaba Deimné. Fue a instruirse con Finegas, un anciano sabio que vive a orillas del río Boyne. Cuando llega, Finegas acaba de pescar a Fintan, el salmón del conocimiento, un pez mágico que puede comerse sin quitarle la vida. El sabio confía la cocción del salmón a Deimné, pero le prohíbe probar un solo bocado. No obstante, al darle la vuelta en la parrilla, una ampolla de la piel del pez estalla y quema el pulgar de Deimné. Al darse cuenta, el sabio dice al joven: «Bien, ahora ya no eres Deimné, sino Finn, y es a Finn a quien está destinado el salmón del conocimiento». Así, Finn come el pescado y, a partir de ese momento, cada vez que se lleva el pulgar a la muela del juicio le son reveladas todas las cosas.

Finn y Grainné

Finn, de edad ya muy avanzada, se promete con la bella Grainné, aunque ella no lo ama. Durante una ceremonia previa al matrimonio, la joven vierte en el vino de Finn y de sus guerreros un poderoso narcótico, para poder huir con su amado Diarmaid O'Duibhne, el sobrino de Finn.

Al principio, Diarmaid la rechaza, pero Grainné es una maga y le amenaza con un *geis*. Un *geis* es una prohibición que no se puede transgredir sin desencadenar las peores catástrofes. Diarmaid no tiene elección: ambos huyen sin prisa, y cuando Grainné está cansada, Diarmaid carga con ella y la lleva en brazos.

Cuando Finn despierta, se percata de la desaparición de los dos jóvenes y envía a los Fianna en su busca. La búsqueda dura siete años, ya que los hombres de Finn eligen la fidelidad a su compañero Diarmaid y protegen su huida. Para solventar esta situación, Finn finge resignarse a haber perdido a Grainné, aunque en secreto sigue deseándola. Así, aparenta una actitud amigable e invita a Diarmaid a una cacería de jabalí, durante la cual el joven es atravesado por los colmillos de un ejemplar sobrenatural. Entonces suplica a Finn que le lleve agua para aplacar su sed insoportable. Finn pone sus manos a modo de copa para contener agua del riachuelo, pero la deja escapar entre sus dedos. Una vez más hace lo mismo. La tercera vez, cuando sí que le lleva el agua, ya es demasiado tarde, pues Diarmaid ha muerto. Una vez libre de su enemigo, Finn obliga a Grainné a casarse con él.

Los Fianna son una tropa de elite «formada por hermosos jóvenes». Fuerza prodigiosa, inteligencia, astucia, fidelidad, menosprecio por el dinero, indiferencia ante la muerte y respeto a la mujer y al enemigo vencido: estas son sus cualidades. Deben dar aquello que se les pide, aunque sea un bien precioso. Son señores. Para ser reconocido como fian, es preciso haber pasado una serie de pruebas. En primer lugar, colocado en un agujero en el suelo del que solo le sale el busto, el candidato, ayudándose de un escudo y una rama de avellano, debe defenderse de las jabalinas que le lanzan nueve guerreros situados a una distancia de seis surcos. Si una sola jabalina le toca, es eliminado. A continuación, debe correr desnudo por el bosque, perseguido por tres guerreros; si le atrapan o si le deshacen una trenza del pelo, es eliminado. Por último, debe pasar corriendo por encima de una barra colocada a la altura de su frente y por debajo de una barra puesta a la altura de su rodilla. Esta tropa de elite se encuentra en todas partes como en su casa. La plaza fuerte de MacCumaill Finn es Almu, al sur de Irlanda, pero le gustan las tierras yermas y salvajes. Caza ciervos y lobos, pesca salmones y vive de sus capturas.

OSSIÁN, EL HIJO DE MACCUMAILL FINN, CONVOCA A LOS FANTASMAS AL SON DEL ARPA A ORILLAS DEL LORA
FRANÇOIS GÉRARD (1770-1837); 1801
Óleo obre tela

El rey Arturo

Soberano del occidente medieval

LOS CABALLEROS DE LA TABLA REDONDA
VEN APARECER EL SANTO GRIAL
1300-1399
Livre de Messire Lancelot du Lac, miniatura sobre vitela

Proezas y cortesía, conquistas y servicio a la Iglesia es lo que hacía vibrar a la corte del rey Arturo (o Artús) y los caballeros de la Tabla Redonda.

Arturo, hijo de Uther Pendragon, rey de Bretaña, y de Ygerne, mujer del duque de Cornualles, manifiesta la unión de dos pueblos «que se oían hablar de una orilla a otra» del canal de La Mancha (Godofredo de Monmouth, *Historia regum Britanniae*, 1137).

El rey caballero

Arturo es criado por Merlín el Encantador y coronado a la edad de quince años. Armado con Excalibur, su espada mágica, limpia su país de monstruos y de gigantes, expulsa a los invasores, conquista el continente, llega a Roma y avanza hasta Palestina, de donde trae la cruz de Cristo.

El rey traicionado

Pero también es un rey engañado: la reina Ginebra acepta los homenajes corteses de Lancelot del Lago, y su sobrino Mordred aprovecha su ausencia para arrebatarle la corona. Persigue a ambos con su venganza y es herido de muerte, en el año 542, mientras luchaba contra el usurpador. Es el fin del reino de Logres. «El gran rey ha cambiado su existencia por la de otro» (Thomas Malory, *La muerte de Arturo*, 1470).
Morgana y las hadas vencen una nave en la isla de Avalón, de donde un día volverá para liberar a su pueblo.

Los caballeros de la Tabla Redonda. Arturo tiene su corte

en el castillo de Caerleon, en el País de Gales. Allí, reinan las proezas y la cortesía. Arturo funda la orden de los caballeros de la Tabla Redonda para evitar los problemas de preferencias entre ellos: en torno a la mesa redonda, todos son compañeros iguales que, cada uno por su lado, parten en busca de aventuras respetando, por encima de todo, el código de la caballería: el honor, la fraternidad de armas y la protección de los débiles y de la Iglesia. A su regreso, se encuentran en el castillo de Joyeuse-Garde y cuentan sus proezas, ya que «en las grandes fiestas, el rey no se sentaba nunca a comer antes de que sucediese una aventura en su casa» (*El santo Grial*, redactado por Jacques Boulenger, París, 1923).

La búsqueda del Grial es su obsesión. El Grial es una copa misteriosa en la que Pilato se lavó las manos, la misma u otra que sirvió en la Santa Cena, el Jueves Santo, o en la que san José de Arimatea recogió unas gotas de la sangre de Cristo. Esta búsqueda solo la puede llevar a cabo un caballero sin tacha. Solo Galaad, el hijo de Lancelot, resulta ser digno de ello. Es «el verdadero caballero, el deseado, el prometido, procedente del alto linaje del rey Salomón y de José de Arimatea, el que llevará a cabo la búsqueda del santo Grial y pondrá fin a los tiempos audaces» (*El santo Grial*).

Mitología de Europa

Conocemos los mitos del norte de Europa sobre todo a partir de los *Edda*, dos textos islandeses: el *Edda poetica* probablemente data del siglo XI. Quizá fue obra de Saemund el Sabio, que inventarió el fondo común escandinavo y transcribió las aventuras de los dioses y de los héroes en 35 poemas. Es una historia del mundo en la que se evocan las luchas de los dioses contra las fuerzas del mal. El *Edda prosaica* fue compilado a principios del siglo XIII por un historiador islandés, Snorri Sturluson. En él aparece la gran división de los dioses entre los Ases y los Vanes.

Los Ases y los Vanes

Los Vanes (Njord, Freyr y Freya son los más importantes), dioses de los indígenas, tienen bajo su patrocinio la fertilidad de las plantas y la fecundidad de los animales y de los hombres; están cerca del pueblo. Los Ases probablemente son dioses de los invasores, de la guerra, aristócratas y soberanos. Se trata de Tyr, Odín, Thor, Heimdallr, Baldo y Loki. El mito relata una guerra entre los Ases y los Vanes con numerosas peripecias, y una guerra seguida de una reconciliación (*Ynglinga Saga*, I). Por ello, a partir de aquí es difícil precisar las atribuciones de ambas familias, o incluso distinguirlas.

La cosmogonía

Al principio no hay arena ni olas heladas, sino el caos, es decir, un abismo insondable llamado Ginnungagap. La Tierra no existe, ni tampoco el cielo que hoy la cubre. La hierba no crece por ninguna parte. Solo un gran abismo se extiende por el espacio. En este abismo, al norte hay el Niflheim, el mundo de las tinieblas hecho de hielo y de escarcha; al sur, el Muspellsheim, el mundo de Muspel, está hecho de fuego y de calor. En el Niflheim fluye un manantial del que parten los ríos originales. En el punto donde el frío del norte se encuentra con el calor del sur resuena una deflagración, se forman gruesas capas de escarcha que llenan en parte el abismo y la vida aparece en forma de un gigante, Ymir, y de una vaca, Authumla, que lo alimenta. Una vez, mientras duerme, Ymir queda empapado de sudor; bajo su brazo izquierdo nacen entonces un hombre y una mujer, gigantes como él. Ymir es el padre de los gigantes. Después aparece Buri, el antepasado del gran dios Odín y sus dos hermanos.
Odín mata al gigante Ymir, lo lleva al medio de Ginnungagap y hace de su cuerpo el mundo: su sangre se convierte en el mar y los lagos, su carne en la tierra, sus huesos en las montañas, sus dientes y su mandíbula en las rocas, su cráneo en el cielo sostenido en cada uno de sus extremos por un enano.
El fuego, las llamas y las chispas del Muspellheim se colocan bajo el Ginnungagap y se convierten en las estrellas y los planetas: «En los antiguos poemas de sabiduría se dice que a partir de esa época se distinguió el día y la noche, y se contó el tiempo por años. [...] Más lejos, hacia el interior de la Tierra, construyeron una fortaleza alrededor de su dominio para defenderse de los gigantes. Para esta fortaleza emplearon las pestañas de Ymir, y la llamaron fortaleza de Midgard. Tomaron también su cerebro y lo echaron al aire y con él hicieron nubes» (*Gylfaginning*, 7-8).

El fresno de Yggdrasil

En otro texto, el mundo se describe como un árbol inmenso: el fresno de Yggdrasil. Sus raíces se hunden en lo más profundo de la cueva de Ginnungagap. La primera raíz está cerca de la fuente rumorosa del río primitivo; la segunda, en el país de los gigantes, donde fluye la fuente de Mimir, en la que reside toda sabiduría; la tercera se encuentra en el cielo, cerca de la fuente de la más sabia de las Nornas. Todos los días, las Nornas sacan agua con la que riegan el fresno Yggdrasil para impedir que se seque y se pudra. Yggdrasil es el mundo, y las Nornas hacen el destino del mundo: Urd representa el pasado, Verdandi el presente y Skuld el futuro. Sin motivo ni apelación, deciden el destino de los hombres y de los dioses.

EL ÁRBOL DEL MUNDO Y EL LOBO FENRIR SIGLO XVII Escuela islandesa

A la izquierda, el lobo Fenrir encadenado por los dioses. Permanecerá atado hasta el cataclismo final del Ragnarok. A la derecha, Yggdrasil, el árbol cósmico que sostiene los nueve mundos escandinavos.

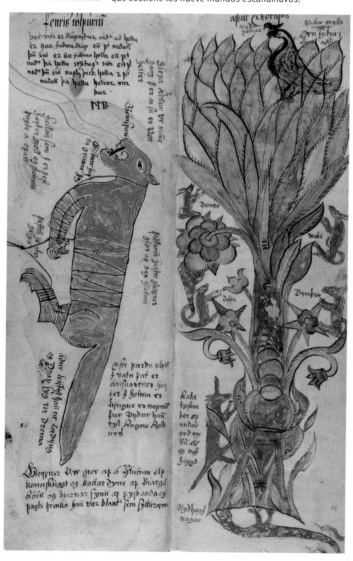

«No se puede sobrevivir una noche a la sentencia de las Nornas» (*Hamdismal*, estrofa 30). Distribuyen tanto el bien como el mal. «Nadie juzga los decretos de Urdur, aunque sean injustos» (*Fjölvinnsmal*, estrofa 47). Las Nornas aparecen en cuanto nace el niño en forma de las Dises —o Disir—: ellas determinan la fuerza, la inteligencia y la suerte que se asignará al recién nacido. Así forjan el destino de cada individuo, de cada clan y de cada país. Al pie del Yggdrasil, deciden la suerte del mundo. La fronda siempre verde de Yggdrasil se eleva a lo más alto del cielo. En la rama más elevada está posado un gallo de oro. Vigila el horizonte y avisa a los dioses cuándo los gigantes se preparan para atacar. En las ramas pace la cabra Heidrun, que en vez de leche produce hidromiel para los guerreros de Odín. Una ágil ardilla recorre el tronco de lo alto hasta la base, y come las raíces del árbol. Un ciervo se alimenta de las ramas, y de sus cuernos brotan poderosos ríos. Bajo el fresno se extiende el lugar consagrado donde, todos los días, los dioses se reúnen para impartir justicia.

El crepúsculo de los dioses

Unos demonios malévolos intentan destruir el fresno Yggdrasil. La serpiente Nidhogg está agazapada bajo la tercera raíz y la roe constantemente. Cuatro ciervos ramonean todos los brotes tiernos. Pero, cerca de allí, está escondido el cuerno del dios Heimdallr. Un día resonará para anunciar el combate supremo de los Ases.

EL COMBATE ENTRE EL DIOS DEL MARTILLO TYR Y EL LOBO FENRIR
SIGLO VI
Placa de bronce

303

Los dioses nórdicos

Nombre (paredre)	Función	Símbolo
Baldo	la belleza y la bondad	
Bragi (Idunn)	la poesía	
Freyja (Odhr)	el amor y la voluptuosidad	el gato
Freyr (Gerd)	la fecundidad	el verraco
Frigg (Odín)	la fecundidad	
Heimdallr	el primogénito	
Idunn (Bragi)	la jovencita eterna	las manzanas de oro
Loki (Sigyn)	el mal	
Njord (Skadi)	la fertilidad	
Nornas	el destino	
Odhr (Freyja)	el furor sagrado	
Odín (Jord) (Frigg) (Rind)	el saber mágico y la habilidad técnica	el cuervo el lobo
Thor (Sif)	la guerra y el trueno	el macho cabrío
Tyr	la guerra y la justicia	
Valquirias	los ángeles del combate	

El día en que los dioses torturan a Gullveig, el enviado de los Vanes, para arrebatarle su oro, y niegan lo que han prometido al constructor de su fortaleza, todos los juramentos y tratados quedan anulados. Aparecen unos presagios siniestros: el mundo conoce un invierno espantoso, los hermanos atacan a sus hermanos, los hijos a su padre. Los hombres no son más que lobos entre ellos. En los confines del cielo, a Heimdallr le roban la espada. El lobo Fenrir escapa y hace temblar a toda la Tierra. El fresno Yggdrasil es sacudido de la raíz a la copa. Las montañas se desmoronan produciéndose inmensos aludes que cubren con piedras la vegetación de los valles, la bóveda celeste se parte en dos y surgen llamas por todas partes.

El combate final se produce en el campo Vigrid, que mide mil leguas por cada uno de sus cuatro lados. Odín, tocado con su casco de oro, con la lanza Gungir en la mano, se lanza a la cabeza de los guerreros. Se precipita sobre el lobo Fenrir, pero este lo devora en un santiamén. ¡Es la primera víctima de esta lucha gigantesca! Con su terrible martillo, Thor aplasta el cráneo del enemigo, que expira enseguida; pero el dios ha respirado tanto veneno que se debilita a cada paso y cae muerto al suelo.

Los grandes dioses han perecido durante la batalla, y los hombres quedan abandonados. Las estrellas caen del cielo y el universo arde. Los mares y los ríos se desbordan; la tierra se hunde en el mar. ¿Es el final absoluto? No: «El tiempo devolverá el orden de los viejos días [...] la tierra saldrá del mar y será verde y bella, y los campos darán frutos sin haberlos sembrado antes» (*Gylfaginning*, 52). Todo vuelve a empezar. De las ruinas del mundo antiguo nace un mundo nuevo. Las montañas se levantan de nuevo, y en ellas el agua se precipita en cascadas cantarinas. Esta es la historia de los grandes dioses nórdicos.

Odín, el dios de los cuervos

El furor

Odín, el señor de la sabiduría y de las ciencias ocultas, es el dios de los poetas, los sabios, los extáticos y los guerreros.

Odín, Odhinn, Wotan o Woden es un gran anciano barbudo y tuerto, que va doblado por la cintura, vestido con un viejo manto de múltiples colores y tocado con un sobrero de ala ancha. Lleva un anillo de oro, Draupnir, del que todas las noches sale un nuevo anillo tan bello como el primero. Va armado con una lanza llamada Gungnir. Su caballo, Sleipnir, tiene ocho patas. Galopa tanto sobre tierra como por el aire y el océano.

Las «tres tierras»

Se le atribuyen tres mujeres: Jord, la tierra de los orígenes; Frigg, la tierra habitada, y Rind, la tierra que ha quedado sin cultivar. Frigg es la preferida: se sienta con Odín en el gran trono, Hlidskjalf, desde donde se puede contemplar el universo entero.

Odín es Rafnagud, el «dios de los cuervos». Sobre sus espaldas lleva dos de estas aves, Huginn y Munninn, que vuelan por todo el mundo para ver y escuchar lo que sucede. Vuelven a él enseguida para decirle al oído lo que han averiguado. Así, Odín es el poseedor de todo el saber.

Es fogoso, solo se alimenta de vino y representa a las fuerzas incontrolables y frenéticas que se apoderan del amante en el momento del orgasmo, del poeta en plena improvisación, del sacerdote en los tránsitos, y del guerrero salvaje en lo más duro del combate. Es la fuerza del instinto, el exceso del furor que da fuerzas sobrehumanas. Pero también es el inventor de las runas, la escritura sagrada que permite fijar y transmitir el pensamiento.

El padre de los guerreros muertos

Es marrullero y cínico, inspira la astucia que engaña al enemigo y da la victoria, sabe dejar ciego al adversario y paralizarlo de terror. Le gustan los intrépidos, a quienes elige en el campo de batalla para una muerte gloriosa y los lleva a su Walhalla o Walhöll, donde viven felices, a festejar y a luchar sin herirse. Es Valfadir, el «padre de aquellos a quienes han matado».

El dios cruel y soberano

Haciendo caso omiso del sufrimiento, lo acepta para sí mismo y lo provoca en los demás sin sombra de emoción. Es cruel y se complace en los sacrificios humanos, en particular de reyes.

Odín es soberano: «Es el primero y el más viejo de los Ases; reina sobre todas las cosas y, aunque los demás dioses sean poderosos, todos lo sirven, como los hijos sirven a su padre» (*Gylfaginning*, 19).

Un frenesí de saber

Odín lo quiere conocer y saber todo. Se detiene junto a la fuente de Mimir. Se dice que esta fuente da la sabiduría absoluta. Así, pide a la guardiana que le dé un sorbo de esa agua. «¿Qué me darás a cambio?», le dice la mujer. Odín está

ODÍN, EL PRIMERO DE LOS DIOSES ASES
SIGLO XX
Litografía, según una pintura de Max Koch (1859-1930)

Heimdallr, el vigilante de los dioses.
Heimdallr ha nacido de nueve madres. Vive en Himinbjorg (monte del cielo). Lo ve todo y nunca cierra los ojos; lo escucha todo y oye crecer la hierba de los campos y la lana de las ovejas. Por estas cualidades, es el guardián de la morada de los dioses. Heimdallr vigila al pie del arco iris que conduce los hombres a los dioses. Heimdallr es responsable de la sociedad de los hombres. Ha venido a la Tierra de incógnito bajo el nombre de Rigr. Lo acoge la primera pareja, llamada Bisabuelo-Bisabuela: pasa tres noches en el lecho conyugal y engendra un hijo llamado «Esclavo». Luego va a la casa de otra pareja, Abuelo-Abuela, y allí engendra a «Campesino Libre». Por último, en casa de Padre-Madre, engendra a «Noble». Esta vez no abandona al hijo: se ocupa de su educación, y este llega a rey: es el origen de las clases de la sociedad (*Rigsthula*).

dispuesto a todo para alcanzar su objetivo, por lo que le da un ojo y se queda tuerto (*Gylfaginning*, 8).

Durante el banquete que pone fin a la guerra entre los Ases y los Vanes, los dioses escupen, por turnos, en un recipiente. De esta saliva ritual sale un ser de una sabiduría sorprendente, llamado Kvasir. Este va a enseñar la sabiduría a los hombres. Cuando llega a casa de dos enanos, Fjalar y Galar, estos lo matan y hacen que fluya su sangre, que mezclan con miel y hacen hidromiel, una bebida mágica que da a quien la toma el talento de poeta y de sabio. Después de muchas peripecias, el hidromiel va a parar a manos del gigante Suttung, que confía su custodia a su hija Gunnlöd. Odín llega adonde nueve esclavos de Suttung están segando heno. Les ofrece una piedra de afilar para que limen sus hoces y, sorprendidos por el resultado, los esclavos quieren apoderarse del utensilio. Odín lanza la piedra al aire y ellos se abalanzan de modo que se decapitan mutuamente con sus hoces. Entonces, el dios se ofrece a ejecutar el trabajo de los nueve hombres y pide como pago un trago de hidromiel, pero Suttung se lo niega. Al momento, Odín atraviesa la montaña, se transforma en serpiente para adentrarse en el agujero y llega cerca de Gunnlöd. Se acuesta tres noches con ella y ella le promete tres tragos de hidromiel. En tres tragos vacía sendos frascos. Luego se transforma en águila y alza el vuelo lo más rápidamente posible. Cuando los Ases ven llegar el ave, adelantan unas tinas y Odín expulsa el hidromiel. Una parte se le escapa por detrás. No le presta mucha importancia: es la parte de los poetas de pacotilla (*Skaldskaparmal*, I).

EL BARCO DE ODÍN QUE TRANSPORTA AL WALHALLA LAS ALMAS DE LOS VIKINGOS CAÍDOS EN COMBATE
SIGLOS IX-XI
Piedra rúnica

DOS GUERREROS, UNO CON UN CASCO CON CUERNOS Y OTRO CON UNA MÁSCARA DE LOBO, BAILAN POR ODÍN
SIGLO VI
Placa de bronce

Thor, el dios del martillo

El defensor

Thor, dotado de una fuerza inimaginable, es un dios familiar, siempre dispuesto a hacer de las suyas.

Thor, o Donar, es hijo de Odín y de Jord, la tierra salvaje. Es un dios de edad madura, de barba pelirroja, hombros anchos, musculado y con vientre plano. Se trata de un guerrero, enemigo de los gigantes y defensor de los hombres. Va armado con el martillo Mjöllnir, parecido al trueno, que tiene la particularidad de regresar por sí solo a las manos de quien lo envía; también ciñe un cinturón mágico que duplica la fuerza del que lo lleva, y lleva guantes de hierro. Con la ayuda de estas armas, es el garante de la soberanía de los dioses Ases, y su defensor.

Thor y los gigantes

Las relaciones de Thor con los gigantes son ambiguas: lucha contra ellos, pero también le sirven de cómplices. Así, un día, Loki lo convence de que no tome sus armas para ir a enfrentarse al gigante Geirröd. Pero Thor es avisado por la giganta Grid, a la que ha visitado, y esta le presta un cinturón y unos guantes que obran en su poder, así como un cayado llamado Gridstav. Cuando Thor llega a casa de Geirröd, le ruegan que se siente, pero al momento nota que su silla se levanta y tiene el tiempo justo para evitar que su cabeza dé contra una viga. Entonces se hace muy pesado y su silla vuelve a bajar enseguida, rompiendo la espalda de las hijas de Geirröd, que presenciaban el combate. Al momento, Geirröd coge un bloque de fuego incandescente y lo lanza contra Thor, pero este lo atrapa entre sus guantes de hierro y lo devuelve al lanzador. El bloque atraviesa «el pilar, Geirröd, la pared y se hunde profundamente en el suelo» (*Skaldskaparmal*, 18).
Thor va a pescar con el gigante Hymir, pero ambos no se ponen de acuerdo con respecto al lugar: Thor quiere ir mar adentro, mientras que Hymir no quiere alejarse de la costa; sin atreverse a confesarlo, tiene miedo de la serpiente de Midgard que Thor quiere pescar. Con este fin, este se ha llevado como cebo la cabeza del buey más grande que ha encontrado. La serpiente pica pronto el anzuelo y tira muy fuerte. «Thor reviste su fuerza de As y se arquea, haciendo pasar los dos pies por el fondo del barco.» Hymir cambia de color, y en el momento en que Thor se hace con su martillo, el gigante se apodera del cuchillo y corta de un golpe el sedal de Thor. La serpiente se hunde en el mar. Entonces Thor se enfada y golpea la oreja del gigante (*Hymiskvida*).

Thor disfrazado de mujer

Thor es muy desordenado, por lo que un día le roban el martillo: la soberanía de los Ases está en peligro.

La casa de Thor. «Thor es el más fuerte de todos los dioses y los hombres. Su dominio se llama Thrudvang, y su casa, Bilskirnir. En su casa hay 540 puertas. Es la más grande que se conoce [...] Thor tiene dos machos cabríos que se llaman Tanngnjost y Tanngrisnir. Posee un carro en el que viaja, y los dos machos cabríos tiran de él. Por ello lo llaman Ökuthorr.» (*Gylfaginning*, cap. 20)

EL DIOS THOR Y SU MARTILLO
HACIA 1000
Estatuilla de bronce

Los gigantes viven en las montañas del fin del mundo, el Utgart («el jardín de fuera»). Son los iqtnar, las fuerzas primitivas: las tempestades, las avalanchas, los seísmos, las erupciones volcánicas y los maremotos. Son confinados bajo tierra o bajo el mar. A menudo, son los enemigos de los dioses: Hrungnir es uno de los más imponentes y poderosos. Su aspecto es repulsivo: tiene una cabeza hecha de piedra y su corazón es un bloque de roca de bordes afilados. Pero hay muchas clases de gigantes: los jötun no son más que unos comilones. Son los ogros de nuestros cuentos. Los thurses son enormes y avanzan lentamente. Representan a los glaciares y las montañas. Son muy peligrosos. Al principio, los trolls también eran gigantes, feos y hostiles. La función de los gigantes es más ambigua. Así, Grid representa la paz y el derecho de asilo.

MOLDE PARA UN MARTILLO
DE THOR Y CRUZ CRISTIANA
(REPRESENTADOS UNO
JUNTO AL OTRO)
(DERECHA)
SIGLO X
Esteatita

El herrero local, en el siglo X, podía dar a elegir a sus clientes entre los dos símbolos religiosos.

Loki, el astuto, descubre enseguida quién ha cometido el hurto. Va a ver al ladrón, llamado Thrym, el cual le dice: «He escondido el martillo de Thor ocho millas bajo tierra; ningún hombre lo recuperará si no me entrega a Freyja como mujer» (*Thrymskvida*, 8). Freyja ya está casada, y se niega a ser vendida así, como una prostituta. Entonces, a Heimdallr se le ocurre esta idea luminosa: «Unamos sobre la cabeza de Thor el velo de la desposada» (*Thrymskvida*, 15), y que vaya, disfrazado así, a ver a Thrym. Dicho y hecho. Thor se introduce en casa de Thrym disfrazado de Freyja. Este se extraña mucho al ver a su prometida zamparse ella sola un buey, ocho salmones y tres medidas de hidromiel, pero Loki explica que hace ocho días que no ha comido. Teme la ferocidad de sus ojos, pero Loki explica que hace ocho noches que no ha dormido.

Llega el momento de los regalos. Llevan el martillo a la novia y Freyja, convertida de nuevo en Thor, se levanta y acaba con Thrym, con toda su familia y todo su séquito.

Thor y Hrungnir

Estando Thor ausente, Odín ha invitado al gigante Hrungnir a beber. Freyja va a servirle, cuando llega Thor, pregunta quién ha permitido a unos gigantes perversos sentarse y beber en la sala de los Ases. Le dicen que es Odín. «Te arrepentirás de esta invitación», dice Thor a Hrungnir, y se citan para un duelo en Jötunheim.

Thor aparece en su furor de As. Lanza su martillo a Hrungnir. Este toma con las manos su maza de sílex y la lanza contra Thor. El martillo y la maza se encuentran en el aire, y la maza estalla. «Cae un pedazo en el suelo, y de él surge una montaña de sílex» (*Skaldskaparmal*, 17). El otro pedazo rebota sobre la cabeza de Thor, que cae plano en el suelo. El martillo alcanza el cráneo de Hrungnir y le hace pedazos. Pero Hrungnir ha caído sobre Thor, de modo que el cuello de este queda atrapado bajo la pierna del gigante. Todos los Ases intentan liberar a Thor, sin éxito. Magni, el hijo de Thor, llega y lo logra sin dificultad. Tras esta audacia, Thor reconoce que su hijo «seguramente será un hombre valiente» (*Skaldskaparmal*, 17).

THOR (ARRIBA)
MAX KOCH, H. 1905
Cartel

Loki, el marrullero

El desorden

Engaños, desorden, mala voluntad y perversidad: estos son los rasgos del carácter de Loki.

Loki es hijo de Laufey y de Farbauti, una pareja de gigantes constitutiva del orden primitivo. Es muy bello y seductor, pero ha engendrado a los monstruos más horribles: Hel, la diosa odiosa, guardiana del imperio de los difuntos, cuyo cuerpo es medio negro, medio azul, y Fenrir, el gran espíritu maligno.

El amoral

Loki ni tiene ningún sentido de la moral. Pone sus prodigiosos talentos tanto al servicio del bien como del mal. No tiene amigos, ni un objetivo que alcanzar, ni una causa que defender. Nada le parece prohibido. Es «maligno de espíritu y muy inestable en las costumbres» (*Gylfaginning*, 32). Es ladrón, adúltero y asesino.

Como mago, Loki tiene el poder de metamorfosearse: se convierte en yegua para seducir al semental que participa en la construcción del Asgard, en halcón para raptar a Idunn, en mosca para robar el collar de Freyja, en mago para impedir a Baldo que salga de casa de Hel y en foca para luchar contra Heimdallr.

El rapto de Idunn

Thor, Loki y Hoenir emprenden un viaje y, un día en que les quedan pocos víveres, ven un rebaño de bueyes; matan uno y empiezan a asarlo en una fosa. El gigante Thjazi, aparecido en forma de un águila, exige participar en el banquete y se apodera de una de las mejores porciones. Loki se enfurece y le asesta un fuerte golpe con el cayado, el cual queda fijado en la espalda del águila y pegado a las manos de Loki. El águila alza el vuelo y Loki queda unido a ella.

Loki suplica a su raptor que lo suelte. Thjazi acepta con la condición de que le prometa que hará salir a Idunn, la mujer de Bragi, el dios de la poesía, del Asgard, la fortaleza de los dioses, con sus manzanas de la juventud. Loki acepta y atrae a Idunn a un bosque diciéndole que ha encontrado unas manzanas maravillosas que querría comparar a las suyas. Entonces, Thjazi, que ha tomado de nuevo la forma de águila, llega y se apodera de Idunn.

Pero los Ases padecen con la desaparición de Idunn. Pronto se vuelven mayores y entrecanos. Descubren la responsabilidad de Loki y exigen que les devuelva a la diosa.
Este pide que Freyja le preste la forma de halcón. Vestido así, aprovecha la ausencia de Thjazi para raptar a Idunn.
El gigante se enfada y se precipita a la búsqueda de la diosa. Llega al Asgard después de Loki. Los Ases han preparado unos haces de virutas, y con ellas prenden fuego y queman las alas del águila. Skadi, la hija de Thjazi, quiere vengar a su padre. Los Ases le ofrecen recompensas, pero ella pide como prenda de reconciliación algo que les considera incapaces de realizar:

ORNAMENTACIÓN DE PROA
HACIA 850

Los animales entrelazados recuerdan las maldades de Loki.

Fenrir es hijo de Loki y de la giganta Angerboda. Es el lobo devorador, el animal feroz. Los dioses lo capturan y lo encarcelan en Asgard. Se disponen a encadenarlo con una traba mágica especial fabricada por los enanos a partir de raíces de montaña y de baba de pájaro; sin embargo, Fenrir se niega a ponerse esta atadura alrededor del cuello a menos que un dios ponga su mano en el lazo para mostrar que es inofensivo. Solo Tyr, el dios de la guerra, tiene la valentía de hacerlo y pierde la mano. Entonces, Fenrir es atado a una roca con una espada en el cuello para impedir que la muerda. En el momento del Raganarok, el fin del mundo, abre tanto la boca que la mandíbula inferior le toca al suelo cuando la mandíbula superior toca el cielo.

Tyr es valiente, y si es preciso, incluso temerario. Está dispuesto a todos los combates; respeta las reglas y por lo general decide la victoria. Se lo invoca al comienzo de la guerra. También es jurista. Preside el *thing*, la asamblea donde se deciden los litigios y donde se fijan las reglas de los combates. Tyr es manco desde que Fenrir le cortó un brazo.

hacerla reír. Al parecer, no conoce a Loki. Este realiza tales payasadas que ella estalla en carcajadas, y se firma la paz (*Skaldskaparmal*, 1).

La apuesta

En otra ocasión, Loki corta por malicia los cabellos de Sif, la esposa de Thor. Este se encoleriza y hubiese acabado con él si Loki no le hubiese prometido conseguir para Sif una cabellera de oro. Loki hace que los enanos fabriquen una melena que debe crecer mucho, destinada a la cabeza de Sif; un barco llamado Skidbladnir, que tiene el viento en popa en cuanto iza la vela; y una lanza llamada Gungnir, que cuando se utiliza para golpear no puede detenerse de dar golpes.

Apuesta su vida a que el enano Brokk no fabricará unos objetos tan valiosos. Entonces Brokk fabrica un verraco que corre por los aires y por el agua, día y noche, más rápidamente que cualquier caballo, y un martillo con el que se puede asestar unos golpes tan fuertes como se desee, sin que el mango se rompa.

Los Ases decretan que el martillo es el más valioso de todos estos objetos, y declaran al enano vencedor. Loki ofrece pagar un rescate para salvar su vida, pero el enano no está de acuerdo y le corta la cabeza. «La cabeza, sí, dice Loki, pero el cuello no.» Entonces el enano atraviesa los labios de su víctima y le cose la boca, pero Loki desgarra los agujeros de la costura (*Skaldskaparmal*, 33).

Loki acaba de provocar a los dioses reunidos en un banquete. Uno a uno, los ultraja, los insulta y les cantas las verdades. Cada uno intenta responder y detener el torrente de injurias, pero no sirve de nada. Entonces, Thor saca su potente martillo y amenaza a Loki con hacerlo caer sobre él. A continuación, este se dirige a Thor: «Solo delante de ti, saldré. Sé que golpearás» (*Lokasenna*).

El castigo

Loki se ha excedido. Los dioses se alían contra él y lo persiguen hasta una cascada, donde se transforma en salmón. Fabrican una red, lo capturan y lo transportan a una cueva.

Los dioses lo encadenan a unas piedras cortantes con los intestinos de su red y un barreño de veneno gotea sin cesar sobre él. Loki se estremece y la tierra tiembla (*Gylfaginning*, 49).

309

Loki y el gigante Thrym, que había robado el martillo de Thor
Franz Stassen; h. 1900
Manuscrito del *Edda*; dibujo a pluma

Loki
Hacia 1000
Piedra grabada; Dinamarca

El dios es representado con la boca cosida. Para castigarlo por haber intentado engañarlos, los enanos le infligen este castigo.

Freyr, el más bello de los dioses

El dios de la abundancia

Freyr, la divinidad de la fecundidad y de la fertilidad, gobierna los amores, las riquezas y las orgías.

Freyr es hijo de Njord y hermano de Freyja. Es «claro y brillante», y personifica la esencia misma de la belleza. Vive en Alfheimr y posee un barco maravilloso, Skidhbladnir, «que se puede doblar como un pañuelo y llevarlo en el bolsillo». Nadie podrá odiarlo nunca: este es el privilegio que recibe al nacer. Como dios de la paz, Freyr solo piensa en desatar las manos de aquellos que están atados, en hacer regalos. Nunca hace llorar.

Un día, Freyr se sienta en Hlidskjalf, el trono sagrado de Odín. Desde allí ve, en el mundo de los gigantes, una bella muchacha, Gerd, por quien le surgen intensos deseos y ello le entristece mucho. Pide a Skirnir, su escudero, que vaya a pedirla en matrimonio y le confía su caballo y su espada. Pero Gerd no se deja comprar con regalos ni con amenazas. Solo la magia hace que ceda, y dice al mensajero: «Barri se llama el lugar donde ambos conocemos un bosquecillo tranquilo: dentro de nueve noches, allí es donde Gerd al hijo de Njord concederá el amor» (*Skirnisför*, 39).

Una vez casado con Gerd (la Tierra), Freyr crea la abundancia y dispensa riquezas. Trae la lluvia y el Sol, justo lo necesario para hacer crecer las cosechas. Sucediendo a Njord, se instala en Uppsala, donde erige un gran templo al que dedica todas sus rentas, tierras y bienes muebles. «Es tan venerado que bajo su reinado el pueblo es más afortunado que antes con respecto a la paz y a las estaciones clementes» (*Ynglinga Saga*, 10). Al morir, lo llevan en secreto al túmulo sin decirlo a nadie. Se le siguen entregando tributos, que se depositan en el túmulo: «el oro por una ventana, la plata por otra y las monedas de cobre por la tercera. Así las buenas estaciones y la paz se mantienen» (*Ynglinga Saga*, X).

Freyr es uno de los grandes dioses de los vikingos. Es el dios del acto sexual: se lo representa con un falo de caballo cuando toda la familia le hace encantamientos (*Völsa Thattr*). Son sobre todo las mujeres quienes lo honran y desfilan en procesión en su honor.

Freyja, la gran maga.

También se la llama Vanadis, Vanabrudh («novia de los Vanes»), Gefn y Gefjun. Freyja es hija de Njord y hermana de Freyr. Montada en su carro tirado por gatos, «es tan bella que tras ella se nombran todos los ornamentos» (*Gylfaginning*, 34). Es la esposa de Odhr («furor sagrado»), un dios que periódicamente desaparece tanto tiempo que se lo da por muerto, y Freyja vierte por él lágrimas de oro rojo. Freyja es señora del *sejhr*, ciencia mágica que tiene por objeto conocer el futuro y el destino de los hombres y provocar la fertilidad de las estaciones y la fecundidad de los seres. Está asociada al culto a los muertos, depositarios de la sabiduría y protectores de los seres vivos. «Allí donde vaya al combate, recibe la mitad de aquellos que caen, y Odín la otra mitad» (*Gylfaginning*, 23). Reviste la forma de un halcón para ir de un mundo al otro.

Freyja es diosa del amor y la voluptuosidad, y su personalidad posee un carácter licencioso y lascivo que también encontramos en el culto que se le rinde.

FREYR, EL DIOS ITIFÁLICO DE LA FERTILIDAD
HACIA 1000
Escultura en bronce

Njord, la orilla fértil.

Njord, dios de los orígenes y de la Tierra, es el padre de Freyr y de Freyja. Su dominio es la orilla del mar, allí donde se pesca; por lo tanto, provee alimentos y prosperidad. Njord se casa con Skadi, cuyo dominio es la montaña. Pero Njord no soporta el aullido de los lobos, ni Skadi el griterío de las gaviotas. Cada uno se encuentra incómodo en el territorio del otro y permanece en el suyo la mayor parte del año. Njord sucede a Odín, y los Sviar lo llaman su señor. Bajo su reinado hay «una paz perfecta y una sucesión de años tan buenos que los Aviar creen que Njord dirige las buenas estaciones y la riqueza de los hombres» (*Ynglinga Saga*, 9). Njord se confunde con Nerthus, diosa cuyo nombre significa «Tierra madre». Le rinden culto en el bosque sagrado de una isla.

Las valquirias, ángeles de los combates

Compañeras y mensajeras de Odín

Las valquirias, ángeles de los combates, eligen a quienes serán gratificados con una muerte gloriosa.

Las valquirias son unas muchachas rubias de ojos azules y larga melena que están al servicio del dios de la guerra. Recorren los campos de batalla, en medio de rayos y truenos. Van acorazadas y armadas con lanzas largas y escudos, y cubren sus cabezas con unos cascos de oro. De ellas se dice que son unos seres-ave.

Su número es de unas cuarenta en el conjunto de la literatura nórdica. Algunas son luchadoras, como Gunn («batalla»), Hild («combate»), Hrist («agitadora de armas»), Baudihillie («dirime batallas»), Hladgunnr («batalla con lazo»). Otras son más bien magas, como Göndul («hábil en el manejo de la varita mágica»), Göll («aullido aterrador»), Herfjoturr («que paraliza por medio de lazos mágicos») y Mist («torpeza»). Todas las valquirias son soberanas y diosas de la fecundidad.

La muerte gloriosa

Las valquirias son expertas en hechos de honor. Saben cómo librar un combate, cómo cubrirse de gloria y cómo lograr la victoria. Deciden qué bando vencerá. Su nombre es significativo: *kjora*, que origina «quirias», significa «elección», y *val* significa «muerte»; en nombre de Odín, eligen a los valientes que caerán.

¿Son vírgenes totalmente al servicio del dios o amantes que toman en un momento dado un compañero de placer? Lo cierto es que distribuyen la muerte no como un castigo, sino como una recompensa. Se las confunde, más o menos, con las Nornas, diosas del destino. Una de ellas, Skuld, es también la tercera Norna.

Conducen a los combatientes caídos en gloria y los dirigen al Valhöll, morada de los bienaventurados, reservada a los héroes de elite. Allí, estos se convierten en *einherjar*, y se pasan el tiempo entre batallas, sin herirse ni darse muerte, en comilonas y borracheras. Las valquirias se han convertido en sus servidoras. Les sirven los platos hechos con carne de jabalí Saehrimnir y vierten hidromiel en sus copas.

El Valhöll

Los nórdicos distinguen a dos clases de difuntos: unos perecen de muerte natural y se encuentran en el oscuro imperio de Hel, la diosa de los infiernos; los segundos, elegidos por las valquirias, mueren en combate. Tras la muerte, son conducidos al Valhöll (Walhalla), morada de Odín, el palacio de las 640 puertas, cuyos pilares son lanzas y las tejas, escudos. Allí esperan la llegada de la batalla del fin del mundo, el Ragnarök, en la que todas las valquirias participarán al lado de los dioses.

UNA VALQUIRIA
PETER NICOLAI ARBO, 1865
Óleo sobre tela

El código de honor. Lo establece Sigrdifa, una valquiria, para los *Einherjars*, los guerreros:

El juramento no puede ser traicionado.

El que busca, encuentra, obtiene el conocimiento y, a veces, el poder.

Hay que respetar a los antepasados. Nunca hay que olvidar su legado y su origen.

Hay que desconfiar de las mujeres bellas, hechizadoras y encantadoras. Es mejor no dejarse turbar por sus palabras ni por sus besos.

La cerveza es sagrada por sus virtudes; abusar de ella es una impiedad.

La costumbre es el derecho más valioso.

Hay que acompañar a los difuntos que han perecido ahogados o por enfermedades, pero aún más a aquellos cuyo hilo de las Nornas ha sido cortado por el filo de la espada o el hierro.

Hay que saber acoger al huésped, pero nunca concederle la confianza y los secretos.

Sventovit y los dioses eslavos

Todos ellos, dioses supremos

La multiplicidad de nombres de dioses, construidos sobre el mismo modelo, sin duda oculta diversas dimensiones de una misma divinidad.

Sventovit significa «energía»; Larovit, «furor»; Porevit, «fuerza»; Rujevit, «celo». Pero el aspecto de los dioses representados con estos nombres también es distinto: Porevit tiene cuatro o cinco rostros; Rujevit, siete, y Triglav, el dios pomerano, posee tres rostros.

La estatua de Sventovit en Rügen, de ocho metros de altura, tiene cuatro cuellos y cuatro cabezas: dos miran adelante y dos atrás. Pero cuando uno se encuentra frente a él, parece mirar a derecha y a izquierda. En la mano diestra sostiene una trompa, y en la zurda, un arco; su brazo reposa a lo largo del cuerpo. Viste una túnica (Saxo Grammaticus, *Gesta danorum*).

Sventovit es el dios de la fertilidad, la fecundidad y el destino. Posee un caballo al que encierran en su templo. Se dice que lo monta de noche, mientras que de día, sólo su gran sacerdote tiene el privilegio de cabalgar en él. Este caballo tiene el don de la adivinación: se lo hace pasar entre dos lanzas clavadas en el suelo y, según su actitud, se descubre el sentido del oráculo que pretende dar a conocer.

Rod, Perun y Svarog

Al principio, Rod es el dios de los labradores, pero también es un dios universal, la divinidad del cielo, el rayo y la lluvia, e incluso el creador del mundo y la vida: ha hecho al hombre, constituido la familia y reunido a la nación. Está «sentado en los aires» y hace que nazcan niños.

Más adelante, Rod es destronado por Perun. Este tiene la cabeza de plata y el bigote de oro. Llega en primavera para dar la lluvia, fertilizar la tierra, ahuyentar a las nubes y hacer brillar el Sol. No obstante, se dice que, por medio del granizo, no deja de destruir los campos de los malvados.

El culto a Perun se extendió por todo el territorio eslavo, desde Eslovaquia hasta el norte de Italia.

Pero, además de en estos dioses, los eslavos creen en un dios único, tan terrible y lejano que incluso está prohibido pronunciar su nombre. Sin duda, Svarog es el último avatar de este *deus otiosus*, al que hace más «presente» la insignificancia de los dioses intermediarios. Su nombre significa «atar». Es el dios del fuego, y tiene las cualidades del herrero que une los metales con el fuego. Es mago y adivino.

Svarog (o Svarizic) es honrado en muchas ciudades: Rethra, Stettin (Szczecin), Wolin, Wolgast, Gützkow o Kiel. Los sacerdotes sacrificaban en su honor animales domésticos, y a veces, a hombres.

312

CABEZA DE MADERA QUE REPRESENTA A SVENTOVIT, EL DIOS CON CUATRO CARAS

Un testimonio. «[Los eslavos] consideran que un solo dios, el creador del rayo, es el señor del mundo; le ofrecen en sacrificio bueyes y otros animales [...] También rinden culto a los ríos, a las ninfas y a otros espíritus, y a todos ellos les hacen ofrendas.» (Procopio de Cesarea, finales del siglo v)

Las diosas eslavas.

Los eslavos veneran a muchas diosas: Giva, diosa de la vida; Morena, diosa de la muerte; Lada, diosa del amor, y su hija Lelia, siempre bella y joven. Los destinos de los hombres son hilados por las equivalentes de las Parcas romanas y de las Moiras griegas. En cuanto nace un bebé, tres muchachas, las Sudenitsas, deciden sobre su vida: la más joven elige sus cualidades; la mediana sus defectos físicos, y la mayor su muerte. A continuación, otras dos diosas seguirán los acontecimientos hilando el destino de cada cual: el hilo de Sretcha corresponde a los acontecimientos felices, y el de Nesretcha, a las desgracias. La muerte corresponde a la ruptura de este último hilo.

Ángeles y demonios

En las mitologías intervienen muchos seres intermedios, situados entre los dioses y los hombres por su naturaleza, sus formas de actuar, sus cualidades o defectos y sus poderes. La existencia de algunos es afirmada en textos considerados sagrados: se trata de los ángeles y los demonios.

Los ángeles

El Antiguo testamento los llama *beney 'elohim*, «hijos de Dios» (*Job*, I, 6), *beney 'elim* «seres que pertenecen al mundo divino» (*Salmos*, 29, 20), «santos» (*Salmos*, 89, 6) o «hijos del Altísimo» (*Salmos*, 82, 6). Son espíritus puros que acompañan a los hombres a lo largo de toda su vida. La corte celestial se compone de los «nueve coros de ángeles» divididos en tres series: los serafines, los querubines y los tronos; los dominios, las virtudes y los poderes; los principados, los arcángeles y los ángeles. Los primeros tienen como función loar y adorar a Dios; constituyen el orden más elevado de la jerarquía. Los últimos tienen la misión de asistir al curso de los astros, las naciones y las personas (Dionisio Aeropagita, *Sobre la jerarquía celestial*).

Rafael, Miguel, Gabriel y los demás ángeles

La afirmación de Rafael («Dios cura») sobre sus funciones es clara: «Soy Rafael, uno de los siete ángeles que siempre están dispuestos a penetrar en la gloria del Señor» (*Tobías*, 12, 15). No podría ser más clara, también, la función de Miguel («que es como Dios»): el *Libro de Enoc* (XX, 5) lo pone ante el trono de Dios. Es el jefe de los ejércitos celestiales (*Asunción de Moisés*, X, 2), el príncipe de las luces (regla de la comunidad de Qumran, XVII, 6). Pero el que aparece más a menudo, en virtud de su misión, es Gabriel. Este anuncia a Daniel la llegada de los tiempos mesiánicos (*Daniel*, 8, 19); a Zacarías, el nacimiento de Juan Bautista (*Lucas*, I, 19), y a María, el nacimiento de Jesús (*Lucas*, I, 24 sq.). A estos tres grandes, el *Libro de Enoc* y los *Libros de Esdras* añaden Uriel, que es encargado de la iluminación y también cumple las funciones de justiciero, Raguel, Sariel, Jeremiel, etc.

Gabriel, Israfil y otros ángeles

El Corán habla de los ángeles, al igual que habla de los demonios y de los jinn: «Alabado sea Dios, creador de los cielos y de la Tierra, que toma como mensajeros a los ángeles, dotados de dos, de tres o de cuatro alas» (*Corán*, XXXV, I). Gabriel, el ángel anunciador, ocupa en él un destacado lugar. Pero también conoce a Israfil, el ángel de la muerte, así como a Munkar y Nakir, los ángeles que levantan al difunto en su tumba para interrogarlo sobre su fe.

Los demonios

Los demonios, la personificación de todas las fuerzas maléficas, revisten rostros de dioses extranjeros: Belcebú, el antiguo dios curador de Eqron para Israel (*Reyes*, I, I, 2, sq.), Lilit (*Isaías*, XXXIV, 14) o Asmodeo (*Tobías*, III, 8). El relato de la creación le da forma de serpiente, un reptil huidizo y solapado cuyo veneno es muy temido. Para el Pseudo-Dionisio, los demonios son ángeles rebelados contra Dios y caídos. También se le llama Lucifer («portador de la luz»), nombre que tenía antes de su deposición.

Los shayatin son los demonios del islam, e Iblis (Satán) es su jefe; se niega a prosternarse ante Adán después de que Dios lo creara con arcilla. Los shayatin se reproducen rápidamente, como el fuego, que subyace en el fondo de su naturaleza. Circulan dentro de todos nosotros como la sangre por nuestras venas. Ponen su cabeza, parecida a la de la serpiente, en el corazón del hombre. La acción del shaytan (singular de shayatin) es permanente. Seduce, engaña, extravía y hace promesas falsas. Su objetivo es apartar al hombre de Dios. Toma la apariencia de animales: el caballo, el camello e incluso de monstruos. A menudo, los shayatin son confundidos con los jinn.

Los demonios babilonios son hijos de la Tierra y el cielo. No pueden ser reconocidos por los dioses ni por los hombres, ya que están rodeados por un halo que los hace invisibles. Van sucios y huelen mal; destruyen la fuerza sexual del hombre, penetran en todo subrepticiamente, como las serpientes, quitan la esposa al marido y separan a los hijos del padre. El demonio Alu se desploma sobre el hombre y lo aplasta; Gallu mata a las personas sin piedad; Namtar «coge al hombre por el pelo»; la demonio Lamastu ataca a los bebés en el seno de su madre, y Pazuzu hace temblar a las montañas.

Los kuei chinos son sumamente repugnantes, de grandes dimensiones, con rostro negro o verde, dientes largos y afilados, y la cara cubierta de largos pelos. Vagan por los lugares corruptos y la basura, se transforman en demonios de agua y entran en la respiración del hombre para introducir en él materias nocivas y mortales. Las enfermedades, los accidentes y las catástrofes son obra suya. Se los intenta calmar con exorcismos y sacrificios, pese a los cuales raramente son benéficos para con los humanos. Son la encarnación de los p'o, espíritus malignos que invaden los cadáveres cuando estos son liberados de sus almas superiores. Con frecuencia se los confunde con los espíritus de los muertos, sobre todo de aquellos que han fallecido por accidente, suicidio o han sido asesinados.

Tch'e-yeu es un demonio célebre. Tiene cuerpo de hombre, pies de toro, cuatro ojos y seis manos. Su cabeza está hecha de cobre, y su frente, de hierro. Inventa las armas y se complace en la guerra. Según la leyenda, luchó durante mucho tiempo contra Huangdi, el emperador amarillo, y este lo venció. Se crea una imagen de él para inspirar terror.

Los raksva de la India representan todas las fuerzas hostiles. Unas veces tienen formas horribles; otras, aspecto seductor. Se dice que penetran en los cadáveres abandonados, se comen su carne y luego los animan a su antojo para esparcir el mal a su alrededor.

Estrechamente asociados a las montañas, los tengu japoneses surgen súbitamente, hechizan a los seres humanos, poseen poderes mágicos, cambian de apariencia, vuelan y pueden hacerse invisibles. Raptan a los niños, siembran la discordia, hacen que los edificios se derrumben, estorban en las ceremonias religiosas e incluso incendian los templos. Normalmente se los representa en forma de aves de garras poderosas.

Otros seres intermedios

Los demás seres intermedios pertenecen a la categoría de los fantasmas humanos y a la vertiente fantástica de la literatura popular.

Los jinn del islam fueron creados a partir del fuego de Alá; son seres invisibles dotados de inteligencia. Viven en el desierto, las ruinas o los cementerios. Al igual que los hombres, viven en tribus, se casan y tienen hijos, sellan alianzas y se declaran la guerra. Sin embargo, no hay igualdades con los hombres. No están limitados por un cuerpo: tienen el don de desplazarse muy rápidamente e incluso de estar en todas partes, de «escuchar en las puertas del cielo» (*Corán*, XV, 18). Vagan por la noche en la oscuridad, y adoptan tanto la apariencia de monstruos feos como la de animales domésticos, como el caballo o el perro. Pero sus lazos con la tierra les hacen preferir la forma de alimañas rastreras.

Sus relaciones con los hombres son estrechas. Son capaces de sentir amistad y saben ser agradecidos con aquellos que les hacen el bien. Se les atribuyen hechos inexplicables y dan la inspiración a los poetas, el talento a los músicos y el discernimiento a los adivinos. Entre ellos hay creyentes y no creyentes, ya que el Profeta también ha sido enviado para ellos.

Los nats de Birmania o los neq de Pakistán están divididos en 37 clases estrictamente jerarquizadas, pero esta jerarquía es diferente según las zonas y las leyendas. La mayoría de ellos es de origen desconocido, pero la opinión más generalizada es que los nats son seres humanos fallecidos injustamente de forma violenta. Así, algunos son hombres a los que se ha convertido en guardianes de un lugar al enterrarlos vivos allí mismo. Son invisibles, pero pueden aparecer en forma humana o animal. Son buenos o malos, y se les rinde culto para obtener su ayuda o protegerse de sus maleficios.

Los trolls forman parte de los mitos escandinavos. Son espíritus malignos, enanos o gigantes coronados por pinos. Viven en las montañas o los bosques, y normalmente están bajo tierra.

Los fantasmas son manifestaciones de los muertos en la vida de los vivos. Su aspecto puede ser muy diverso, desde la forma concreta del difunto, con su cara y su voz, hasta la sombra cubierta con un lienzo blanco. Provocan multitud de fenómenos: casas encantadas, espíritus inquietos, «larvas» animadas, ruidos sin causa o desprendimientos de piedras.

Según Allan Kardec (1804-1869), que estudió las apariciones en profundidad, el fantasma es el «periespíritu», el envoltorio fluido que constituye el vínculo durante la vida entre el cuerpo y el alma. Al morir, el alma se desprende lentamente de la materia, y durante este período de cambio, el «periespíritu» puede aparecer e incluso desplazar objetos. El espiritismo —así se denomina la teoría de Allan Kardec— se desarrolla notablemente a lo largo del siglo XIX. Se organizan grandes reuniones, se producen intentos de comunicación con los fantasmas, hay mesas que giran o se mueven, se producen revelaciones y se transmiten mensajes. Figuras como Victor Hugo, Conan Doyle y el científico Charles Henry participan activamente en estas prácticas.

Las hadas por lo general son muchachas bellas, muy resplandecientes, con grandes cabelleras, ataviadas con vestidos largos y que sostienen una varita mágica, el instrumento de su poder. La piedra de las Hadas, la roca de las Hadas, el puente de las Hadas y otros nombres parecidos indican el paso de estas criaturas por el lugar. Son sensibles y recelosas. Saben prestar servicios a los hombres; a veces hacen acciones muy benéficas, pero normalmente ponen una condición, y si no es respetada, desaparecen. Entre muchas otras hadas, cabe señalar las Margot-la-Fée de Bretaña, que poseen un poder sobrenatural y crean los dólmenes para ocultar la entrada de sus moradas, y las Martes o Martines, que viven en los peñascos de Berry y del Bourbonnais (centro de Francia): mujeres altas y morenas, con senos enormes, que persiguen a los que pasan para que les tomen el pecho.

Los duendecillos o los trasgos son seres pequeños, pero a veces pueden crecer o adoptar el aspecto de un animal o de una brisa. Si son benévolos, ayudan en la casa: lavan los platos y enceran los muebles. Si son malignos, acechan al transeúnte para echarlo a la cuneta o esparcen el grano en el tiempo de la siega. Siguen a los viajeros, sobre todo las noches antes de Navidad. Tienen diversos nombres según las zonas: *gobelins* en Normandía, *dracs* en Aquitania, *servans* en el Delfinado, *fadets* en Berry, *korrigans* en Bretaña, *drays* en Forez, *pacolets* en el Morvan, *fades* en Beauce, *fouleto* en Borgoña y *foulots* en Nièvre.

Los hombres lobo son unos seres un poco brujos que por la noche se transforman en lobos; llevan una vida errante, atraviesan setos, fosos y lagunas; no les dan miedo los cayados, los cuchillos ni los disparos. Durante el día son personas completamente normales.

Uno se convierte en hombre lobo por un pacto contraído con el diablo, por nacimiento (sobre todo en nacimientos fuera del matrimonio) o también tras un crimen no confesado. Se conoce a hombres lobo desde los tiempos antiguos: Virgilio y san Agustín hablaron de ellos, y los eslavos antiguamente celebraban el culto al lobo, señal del temor que inspiraban estos animales.

Los súcubos son demonios femeninos que por la noche se unen a ciertos hombres, mientras que los íncubos, unos demonios masculinos, violan a las mujeres. Se dice que los íncubos se sirven del semen que el hombre pierde durante el sueño para fertilizar a sus víctimas.

Los vampiros son difuntos que salen de su tumba para atacar a los vivos, de los que beben la sangre o comen la carne. Se reconocen los despojos de los vampiros por el hecho de que están bien conservados y tienen los labios rojos. Para matarlos se les clava una estaca en el corazón.

Los zombis son muertos vivientes que actúan como puros autómatas bajo las órdenes de quienes los han «devorado», cumpliendo, sin dudarlo y sin escrúpulos, los crímenes que les son dictados. En efecto, unos brujos particularmente maléficos se convierten en sus amos mediante unos ritos especiales para robar el alma de los demás. Se dice que los han «devorado».

Bibliografía

Obras generales

Alejandro Blanco Pastor, *La ciencia, el mito y otros juegos del pensamiento*, UNED, Madrid, 2000.
Hans Blumenberg, *El mito y el concepto de realidad*, Herder, Barcelona, 2004.
Arthur Cotterell (ed.), *Historia de las civilizaciones antiguas. Egipto, Oriente Próximo*, Crítica, Barcelona, 1984.
Mircea Eliade; Ioan P. Couliano, *Diccionario de las religiones*, Paidós, Barcelona, 1992.
Pierre Levêque, *Las primeras civilizaciones*, Akal, Madrid, 1991.
Pedro Santidrián, *Diccionario básico de las religiones*, Verbo Divino, Estella, 1993.
Diccionario de religiones, Espasa Calpe, Madrid, 2004.
Mitos y leyendas de los cinco continentes. Narrados por José Manuel de Prada e ilustrados por Luis Filella García, Juventud, Barcelona,1995.

Sobre las diferentes mitologías

Mitología egipcia

Henri Frankfort, *La religión del antiguo Egipto*, Laertes, Barcelona, 1998.
Barry J. Kemp, *El antiguo Egipto: anatomía de una civilización*, Crítica, Barcelona, 1998.
Kazimierz Michalowski, *Egipto. Arte y civilización*, Akal, Madrid, 1991.
Eugen Strouhal, *La vida en el antiguo Egipto*, Ediciones Folio, Barcelona 1994.
Erik Hornung, *El uno y los múltiples: concepciones de la divinidad en el Egipto antiguo*, Trotta, Madrid, 1999.
Jan Assmann, *Egipto: a la luz de una teoría pluralista de la cultura*, Akal, Madrid, 1996.

Mitología asirio-babilónica

Barthel Hrouda, *El Antiguo Oriente. La cuna de la civilización*, Plaza & Janés, Barcelona 1992.
Henri Frankfort, *Reyes y dioses*, Alianza, Madrid, 1998.
Jean Bottéro, *Cuando los dioses hacían de hombres: mitología mesopotámica*, Akal, Madrid, 2004.
Jean Bottéro, *La religión más antigua: Mesopotamia*, Trotta, Madrid, 2001.
Mitos sumerios y acadios (edición preparada por Federico Lara Peinado), Editora Nacional, Madrid, 1984.
Poema de Gilgamesh (estudio preliminar, traducción y notas de Federico Lara Peinado), Tecnos, Madrid, 1992.

Mitologías griega y romana

Pierre Grimal, *Diccionario de mitología griega y romana*, Paidós, Barcelona, 1982.
Pierre Grimal, *La civilización romana. Vida, costumbres, leyes, artes*, Paidós, Barcelona, 1999.
Jean Pierre Vernant, *Mito y sociedad en la Grecia antigua*, Siglo XXI, Madrid, 1994.
Richard Buxton, *Todos los dioses de Grecia*, Oberon, Madrid, 2004.
José Carlos Bermejo, *El mito griego y sus interpretaciones*, Akal, Madrid, 1988.
Esquilo, Sófocles, Eurípides (edición preparada por Emilio Crespo), *Obras completas*, Biblioteca Avrea, Cátedra, Madrid, 2003.
Virgilio (edición preparada por Pollux Hernúñez), *Obras completas*, Biblioteca Avrea, Cátedra, Madrid, 2003.

Mitología de la India

Louis Renou, *El hinduismo*, Paidós Ibérica, Barcelona, 1991.
Rodolfo Berraquero, Juan Vernet, Louis Renou, *Antología sánscrita*, Círculo de Lectores, Barcelona, 2001.
Alain Daniélou, *Siva y Dioniso: la religión de la naturaleza y del Eros*, Kairós, Barcelona, 1987.

Mitología celta y de Europa del norte

Manuel de la Prada, *Mitos y leyendas celtas*, Barcelona, MRA, 2000.
Miranda Jane Green, *Mitos celtas*, Akal, Madrid, 1995.
R. I. Page, *Mitos nórdicos*, Akal, Madrid, 1992.
Georges Dumézil, *Los dioses soberanos de los indoeuropeos*, Herder, Barcelona, 1999.
H. d'Arbois de Joubainville, *El ciclo mitológico irlandés y la mitología céltica*, Edicomunicación, Barcelona, 1996.

Mitología de América del Sur

Mario Califano, *Los A'i (cofan) del río Aguarico, mito y cosmovisión*, Abya-Yala, Quito, 1995.
Geoffrey W. Conrad, *Religión e imperio. Dinámica del expansionismo azteca e inca*, Alianza, Madrid, 1988.
Samuel Feijóo, *Mitología cubana*, Letras Cubanas, La Habana, 1996.
Miguel Rivera Dorado, *La religión maya*, Alianza, Madrid, 1986.
Fernando Schwarz, *El enigma precolombino. Tradiciones, mitos y símbolos de la América antigua*, Martínez Roca, Barcelona, 1988.
J. Eric S. Thompson, *Historia y religión de los mayas*, Siglo XXI, México, 1997.
El mundo precolombino (dirección de la obra, José A. Vidal), Océano, Barcelona, 2000.

Mitología oriental

Vladimir Grigorieff, *Mitologias orientales*, RobinBook, Barcelona, 1998.
Francis Robinson, *Mundo islámico. Esplendor de una fe*, Circulo de Lectores, Barcelona, 1990.
Gabriel García-Noblejas, *Mitología clásica china*, Trotta, Madrid, 2004.
M. Anesaki, *Mitología japonesa*, Edicomunicación, Barcelona, 1996.

Mitología del África negra

E. E. Evans-Pritchard, *La religión Nuer*, Taurus, Madrid, 1982.
Marcel Griaule, *Dios de agua*, Alta Fulla, Barcelona, 2000.
Juan González Núñez, *Las religiones tradicionales africanas*, S. M., Madrid, 2004.

Índice

316

317

Créditos fotográficos

8 y 9: Louvre, París/ RMN, 10: BNF / Archivo Larbor, 11 abajo: Dagli Orti G., 11 arriba: DEA Picture Library, 13: Museo Nacional, Damas / AKG, 14: Museo Capitolino, Roma / AKG, 15 abajo: Louvre / París / RMN, 15 arriba: Museo de Historia del Arte, Viena / AKG, 16: Museo de la Antigüedad, Berlín / AKG, 17: Louvre, París / RMN, 18: Museo Nacional de Arqueología, Atenas / AKG, 19 arriba: BNF, París / Col. Archivo Larbor, 19 abajo: Louvre, París, Foto H. Lewandowski / RMN, 20: Palacio de Versalles / Foto H. Lewandowski / RMN, 21 abajo: Louvre, París / Foto H. Lewandowski / RMN, 21 arriba: Museo Británico, Londres / Bridgeman - Giraudon, 22 abajo: Louvre, París / RMN, 22 arriba: Museo de Cartago / AKG, 23: Louvre, París / Foto Hubert Josse / Archivo Larbor, 24: Museo Arqueológico de Sicilia, Palermo, / E. Lessing / AKG, 25: Louvre, París / RMN, 26 abajo: Museo de Bellas Artes, Boston / Archivo Larbor, 26 izquierda: Museo de Bellas Artes, Boston / Archivo Larbor, 26 derecha: DEA Picture Library, 27: Louvre, París / J.G. Berizzi / RMN, 28: Museo de Sevilla / DEA Picture Library, 29 abajo: Louvre, París / H. Lewandowski / RMN, 29 arriba: Louvre, París / RMN, 30 derecha: Louvre, París / R.G. Ojeda / RMN, 30 izquierda: Museo Bonnat, Bayona / R.G. Ojeda / RMN, 31: Louvre, París / H. Lewandowski / RMN, 32 y 33 arriba: Louvre, París / H. Lewandowski / RMN, 32 abajo: Museo de la Acrópolis, Atenas / AKG, 33 abajo: Museo de Historia del Arte, Viena / AKG, 34: Louvre / H. Lewandowski / RMN, 35: Museo de Tessé, Le Mans / Léonard de Selva / Archivo Larbor, 36: Louvre, París / H. Lewandowski / RMN, 37 derecha: Louvre, París / P. Leroy / RMN, 37 izquierda: BNF, París / Archivo Larbor, 38: Museo de Historia del Arte, Viena / E. Lessing / AKG, 39: Louvre, París / H. Lewandowski / RMN, 40: Museo de las Termas, Roma / Col. Archivo Larbor, 41 abajo: Offentliche Kunstammlung, Basilea / AKG, 41 arriba: Louvre, París / E. Lessing / AKG, 42: Louvre, París / H. Lewandowski / RMN, 43 izquierda: Museo Arqueológico Nacional, Nápoles / E. Lessing / AKG, 43 derecha: Louvre, París / H. Lewandowski / RMN, 44 arriba: Louvre, París / E. Lessing / AKG, 44 abajo: Louvre, París / RMN, 45: Louvre, París / H. Lewandowski / RMN, 46: Louvre, París / H. Lewandowski / RMN, 47 arriba: Museo Arqueológico, Sofía / E. Lessing / AKG, 47 abajo: Louvre, París / AKG, 48: Museo del Bardo, Túnez / Archivo Larbor, 49 arriba: Galería de los Ufizzi, Florencia / Scala / Archivo Larbor, 49 abajo: Museo del Bardo / Túnez / Archivo Larbor, 50: Louvre, París / H. Lewandowski / RMN, 51: Museo de Historia del Arte, Viena / E. Lessing / AKG, 52: AKG, 53: Museo Arqueológico, Estambul / E. Lessing / AKG, 54: Staatische Kunstammlung, Dresde / E. Lessing / AKG, 55: Museo Arqueológico Nacional, Nápoles / AKG, 56 abajo: Louvre, París / J.G. Berizzi / RMN, 56 arriba: Louvre, París / J.G.Berizzi / RMN, 57: Monasterio de San Lorenzo, Escorial / AKG, 58: DEA Picture Library, 59: DEA Picture Library, 60: Louvre, París / E. Lessing / AKG, 61: Villa de los Misterios, Pompeya / AKG, 62: Louvre, París / E. Lessing / AKG, 63 arriba: Louvre, París / H. Lewandowski / RMN, 63 abajo: Louvre, París / J. Schormans / RMN, 64: Museum Kunst Palast, Düsseldorf / AKG, 65: Louvre, París / G. Blot / RMN, 66: Museo de Bellas Artes, Lille / H. Lewandowski / RMN, 67: Sotheby's / AKG, 68 arriba: Museo Arqueológico Nacional, Nápoles / AKG, 68 abajo: Louvre, París / H. Lewandowski / RMN, 69: Museo de Arte Antiguo, Roma / E. Lessing, 70 arriba: Antikensammlung, Munich / E. Lessing / AKG, 70 abajo: Louvre, París / H. Lewandowski / RMN, 71: Louvre, París / R.G. Ojedai / RMN, 72: Col. particular / AKG, 73 arriba: Archivo Nathan, 73 abajo: Museo Arqueológico, Florencia / Archivo Larbor, 74: Museo Gustave Moreau, París / J. Schormans / RMN, 75 abajo: Corbis, 75 arriba: Louvre, París / H. Lewandowski / RMN, 76 arriba: Museo de Olimpia / AKG, 76 abajo: Ca'Rezzonico, Venecia / AKG, 77: Museos del Vaticano / Archivo Larbor, 78: Loggia dei Lanzi, Florencia / Gian Berto Vanni / Corbis, 79 arriba: Louvre, París / H. Lewandowski / RMN, 79 abajo: Louvre, París / E. Lessing / AKG, 80 arriba: E.T. Archivo / Archivo Larbor, 80 abajo: Colección de Arte Antiguo y Arquitectura / Bridgeman - Giraudon, 81: Museo del Ermitage, San Petersburgo / Mimmo Jodice / Corbis, 82: Museo Británico / Archivo Larbor, 83 arriba: BNF, París / E. Lessing / AKG, 83 abajo: Louvre, París / H. Lewandowski / RMN, 84: Museo Arqueológico Nacional, Nápoles / E. Lessing / AKG, 85 abajo: Museo Arqueológico Nacional, Nápoles / E. Lessing / AKG, 85 arriba: Louvre, París / H. Lewandowski / RMN, 86 derecha: Museos del Vaticano / E. Lessing / AKG, 86 izquierda: Museos del Vaticano / E. Lessing / AKG, 87 abajo: Museos del Vaticano / E. Lessing / AKG, 87 arriba: Museo de Montauban / Archivo Larbor, 88 arriba: Museos del Vaticano / E. Lessing / AKG, 88 abajo: Museos del Vaticano / E. Lessing / AKG, 89: Col. Archivo de Arte e Historia, Berlín / AKG, 90 arriba: Museo Arqueológico, Florencia / AKG, 90 abajo izquierda: Louvre, París / G. Blot / RMN, 90 abajo derecha: Museo de Historia del Arte, Viena / AKG, 91 arriba: Louvre, París / H. Lewandowski / RMN, 91 abajo: Louvre, París / Blot Lewandowski / RMN, 92: Museo de la Antigüedad, Turín / AKG, 93: Oronoz / Archivo Larbor, 94: Louvre, París / H. Lewandowski / RMN, 95: AKG, 96 y 97: Museo de El Cairo / AKG, 98: Museo de Brooklyn, Nueva York / Werner Forman / AKG, 99: Museo de Historia del Arte, Viena / E. Lessing / AKG, 101: AKG, 102 arriba: DEA Picture Library, 102 y 103 abajo: Bridgeman - Giraudon, 102 arriba: DEA Picture Library, 102 y 103 abajo: Bridgeman - Giraudon, 103: Bridgeman-Giraudon, 103 arriba: Valle de los Reyes, Tebas / AKG, 104: DEA Picture Library, 105 arriba: Louvre, París / AKG, 105 abajo: Templo de Tutmosis, Tebas / AKG, 106 abajo: AKG, 106 arriba: DEA Picture Library, 107: Louvre, París / Archivo Larbor, 108: Louvre, París / AKG, 109 arriba: Centro Franco-egipcio, Karnak / E. Lessing / AKG, 109 abajo: F. Guénet / AKG, 110: Colección Brancaccio, Roma / DEA Picture Library, 111: DEA Picture Library, 112: Museo de Israel, Jerusalén / E. Lessing / AKG, 113 derecha: Museo de El Cairo / A. Jemolo / AKG, 113 izquierda: Werner Forman / AKG, 114: Museo Egipcio, Turín / Nimatallah / AKG, 115: Colección Schultz, Nueva York / Werner Forman / AKG, 116: F. Guénet / AKG, 117 arriba: S. Held / AKG, 117 abajo: Museo Roemer-Pelizaeus, Hildesheim / AKG, 118: Museo Británico, Londres / AKG, 119 arriba: Louvre, París / Archivo Larbor, 119 abajo: Louvre, París / F. Raux / RMN, 120: Museo Arqueológico Nacional, Nápoles / AKG, 121 abajo derecha: Louvre, París / H. Lewandowski / RMN, 121 arriba: E. Lessing / AKG, 122 arriba: DEA Picture Library, 122 abajo: Museo de El Cairo / Werner Forman / AKG, 123: F. Guénet / AKG, 124: Christie's Images / Werner Forman / AKG, 125: Louvre, París / AKG, 126 y 127: Museo Nacional, Damas / E. Lessing / AKG, 128: Museo de Bagdad, Iraq / Bridgeman - Giraudon, 129: Louvre, París / F. Raux / RMN, 130: DEA Picture Library, 131 derecha: DEA Picture Library, 131 izquierda: Louvre, París / E. Lessing / AKG, 132: Louvre, París / RMN, 133 arriba: G. Degeorge / AKG, 133 abajo: DEA Picture Library, 134 abajo: Louvre, París / H / Lewandowski / RMN, 134 arriba: Louvre, París / RMN, 135: G. Degeorge / AKG, 136 izquierda: Louvre, París / F. Raux / RMN, 136 derecha: Louvre, París / RMN, 137 izquierda: Louvre, París / F. Raux / RMN, 137 derecha: Louvre, París / Archivo Larbor, 138: Louvre, París / E. Lessing / KG, 139: Museo Nacional, Damas / E. Lessing / AKG, 140: Louvre, París / Ch. Larrieu / RMN, 141: Museo de Bagdad / Dagli Orti G, 142: Louvre, París / Bridgeman - Giraudon, 143: Museo Arqueológico / Estambul / E. Lessing / AKG, 144: Museo Nacional, Damas / E. Lessing / AKG, 145: H. Lewandowski / RMN, 146: Louvre, París / F. Raux / RMN, 147: DEA Picture Library, 148: Museo Ashmolean, Oxford / Bridgeman - Giraudon, 149: Museo de Mosul, Iraq / AKG, 150: Louvre, París / E. Lessing / KG, 151: Louvre, París / H. Lewandowski / RMN, 152 y 155 abajo: Museo Británico, Londres / Bridgeman - Giraudon, 153 arriba: Louvre, París / F. Raux / RMN, 154: Louvre, París / Chuzeville / RMN, 155 abajo: DEA Picture Library, 155 arriba: Louvre, París / E. Lessing / AKG, 156: Museo Británico, Londres / Bridgeman-Giraudon, 157: Col. privada / Bridgeman - Giraudon, 158: Museo de Bagdad, Iraq / AKG, 159: Museo de Bagdad, Iraq / AKG, 160 arriba: Louvre, París / H. Lewandowski / RMN, 160 abajo: Louvre, París / Archivo Larbor, 161: Museo de Pergamon, Berlín / AKG, 162 arriba derecha: Louvre, París / E. Lessing / AKG, 162 abajo izquierda: W. Forman / AKG, 163 arriba: Louvre, París / H. Lewandowski / RMN, 163 abajo: Louvre, París / E. Lessing / AKG, 164: DEA Picture Library, 165: Louvre, París / P. Bernard / RMN, 166 y 167: Galería Nacional, Praga, Archivo Larbor, 167: Louvre, París / P. Bernard / RMN, 168: S. y R. Michaud / Rapho, 169: S. y R. Michaud / Rapho, 170: Archivo Charmet / Bridgeman - Giraudon, 171: Museo de Benarés / J.L. Nou / AKG, 172: L. Hebberd / Corbis, 173 abajo: R. y S. Michaud / Rapho, 173 arriba: Museo Guimet, París / Arnaudet / RMN, 174 arriba: L. Hebberd / Corbis, 174 abajo: R. y S. Michaud / Rapho, 175: Museo de Brooklyn, Nueva York / F.G. Mayer / Corbis, 176: Departamento de Investigación, Srinagar / J.L. Nou / AKG, 177 arriba: S. y R. Michaud / Rapho, 177 abajo: J.L. Nou / AKG, 178 arriba: Col. Sangaram Singh, Jaipur / J.L.Nou / AKG, 178 abajo: G. Mermet / AKG, 179: R. y S. Michaud / Rapho, 180: Museo Guimet, París / RMN, 181 abajo: R. y S. Michaud / Rapho, 181 arriba: S. y R. Michaud / Rapho, 182 arriba: Colección Burnstein / Corbis, 182 abajo: Archivo Charmet / Bridgeman - Giraudon, 184: Mary Evans Picture Library / Keystone, 185: Museo del Gobierno, Udaipur / J.L. Nou / AKG, 186: L. Wagner / AKG, 187 abajo: S. y R. Michaud / Rapho, 187 arriba: Museo Guimet, París / T. Ollivier / RMN, 188: DEA Picture Library, 189 arriba: Museo Guimet, París / H. Lewandowski / RMN, 189 abajo: S. y R. Michaud / Rapho, 190: R. y S. Michaud / Rapho, 191 abajo: Museo de Meheranghar Fort, Jodhpur / J.L. Nou / AKG, 191 arriba: DEA Picture Library, 192: Museo Guimet, París / T. Ollivier / RMN, 193 izquierda: J.L. Nou / AKG, 193 abajo izquierda: R. y S. Michaud / Rapho, 194: S. y R. Michaud / Rapho, 195 arriba: Museo de Jodhpur / J.L. Nou / AKG, 195 abajo: A. Hornak / Corbis, 196: J.L. Nou / AKG, 197: J.L. Nou / AKG, 198: Museo Guimet, París / RMN, 199 abajo: S. y R. Michaud / Rapho, 199 arriba: S. y R. Michaud / Rapho, 200: S. y R. Michaud / Rapho, 201: Museo del Gobierno, Udaipur / J.L. Nou / AKG, 202 arriba: Colección Sangaram Singh, Jaipur / J.L. Nou / AKG, 202 abajo: Col. Suresh Neotia, Calcutta / J.L. Nou / AKG, 203: S. y R. Michaud / Rapho, 204: Museo de Shandigar / J.L. Nou / AKG, 205: Colección Sangaram Singh, Jaipur / J.L. Nou / AKG, 206: Museo Nacional, Nueva Delhi / Bridgeman - Giraudon, 207 arriba derecha: S. y R. Michaud / Rapho, 207 abajo: Museo Nacional, Nueva Delhi / Bridgeman - Giraudon, 208 y 209: D. Conger / Corbis, 210: Museo Británico, 211 abajo: R. y S. Michaud / Rapho, 211 arriba: S. y R. Michaud / Rapho, 212: Museo Nacional de Seúl / Caroly / Archivo Larbor, 213 izquierda: Col. particular / F. Guénet / AKG, 213 derecha: Société Asiatique, París / Archivo Charmet / Bridgeman - Giraudon, 214: Museo Guimet, París / J. L'hoir / RMN, 215: R. y S. Michaud / Rapho, 215 arriba derecha: T. Ollivier / RMN, 216: F. Guénet / AKG, 217: Asian Art & Archeology / Corbis, 218: Galería de Corea del Norte, Pyongyang / Werner Forman / AKG, 219 izquierda: Art Archive / Picture Desk, 219 derecha: Mary Evans Picture Library / Keystone, 220: BNF / Archivo Larbor, 221 derecha: Mary Evans Picture Library / Keystone, 222: BNF / Archivo Larbor, 223 abajo: Cultural Relics Publishing House, Beijing, 223 arriba: BNF / Archivo Larbor, 224: Museo Guimet, París / T. Ollivier / RMN, 225: Asian Art & Archeology / Corbis, 226: Asian Art & Archeology / Corbis, 227: K. Su / Corbis, 228 abajo: Dr Kaban, 228 arriba: Col. Burstein / Corbis, 229 abajo: K. Su / Corbis, 229 arriba: M. Setboun / Corbis, 230 y 231: Museo de Arte de Filadelfia / Corbis, 232: Beck-Coppola / RMN, 233: Christie's Images / Corbis, 234: Leemage, 235 arriba: Asian Art & Archeology / Corbis, 235 abajo: Victoria and Albert Museum, 236: Museo de Bellas Artes, Boston / Bridgeman - Giraudon, 237 arriba: M.S. Yamashita / Corbis, 237 abajo: P. Harholdt / Corbis, 238: Chester Beatty Library, Dublín, 239 arriba: Corbis, 239 abajo: SPRL / Corbis, 240: SPRL / Corbis, 241 abajo: P.A. Berry / Corbis, 241 arriba: Col. Burstein / Corbis, 242 y 243: D.G. Houser / Corbis, 244: HOA-QUI, 245: Werner Forman / AKG, 246: Werner Forman / Corbis, 247 izquierda: Werner Forman / AKG, 247 derecha: P.A. Souders / Corbis, 248 abajo: H. Lewandowski / RMN, 248 arriba: H. Lewandowski / RMN, 249 abajo: C. y J. Lenars / Corbis, 249 arriba: HOA-QUI, 250: G. Blot / RMN, 251 arriba: H. Lewandowski / RMN, 251 abajo: H. Lewandowski / RMN, 252: Museum für Volkerkunde, Hamburg, 253: Y. Arthus-Bertrans / Corbis, 254 y 255: W. Forman / Corbis, 256: Bettmann / Corbis, 257: Museo Nacional de Antropología, México / Dagli Orti G., 258 abajo: W. Forman / Corbis, 258 arriba: C. y J. Lenars / Corbis, 259 arriba: BNF / AKG, 259 abajo: W. Forman / Museum für Volkerkunde, Basilea / AKG, 260: D. Lehman / Corbis, 261: Biblioteca Nacional, Madrid / AKG, 262: BNF / AKG, 263 izquierda: W. Forman / Museo Británico, Londres / AKG, 263 derecha: W. Forman / Museo Británico, Londres / AKG, 264 y 265: HOA-QUI, 266: MAAO, París / J.G. Berizzi / RMN, 267: Museo Dapper, París / Archivo CDA / Guillem / AKG, 268: Col. Burstein / Corbis, 269 abajo: Renaudeau / HOA-QUI, 269 arriba: HOA-QUI, 270 abajo: G. Mendel / Corbis, 270 arriba: G. Mendel / Rapho, 271: C. Pavard / HOAQUI, 272: MAAO, París / RMN, 273 arriba: Archivo Larbor, 273 abajo: Museo del Hombre, París / Bridgeman - Giraudon, 274: MAAO, París / G. Vivien / RMN, 275: MAAO, París / G. Blot / RMN, 276: Museo de Arte de Seattle / Corbis, 277 arriba: M. Ascani / HOA-QUI, 277 abajo: Museo de Quai Branly, París / J.G. Berizzi / RMN, 278: Col. Ch. Ratton / TOP, 279: Bildarchiv Steffens / Bridgeman - Giraudon, 280 y 281: J. Hawkes / Corbis, 282: Museo de Cluny / París / J.G. Berizzi / RMN, 283 arriba: W. Forman / Museo de Rennes / Corbis, 283 abajo: Museo de Cluny, París / G. Blot / RMN, 284 abajo: Musée des Antiquités Nationales, St Germain en Laye / J.G. Berizzi / RMN, 284 arriba: P. Ward / Corbis, 285 arriba: Museo Nacional, Copenhague / E. Lessing / AKG, 285 abajo: Museo Nacional, Copenhague / W. Forman / AKG, 286: Museo Nacional, Copenhague / Archivo Larbor, 287: Musée des Antiquités Nationales, St Germain en Laye / J.G. Berizzi / RMN, 288: W. Forman / AKG, 289: Bridgeman - Giraudon, 290: Christie's Images / Bridgeman - Giraudon, 291 arriba: G. Gerster / Rapho, 291 abajo: Mary Evans Picture Library / Keystone, 292 arriba: Museo Marítimo de Noruega, Oslo / Bridgeman - Giraudon, 292 abajo: Bonhams, Londres / Bridgeman - Giraudon, 293: Museo Británico / Bridgeman - Giraudon, 294: BNF / Archivo Larbor, 295 arriba: BNF / Archivo Larbor, 295 abajo: BNF / Archivo Larbor, 296: BNF / Archivo Larbor, 297: Archivo Larbor, 298: Museo Nacional del Château de Rueil / L. Lecat / AKG, 299: BNF / Archivo Larbor, 300 y 302: W. Forman / Museo de Historia de la Ciudad, Estocolmo / Corbis, 302: Bridgeman - Giraudon, 303: Museo de Historia de la Ciudad, Estocolmo / W. Forman / AKG, 304: Westfälisches Schulmuseum, Dortmund / AKG, 305 abajo: Museo de Historia de la Ciudad, Estocolmo / AKG, 305 arriba: DEA Picture Library, 306: W. Forman / Museo Nacional de Reykjavik / Corbis, 307 arriba: Westfälisches Museum, Dortmund / AKG, 307 abajo: W. Forman / Museo Nacional, Copenhague / AKG, 308: W. Forman / Museo Marítimo de Noruega, Oslo / Corbis, 309 arriba: AKG, 309 abajo: W. Forman / Forhistorisk Museum, Moesgard / AKG, 310: W. Forman / Museo de Historia de la Ciudad, Estocolmo / AKG, 311: Museo Nacional, Estocolmo / Bridgeman-Giraudon, 312: D.R.

Inicio de los capítulos

Páginas 8-9 Grecia: *Gigantomaquia*; detalle: Atenea luchando contra un gigante
Finales del siglo v a. C.
Ánfora de figuras rojas; cerámica

Páginas 96-97 Egipto: La diosa Nut
XIX dinastía; hacia 1292-1186 a. C.
Detalle de un sarcófago; basalto negro

Páginas 126-127 Oriente Medio: Sacrificio de un carnero
Hacia 2645-2640 a. C.
Templo de Shamash; incrustación de nácar, marfil, cornalina y pizarra

Páginas 166-167 India: Visnú descansando entre dos períodos de la evolución cósmica, entre la destrucción de un mundo y la recreación de un nuevo universo, tendido sobre la serpiente Ananda, que representa la eternidad
Siglo xvii
Miniatura hindú del Rajastán

Páginas 208-209 China: Estatua de un buda en un parque de Hangzhou, provincia de Zhejiang
Siglo xiv
El «buda que ríe» dentro de un nicho en una pared de roca detrás del templo de Linjin

Páginas 230-231 Japón: Dos dragones en un cielo nublado
Hogai Kano I

Páginas 242-243 Oceanía: Ayers Rock
Uluru, la montaña sagrada de los aborígenes, en el centro de Australia

Páginas 254-255 Los precolombinos: Tlauixcalpantecutli, el dios del planeta Venus, arroja lanzas contra los campesinos, los guerreros y las mujeres. Ha atravesado el corazón de un «guerrero ocelote»
Manuscrito del *Códice Cospi*, México

Páginas 264-265 África y Madagascar: La serpiente Lebe que no muere sino que muda todos los años
Pintura de Songho, en Malí

Páginas 280-281 Los celtas: Vista aérea del monumento de Stonehenge
Las piedras azules del gran círculo de Stonehenge, al sureste del País de Gales

Páginas 300-301 Europa del norte y central: La lucha entre cristianos y paganos: las tres figuras de la derecha hacen sonar las campanas para alejar los espíritus del mal y los dioses paganos
Siglo xii
Tapicería vikinga

Cubierta

Prometeo trayendo el fuego
Jan Cossiers (1600-1671)
Óleo sobre tela. Museo del Prado, Madrid
© Aisa

Teseo luchando contra el gigante Sinis
Finales del siglo v a. C.
Copa ática de figuras rojas
© Album / Erich Lessing

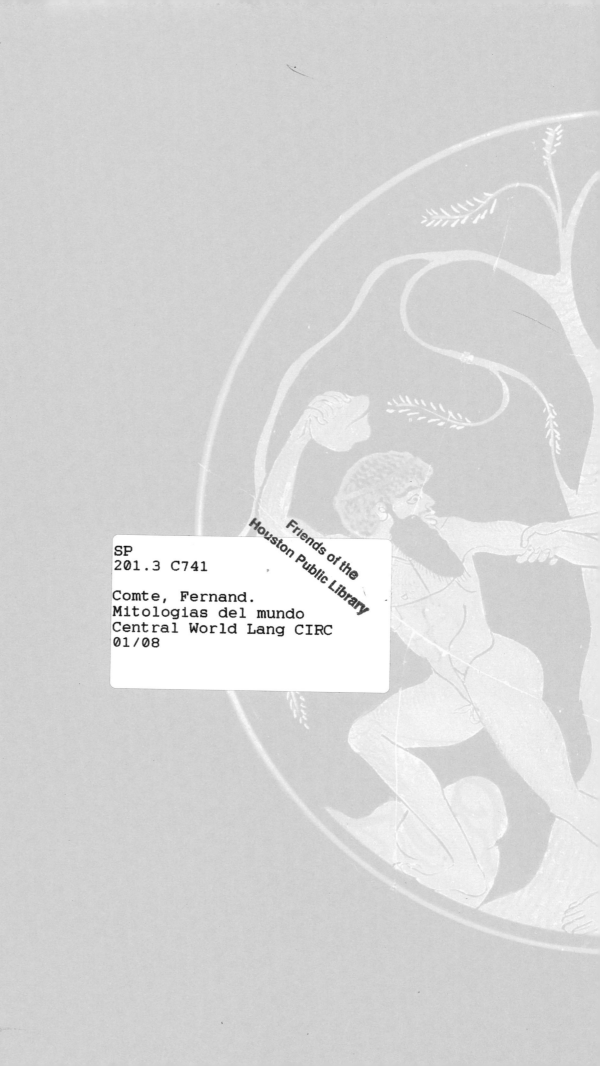